吕友仁 著

讀經識小錄

上

上海古籍出版社

本書爲河南師範大學、河南師範大學文學院
校院兩級學術專著出版基金資助項目

自　　序

　　在20世紀90年代之前，筆者是個經學門外漢。我能够進入經學領域，並非自覺，純屬偶然。20世紀90年代初，上海古籍出版社與西北大學合作，計劃出版一套《十三經注疏》的新版本。所謂新版本，就是拋開風靡近兩個世紀的阮刻，另起爐灶。整理《十三經注疏》需要十三個整理者。因爲此前筆者曾爲上海古籍出版社整理過錢大昕《潛研堂集》，幸無大謬，承蒙主事者不棄，友仁乃得忝列其一，受命整理《禮記正義》。兢兢業業，四歷寒暑，1995年交稿，2008年出版。這是我第一次逐字逐句認真閱讀《禮記正義》。在閱讀《禮記正義》的過程中，少不了要接觸到《禮記正義》以外的其他經書注疏。如此讀來，初嘗滋味，算是有了初步的經學基礎知識。此事甫畢，貴州人民出版社又約我作《禮記全譯》和《孝經全譯》（說是"全譯"，實則注譯）。需要說明的是，出版社一開始找的不是我，而是清華大學彭林先生。彭林先生成人之美，建議出版社找我來做。我自然是求之不得，因爲這給我提供了再一次通讀《禮記正義》的機會（當然還要旁及其他有關文獻），溫故知新，何樂而不爲！又三歷寒暑，完成《禮記全譯》，1998年出版。承蒙貴州人民出版社責編孟築敏先生錯愛，此事甫畢，又邀我再給他們做一部《周禮全譯》。對方是一片誠意，我也就不再客氣，一口答應下來。做《周禮全譯》，逼着我通讀了《周禮注疏》和孫詒讓

《周禮正義》等書，擴展了我的知識領域。這本書拖拉的時間較長，2004年以《周禮譯注》之名由中州古籍出版社出版。

進入21世紀，讀書的主攻方向還是禮學。2009年，華東師範大學出版社出版了拙著《禮記講讀》。這是一個《禮記》的譯注選本。這個選本的一個特點是，由於已經讀了兩遍《禮記正義》，在有些問題上我不再人云亦云，而是有了自己的看法。例如，"刑不上大夫"一語，傳統解釋是把切入點放在"上"字上，我則放在"刑"字上。"刑"字的意思是"用刑訊手段給對方帶來的羞辱"。而"刑不上大夫"的精神基礎是"士可殺，不可辱"。從2006年到2010年，我又與山西師範大學張煥君教授、河南大學曹建墩教授合作，完成了《儒藏》精華編中的秦蕙田《五禮通考》的校點工作。《五禮通考》是一部大書，參與其事者皆乾嘉一時之秀，如戴震、錢大昕等也曾應邀參與此書撰寫。校點之後，自覺又有不少新的收穫。2007年，應臺灣"中央研究院"中國文哲研究所邀請，作"《禮記》成書管窺"的專題演講。《禮記》成書，這是一個兩千年來的老話題。一開始，焦思苦慮，寢臥難安，不知如何下手，產生了打退堂鼓的念頭。幸得已故老友楊天宇先生鼓勵，始得完篇。《管窺》自出機杼，不走老路。我解決這個問題，不是從傳統的目錄學的角度入手，而是從調查西漢以前十三部古書對《禮記》的徵引入手，從而得出一家之言的結論。最幸運的是，2011年，北京大學《儒藏》精華編的主事者約我校點該叢書中的《禮記正義》，這就給我提供了第三次逐字逐句認真閱讀《禮記正義》的機會。這第三次通讀《禮記正義》，有了前面兩次的基礎，讀得比較從容。邊讀邊做筆記，自感收穫很大。這是一次觀念上的升華。説具體點，我破解了《禮記正義》的體例。譬如説，"疏不破注"四字，持此説者，自古至今，滔滔皆是，甚至連一些令人仰止的國學大師也未能免俗。實際上，根本不是這麼回事兒。試想，《禮記正義》如果真是那樣的人云亦云之作，怎麼還能夠流傳1300多年，迄今還風頭不減！於是乎撰成《疏不破注——一個亟待重新認識的概念》一文（見拙作《禮記研究四題》，中華書局2014年版）。然後，我又一不做，二不休，將《禮記正義》一書的體例，驗之於《周易正義》《尚書正義》

自　序

《毛詩正義》與《春秋左傳正義》，其結果，毫髮不爽，令人稱快。錢大昕《潛研堂文集》卷十一《答問》："讀古人書，先須尋其義例。"① 又在同書卷十六《秦三十六郡考》說："讀古人書，須識其義例。"② 古人之重視義例如此！直白地說，不知古書的義例，就無法真正地看懂古書。小子何幸，《五經正義》的義例密碼被我破解了！於是有《試說孔穎達〈五經正義〉的九條"例"》之作，發表于北京大學《儒藏》編纂與研究中心《儒家典籍與思想研究》第八輯（2016）。

以上就是我的讀經經歷大略。由懵懂無知到粗有所知，由粗有所知到知之稍多，由隨聲附和到有獨立見解，除了我個人頗知自愛外，師友之關注提攜亦惠我甚多。人貴有自知之明，友仁自知距離古人還相差很遠，距離時彥亦相差甚遠。歲月不居，倏忽已屆八旬之年。竊不自揆，乃思將舊日讀經之作匯爲一集（其中有已發表者，有尚未發表者），公諸同好。交流溝通，彼此受益。曰"識小"者，《論語·子張》云："賢者識（朱熹《集注》："識，音志。"）其大者，不賢者識其小者。"予乃不賢者，故識小也。

《讀經識小錄》凡三十八篇，分爲十三章。本書收録的文章，發表時間的跨度近三十載。發表時，各刊物要求不盡相同。此次匯集，一則統一體例，二則或有修改，謹此説明。至於言之當否，不敢自必，歡迎批評，敬請賜教。

吕友仁

2017年1月7日，星期六

---

① 錢大昕著、吕友仁校點《潛研堂集》，上海古籍出版社，1989年，179頁。
② 錢大昕著、吕友仁校點《潛研堂集》，260頁。

目　録

自序　/1

《五經正義》識小
孔穎達《五經正義》中的注指的是什麽？　/1
孔穎達《五經正義》八例表微　/12
論孔穎達《五經正義》中有注家破經之例　/51
論孔穎達《五經正義》中有疏家破經之例　/69

《周易》識小
孔穎達《周易正義》徵引注家、義疏家考略　/77
王弼《易》何時開始立於學官芻議　/85

《尚書》識小
《尚書正義》中孔疏的直言破注與微言破注　/90
宋人已經指出的《尚書正義》一處破句至今仍舊　/122
整理本《禹貢錐指》求疵　/125

《毛詩》識小
四種整理本《毛詩注疏》平議　/141
北京大學出版社《毛詩正義》（簡化字本）下册標點破句例析　/211

《周禮》識小
《周禮》概説　/231

《儀禮》識小
整理本《儀禮注疏》校點失誤舉例
　　——以《士冠禮》篇爲例　/241

1

楊復《祭禮》校讀札記　/ 261

《禮記》識小
　　《禮記》"禮不下庶人"舊解發覆　/ 292
　　《禮記》"刑不上大夫"舊解發覆　/ 325
　　"禮是鄭學"辨析　/ 343
　　"鄭衛之音"辨　/ 359
　　阮刻《禮記注疏》並非最佳版本　/ 364
　　郭店簡、上博簡與今本《禮記》　/ 378
　　校點本《禮記正義》諸多失誤的自我批評　/ 385
　　《禮記》五講　/ 485
　　反對剽竊抄襲的第一聲號角
　　　　——讀《禮記》札記一則　/ 513
　　説"共牢而食"　/ 516
　　"男女相答拜"與"男女不相答拜"何者爲是　/ 522
　　指瑜爲瑕的校記何其多
　　　　——讀點校本《禮記集解》札記　/ 527

《左傳》識小
　　杜注采用《公羊》《穀梁》二傳例　/ 537
　　説"登軾而望之"與"室如懸罄"
　　　　——《左傳》訓詁二則　/ 545

《論語》識小
　　論朱子《論語集注》與陸德明《經典釋文》的關係　/ 556
　　曾參之"參"讀音質疑　/ 563

《爾雅》識小
　　《爾雅》"二義同條例"是王引之發現的嗎？　/ 566
　　《爾雅》二義同條例有幾種類型？
　　　　——書黃侃《爾雅音訓》後　/ 574

目　錄

其他經部書識小
簡評黃懷信《大戴禮記彙校集注》　/ 578

清高宗弘曆"曆"字避諱芻議
　　——以《五禮通考》爲例　/ 587

權威著作識小
試論王力先生《古代漢語》在經學方面的失誤　/ 601

試論中華書局校點本《二十四史》在經學方面的失誤　/ 632

《漢語大詞典》"三禮"詞目釋義獻疑三十例　/ 661

讀經管見
學者不讀經恐怕不行
　　——兼論經學的幽靈遍及四部典籍　/ 683

後記　/ 698

《五經正義》識小

孔穎達《五經正義》中的注指的是什麼？

　　對本文這個標題，很可能有的讀者不以爲然。誰不知道，《周易正義》中的注是王弼注，《尚書正義》中的注是孔安國傳，《毛詩正義》中的注是毛傳和鄭箋，《禮記正義》中的注是鄭玄注，《春秋左傳正義》中的注是杜預《春秋左傳集解》，難道還有什麼別解不成？不錯，過去我也是這樣認識的。這幾年，由於重讀《五經正義》，溫故知新，才覺得原來的認識并不符合《五經正義》的實際，亟需改正。我現在的看法是，《五經正義》每一經選定的注家，並不是僅僅指注家注釋該經的專著，而是一個更大的概念，是指該注家的一家之學。換言之，指的是該注家的全部著述。以《周易正義》爲例，王弼除了《周易注》以外，還有《周易略例》和《老子注》二書，此二書也包括在王弼的《周易注》之內。這個認識，與傳統認識大相徑庭。這是一個涉及如何讀懂《五經正義》的大問題，因不揣樗昧，草此拙文。下面，我按照《五經正義》的順序，逐經予以説明，敬請大家賜教。

讀經識小錄

(一)《周易正義》中的注家

陸德明《經典釋文·序錄·周易》:"《王弼注》七卷,字輔嗣,山陽高平人,魏尚書郎,年二十四卒。注《易》上下經六卷,作《易略例》一卷,又注《老子》。"《釋文》的這段話,實際上已經在暗示我們,所謂《周易》王弼注,是指王弼的所有著述。而我們平常看到的各種版本的《周易正義》,都是題作"王弼注",給人的印象就是僅指王弼"注《易》上下經六卷"而已,更無其他。實際上,孔穎達《周易正義序》所說的"王輔嗣之《注》",指的是王弼的一家之學,除了"注《易》上下經六卷"外,還包括其《周易略例》(此書今存)及《老子注》(此書今佚)二書。姑舉三例如下:

(1)《周易·繫辭下》:"繫辭焉而命之,動在其中矣。"韓康伯注:"剛柔相推,況八卦相盪,或否或泰,繫辭焉而斷其吉凶,況之六爻,動以適時者也。立卦之義,則見於《彖》《象》,適時之功,則存之爻辭。王氏之例詳矣。"孔疏:"云'王氏之《例》詳矣'者,案《略例·論彖》云:'《彖》者何也?統論一卦之體,明其所由之主者也。'……又《論爻》云:'爻者何也?言乎其變者也。變者何也?情僞之所爲也。'……此是爻之大略也。其義既廣,不能備載,是王氏之例詳矣。"①

吕按:韓康伯《繫辭》注猶言"王氏之《例》詳矣",則孔疏不待言矣。此所謂《例》,謂《周易略例》也。

(2)《周易·坤·六二》:"象曰:六二之動,直以方也。"王弼注:"動而直方,任其質也。"孔疏:"注'動而直方',是質以直方,動又直方,是質之與行,內外相副。物有內外不相副者,故《略例》云'形躁好靜,質柔愛剛',此之類是也。"②

吕按:是孔疏以王弼《略例》爲王弼注作補充也。

(3)《周易·訟·象》:"天與水違行,訟。君子以作事謀始。"王弼注:"聽訟,吾猶人也。必也,使無訟乎!无訟在於謀始,謀始在於作制。契之不明,訟之所以生也。物有其分,職不相濫,爭何由興?訟之所以起,

---

① 王弼注、孔穎達疏、盧光明等整理《周易正義》,北京大學出版社,2000年,295頁。
② 王弼注、孔穎達疏、盧光明等整理《周易正義》,28頁。

契之過也。故有德司契,而不責於人。"孔疏:"'有德司契'之文,出《老子經》也。"①

呂按:"有德司契",見《老子》七十九章。是王弼《注》中用《老子》也。

(二)《尚書正義》中的注家

《尚書正義》選定的注家是孔安國,但並不限於孔安國的《尚書傳》,它指的是孔安國的一家之學,換言之,指的是孔安國的所有著作。據《隋書·經籍志》,孔安國除了《尚書》孔傳以外,還有《論語注》《孝經注》二書(後佚)。這三種書合到一塊構成了孔安國的一家之學。請看下面的三個《尚書正義》中的例子:

(1)孔疏解釋《尚書》"帝堯"的"堯"字云:"鄭注《禮記》云:'舜之言充。'是以'舜'爲號謚之名,則下注云'舜名',亦號謚之名也。推此,則孔君亦然。何以知之? 既'湯'類'堯'、'舜'當爲名,而孔注《論語》'曰予小子履'云:'履,是殷湯名。'是湯名'履',而'湯'非名也。"②

呂按:孔疏云"何以知之"? 答案是:從孔安國《論語注》知之。是以孔安國《論語注》注《尚書》也。

(2)《湯誥》:"敢用玄牡,敢昭告于上天神后。"孔傳既沒有解釋爲什麼要用玄牡(黑色的公牛),也沒有解釋"上天神后"是什麼神。孔疏:"《檀弓》云:'殷人尚白,牲用白。'今云'玄牡',夏家尚黑,于時未變夏禮,故不用白也。故安國注《論語》'敢用玄牡'之文云:'殷家尚白,未變夏禮,故云玄牡。'是其義也。鄭玄說天神有六,周家冬至祭皇天大帝于圜丘,牲用蒼;夏至祭靈威仰於南郊,則牲用騂。孔注《孝經》,圜丘與郊,共爲一事,則孔之所説,無六天之事。鄭玄解《論語》云:'用玄牡者,爲舜命禹事,於時總告五方之帝,莫適用,用皇天大帝之牲。'其意與孔異。"③

呂按:孔傳沒有解釋爲什麼要用玄牡的問題,孔疏通過徵引孔安國《論語注》解決了;孔傳沒有解釋"上天神后"是什麼神的問題,孔疏通過

---

① 王弼注、孔穎達疏、盧光明等整理《周易正義》,55—56頁。
② 孔安國傳、孔穎達正義、黃懷信整理《尚書正義》,上海古籍出版社,2007年,32頁。
③ 孔安國傳、孔穎達正義、黃懷信整理《尚書正義》,297頁。

徵引孔安國《孝經注》解決了。

（3）《秦誓》："如有一介臣。"孔傳："如有束脩一介臣。"孔疏："孔注《論語》，以束脩爲束帶脩飾，此亦當然。"①

吕按：孔傳"束脩"一詞當作何解，孔疏取孔注《論語》解之，并云"此亦當然"。然則是將孔注《論語》與《尚書》孔傳一例看待也。

（三）《毛詩正義》中的注家

《毛詩正義》的注家有二，一是《毛傳》，二是鄭箋。這裏只説鄭箋。按《後漢書·鄭玄傳》："凡玄所注《周易》《尚書》《毛詩》《儀禮》《禮記》《論語》《孝經》《尚書大傳》《中候》《乾象歷》，又著《天文七政論》《魯禮禘祫義》《六藝論》《毛詩譜》《駁許慎五經異義》《答臨孝存周禮難》，凡百餘萬言。"②鄭箋的內容，就包括上述鄭玄的全部著述（儘管《鄭玄傳》還有遺漏）。今人梁錫鋒《鄭玄以禮箋詩研究·緒論》云："清陳奐稱鄭玄'以《禮》注《詩》'，陳澧稱'鄭君專于禮學，故多以《禮》説《詩》'，姚際恒引人謂'鄭康成多以《三禮》釋詩'，皮錫瑞稱'鄭精《三禮》，以《禮》解《詩》'。"③筆者認爲，上述説法，都是對的。鄭箋解《詩》，確實大量地徵引《三禮》。但這並非全部，實際上，鄭玄箋《詩》，使用的是鄭玄一家之學。換言之，鄭玄的所有經學著作，都可以用來箋《詩》。甚至鄭玄對弟子的答問，都算。試舉七例如下：

（1）《小雅·大田》："來方禋祀，以其騂黑。"鄭箋："成王之來，則又禋祀四方之神，祈報焉。陽祀用騂牲，陰祀用黝牲。"

吕按：鄭箋之"陽祀用騂牲，陰祀用黝牲"，出自《周禮·地官·牧人》。

（2）《鄭風·有女同車》："有女同行，顏如舜英。"鄭箋："女始乘車，壻御輪三周，御者代壻。"

吕按：鄭箋之"女始乘車，壻御輪三周，御者代壻"，出自《儀禮·士

---

① 孔安國傳、孔穎達正義、黃懷信整理《尚書正義》，817頁。
② 范曄撰、李賢等注《後漢書》，中華書局，1965年，1212頁。
③ 梁錫鋒《鄭箋以禮箋詩研究》，學苑出版社，2005年，1頁。

（3）《鄭風·子衿》："一日不見,如三月兮。"鄭箋："君子之學,以文會友,以友輔仁。獨學而無友,則孤陋而寡聞,故思之甚。"

呂按：鄭箋中的"獨學而無友,則孤陋而寡聞",出自《禮記·學記》。

（4）《小雅·鹿鳴》："呦呦鹿鳴,食野之苹。"毛傳："興也。鹿得薪,呦呦然鳴而相呼,懇誠發乎中,以興嘉樂賓客,當有懇誠相招呼以成禮也。"孔疏："或以爲兩鹿相呼,喻兩臣相招,爲群臣相呼以成君禮,斯不然矣。此詩主美君懇誠於臣,非美臣相與懇誠也。若君有酒食,臣自相呼,財非己費,何懇誠之有？故鄭《駁異義》解此詩之意云：'君有酒食,欲與群臣嘉賓燕樂之,如鹿得苹草,以爲美食,呦呦然鳴相呼,亦款誠之意盡於此耳。'據此,是君召臣明矣。"①

呂按："故鄭《駁異義》解此詩之意云","鄭《駁異義》",謂鄭玄之《駁五經異義》也。是鄭玄以《駁五經異義》箋《詩》也。

（5）《大雅·大明》："天位殷適,使不挾四方。"鄭箋："今紂居天位而又殷之正適,以其爲惡,乃棄絶之,使教令不行於四方。"孔疏："《微子之命》及《左傳》皆謂微子爲帝乙之元子,而紂得爲正適者,鄭注《書序》云：'微子啓,紂同母庶兄。紂之母,本帝乙之妾,生啓及衍。後立爲后,生受、德。'然則以爲后乃生紂,故爲正適也。"②

呂按：鄭箋謂"紂居天位而又殷之正適",而據《尚書·微子之命》及《左傳》,紂的哥哥微子是長子,且是紂的同母兄,怎麼會輪到紂作嫡子？孔疏根據《尚書序》鄭注回答了這個問題。

（6）《詩大序》："是謂四始,詩之至也。"鄭箋："始者,王道興衰之所由。"孔疏："四始者,鄭答張逸云：'風也,小雅也,大雅也,頌也,此四者,人君行之則爲興,廢之則爲衰。'又箋云：'始者,王道興衰之所由。'然則,

---

① 鄭玄箋、孔穎達疏,朱傑人、李慧玲整理《毛詩注疏》,上海古籍出版社,2013 年,793 頁。
② 鄭玄箋、孔穎達疏,朱傑人、李慧玲整理《毛詩注疏》,1389 頁。

此四者,是人君興廢之始,故謂之四始也。"①

吕按:"鄭答張逸云"云云,出自《鄭志》。《隋書·經籍志》著録《鄭志》十一卷,魏侍中鄭小同(鄭玄之子)撰。② 而《後漢書·鄭玄傳》:"門生相與撰玄答諸弟子問《五經》,依《論語》作《鄭志》八篇。"③二者記載作者不同,學者多從《後漢書》之説。然則,是鄭玄回答弟子疑問,亦是鄭玄一家之學的組成部分。在此例中,孔疏甚至將《鄭志》之文置於鄭箋之前。

(7)《毛詩·魯頌·閟宫》:"犧尊將將。"毛傳:"犧尊,有沙飾也。"孔疏:"'犧尊'之字,《春官·司尊彝》作'獻尊',鄭司農云:'獻,讀爲犧。犧尊,飾以翡翠。象尊,以象鳳凰,或曰以象骨飾尊。'此傳言'犧尊者,沙羽飾',與司農'飾以翡翠'意同,則皆讀爲娑。傳言'沙',即'娑'之字也。阮諶《禮圖》云:'犧尊飾以牛,象尊飾以象,於尊腹之上畫爲牛象之形。'王肅云:'將將,盛美也。大和中,魯郡於地中得齊大夫子尾送女器有犧尊,以犧牛爲尊。然則,象尊,尊爲象形也。'王肅此言,以二尊形如牛象而背上負尊,皆讀犧爲羲,與毛、鄭義異,未知孰是。"④

吕按:此處只有先鄭注而無鄭玄注,孔疏之所以説"與毛、鄭義異"者,是因爲鄭玄在《周禮》注中没有對鄭司農的解釋持異議,賈疏《司尊彝》云"先鄭解以象骨飾尊,此義後鄭從之",⑤可證。由此可知,就《毛詩正義》來説,所謂鄭箋的一家之學,被鄭玄《周禮注》中肯定的鄭司農云也算數。

(四)《禮記正義》中的注家

鄭玄是《五經正義》中最大的注家(《毛詩正義》《禮記正義》中的注家都有他),我們在《毛詩正義》中已經略述鄭玄的所有著述,此不復贅。必須強調的是,《禮記正義》中的鄭玄注,也是指的鄭玄一家之學,指鄭玄的所有著述。姑舉十例如下:

---

① 鄭玄箋、孔穎達疏,朱傑人、李慧玲整理《毛詩注疏》,23頁。
② 魏徵等《隋書》,中華書局,1973年,938頁。
③ 范曄撰、李賢等注《後漢書》,1212頁。
④ 鄭玄箋、孔穎達疏,朱傑人、李慧玲整理《毛詩注疏》,1666頁。
⑤ 鄭玄注、賈公彦疏、彭林整理《周禮注疏》,上海古籍出版社,2010年,749頁。

孔穎達《五經正義》中的注指的是什麼？

（1）《月令》孔疏："云'木，生數三，成數八'者，鄭注《易·繫辭》云：'天一生水於北，地二生火於南，天三生木於東，地四生金於西，天五生土於中。陽無耦，陰無配，未得相成。地六成水於北，與天一并；天七成火於南，與地二并；地八成木於東，與天三并；天九成金於西，與地四并；地十成土於中，與天五并也。大衍之數，五十有五。'是鄭注之意，水數一，成數六；火數二，成數七；木數三，成數八；金數四，成數九；土數五，成數十。故此云'木，生數三，成數八'。皇氏用先儒之義，以爲'金、木、水、火，得土而成。以水數一，得土數五，故六也；火數二，得土數五，爲成數七；木數三，得土數五，爲成數八；又金數四，得土數五，爲成數九'，此非鄭義，今所不取。"（606頁）①

呂按：孔疏所謂"皇氏"，即南朝梁皇侃，其《禮記義疏》，是孔穎達編撰《禮記正義》的主要藍本。此條皇侃疏違背的是《周易》鄭注。

（2）《禮運》："薦其燔炙。"鄭玄無注。孔疏："皇氏云：'燔，謂薦孰之時，炳蕭合馨薌。'知不然者，案《詩·楚茨》云：'或燔或炙。'鄭云：'燔，燔肉也。炙，肝炙也，'則知此'燔炙'亦然，皇說非也。"（900頁）

呂按：此條皇侃疏違背的是《毛詩》鄭箋。

（3）《王制》孔疏："故《大司馬》云：'及師，大合軍，以行禁令，以救無辜，伐有罪。'鄭注云：'師，所謂王巡守若會同。不言大者，未有敵，不尚武。'又注云：'大師，王出征伐也。'以此，故知未太平得巡守。皇氏以爲'未太平不巡守'，非也。"（496頁）

呂按：此條皇侃疏違背的是《周禮·大司馬》鄭注。

（4）《內則》孔疏："皇氏云：'母之禮見子，象地之生物均平，故引《易》以爲均。'若然，案《周禮·均人職》云：'上年公旬用三日。'鄭注亦引《易》坤爲均，豈是母見子之禮？皇氏說非也。"（1168頁）

呂按：此條皇侃疏違背的是《周禮·均人職》鄭注。

（5）《祭統》："夫婦相授受，不相襲處，酢必易爵，明夫婦之別也。"孔

---

① 此以下10例括注頁碼，均是上海古籍出版社2008年校點本《禮記正義》頁碼。下不一一。

疏：" '酢必易爵'者，謂夫婦交相致爵之時，主人受主婦之酢，易換其爵。故《特牲》主人受主婦之酢爵，'更爵酢'，鄭注云：'主人更爵自酢，男子不承婦人爵。'即引此文云'夫婦相授受，不相襲處，酢必易爵'也。皇氏云：'夫婦猶男女，"不相襲處"，則上執校、執鐙之屬。'違鄭注《儀禮》之文，其義非也。"（1885頁）

呂按：孔疏明確指出此條皇侃疏"違鄭注《儀禮》之文"。按：違的是《儀禮·特牲饋食禮》鄭注。

（6）《禮器》孔疏："今案《既夕禮》'抗木橫三縮二，茵縮二橫三。'鄭注云：'其用之木，三在上，茵二在下，象天三合地二，人藏其中。'如鄭此注，則茵縮二在下。皇氏云：'茵縮二在上，橫三在下，象天裏於人。'與鄭注違，其義非也。"（966—967頁）

呂按：此條皇侃疏違背的是《儀禮·既夕禮》鄭注。孔疏"與鄭注違，其義非也"，可以理解作皇氏縱然違背的是《儀禮》鄭注，也不行。

（7）《喪大記》孔疏："故《士喪禮》云：'賓有大夫則特拜之，即位于西階下，東面，不踊。'鄭注云：'即位西階下，未忍在主人位。'是據主人也。而皇氏云：'即位西階，東面哭，謂大夫之位也。'下云'大夫特來，則北面'，皇氏即云'是大夫之位'。但與《士喪禮》違，又與鄭注《士喪禮》不同，其義非也。"（1707頁）

呂按：此條皇侃疏違背的是《儀禮·士喪禮》經文及鄭注。

（8）《月令》孔疏："然皇氏解禮，違鄭解義也。今鄭注《論語》'鄉人儺'云：'十二月，命方相氏索室中，驅疫鬼。'鄭既分明云十二月鄉人難，而皇氏解季冬難云'不及鄉人'，不知何意如此。"（737頁）

呂按：此條皇侃疏違背的是《論語》鄭注。又按：橋本秀美1999年博士論文《南北朝至初唐義疏學研究》（85頁）也徵引了此例，并云："然則，孔穎達等之意，不止謂必遵本注，而謂鄭氏一家之說，不論《禮注》與《論語注》也。"讀之，不禁心動，喜其先得我心也。

（9）《王制》孔疏："皇氏取先儒之義，以爲'虞夏祫祭，每年皆爲'，又云'三時祫者，謂夏秋冬或一時得祫則爲之，不三時俱祫'。然案鄭云：

'三年一祫,五年一禘,百王通義。'鄭又注此云:'春一礿而已,不祫,以物無成者,不殷祭。'又《禘祫志》云:'《王制》記先王之法,祫爲大祭,祫於秋、於夏、於冬。周公制禮,祭不欲數。'如鄭此言,則夏、殷三時俱殷祭,皇氏之説非也。"(527頁)

吕按:"三年一祫,五年一禘,百王通義",出自鄭玄《駁五經異義》。這就是説,皇氏除了違背《禮記》鄭注外,還違背了鄭玄的兩種著作:《駁五經異義》和《禘祫志》。

(10)《郊特牲》孔疏:"皇氏云:'天子燕饗己之臣子與燕饗諸侯,同歌《文王》,合《鹿鳴》。'今案《詩譜》云:'天子諸侯燕群臣及聘問之賓,歌《鹿鳴》,合鄉樂。'皇説非也。"(1038頁)

吕按:此條皇侃疏違背的是鄭玄《詩譜》。

綜上所述,就《禮記正義》來説,那個"注"字,除了鄭玄的《禮記注》外,還包括了鄭玄的《周易注》《毛詩箋》《周禮注》《儀禮注》《論語注》《駁五經異義》《禘祫志》《詩譜》等,一言以蔽之,指的是鄭玄的全部著述。

(五)《左傳正義》中的注家

《左傳正義》選定的注家是杜預,而《左傳正義》中所説的"杜注""杜義",也並非僅僅指《隋志》著録的杜預《春秋經傳集解》三十卷,也是指杜預一家之學,指杜預的全部著述。杜預除了《春秋經傳集解》外,還有一部《春秋釋例》。杜預《春秋左氏傳序》:"分經之年,與傳之年相附,比其義類,各隨而解之,名曰《經傳集解》。又別集諸例及地名、譜第、曆數,相與爲部,凡四十部,十五卷,皆顯其異同,從而釋之,名曰《釋例》。"①這説明杜預本人就把《春秋釋例》看作他的《左傳》注的有機組成部分。晋嵇含《南方草木狀》卷中:"蜜香紙,以蜜香樹皮葉作之,微褐色,有紋如魚子,極香而堅韌,水漬之不潰爛。太康五年,大秦獻三萬幅,嘗以萬幅賜鎮南大將軍當陽侯杜預,令寫所撰《春秋釋例》及《經傳集解》以進。"②這説明

---

① 左丘明傳、杜預注、孔穎達正義、浦衛忠等整理《春秋左傳正義》,北京大學出版社,2000年,27—28頁。
② 嵇含《南方草木狀》,影印文淵閣《四庫全書》本,589册,8頁。

當時朝廷也認爲《春秋釋例》是杜預《左傳》注的不可或缺部分。孔疏《春秋左傳集解》"杜氏"云:"杜氏名預,字元凱。著《春秋左氏經傳集解》。又參考衆家,爲之《釋例》。又作《盟會圖》《春秋長曆》,備成一家之學。"①這說明孔穎達也認爲杜預《左傳》注是指杜預的一家之學。《四庫提要》著錄《春秋釋例》云:"《春秋》以《左傳》爲根本,《左傳》以《集解》爲門徑,《集解》又以是書(吕按:謂《釋例》)爲羽翼,緣是以求筆削之旨,亦可云考古之津梁,窮經之淵藪矣。"②這說明清代四庫館臣也認爲《釋例》與《集解》是相輔相成之作。

我們再來看看内證。《左傳正義》中,《釋例》一詞出現471次,《長曆》一詞出現56次,《世族譜》出現46次,《土地名》出現53次(按:以上統計數字,有少量重疊。《長曆》《世族譜》《土地名》,皆《釋例》篇名。孔疏徵引時,或書名篇名并出,或僅出篇名,而後者更常見)。再看具體例子:

(1)《春秋》莊公三年:"冬,公次于滑。"杜注:"滑,鄭地,在陳留襄邑縣西北。傳例曰:凡師,過信爲次。兵未有所加,所次則書之。既書兵所加,則不書其所次,以事爲宜,非虛次。"孔疏:"此解略,而《釋例》詳。《釋例》曰:'凡師,一宿爲舍,再宿爲信,過信爲次。此周公之典,以詳錄師出入行止遲速,因爲之名也。兵事尚速,老師費財,不可以久,故《春秋》告命,三日以上,必記其次舍之與信。不書者,輕碎,不以告也。兵未有所加,所次則書之,以示遲速。"公次于滑""師次于郎"是也。既書兵所加,則不書其所次,以事爲宜,非虛次,諸久兵而不書次是也。既書兵所加,而又書次者,義有取於次,"遂伐楚次于陘""盟于牡丘,遂次于匡"是也。所記或次在事前,次以成事也;或次在事後,事成而次也。皆隨事實,無義例也。'"③

吕按:孔疏云"此解略,而《釋例》詳",謂此條杜注簡略,不如《釋例》

---

① 左丘明傳、杜預注、孔穎達正義、浦衛忠等整理《春秋左傳正義》,38頁。
② 永瑢等《四庫全書總目》,中華書局,1965年,212頁。
③ 左丘明傳、杜預注、孔穎達正義、浦衛忠等整理《春秋左傳正義》,253頁。

詳細。遂徵引《釋例》,娓娓道來。

（2）《左傳》昭公四年:"八月甲申,克之,執齊慶封而盡滅其族。"杜注:"慶封以襄二十八年奔吳。八月無甲申,日誤。"孔疏:"《長曆》推此年七月己未朔,二十六日得甲申。八月己丑朔,其月無甲申,而傳上有七月,下有九月,月不容誤,故知日誤。"①

呂按:杜注云"日誤",孔穎達遂據杜預《長曆》論證何以"日誤"。

（3）《左傳》定公十一年:"冬,及鄭平。叔還如鄭蒞盟。"杜注:"還,叔詣曾孫。"孔疏:"《世族譜》云:'叔還,叔弓曾孫也。'又《世本》云:'叔弓生定伯閱,閱生西巷敬叔,叔生成子還。'還爲叔弓曾孫,杜云'叔詣曾孫',轉寫誤耳。"②

呂按:孔疏據《世族譜》云杜注"轉寫誤耳"。《經典釋文》則云:"叔詣曾孫。案《世族譜》,叔還是叔弓曾孫,此云'叔詣',誤也。"

小結:綜上所述,可知孔穎達《五經正義》有這麼一條例:《五經正義》選定的注家,並不是僅僅指的該注家的該經之注,而是指的該注家的一家之學,即該注家的全部著述。這條"例"的重要性在於,如果不知道孔疏有這條"例",在讀孔疏時就把握不住中心,感到孔疏是東拉西扯,"戲不够,歌來凑",實際上却是我們沒有真正看懂孔疏。

---

① 左丘明傳、杜預注、孔穎達正義、浦衛忠等整理《春秋左傳正義》,1384頁。
② 左丘明傳、杜預注、孔穎達正義、浦衛忠等整理《春秋左傳正義》,1834頁。

孔穎達《五經正義》八例表微

一　對《五經正義》"例"的傳統表述

孔穎達主編的《五經正義》(習稱"孔疏")在我國儒家經典詮釋系統中的重要地位,衆所周知,毋須我來饒舌。從唐高宗永徽四年(653)"詔頒於天下,每年明經,依此考試"①算起,迄今已經一千三百多年。令人感到不解的是,從古至今,對《五經正義》中的疏與注的關係的全面研究,還是空白。究其原因,蓋人們覺得疏與注的關係已有定論,毋須研究。所謂"定論",就是"疏不破注"四字。持此説者,滔滔皆是。姑以我敬仰的五位國學大師爲例。孫詒讓《周禮正義略例》:"唐疏例不破注,而六朝義疏家則不然。"②梁啓超《中國近三百年學術史》:"孔沖遠並疏毛鄭,疏家例不破注。"③黄侃《禮學略説》:"清世禮家輩出,至於篤守專家,按文究例,守唐人疏不破注之法者,亦鮮見其人也。"④范文瀾《中國通史簡編》:"《正義》解釋注文,不得有所出入。注文錯了,或有比注文更好的説法,一概排

---

① 王溥《唐會要》,影印文淵閣《四庫全書》本,607册,172頁。
② 孫詒讓撰,王文錦、陳玉霞點校《周禮正義》,中華書局,1987年,3頁。
③ 梁啓超《中國近三百年學術史》,中國書店,1985年,184頁。
④ 黄侃《黄侃論學雜著》,中華書局,1964年,453頁。

斥,總要説注文是對的,這叫做'疏不破注'。"①張舜徽《中國古代史籍校讀法》:"唐初修《五經正義》,當時宗旨,在於義定一宗。《正義》例不破注,只在舊注的基礎上,有引申發明,而没有其他不同的見解,自然失之膠固狹隘。"②筆者認爲,把"疏不破注"四字看作《五經正義》唯一的例是非常片面的。它之所以能够大行其道,是由於人們對《五經正義》中的注疏關係缺乏全面的認識所致。具體地説,《五經正義》有下列八條涉及注疏關係的例,或者被我們忽略了,或者被我們或誤解了。竊不自揆,覼縷于下,幸讀者賜教。

二 孔穎達《五經正義》八例

一、《五經正義》中,孔疏有以追求正確闡釋經旨爲第一要義之例

《五經正義》的構成,含三個要素:經文、注文、疏文,互有關聯,互有影響。三者之中,經文是最重要的要素,其他兩個要素都是爲它服務的。長期以來,我們只注意到注疏關係,忽略了注文與經文的關係。而在這兩種關係中,疏文與經文的關係是主要的。疏的首要任務是對經文負責,並不是對注文負責。何以知之? 首先,請看孔穎達的夫子自道。孔穎達《周易正義序》:"爲之《正義》,凡十有四卷,庶望上裨聖道,下益將來。"③《尚書正義序》:"爲之《正義》,凡二十卷,庶對揚于聖範,冀有益於童稚。"④《毛詩正義序》:"凡爲四十卷,庶以對揚聖範,垂訓幼蒙。"⑤《禮記正義序》:"爲之《正義》,凡成七十卷,庶能光贊大猷,垂法後進。"⑥其中的"上裨""對揚""光贊"是一個意思,猶今語"闡發"也。其中的"聖道""聖範""大猷"也是一個意思,統指《五經》而言。因爲《五經》出自聖人,故有"聖

---

① 范文瀾主編《中國通史簡編》,人民出版社,1965年,第三編下册,641頁。
② 張舜徽《中國古代史籍校讀法》,華中師範大學出版社,2004年,250頁。
③ 《十三經注疏》,中華書局,1980年,6頁。
④ 《十三經注疏》,110頁。
⑤ 《十三經注疏》,261頁。
⑥ 《十三經注疏》,1223頁。

道""聖範""大猷"之稱。臺灣學者林慶彰説:"我把歷來的經學專著裏的序文挑出來看,大都會提到'對聖人之義不無小補',當然不一定都是這句話,基本上都是這樣的意思。可見他們寫書的時候,是一心一意要闡發聖人之意而已。"①可謂先獲我心。其次,在《五經正義》中,"不知二者,誰得經意""未知孔、鄭,誰得經旨""先儒各以意説,未知孰得其本"一類的字樣,累見不鮮,可見所謂"本",就是"經旨""經意"。如何深入淺出地闡明經義,是孔疏考慮的唯一中心。最後,據《舊唐書·孔穎達傳》,《五經正義》撰成後,"太宗下詔曰:'卿等博綜古今,義理該洽,考前儒之異説,符聖人之幽旨,實爲不朽。'"②所謂"符聖人之幽旨",與孔穎達序文中的"上裨聖道"云云,互爲呼應。根據以上三點,可知孔疏的唯一任務與終極目的是對經文負責。用一句通俗的話來說,孔疏以正確闡釋經旨爲第一要義。這是孔穎達《五經正義》的原始設計。在"疏不破注"觀念根深蒂固的情況下,對這一點無論如何強調都不爲過。

二、《五經正義》中,孔疏具有實事求是的學術品格,有敢於破經之例

孔疏雖然以正確闡釋經旨爲第一要義,但它也不是經文的奴婢,百依百順。如果發現經文有瑕疵,不是爲聖人諱,而是實事求是地予以指出。孔疏的這種做法,與西人所說的"吾愛吾師,吾更愛真理"並無二致。皮錫瑞《經學歷史·經學統一時代》:"案:著書之例,注不駁經,疏不駁注。"③按《五經正義》中,不僅有孔疏破注之例,也有孔疏破經之例。事實證明,皮氏之論,乃不實之詞。下面逐經論之。

(一)《尚書正義》中的孔疏破經例

(1)《尚書·泰誓序》:"惟十有一年,武王伐殷。"孔傳:"周自虞、芮質厥成,諸侯並附,以爲受命之年。至九年而文王卒,武王三年服畢,觀兵孟津,以卜諸侯伐紂之心。"孔疏:"《易緯》稱'文王受命,改正朔,布王號

---

① 林慶彰《我研究經學史的一些心得》,陳恒嵩、馮曉庭《經學研究三十年——林慶彰教授學術評論集》,樂學書局,2010年,597頁。
② 劉昫等《舊唐書·孔穎達傳》,中華書局,1975年,2602頁。
③ 皮錫瑞著、周予同注釋《經學歷史》,中華書局,2004年,201頁。

於天下',鄭玄依而用之,言'文王生稱王,已改正'。然天無二日,民無二王,豈得殷紂尚在,而稱周王哉?若文王身自稱王,已改正朔,則是功業成矣,武王何得云'大勳未集',欲卒父業也?《禮記·大傳》云:'牧之野,武王之大事也。既事而退,追王大王亶父、王季歷、文王昌。'是追爲王,何以得爲'文王身稱王,已改正朔'也?《春秋》'王正月',謂周正月也。《公羊傳》曰:'王者孰謂?謂文王。'其意以正爲文王所改。《公羊傳》,漢初俗儒之言,不足以取正也。《春秋》之王,自是當時之王,非改正之王。晉世有王愆期者,知其不可,注《公羊》,以爲春秋制文,王指孔子耳,非周昌也。《文王世子》稱武王對文王云:'西方有九國焉,君王其終撫諸?'呼文王爲王,是後人追爲之辭,其言未必可信,亦非實也。"①

吕按:此一段孔疏批評了三家:鄭玄、《公羊傳》《禮記·文王世子》。

(2)《尚書·武成》:"武成。"孔傳:"文王受命,有此武功,成於克商。"孔疏:"此篇'無作神羞'以下,惟告神,其辭不結,文義不成,非述作之體。案《左傳》荀偃禱河云:'無作神羞,具官臣偃,無敢復濟,惟爾有神裁之。'蒯聵禱祖云:'無作三祖羞,大命不敢請,佩玉不敢愛。'彼二者於'神羞'之下,皆更申己意。此經'無作神羞'下更無語,直是與神之言,猶尚未訖。且冢君、百工初受周命,王當有以戒之,如《湯誥》之類,宜應説其除害與民更始,創以爲惡之禍,勸以行道之福,不得大聚百官,惟誦禱辭而已。欲征則殷勤誓衆,既克則空話禱神,聖人有作,理必不爾。竊謂'神羞'之下,更合有言,簡編斷絶,經失其本,所以辭不次耳。或初藏之日,已失其本;或壞壁得之,始有脱漏。故孔稱'五十八篇以外,錯亂磨滅,不可復知'。明是見在諸篇,亦容脱錯。但孔此篇,首尾具足。既取其文爲之作傳,恥云有所失落,不復言其事耳。"②

吕按:此一段孔疏,不獨于孔傳有微詞,于經亦有微詞。庫本《尚書

---

① 孔安國傳、孔穎達正義、黃懷信整理《尚書正義》,上海古籍出版社,2007年,398—399頁。

② 孔安國傳、孔穎達正義、黃懷信整理《尚書正義》,427—428頁。

注疏》考證:"臣召南按:古文脱誤,此篇爲最,穎達疑之是也。"①

(二)《毛詩正義》中的孔疏破經例

(1)《詩大序》:"國史明乎得失之迹,傷人倫之廢,哀刑政之苛,吟詠情性,以風其上。"孔疏:"國史者,《周官》大史、小史、外史、御史之等,皆是也。得失之迹者,人君既往之所行也。明曉得失之迹,哀傷而詠情性者,詩人也,非史官也。《民勞》《常武》,公卿之作也;《黄鳥》《碩人》,國人之風。然則,凡是臣民,皆得風刺,不必要其國史所爲。"②

吕按:孔疏所謂"凡是臣民,皆得風刺,不必要其國史所爲",是直駁《詩大序》也。

(2)《周南·漢廣》:"南有喬木,不可休息。漢有游女,不可求思。"毛傳:"思,辭也。"孔疏:"以'泳思''方思'之等,皆不取'思'爲義,故爲'辭也'。疑經'休息'之字作'休思'也。何則?《詩》之大體,韻在辭上,疑'休''求'字爲韻,二字俱作'思'。但未見如此之本,不敢輒改耳。"③

吕按:庫本《毛詩注疏》考證:"臣會汾按:《韓詩外傳》即作'休思',朱子亦從之。蓋'休''求'爲韻,通首皆以'思'爲語辭也。"④

(三)《禮記正義》中的孔疏破經例

(1)《曲禮上》:"國君下齊牛,式宗廟。"孔疏:"'國君下齊牛,式宗廟'者,案《齊右職》云:'凡有牲事則前馬。'注云:'王見牲則拱而式。'又引《曲禮》曰:'國君下宗廟,式齊牛。'鄭注《周官》與此文異者,熊氏云:'此文誤,當以《周禮》注爲正。宜云'下宗廟,式齊牛'。"(132頁)

吕按:庫本《禮記注疏》考證:"臣召南按:此文當云'國君下宗廟,式齊牛'。鄭既引此文以注《齊右》,則鄭時《禮記》本未誤也。鄭以後之本,始誤倒其字句,而熊氏正之。"⑤

---

① 《尚書注疏》,影印文淵閣《四庫全書》本,54册,235頁。
② 鄭玄箋、孔穎達疏,朱傑人、李慧玲整理《毛詩注疏》,上海古籍出版社,2013年,18頁。
③ 鄭玄箋、孔穎達疏,朱傑人、李慧玲整理《毛詩注疏》,70—71頁。
④ 《毛詩注疏》考證,影印文淵閣《四庫全書》本,69册,152頁。
⑤ 《禮記注疏》考證,影印文淵閣《四庫全書》本,115册,84頁。

(2)《禮記·文王世子》:"文王曰:'我百,爾九十,吾與爾三焉。'"鄭注:"文王以勤憂損壽,武王以安樂延年。言與爾三者,明傳業於女,女受而成之,"孔疏:"云'文王以勤憂損壽'者,以文王當紂暴虐之時,故知勤憂損壽也。《無逸》篇云'文王自朝至於日中昃,不遑暇食',是勤憂也。云'武王以安樂延年'者,以武王承文王之業,故安樂延年。《詩·魚麗》:'美萬物盛多,始於憂勤,終於逸樂也。'年壽之數,賦命自然,不可延之寸陰,不可減之晷刻。文王九十七,武王九十三,天定之數。今文王云'吾與女三'者,示其傳基業於武王,欲使武王承其所傳之業,此乃教戒之義訓,非自然之理。"①

吕按:此蓋微言破經、破注。衛湜《禮記集説》卷五十引廬陵胡氏(胡氏銓)曰:"人之考折,天定其數。今曰'吾與爾三',是不知命,非文王之言也。"②宋員興宗《辯言》:"夢帝與九齡,其説已可怪;'吾與爾三',則誕之甚矣。"③

(四)《春秋左傳正義》中的孔疏破經例

(1)《左傳》宣公二年::"使其驂乘謂之曰:'牛則有皮,犀兕尚多,棄甲則那。'注:"那,猶何也。"孔疏:"遍檢書傳,犀兕二獸,並出南方,非宋所有。假令波及宋國,必不能多,言'尚多'者,苟以答謳者耳。"④

吕按:孔疏對經文"犀兕尚多"提出質疑,是微言破經也。

(2)《左傳》昭公九年:"我自夏以后稷、魏、駘、芮、岐、畢,吾西土也。"杜注:"在夏世,以后稷功,受此五國,爲西土之長。"孔疏:"《釋例·土地名》曰:'魏,河東河北縣也。芮,馮翊臨晉縣芮鄉是也。畢在京兆長安縣西北。駘在武功,岐在美陽。'孔穎達曰:'今案其地,芮在魏之西南百餘里耳,岐在駘之西北無百里也,《詩》稱后稷封邰,與岐、畢相近,爲之長可矣。計魏在邰東六百餘里,而令邰國與魏爲長,道路太遥,公劉居豳,又

---

① 孔安國傳、孔穎達正義、黃懷信整理《尚書正義》,上海古籍出版社,2007年,829頁。
② 衛湜《禮記集説》考證,影印文淵閣《四庫全書》本,118册,52頁。
③ 員興宗《辯言》,影印文淵閣《四庫全書》本,863册,858頁。
④ 左丘明傳、杜預注、孔穎達正義、浦衛忠等整理《春秋左傳正義》,683頁。

在岐西北四百餘里,此傳極言遠竟而辭不及豳,並不解其故。'"

呂按:清初閻若璩讀到此節,云:"余謂穎達每好依阿康成、元凱,莫敢是正。茲獨上攻及傳之正文,殊可喜也,宜亟標出之。"①

從以上諸例來看,不難想象,孔疏既然敢於破經,何有于疏不破注哉!②

三、《五經正義》中有注的生殺予奪一操之于疏之例

《五經正義》中的注與疏,誰是主?誰是客?長期以來,我們的潛意識中認爲注是主,疏是客。你看,疏不是還要疏通注嘛!張舜徽《中國古代史籍校讀法》:"疏是對注而言的,也取義于治水。既灌注了,還不明暢,再加以疏通的意思。"③可以作爲代表。筆者原來也作此想,後經反復推尋,乃知非也。注之生殺予奪,一操之在疏。疏是主,注是客。從注的定位來說,它只是一個經文的注釋成果,是《五經正義》在疏通經文過程中藉以使用的工具。注是疏家考察、使用的對象,不是服務的對象。注始終處於被動狀態,注在被使用之前,還必須經過疏家的兩次篩選。第一次篩選是宏觀上的整體篩選,是在某一經的衆多注家中進行,從中選出優勝者。注家能否從這次篩選中勝出,其在歷史上的表現如何是疏家很看重的因素。例如《周易》,采用的是王弼注,孔氏便在《周易正義序》中説:"唯魏世王輔嗣之《注》,獨冠古今。所以江左諸儒,並傳其學;河北學者,罕能及之。"④再如《春秋左傳》,采用的是杜預《集解》,孔氏便在《春秋左傳正義序》中説:"今校先儒優劣,杜爲甲矣,故晋、宋傳授,以至于今。"⑤其他三經也是如此。

儘管各經的注家是第一次篩選中的勝出者,但並不意味著這些勝出者就可以從此高枕無憂,萬事大吉了。爲什麽呢?儘管王弼注是"獨冠古今",杜預注是"今校先儒優劣,杜爲甲矣",都是就注家的整體而言。有

---

① 閻若璩《四書釋地·周舊邦》,影印文淵閣《四庫全書》本,210册,334頁。
② 關於孔疏破經之例,詳見本書《論孔穎達〈五經正義〉中有疏家破經之例》一文。
③ 張舜徽《中國古代史籍校讀法》,250—251頁。
④ 《十三經注疏》,6頁。
⑤ 《十三經注疏》,698頁。

道是"《武》盡美矣,未盡善也",整體雖好,不見得句句都對,所以還面臨著疏家的第二次篩選。第二次篩選,是微觀上的對注文進行逐句的篩選。在這次篩選中,第一次篩選的勝出者不能靠吃老本,賣老資格,孔疏只看"臨場表現",逐句進行嚴格審查,而後予以客觀評價,決定如何使用。孔疏的第二次篩選做得非常認真,一絲不苟,讀來讓人感動。請看下面的四個例子:

(1)《尚書·旅獒》:"惟克商,遂通道于九夷八蠻。"孔傳:"四夷慕化,貢其方賄。九八,言非一。"孔疏:"四夷各自爲國,無大小統領。《釋地》云:'九夷八狄,七戎六蠻,謂之四海。'又云:'八蠻在南方,六戎在西方,五狄在北方,'上下二文,三方數目不同。《明堂位》稱:'九夷八蠻,六戎五狄。'與《爾雅》上文不同。《周禮·職方氏》:'掌四夷、八蠻、七閩、九貉、五戎、六狄之人。'鄭衆云:'四、八、七、九、五、六,周之所服國數也。'遍檢經傳,四夷之數,參差不同。先儒舊解,此《爾雅》殷制,《明堂位》及《職方》并《爾雅》下文云'八蠻在南,六戎在西,五狄在北',皆爲周制。義或當然。《明堂位》言'六戎、五狄',《職方》言'五戎、六狄',趙商以此問鄭,鄭答云:'戎狄但有其國數,其名難得而知。'是鄭亦不能定解。"①

呂按:孔傳是《尚書正義》中的注家,而在逐句篩選時,孔疏云"遍檢經傳",可見審核之嚴。而經文"九夷八蠻"的含義,孔傳沒有說清楚,鄭注也沒有說清楚。

(2)《毛詩·小雅·信南山》:"中田有廬,疆埸有瓜。"鄭箋云:"中田,田中也。農人作廬焉,以便其田事。於畔上種瓜,瓜成,又入其稅,天子剝削淹漬以爲菹,貴四時之異物。"孔疏:"遍檢書傳,未見天子稅民瓜以供祭祀者。故《地官·場人》:'掌國之場圃,而樹之果蓏珍異之物,以時斂而藏之。凡祭祀,共其果蓏瓜瓠之屬。'《郊特牲》曰:'天子樹瓜華,不斂藏之種。'是則天子之瓜,自令有司供之,不稅于民。"②

---

① 《十三經注疏》,194頁。
② 《十三經注疏》,471頁。

吕按：毛傳、鄭箋是《毛詩正義》中的注家，而在逐句篩選時，孔疏連云"遍檢書傳"，可見審核之嚴，而毛傳、鄭箋均受到質疑。

　　(3)《禮記·明堂位》："俎，有虞氏以梡，夏后氏以嶡，殷以椇，周以房俎。"鄭注："房，謂足下跗也，上下兩間，有似於堂房。《魯頌》曰：'籩豆大房。'"孔疏："云'房，謂足下跗也，上下兩間，有似於堂房'者，案《詩注》云：'其制，足間有橫，下有跗，似乎堂後有房然。'如鄭此言，則俎頭各有兩足，足下各別爲跗，足間橫者似堂之壁，橫下二跗似堂之東西頭各有房也。但古制難識，不可悉知，南北諸儒，亦無委曲解之。今依鄭注，略爲此意，未知是否。"①

　　吕按：鄭注是《禮記正義》中的注家，而在逐句篩選時，孔疏云"古制難識，不可悉知，南北諸儒，亦無委曲解之。今依鄭注，略爲此意，未知是否"，可見審核之嚴，而鄭注亦受到質疑。

　　(4)《左傳》僖公三十年："冬，王使周公閱來聘。饗有昌歜。"杜注："昌歜，昌蒲葅。"孔疏："昌歜，饗之所設，必是籩豆之實。《周禮·醢人》：'朝事之豆，其實有昌本、麋臡。'鄭玄云：'昌本，昌蒲根，切之四寸爲葅。'彼昌本可以爲葅，知此'昌歜'即是昌蒲葅也。齊有邴歜，魯有公甫歜，其音爲觸。《說文》云：'歜，盛氣怒也。從欠，蜀聲。'此'昌歜'之音相傳爲在感反，不知其字與彼爲同爲異。遍檢書傳，昌蒲之草，無此別名，未知其所由也。"②

　　吕按：杜預是《春秋左傳正義》中的注家，而在逐句篩選時，孔疏云"遍檢書傳，昌蒲之草，無此別名，未知其所由也"，是強烈質疑杜注也。

　　上述例子表明，第一次篩選勝出的注家，未必在第二次篩選中一定繼續勝出。而第二次篩選考核之嚴令人起敬。在上述兩次篩選中，孔疏都是主導者。孔疏之所以設計出這兩次篩選，無他，還是出於盡量疏通好經文這個目的。孔穎達這種兩次篩選的做法，可謂精心設計，對保證《五經正義》的學術質量有重要作用。

---

① 《十三經注疏》，1491頁。
② 《十三經注疏》，1831頁。

四、《五經正義》中，孔疏有對所選注家采取"是則是之，誤則破之，疑則疑之，闕則補之"之例

長期流行于學術界的所謂"疏不破注"例，是上誣孔疏，下誤讀者的不實之辭，亟須糾正。"是則是之，誤則破之，疑則疑之，闕則補之"十六字貫穿的原則是實事求是，不像"疏不破注"那樣，不分青紅皂白，一概不破。

何謂"是則是之"？注説的對，疏就要予以肯定。因爲注家都是第一次篩選出來的優勝者，毫無疑問，注説對的是主流，是大多數。這一點，毋須舉證。

何謂"誤則破之"？注文明顯錯了，疏就要直言不諱地予以指出。例子很多，限於篇幅，《五經正義》中試各舉一例：

（1）《周易·震卦》："震驚百里，不喪匕鬯。"王弼注："鬯，香酒。"孔疏："鬯者，鄭玄之義，則爲秬黍之酒，其氣調暢，故謂之鬯。《詩傳》則爲鬯是香草。案：《王度記》云：'天子鬯，諸侯薰，大夫蘭。'以例而言之，則鬯是草明矣。今特言'匕鬯'者，鄭玄云：'人君於祭祀之禮，尚牲薦鬯而已，其餘不足觀也。'"①

吕按：龔鵬程云："孔疏於此訓釋文義，整贍詳明，力駁王注以鬯爲酒之論，足以破千古疏不破注之謬説。"②

（2）《周易·乾卦》："九三：君子終日乾乾，夕惕若厲，无咎。"王弼注云："至於夕惕猶若厲也。"孔疏："'夕惕猶若厲也'者，言雖至於夕，恒懷惕懼，猶如未夕之前，當若厲也。案：此卦九三所居之處，實有危厲。又《文言》云：'雖危无咎。'是實有危也。據其上下文勢，'若'字宜爲語辭。但諸儒並以'若'爲'如'，如似有厲，是實无厲也，理恐未盡。今且依'如'解之。"③

吕按："夕惕若厲，无咎"，按照孔穎達"'若'字宜爲語辭"的理解，當標作"夕惕若，厲无咎"。孔疏云："據其上下文勢，'若'字宜爲語辭。但

---

① 王弼注、孔穎達疏、盧光明等整理《周易正義》，北京大學出版社，2000年，246頁。
② 龔鵬程《〈周易正義〉之編纂》，《周易研究》2006年4期，13頁。
③ 王弼注、孔穎達疏、盧光明等整理《周易正義》，6頁。

諸儒並以'若'爲'如',如似有厲,是實无厲也,理恐未盡。"這個"諸儒",也包括王弼在內。知者,王弼釋"若"爲"猶若"也。是直言破注也。

(3)《尚書·禹貢》:"黑水、西河惟雍州。"孔傳:"西距黑水東據河。"孔疏:"計雍州之境,被荒服之外,東不越河,而西踰黑水。王肅云:'西據黑水,東距西河。'所言得其實也。遍檢孔本,皆云'西據黑水東據河',必是誤也。"①

吕按:清朱鶴齡《禹貢長箋》卷九:"古注誤作'西距黑水東據河',王肅始正之。"②按:包括蔡沈《書經集傳》在内的後之學者,皆從王肅之説。

(4)《尚書·胤征》:"湯始居亳,從先王居。"孔傳:"契父帝嚳都亳,湯自商丘遷焉,故曰'從先王居'。"孔疏:"孔言'湯自商丘遷焉',以相土之居商丘,其文見於《左傳》,因之言自商丘徙耳。此言不必然也。何則?相土,契之孫也。自契至湯,凡八遷,若相土至湯,都遂不改,豈契至相土三世而七遷也? 相土至湯,必更遷都,但不知湯從何地而遷亳耳,必不從商丘遷也。"③

吕按:孔傳云"湯自商丘遷焉",孔疏則先云"此言不必然也",繼云"必不從商丘遷也",是直言破注也。宋夏僎《尚書詳解》卷九:"唐孔氏此説有理,故特從之。"④庫本《尚書注疏》考證云:"臣召南按:疏於孔傳,雖不可通,必爲曲解。此條明糾傳失,可謂公直矣。"⑤

(5)《毛詩·召南·采蘩》:"被之僮僮,夙夜在公。"毛傳:"被,首飾也。僮僮,竦敬也。夙,早也。"箋云:"公,事也。早夜在事,謂視濯溉饎爨之事。《禮記》:'主婦髲鬄。'"孔疏:"被者,首服之名。在首,故曰首飾。箋引《少牢》之文云'主婦髲鬄',與此'被'一也。此'主婦髲鬄',在《少牢》之經,箋云《禮記》曰者誤也。"⑥

---

① 孔安國傳、孔穎達正義、黃懷信整理《尚書正義》,221頁。
② 朱鶴齡《禹貢長箋》卷九,影印文淵閣《四庫全書》本,67冊,125頁。
③ 孔安國傳、孔穎達正義、黃懷信整理《尚書正義》,277—278頁。
④ 夏僎《尚書詳解》卷九,影印文淵閣《四庫全書》本,56冊,600頁。
⑤ 《尚書注疏》卷六考證,影印文淵閣《四庫全書》本,54冊,158頁。
⑥ 鄭玄箋、孔穎達疏,朱傑人、李慧玲整理《毛詩注疏》,88—89頁。

吕按：孔疏明白指出："主婦髽髺"四字，出自《儀禮·少牢饋食禮》，鄭箋説是出自《禮記》，誤也。是直言破注也。

（6）《周南·卷耳》："陟彼崔嵬。"毛傳："陟，升也。崔嵬，土山之戴石者。"孔疏："《釋山》云：'石戴土謂之崔嵬。'孫炎曰：'石山上有土者。'又云：'土戴石爲砠。'孫炎云：'土山上有石者。'此及下傳云'石山戴土曰砠'，與《爾雅》正反者，或傳寫誤也。"①

吕按：孔疏云毛傳"或傳寫誤也"，是直言破注也。

（7）《禮記·坊記》："《易》曰：'不耕穫，不菑畬，凶。'"鄭玄注："田一歲曰菑，二歲曰畬，三歲曰新田。"孔疏："案《爾雅·釋地》云'田一歲曰菑'，孫炎云'始菑殺其草木'；'二歲曰新田'，孫炎云'新成柔田也'；'三歲曰畬'，孫炎云'畬，舒緩'。《周頌》傳亦云'三歲曰畬'。此云'三歲曰新田'者誤也。"②

吕按：孔疏直言鄭注"三歲曰新田"者誤也，因爲鄭注與《爾雅》相違。

（8）《禮記·少儀》："（婦人）爲喪主則不手拜。"鄭注："或曰：喪爲主則不手拜，肅拜也。"孔疏云："'或曰：喪爲主則不手拜肅拜也'者，鄭更引或解之辭，云'爲喪主不作手拜，但爲肅拜'，與前爲稽顙異，違《小記》正文，其義非也。"③

吕按：這是指名道姓破注之例。因爲鄭注所引之"或曰"違背了《喪服小記》的經文。按：《喪服小記》原文："婦人爲夫與長子稽顙，其餘則否。"

（9）《左傳》隱公元年："八月，紀人伐夷，夷不告，故不書。"杜注："夷國在城陽壯武縣，紀國在東莞劇縣。"孔疏："《世族譜》：'紀，姜姓，侯爵。莊四年，齊滅之。'《世本》：'夷，妘姓，傳無其人，不知爲誰所滅。'《釋例·土地名》：'夷國在城陽壯武縣。'莊十六年：'晉武公伐夷，執夷詭諸。'杜

---

① 鄭玄箋、孔穎達疏，朱傑人、李慧玲整理《毛詩注疏》，49 頁。
② 鄭玄注、孔穎達正義、吕友仁整理《禮記正義》，上海古籍出版社，2008 年，1976—1977 頁。
③ 鄭玄注、孔穎達正義、吕友仁整理《禮記正義》，1396 頁。

云:'詭諸,周大夫夷采地名。'《釋例・土地名》注爲闕,則二夷別也。《世族譜》於'夷詭諸'之下注云:'妘姓,更無夷國。'則以二夷爲一。計壯武之縣,遠在東垂,不得爲周大夫之采邑而晉取其地,是《譜》誤也。"①

呂按:孔疏直言杜預《世族譜》誤也。

(10)《左傳》隱公元年:"書曰:'鄭伯克段于鄢。'段不弟,故不言弟;如二君,故曰'克';稱'鄭伯',譏失教也。"杜注:"傳言夫子作《春秋》,改舊史以明義。不早爲之所,而養成其惡,故曰'失教';段實出奔,而以'克'爲文,明鄭伯志在於殺,難言其奔。"孔疏:"謂實非二君,俊傑彊盛,如是二君,伐而勝之,然後稱'克',非謂真是二君也。若真是二君,則以'戰''襲''敗''取'爲文。然既非二君,而杜注經云:'以君討臣而用二君之例',又似真二君者,但杜於彼應云'以君討臣而用如二君之例',略其'如'字,但云'而用二君'耳。"②

呂按:孔疏批評杜注《春秋》經文"鄭伯克段于鄢"不應略去"如"字,因爲此字關係重大,是直言破注也。

何謂"疑則疑之"? 注文是對是錯,孔疏拿不准。於是乎就旁及異聞(一般是他家之注),而異聞之是對是錯,仍然拿不准。在這種情況下,孔疏在旁及異聞之後,就附加"未知孰是""先儒各以意説,未知孰得其本""未知所説,誰得經旨""各言其志,未知孰是""未知孰是,故兩存焉"一類的話頭。此類用語,都動搖了注家一家獨尊的地位,是所謂微言破注也。微言者,委婉表達之謂也。此類情況甚多,限於篇幅,姑以《尚書正義》爲例,略舉五例:

(1)《舜典》:"禋于六宗。"孔傳:"精意以享謂之禋。宗,尊也。所尊祭者,其祀有六,謂四時也,寒暑也,日也,月也,星也,水旱也。"孔疏:"漢世以來,説六宗者多矣。歐陽及大小夏侯説《尚書》,皆云'所祭者六,上不謂天,下不謂地,旁不謂四方,在六者之間,助陰陽變化,實一而名六宗

---

① 左丘明傳、杜預注、孔穎達正義、浦衛忠等整理《春秋左傳正義》,北京大學出版社,2000年,70頁。
② 左丘明傳、杜預注、孔穎達正義、浦衛忠等整理《春秋左傳正義》,63頁。

矣'。孔光、劉歆以'六宗,謂乾坤六子:水、火、雷、風、山、澤也'。賈逵以爲'六宗者,天宗三,日、月、星辰;地宗三,河、海、岱也'。馬融云:'萬物非天不覆,非地不載,非春不生,非夏不長,非秋不收,非冬不藏,此其謂六也。'鄭玄以'六宗言禋,與祭天同名,則六者皆是天之神祇,謂星、辰、司中、司命、風師、雨師。星,謂五緯也。辰,謂日月所會十二次也。司中、司命,文昌第五第四星也。風師,箕也。雨師,畢也'。晋初幽州秀才張髦上表云:'臣謂禋于六宗,祀祖考所尊者六,三昭三穆是也。'司馬彪又上表云歷難諸家及自言己意:'天宗者,日、月、星、辰、寒暑之屬也;地宗,社稷、五祀之屬也。四方之宗,四時、五帝之屬。'惟王肅據《家語》,六宗與孔同。各言其志,未知孰是。"(80頁)①

吕按:"六宗"之解,孔疏列舉了五家與孔傳不同之説,結論是"各言其志,未知孰是"。

(2)《益稷》:"予欲觀古人之象,日、月、星辰、山、龍、華蟲,作會宗彝。藻、火、粉、米、黼、黻絺繡。"孔傳:"日、月、星爲三辰。華,象草華。蟲,雉也。畫三辰、山、龍、華蟲於衣服、旌旗。宗廟彝樽,亦以山、龍、華蟲爲飾。藻,水草有文者。火爲火字,粉若粟冰,米若聚米,黼若斧形,黻爲兩己相背。葛之精者曰絺,五色備曰繡。"孔疏:"鄭意以華蟲爲一,粉米爲一,加宗彝謂虎蜼也。《周禮》宗廟彝器有虎彝、蜼彝,故以宗彝謂虎蜼也。此經所云凡十二章,日也,月也,星也,山也,龍也,華蟲也,六者畫以作繪,施於衣也。宗彝也,藻也,火也,粉米也,黼也,黻也,此六者紩以爲繡,施之於裳也。鄭玄云:'至周而變易之,損益上下,更其等差。'《周禮·司服》之注,具引此文。乃云:'此古天子冕服十二章也。王者相變,至周而以日、月、星畫於旌旗,冕服九章,登龍於山,登火於宗彝,尊其神明也。九章,初一曰龍,次二曰山,次三曰華蟲,次四曰火,次五曰宗彝,皆畫以爲繢;次六曰藻,次七曰粉米,次八曰黼,次九曰黻,以絺爲繡。則袞之衣五章,裳四章,凡九也。鷩畫以雉,謂華蟲也,其衣三章,裳四章,凡七也。毳畫虎蜼,

---

① 文後括注的頁碼,自此以下五例,皆上海古籍出版社 2007 年版校點本《尚書正義》頁碼,下不一一。

謂宗彝也,其衣三章,裳二章,凡五也。'是鄭以冕服之名,皆取章首爲義。袞冕九章,以龍爲首,龍首卷然,故以袞爲名。鷩冕七章,華蟲爲首,華蟲即鷩雉也。毳冕五章,虎蜼爲首,虎蜼毛淺,毳是亂毛,故以毳爲名。如鄭此解,配文甚便,於絺繡之義,總爲消帖。但解宗彝爲虎蜼,取理太迴,未知所説,誰得經旨。"(170—171頁)

吕按:由於孔傳對冕服十二章的取義注解得不够明白,孔疏就大段援引鄭玄之説,并云"未知所説,誰得經旨",則是微言破注也。王應麟《困學紀聞》卷二:"鄭康成《書注》間見於《疏義》,如作服十二章,州十二師,孔注皆所不及。"①

(3)《禹貢》:"導渭自鳥鼠同穴。"傳:"鳥鼠共爲雌雄,同穴處此山,遂名山曰鳥鼠,渭水出焉。"孔疏:"郭璞曰:'今隴西首陽縣有鳥鼠同穴山,《尚書》孔傳云共爲雌雄,張氏《地理記》云不爲牝牡。'璞並載此言,未知誰得實也。"(237頁)

吕按:孔疏旁及異聞之後,云"未知誰得實也",則是微言破注也。

(4)《盤庚上》:"兹予大享于先王,爾祖其從與享之。"孔傳:"古者天子録功臣配食於廟。大享,烝、嘗也,所以不掩汝善。"孔疏:"近代已來,惟禘祫乃祭功臣配食,時祭不及之也。近代已來,功臣配食,各配所事之君。若所事之君,其廟已毁,時祭不祭毁廟,其君尚不時祭,其臣固當止矣。禘祫則毁廟之主亦在焉,其時功臣亦當在也。《王制》云:'礿祔、祫禘、祫嘗、祫烝。諸侯礿犆,禘一犆一祫,嘗祫,烝祫。'此《王制》之文,夏、殷之制。天子春惟時祭,其夏秋冬既爲祫,又爲時祭。諸侯亦春爲時祭,夏惟作祫,不作時祭;秋冬先作時祭而後祫。周則春曰祠,夏曰礿,三年一祫在秋,五年一禘在夏。故《公羊傳》云:'五年再殷祭。'《禮緯》云:'三年一祫,五年一禘。'此是鄭氏之義,未知孔意如何。"(346頁)

吕按:孔疏云:"此是鄭氏之義,未知孔意如何",顯然有反客爲主之意,是微言破注也。

---

① 王應麟《困學紀聞》,影印文淵閣《四庫全書》本,854册,170頁。

(5)《洪範》:"曰蒙,曰驛,曰克。"孔傳:"蒙,陰闇。驛,氣落驛不連屬。克,兆相交錯。"孔疏:"圛,即驛也。鄭玄以'圛爲明,言色澤光明也;雺者,氣澤鬱鬱冥冥也',自以明闇相對,異於孔也。克,謂兆相交錯。鄭玄云:'克者,如雨氣色相侵入。'卜筮之事,體用難明,故先儒各以意說,未知孰得其本。"(469頁)

吕按:孔疏云"先儒各以意說,未知孰得其本",是微言破注也。

何謂"闕則補之"? 首先來説説爲什麽會出現"闕則補之"。《朱子語類》卷一三五:"漢儒注書,只注難曉處,不全注盡本文,其辭甚簡。"①朱子此言是也。孔安國《尚書序》:"伏犧、神農、黄帝之書,謂之《三墳》,言大道也。少昊、顓頊、高辛、唐、虞之書,謂之《五典》,言常道也。"孔穎達疏:"其《三墳》直云'言大道也',《五典》直云'言常道也',不訓'墳''典'之名者,以'墳,大''典,常',常訓可知,故略之也。"②實際上,魏晋之儒也是如此。例如,《周易》的第一句話:"乾:元、亨、利、貞。"魏王弼乾脆不注。《左傳正義》昭公二十五年:"爲父子、兄弟、姑姊、甥舅、昏媾、姻亞,以象天明。"經文中的"兄弟、姑姊、甥舅"六字,晋杜預未注,孔疏云:"《釋親》文曰:'男子先生爲兄,後生爲弟;男子謂女子先生爲姊,後生爲妹;父之姊妹爲姑,母之晜弟爲舅;謂我舅者,吾謂之甥。'此皆世俗常言,杜不解者,爲易知故也。"③如杜所言,漢魏晋時期學者"易知"者,時過境遷,唐代的學者未必就"易知",更何况《五經正義》的讀者對象主要是"童稚",是"幼蒙",這就引發了注文不夠用的問題,這就是孔疏爲什麽設計了"闕則補之"的時代背景。

其次,孔疏怎樣補闕呢? 據筆者考察,孔疏采取明言補注與默默補注兩種方式,且數量甚多。

先説明言補注。所謂"明言補注",即孔疏明確指出某經注家在句中對某辭"無明解""無明説""無説""無注",故爲之補。即以《尚書正義》

---

① 黎靖德編、王星賢點校《朱子語類》,中華書局,1986年,3228頁。
② 孔安國傳、孔穎達正義、黄懷信整理《尚書正義》,上海古籍出版社,2007年,5頁。
③ 《十三經注疏》,2108頁。

爲例：

（1）《堯典》："曰放勳欽明文思安安。"孔傳："言堯放上世之功化，而以敬、明、文、思之四德安天下之當安者。"孔疏："鄭玄云：'敬事節用謂之欽，照臨四方謂之明，經緯天地謂之文，慮深通敏謂之思。'孔無明説，當與之同。"（36頁）

吕按：經文"欽明文思"四字，"孔無明説"，孔疏即以鄭玄注補之。

（2）《召誥》："厥既得卜，則經營。"孔傳："其已得吉卜，則經營規度城郭、郊廟、朝市之位處。"孔疏："'經營'者，《考工記》所云'匠人營國，方九里，左祖右社，面朝後市'是也。下有'丁巳，郊'，故知'規度城郭、郊廟、朝市之位處也'。《匠人》不言郊，以不在國內也。《匠人》王城方九里。如《典命》文，又以公城方九里，天子城十二里。鄭玄兩説，孔無明解，未知從何文也。"（576頁）

吕按：王城究竟多大，"孔無明解"，而鄭玄注《周禮》又有兩説，注《匠人》説"王城方九里"，注《典命》又説"公城方九里，天子城十二里"，不知道孔傳究竟從哪一説。

（3）《顧命》："大玉、夷玉、天球、《河圖》在東序。"孔傳："三玉爲三重。夷，常也。球，雍州所貢。《河圖》，八卦。"孔疏："'夷，常'，《釋詁》文。常玉、天球，傳不解'常''天'之義，未審孔意如何。王肅云：'夷玉，東夷之美玉。天球，玉磬也。'亦不解稱'天'之意。鄭玄云：'大玉，華山之球也。夷玉，東北之珣玗琪也。天球，雍州所貢之玉，色如天者。皆璞，未見琢治，故不以禮器名之。'《釋地》云：'東方之美者，有醫無閭之珣玗琪焉。'東方實有此玉，鄭以夷玉爲彼玉，未知經意爲然否。"（733頁）

吕按：孔傳不解"常""天"之義，孔疏徵引鄭注之解以補之，但又"未知經意爲然否"。

次説默默補注。默默者，不聲不響之謂也。此類甚多，我們讀《五經正義》時要留心。仍以《尚書正義》爲例：

（1）《堯典》："允恭克讓。"孔傳："允，信。克，能。"孔疏："'允，信'，《釋詁》文。'克，能'，《釋言》文。鄭玄云：'不懈於位曰恭，推賢尚善曰讓。'恭讓是施行之名。"①

吕按：經文"允恭克讓"四字，孔傳只注解了"允""克"二字，未注"恭讓"二字，孔疏就不聲不響地以鄭注補之。

（2）《禹貢》："厥田惟中中。"孔傳："田之高下肥瘠，九州之中爲第五。"孔疏："上言'敷土'，此言'厥田'，'田''土'異者，鄭玄云：'地當陰陽之中，能吐生萬物者曰土。據人功作力，竞得而田之，則爲之田。'田土異名，義當然也。"（195頁）

吕按：《禹貢》一篇，時而稱"土"，時而稱"田"，"土""田"之别，孔傳未解，孔疏遂取鄭注爲説。

（3）《胤征》："湯始居亳。""亳"字孔傳未注，孔疏："鄭玄云：'亳，今河南偃師縣有湯亭。'《漢書音義》臣瓚者云：'湯居亳，今濟陰亳縣是也。今亳有湯塚，己氏有伊尹塚。'杜預云：'梁國蒙縣北有亳城，城中有成湯塚，其西又有伊尹塚。'皇甫謐云：'孟子稱："湯居亳，與葛爲鄰。葛伯不祀，湯使亳衆爲之耕。"葛，即今梁國寧陵之葛鄉也。若湯居偃師，去寧陵八百餘里，豈當使民爲之耕乎？亳，今梁國穀熟縣是也。'諸説不同，未知孰是。"（278頁）

吕按：由於孔傳未注"亳"在何處，孔疏遂徵引鄭玄等四家之説以補之。

由以上論證可知，"是則是之，誤則破之，疑則疑之，闕則補之"此十六字，是注疏關係的如實表述，驗之《五經正義》皆然。然則，所謂"疏不破注"之例，可以休矣！

五、《五經正義》中，孔疏對所選定的注家，較之其他落選注家，有給予特殊待遇之例

注家説得對，孔穎達自然要予以疏通；注家即令説錯了，孔穎達也要予以疏通。非獨此也，孔疏在指出注家錯誤時，還要語氣平和，點到爲止（按：如果嚴斥痛詆，豈不等於罵自己看走了眼，選錯了人！）而其他落選

---

① 《十三經注疏》，119頁。

注家則無此特殊待遇。

換言之,第一次篩選勝出的注家,在第二次逐句篩選時,無論是對是錯,是百分之百地參與,而其他注家則是有條件地參與,即孔疏需要你來糾謬時才讓你露臉,需要你來補闕時才讓你露臉,需要你來作反面教材時才讓你露臉。

限於篇幅,下面舉四個孔疏疏通錯誤注文的例子,其中兩個選自《禮記正義》,兩個選自《周易正義》:

(1)《禮記·月令》孔疏:"分爲天地,説有多家,形狀之殊,凡有六等:一曰蓋天,文見《周髀》,如蓋在上。二曰渾天,形如彈丸,地在其中,天包其外,猶如雞卵白之繞黃。揚雄、桓譚、張衡、蔡邕、陸績、王肅、鄭玄之徒,並所依用。三曰宣夜,四曰昕天,五曰穹天,六曰安天。鄭注《考靈耀》用渾天之法。今《禮記》是鄭氏所注,當用鄭義,以渾天爲説。按鄭注《考靈耀》云(中略)然鄭四遊之極,元出《周髀》之文,但日與星辰四遊相反。春分,日在婁,則婁星極西,日體在婁星之東,去婁三萬里。以度言之,十二度也。則日没之時,去昏中之星近校十度,旦時日極於東,去旦中之星遠校十度。若秋分,日在角,則角星極東,日體在角星之西,去角三萬里,則日没之時,去昏中之星遠校十度;旦時日極於西,去旦中之星近校十度。此皆與曆乖違,於數不合,鄭無指解,其事有疑。但《禮》是鄭學,故具言之耳,賢者裁焉。"①

呂按:孔疏介紹了六種天體説,因爲"今《禮記》是鄭氏所注,當用鄭義",故介紹鄭説尤詳。但鄭説不争氣,"皆與曆乖違,於數不合,鄭無指解,其事有疑。但《禮》是鄭學(呂按:這個"學",是"注"的同義詞。知者,《春秋公羊經傳解詁》隱公第一,何休學",陸德明《經典釋文》:"學者,言爲此經之學,即注述之意。"②徐彥疏:"'何休學',今案《博物志》曰:'何休注《公羊》云"何休學",有不解者,或答曰:"休謙辭受學於師,乃

---

① 鄭玄注、孔穎達正義、呂友仁整理《禮記正義》,592—594 頁。原文很長,這裏僅摘錄其要點。
② 陸德明《經典釋文》,上海古籍出版社,1985 年,下册,1 頁。

宣此義,不出於己。"此言爲允。'是其義也。"①《廣雅·釋詁》:"注、紀、疏、學、栞、志,識也。"王念孫《疏證》:"學者,何休注《公羊傳》曰'何休學',《釋文》云:'學者,言爲此經之學,即注述之意也。'"②),故具言之耳,賢者裁焉"。所謂"《禮》是鄭學",意謂《禮記》一經選定的注家是鄭玄注,這四個字正與上文"今《禮記》是鄭氏所注,當用鄭義"前後呼應。這本來是一句鄭注錯了爲什麽還要予以疏通的解釋語,不曾想,從清代學者陳澧《東塾讀書記·鄭學卷》開始,對"《禮》是鄭學"做了正面的拔高的解讀,而後之學者,不暇深思,乃乘勢鼓浪,愈拔愈高,形成郢書燕説之勢。此處無法細辨,余有《"〈禮〉是鄭學"辨析》一文詳後,幸讀者留意焉。

(2)《禮記·三年問》:"然則何以至期也?"注:"言三年之義如此,則何以有降至於期也?期者,謂爲人後者、父在爲母也。"孔疏云:"鄭意以三年之喪何以有降至於期者,故云爲人後者爲本生之父母及父在爲母期,事故抑屈,應降至九月十月,何以必至於期?以其本至親,不可降期以下,故雖降屈,猶至於期。今檢尋經意,父母本應三年,何以至期者?但問其一期應除之義,故答曰'至親以期斷',是明一期可除之節。故禮,期而練,男子除絰,婦人除帶。下文云'加隆',故至三年。是經意不據爲人後及父在爲母期。鄭之此釋,恐未盡經意,但既祖鄭學,今因而釋之。"③

吕按:"鄭之此釋,恐未盡經意",這是孔疏對鄭注的直言不諱的批評。在這節孔疏中,孔疏不但根據"禮是鄭學"的體例,你鄭注雖然錯了也要疏通("今檢尋經意"以前,都是疏通鄭注之文),而且把正確的解釋是什麽也告訴了讀者("今檢尋經意"以後,是正確的解釋)。

(3)《周易·乾卦》:"九三:君子終日乾乾,夕惕若厲,无咎。"王弼注云:"至於夕惕猶若厲也。"孔疏:"'夕惕猶若厲也'者,言雖至於夕,恒懷惕懼,猶如未夕之前,當若厲也。案:此卦九三所居之處,實有危厲。又《文言》云:'雖危无咎。'是實有危也。據其上下文勢,'若'字宜爲語辭。

---

① 《十三經注疏》,2195 頁。
② 王念孫《廣雅疏證》,中華書局,2004 年,73 頁。
③ 鄭玄注、孔穎達正義、吕友仁整理《禮記正義》,2188—2189 頁。

但諸儒並以'若'爲'如',如似有厲,是實无厲也,理恐未盡。今且依'如'解之。"(6頁)①

呂按:"夕惕若厲,无咎",按照孔穎達"'若'字宜爲語辭"的理解,當標作"夕惕若,厲无咎"。孔疏云:"據其上下文勢,'若'字宜爲語辭。但諸儒並以'若'爲'如',如似有厲,是實无厲也,理恐未盡。"這個"諸儒",也包括王弼在內。知者,王弼釋"若"爲"猶若"也。是直言破注也。明知包括王弼在內的諸儒皆誤,猶曲徇之者,蓋《易》是王學之故也。

(4)《周易·繫辭下》:"近取諸身,遠取諸物,於是始作八卦,以通神明之德,以類萬物之情。作結繩而爲罔罟,以佃以漁,蓋取諸離。"韓康伯注:"離,麗也。罔罟之用,必審物之所麗也。魚麗于水,獸麗於山也。"孔疏:"'蓋取諸離'者,離,麗也。麗謂附著也。言罔罟之用,必審知鳥獸魚無所附著之處。故稱《離卦》之名爲罔罟也。案諸儒象卦制器,皆取卦之爻象之體,今韓氏之意,直取卦名,因以制器。案《上繫》云:'以制器者,尚其象。'則取象不取名也。韓氏乃取名不取象,於義未善矣。今既遵韓氏之學,且依此釋之也。"(351頁)

呂按:此處孔疏所謂"韓氏乃取名不取象,於義未善矣。今既遵韓氏之學,且依此釋之也",與上文《禮記》孔疏之"鄭無指解,其事有疑。但《禮》是鄭學,故具言之耳,賢者裁焉"何其相似乃爾。是直言破注也。而孔疏之所以敢於破韓康伯注者,韓氏注與經文(《上繫》)相違也。

六、《五經正義》中,孔疏有將落選注家的錯誤注解作爲反面教材使用之例

孔穎達編撰《五經正義》,實質上是編撰一部全國通用的統一教材。按理説,你只要在教材中提供正確的答案就行了,爲什麼還要將落選注家的錯誤注解作爲反面教材來使用,豈非多此一舉? 姑以鄭玄爲例,對這個問題試作回答。在《五經正義》中,風頭最勁的是鄭玄。《毛詩正義》中選定的注家是鄭玄,《禮記正義》中選定的注家也是鄭玄。但在《尚書正義》中,鄭玄却

---

① (3)(4)兩例後面括注的頁碼,都是李學勤主編《周易正義》(繁體字版)頁碼,北京大學出版社2000年出版。

是落選的注家，孔穎達選中的注家是孔安國。但縱觀《尚書》學史，孔安國的《古文尚書傳》與鄭玄的《尚書注》，或者並駕齊驅，或者此起彼伏，互爲敵國。《隋書·經籍志》經部《尚書》類述其事云："至東晉，豫章内史梅賾始得安國之《傳》奏之，於是始列國學。梁、陳所講，有孔、鄭二家。齊代唯傳鄭義。至隋，孔、鄭並行，而鄭氏甚微。"①這就告訴我們，落選的鄭注曾長期立於國學，鄭注在學界的影響不可低估。孔穎達編撰《尚書正義》時，歷史的巨大慣性還在繼續，儘管被選中的注家是孔傳，但毫無疑問，在社會上鄭注仍然是一隱然敵國，強勁對手。在這種情況下，如果不把錯誤的鄭注拿出來曬曬，恐怕還會謬種流傳。試看《尚書正義》中的三個例子：

（1）《堯典》："曰若稽古帝堯。"孔傳："若，順；稽，考也。能順考古道而行之者帝堯。"孔疏："鄭玄信《緯》，訓'稽'爲'同'，訓'古'爲'天'。言能順天而行之，與之同功。《論語》稱'惟堯則天'，《詩》美文王'順帝之則'。然則聖人之道，莫不同天合德，豈待同天之語，然後得同之哉！《書》爲世教，當因之人事。以人繫天，於義無取。且'古'之爲'天'，經無此訓，高貴鄉公皆以鄭爲長，非篤論也。"(35頁)②

吕按：被孔疏痛斥的鄭注，曾經得到貴爲皇帝的高貴鄉公的認可，其影響之大，可見一斑。孔疏爲排除干擾計，亦不得不旁及異聞也。

（2）《舜典》："賓于四門。"孔傳："四門，四方之門。舜流四凶族，四方諸侯來朝者，舜賓迎之。"孔疏："鄭玄以'賓'爲'擯'，謂舜爲上擯，以迎諸侯。今孔不爲'擯'者，則謂舜既錄攝，事無不統，以諸侯爲賓，舜主其禮，迎而待之，非謂身爲擯也。"(75頁)

吕按：此引鄭玄注，孔疏不以爲然。按《漢書·百官公卿表》："謁者掌賓讚受事，秩比六百石。"其中的"賓"，實際上也是作"擯"來講。又，《後漢書·百官志》"謁者"劉昭注引荀綽《晋百官表》注曰："明帝詔曰：'謁者，乃堯之尊官，所以試舜"賓于四門，四門穆穆"者也。'"以"賓"字釋"謁者"，是用鄭義也。《漢書》中如此使用"賓"字，這説明鄭注有來頭；鄭

---

① 魏徵等《隋書》，中華書局，1973年，915頁。
② 括注頁碼，都是上海古籍出版社2007年版校點本《尚書正義》頁碼。以下二例同。

注的理解又出現在晉明帝的詔書中,這説明鄭注影響之大。

(3)《金縢》:"凡大木所偃,盡起而築之,歲則大熟。"孔傳:"木有偃拔,起而立之,築有其根,禾木無,百穀豐熟。"孔疏:"鄭、王皆云:'築,拾也。禾爲大木所偃者,起其木,拾下禾,無所亡失。'意太曲碎,當非經旨。"(504頁)

吕按:孔疏徵引鄭、王之説,云:"意太曲碎,當非經旨。"按《史記·魯周公世家》:"凡大木所偃,盡起而築之。"南朝宋裴駰《集解》引徐廣曰:"築,拾也。"駰案:"馬融曰:'禾爲木所偃者,起其木,拾其下禾,乃無所失亡也。'"①可見,第一,鄭、王之説,源出馬融;第二,南朝學者,皆宗馬、鄭、王之説,可知此説在學者中影響之大。

在經學史上,東漢以降,唐宋以前,鄭玄是最有影響的學者。其影響甚至達到了"寧道孔聖誤,諱聞鄭、服非"的程度。《舊唐書·元行沖傳》記其事云:"卜商疑聖,納誚於曾輿。木賜近賢,貽嗤於武叔。自此之後,唯推鄭公。王粲稱伊洛已東,淮漢之北,一人而已,莫不宗焉。咸云先儒多闕,鄭氏道備。粲竊嗟怪,因求其學,得《尚書注》,退而思之,以盡其意。意皆盡矣,所疑之者,猶未喻焉。凡有兩卷,列於其集。又王肅改鄭六十八條,張融覈之,將定臧否。融稱玄注,淵深廣博,兩漢四百餘年,未有偉於玄者。然二郊之祭,殊天之祀,此玄誤也。其如皇天祖所自出之帝,亦玄慮之失也。王劭《史論》曰:'草野生以專經自許,不能究覽異議,擇從其善,徒欲父康成,兄子慎,寧道孔聖誤,諱聞鄭、服非。"②把鄭玄的學術影響描繪得淋漓盡致。而孔穎達將落選注家的錯誤注解作爲反面教材使用之例,正是對"寧道孔聖誤,諱聞鄭、服非"的錯誤潮流發起挑戰的做法,在經學史上值得大書特書。

下面我們舉例來説明此例。限於篇幅,每經舉兩例,五經共舉十例。

(一)《周易正義》中將落選注家的錯誤注解作爲反面教材使用之例

(1)《周易·乾卦》:"九二:見龍在田,利見大人。"王弼注:"'利見

---

① 司馬遷《史記》,中華書局,1959年,1523頁。
② 劉煦等《舊唐書·孔穎達傳》,3180—3181頁。

大人',唯二五焉。"孔疏:"'利見大人,唯二五焉'者,言此據《乾》之一卦,故云'唯二五焉'。於别卦言之,非唯二五而已。先儒以爲'九二當太簇之月,陽氣見地,則九三爲建辰之月,九四爲建午之月,九五爲建申之月,上九爲建戌之月,群陰既盛,上九不得言與時偕極'。先儒此説,於理稍乖。此乾之陽氣漸生,似聖人漸進,宜據十一月之後,建巳之月已來,此九二爻當建丑、建寅之間,於時地之萌芽,物有生者,即是陽氣發見之義也。但陰陽二氣,共成歲功,故陰興之時,仍有陽在;陽生之月,尚有陰氣。所以六律、六吕,陰陽相關,取象論義,與此不殊。"①

吕按:惠棟《易漢學》云:"所云先儒者,謂康成、何妥諸人也。王輔嗣解《易》,不用爻辰,孔氏《正義》黜鄭存王,故有是説。"②李道平《周易集解纂疏》:"先儒云云,蓋指鄭氏爻辰也。孔氏不取其説,故據消息以駁之。"③按:鄭玄是《周易正義》落選的注家。

(2)《周易·序卦》:"頤者,養也。不養則不可動,故受之以《大過》。"韓康伯注:"不養則不可動,養過則厚。"孔疏:"鄭玄云:'以養賢者,宜過於厚。'王輔嗣注此卦云:'音相過之過。'韓氏云;'養過則厚。'與鄭玄、輔嗣義同。唯王肅云:'過莫大於不養。'則以爲過失之過。案此《序卦》以《大過》次《頤》也,明所過在養。子雍以爲過在不養,違經反義,莫此之尤。"④(396頁)

吕按:據孔疏,鄭玄、王弼、韓康伯皆釋"過"爲"超過",而王肅注則釋爲"過失",被孔疏斥爲"違經反義,莫此之尤"。按:王肅也是《周易正義》落選的注家。

(二)《尚書正義》中將落選注家的錯誤注解作爲反面教材使用之例

(1)《康誥》:"王若曰:'孟侯,朕其弟,小子封。'"孔疏:"周公稱成王命,順康叔之德,命爲孟侯。孟,長也。五侯之長謂方伯,使康叔爲之。言

---

① 王弼注、孔穎達疏、盧光明等整理《周易正義》,4頁。
② 惠棟《易漢學》卷六,影印文淵閣《四庫全書》本,52册,359頁。
③ 李道平撰、潘雨廷點校《周易集解纂疏》,中華書局,1994年,99頁。
④ 王弼注、孔穎達疏、盧光明等整理《周易正義》,396頁。

王使我命其弟封。而鄭以'總告諸侯',依《略説》,以'太子十八爲孟侯'而呼成王。既禮制無文,義理骿曲,豈周公自許天子,以王爲孟侯? 皆不可信也。"①

(2)《無逸》:"其在祖甲,不義惟王,舊爲小人。"孔傳:"湯孫太甲,爲王不義,久爲小民之行,伊尹放之桐。"孔疏:"王肅亦以祖甲爲太甲。鄭玄云:'祖甲,武丁子帝甲也。有兄祖庚賢,武丁欲廢兄立弟,祖甲以此爲不義,逃於人間,故云久爲小人。'案《殷本紀》云:'武丁崩,子祖庚立。祖庚崩,弟祖甲立,是爲帝甲,淫亂,殷道復衰。'《國語》説殷事云:'帝甲亂之,七代而殞。'則帝甲是淫亂之主,起亡殷之源,寧當與二宗齊名,舉之以戒無逸? 武丁賢王,祖庚復賢,以武丁之明,無容廢長立少。祖庚之賢,誰所傳説? 武丁廢子,事出何書? 妄造此語,是負武丁而誣祖甲也。"②

吕按:請讀者做一個對比,同是一個鄭玄,在《禮記正義》中説錯了,備受呵護;在《尚書正義》中説錯了,則被孔疏作爲反面教材,嚴斥痛詆,原因何在? 此無他,在《禮記正義》中鄭玄是被選中的注家,而在《尚書正義》中則不是,屬於異聞,身份不同,待遇頓殊也。

(三)《毛詩正義》中將落選注家的錯誤注解作爲反面教材使用之例

(1)《周南·芣苢》:"采采芣苢,薄言采之。"毛傳:"芣苢,馬舃。馬舃,車前也,宜懷妊焉。"孔疏:"王肅引《周書·王會》云:'芣苢,如李,出於西戎。'王基駁云:'《王會》所記雜物奇獸,皆四夷遠國各賫土地異物以爲貢贄,非周南婦人所得采。'是芣苢爲馬舃之草,非西戎之木也。"③

吕按:王肅是《毛詩正義》落選的注家,其説被孔疏否定。

(2)《大雅·大明》:"來嫁中于周,曰嬪于京。"毛傳:"嬪,婦。京,大也。"鄭箋:"京,周國之地小別名也。"孔疏:"'京,大',《釋詁》文。王肅曰:'唯盡其婦道於大國耳。'述毛爲説也。箋易傳者,以言'于京',是於

---

① 孔安國傳、孔穎達正義、黄懷信整理《尚書正義》,533頁。
② 孔安國傳、孔穎達正義、黄懷信整理《尚書正義》,633頁。
③ 鄭玄箋、孔穎達疏,朱傑人、李慧玲整理《毛詩注疏》,68頁。

其處所,不得漫言'於大'。王肅以爲'大國',近不辭矣。"①

吕按:經文"京"字,毛傳訓爲"大",鄭箋訓爲"周國之地小别名",王肅注釋爲"大國",可謂增字解經。故孔疏通過語法分析,認爲"王肅以爲'大國',近不辭矣"。

(四)《禮記正義》中將落選注家的錯誤注解作爲反面教材使用之例

(1)《檀弓上》:"孔子少孤,不知其墓。"鄭玄注:"孔子之父郰叔梁紇與顔氏之女徵在野合而生孔子,徵在恥焉,不告。"孔疏:"按《史記·孔子世家》云:'叔梁紇與顔氏女野合而生孔子。'鄭用《世家》之文,故注言'野合,不備於禮也'。案《家語》云:'叔梁紇年餘七十,無妻。顔父有三女,顔父謂其三女曰:"郰大夫身長七尺,武力絶倫,年餘七十,誰能與之爲妻?"二女莫對。徵在進曰:"從父所制,將何問焉?"父曰:"即爾能矣。"遂以妻之。爲妻而生孔子,三歲而叔梁紇卒。'王肅據《家語》之文,以爲《禮記》之妄。又《論語緯·撰考》云:'叔梁紇與徵在禱尼丘山,感黑龍之精以生仲尼。'今鄭云'叔梁紇與顔氏之女徵在野合',於《家語》文義亦無殊。何者?七十之男,始取徵在,灼然不能備禮,亦名野合。又徵在幼小之女而嫁七十之夫,是以羞慙,不能告子。又叔梁紇生子三歲而後卒。是'孔子少孤'。又與《撰考》之文'禱尼丘山而生孔子',於野合之説,亦義理無妨。鄭與《家語》《史記》並悉符同。王肅妄生疑難,於義非也。"②(236頁)

吕按:王肅是《禮記正義》落選的注家。孔子是否"野合"而生,王、鄭異解。孔疏批駁"王肅妄生疑難,於義非也"。而後之學者,是王氏者,亦頗有之。陳澔《禮記集説》:"按《家語》孔子生三歲而叔梁紇死,是少孤也。然顔氏之死,夫子成立久矣。聖人人倫之至,豈有終母之世,不尋求父葬之地,至母殯而猶不知父墓乎?且母死而殯於衢路,必無室廬而死於道路者不得已之爲耳,聖人禮法之宗主而忍爲之乎?馬遷爲野合之誣,謂顔氏諱而不告,鄭注因之,以滋後世之惑。且如堯舜瞽瞍之事,世俗不勝

---

① 孔安國傳、孔穎達正義、黄懷信整理《尚書正義》,1391頁。
② 鄭玄注、孔穎達正義、吕友仁整理《禮記正義》,236頁。

異論,非孟子辭而闢之,後世謂何!此經雜出諸子所記,其間不可據以爲實者多矣!孟子曰:'主癰疽與侍人瘠環,何以爲孔子?'愚亦謂終身不知父墓,何以爲孔子乎!其不然審矣。此非細故,不得不辨。"①《日講禮記解義》《欽定禮記義疏》、納喇性德《陳氏禮記集說補正》、孫希旦《禮記集解》,皆是陳澔之說。

(2)《檀弓上》:"曾子曰:'小功不稅,則是遠兄弟終無服也,而可乎?'鄭玄注:"小功不稅,據禮而言也。日月已過,乃聞喪而服曰稅。大功以上然。小功輕,不服。"孔疏:"鄭康成義,若限內聞喪,則追全服。若王肅義,'限內聞喪,但服殘日,若限滿即止'。假令如王肅之義,限內祇少一日,乃始聞喪,若其成服,服未得成即除也。若其不服,又何名追服?進退無禮,王義非也。"②

呂按:稅,音 tuì。稅服,即追服。對稅服的時限,王、鄭異解。孔疏揆以人情,認爲王說"進退無禮,王義非也"。衛湜《禮記集說》卷十六引胡銓曰:"鄭義限內聞喪則追全服,王肅義限內聞喪但服殘日,若限滿即止。王義非也。然鄭亦不言限外聞喪則如何,是鄭亦不追服矣。"③孫希旦《禮記集解》:"愚謂:兄弟,謂袒親也。《喪服》'從祖祖父母、從祖父母、從祖兄弟'爲三小功。先王之制服,以其實,不以其文,故有其服必有其情,非虛加之而已。小功恩輕,若日月已過而服之,則哀微而不足以稱乎其服矣。"④孫氏此語,蓋爲王氏辯解也。

(五)《春秋左傳正義》中將落選注家的錯誤注解作爲反面教材使用之例

(1)《左傳》僖公五年:"將虢是滅,何愛於虞?且虞能親於桓、莊乎?其愛之也。"孔疏:"愛之,謂愛虞也。虞豈能親於桓、莊乎?其當愛此虞也。服虔'其'作'甚',注云:'愛之甚,當謂愛桓、莊之族甚也。'愛之若

---

① 陳澔《禮記集說》,影印《摛藻堂四庫全書薈要》本,57 冊,33 頁。
② 鄭玄注、孔穎達正義、呂友仁整理《禮記正義》,268 頁。
③ 衛湜《禮記集說》,影印文淵閣《四庫全書》本,117 冊,346 頁。
④ 孫希旦撰、沈嘯寰、王星賢點校《禮記集解》,中華書局,1989 年,190 頁。

甚,何以誅之?且文勢不順,又改字失真,繆之甚也。"①

吕按:孔疏批評服虔注"繆之甚也"。服虔是《左傳正義》落選的注家。

(2)《左傳》襄公二十七年:"叔孫曰:'邾、滕,人之私也。我,列國也,何故視之?宋、衛,吾匹也。乃盟,故不書其族,言違命也。"杜注:"季孫專政於國,魯君非得有命。今君唯以此命告豹,豹宜崇大順以顯弱命之君,而遂其小是,故貶之。"孔疏:"季孫專政於國,魯君非得有命。此以公命,非公可知。叔孫亦知非公命,故不肯從之。其實叔孫違命,止違季孫意耳。但季孫假以公命謂之,叔孫雖内知非公,而其辭稱公,即須從命。叔孫既得此命,宜應内自思省:我君由來無命,今君唯以此命命我,事雖非理,亦宜聽從。如是,則敬君之情深矣。豹宜崇此大順之道,以顯弱命之君,而乃校計公言是非,不肯同於小國,遂其小是,以忘大順,故貶之。此義至妙,唯杜始得之矣。賈逵云:'叔孫,義也。魯疾之,非也。'服虔云:'叔孫欲尊魯國,不爲人私,雖以違命見貶,其於尊國之義得之。'案經去其族,是文貶也;傳言'違命',是實惡也。賈、服違經反傳,背《左氏》,異孔子。孔子貶之,賈逵賞之;丘明言其'違命',服虔善其'尊國'。是不以丘明之言解《左傳》,不以孔子之意説《春秋》也。"②

吕按:孔疏:"案經去其族,是文貶也;傳言'違命',是實惡也。賈、服違經反傳,背《左氏》,異孔子。孔子貶之,賈逵賞之;丘明言其'違命',服虔善其'尊國'。是不以丘明之言解《左傳》,不以孔子之意説《春秋》也。"是痛斥賈、服也。按:賈逵也是《左傳正義》落選的注家。

須要説明的是,孔穎達《五經正義》認定落選注家的注解是作爲反面錯誤的,只是孔氏的一家之言,後世的學者未必完全同意孔氏的看法。

七、《五經正義》有"廣采博搜,兼容並包"之例

長期流行于學術界的所謂"唐人《正義》,據一家之説,不旁及異聞",

---

① 左丘明傳、杜預注、孔穎達正義、浦衛忠等整理《春秋左傳正義》,北京大學出版社,2000年,393頁。

② 左丘明傳、杜預注、孔穎達正義、浦衛忠等整理《春秋左傳正義》,1219頁。

是上誣孔疏，下誤讀者的不實之辭，亟須糾正。

有的讀者聽到我這樣說，可能會搖頭，曰："非余所聞也。"是的，在疏與注的關係上，長期流行一種說法，與"疏不破注"互爲表裏，即所謂"不旁及異聞"是也。所謂"異聞"，是指被孔疏選中的注家以外的其他注家。例如，清人惠士奇《禮說》卷九："唐人《正義》，據一家之說，不旁及異聞。"①《四庫全書總目》著錄《爾雅注疏》云："然疏家之體，惟明本注。注所未及，不復旁搜。"②這種說法，實際上肇端于宋代學者。北宋學者孫復《孫明復小集·寄范天章書二》："國家以王弼、韓康伯之《易》，《左氏》《公羊》《穀梁》，杜預、何休、范寧之《春秋》，毛萇、鄭康成之《詩》，孔安國之《尚書》，鏤板藏於太學，頒於天下。復至愚至暗之人，不知國家以王、韓、《左氏》《公羊》《穀梁》杜、何、范、毛、鄭、孔數子之說，咸能盡於聖人之經耶？噫！專主王弼、韓康伯之說而求於《大易》，吾未見其能盡於《大易》者也；專守《左氏》《公羊》《穀梁》杜預、何休、范寧之說而求於《春秋》，吾未見其能盡於《春秋》者也；專守毛萇、鄭康成之說而求於《詩》，吾未見其能盡於《詩》者也；專守孔安國之說而求於《書》，吾未見其能盡於《書》者也。"③所謂"專主""專守"云云，即"不旁及異聞"說之濫觴。

竊以爲，這個"據一家之說，不旁及異聞"的說法也是不實之辭，上誣孔疏，下誤讀者。何者？孔穎達《周易正義序》："義理可詮，先以輔嗣爲本。"④本者，主也。"先以輔嗣爲本"者，謂首先以王弼注爲主也。言外之意，其次則輔以他家之注也。《周易正義》一書如此，其他四經《正義》何獨不然？此其一。又據《舊唐書·孔穎達傳》，《五經正義》撰成後，"太宗下詔曰：'卿等博綜古今，義理該洽，考前儒之異說，符聖人之幽旨，實爲不朽。'"⑤《新唐書·孔穎達傳》也有"《正義》雖包貫異家爲詳博，然其中不

---

① 陳祥道《禮說》，影印文淵閣《四庫全書》本，101 冊，558 頁。
② 永瑢等《四庫全書總目》，中華書局，1965 年，339 頁。
③ 孫復《孫明復小集》，影印文淵閣《四庫全書》本，1090 冊，171 頁。
④ 王弼注、孔穎達疏、盧光明等整理《周易正義》，北京大學出版社，2000 年，4 頁。
⑤ 劉昫等《舊唐書·孔穎達傳》，2602 頁。

能無謬冗"之語。① 此其二。請看,孔穎達自己說"義理可詮,先以輔嗣爲本",連唐太宗都承認《五經正義》"博綜古今,考前儒之異説",歐陽修都認爲"包貫異家爲詳博",而持"不旁及異聞"説者似乎連孔穎達《周易正義序》也未曾寓目,兩《唐書·孔穎達傳》也不屑一看,遂放言高論,誤導讀者,實在不足爲訓。

下面讓我們看看具體事實,姑以《周易正義》爲例。

(1)《周易·咸卦》:"九五,咸其脢,无悔。"王弼注:"脢者,心之上,口之下。進不能大感,退亦不爲无志,其志淺末,故'无悔'而已。"孔疏:"'脢者,心之上,口之下'者,《子夏易傳》曰:'在脊曰脢。'馬融云:'脢,背也。'鄭玄云:'脢,脊肉也。'王肅云:'脢在背而夾脊。'《說文》云:'脢,背肉也。'雖諸説不同,大體皆在心上。"(166頁)②

吕按:經文"脢"字之注,孔疏除王弼注外,又徵引了四家《周易注》,許慎的《説文》尚不計在内。

(2)《周易·姤卦》:"九五,以杞包瓜,含章,有隕自天。"王弼注:"杞之爲物,生於肥地者也。"孔疏:"先儒説杞,亦有不同。馬云:'杞,大木也。《左傳》云:"杞、梓、皮革,自楚往。"'則爲杞梓之杞。《子夏傳》曰:'作杞匏瓜。'薛虞《記》云:'杞,杞柳也。杞性柔韌,宜屈橈,似匏瓜。'又爲杞柳之杞。案王氏云'生於肥地',蓋以杞爲今之枸杞也。"(219頁)

吕按:經文"杞"字,孔疏除王弼注外,又徵引三家《周易注》。

(3)《周易·繫辭上》:"大衍之數五十,其用四十有九。"王弼曰:"演天地之數,所賴者五十也。其用四十有九,則其一不用也。不用而用以之通,非數而數以之成,斯易之太極也。四十有九,數之極也。夫无不可以无明,必因於有,故常於有物之極,而必明其所由之宗也。"孔疏:"京房云:'五十者,謂十日、十二辰、二十八宿也,凡五十。其一不用者,天之生氣,將欲以虛來實,故用四十九焉。'馬季長云:'《易》有太極,謂北辰也。太

---

① 歐陽修、宋祁《新唐書·孔穎達傳》,中華書局,1975年,5644頁。
② 以下三例括注頁碼,皆北京大學出版社繁體字校點本《周易正義》頁碼,下不一一。

極生兩儀,兩儀生日月,日月生四時,四時生五行,五行生十二月,十二月生二十四氣。北辰居位不動,其餘四十九轉運而用也。'荀爽云:'卦各有六爻,六八四十八,加乾、坤二用,凡有五十。《乾》初九"潛龍勿用",故用四十九也。'鄭康成云:'天地之數五十有五,以五行氣通。凡五行減五,大衍又減一,故四十九也。'姚信、董遇云:'天地之數五十有五者,其六以象六畫之數,故減之而用四十九。'但五十之數,義有多家,各有其説,未知孰是。今案王弼云'演天地之數,所賴者五十',據王弼此説,其意皆與諸儒不同。"(329頁)

呂按:經文"大衍之數五十,其用四十有九",孔疏除王弼注外,又徵引了六家(京房、馬融、荀爽、鄭玄、姚信、董遇)《周易注》。

根據以上例證,試問,《周易正義》是"據一家之説,不旁及異聞"嗎? 是"疏家之體,惟明本注。注所未及,不復旁搜"嗎? 何誣古人之甚也! "廣采博搜,兼容並包",非獨《周易正義》如此,整個《五經正義》皆然。

或曰:《五經正義》旁及異聞的用意何在呢,答曰:用意有四。

1. 破注。上文列舉的直言破注,是其例。注文錯了,孔疏勢必旁及異聞,以正確的異聞取而代之。此種旁及異聞的作用是糾正所選注家之謬誤。

2. 存疑。上文列舉的微言破注,是其例。注文是對是錯,孔疏拿不準;於是旁及異聞,但對於異聞的是對是錯也拿不準。在這種情況下,只好疑以傳疑,老實告訴讀者"未知孰是"。

3. 補注。又分明言補注與默默補注。筆者在上文已經予以論證,毋庸贅言。此類旁及異聞,起的是拾遺補闕的作用。

4. 旁及錯誤的異聞,作爲反面教材,以便讓讀者引以爲鑒,不再謬種流傳。這種情況相當多。上文已經予以論證。

小結:根據以上論證,可知説孔疏"據一家之説,不旁及異聞"之説是不實之詞。恰恰相反,孔穎達《五經正義》在對待異聞的問題上,實際上是"廣采博搜,兼收並蓄"。這是孔穎達《五經正義》的原始設計,也是孔穎達《五經正義》學術質量得以保證的重要因素。

八、《五經正義》有"各從其家而爲之説"之例

知者，《左傳》僖公三十三年："烝、嘗、禘於廟。"孔疏："鄭玄解《禮》，三年一祫，五年一禘。杜解《左傳》，都不言'祫'者，以《左傳》無'祫'語，則祫禘正是一祭。故杜以審禘昭穆謂之爲禘，明其更無祫也。古禮多亡，未知孰是。且使《禮》《傳》各從其家而爲之説耳。"①所謂"各從其家而爲之説"，也就是各講各的理，不強求統一。所謂"家"，指注家。拿"禘"字來説，在《禮記正義》中，就按照鄭玄之説來疏通；在《左傳正義》中，就按照杜預之説來疏通。又《毛詩序》："《十月之交》，大夫刺幽王也。"鄭箋："當爲'刺厲王'，作《詁訓傳》時，移其篇第，因改之耳。"孔疏："毛以爲'刺幽王'，鄭以爲'刺厲王'。經八章，皆刺王之辭。此下及《小宛序》皆刺幽王，鄭以爲本刺厲王，毛氏移之，事既久遠，不審實然以否。縱其實然，毛既移其篇第，改'厲'爲'幽'，即以爲幽王説之。故下傳曰：'豔妻，褒姒。'是爲幽王之事。今各從其家而爲之義，不復強爲與奪。"②這裹講的是一經之内，毛傳與鄭箋，同樣是各從其家作解，不強求統一。

實際上，"各從其家而爲之説"，作爲一條"例"，不限於某一經，而是《五經正義》皆然。限於篇幅，試舉 ABCD 四組例子。

A 組例子：

A(1)《尚書·大誥序》："武王崩，三監及淮夷叛。"孔傳："三監，管、蔡、商。"孔疏："知三監是管、蔡、商者，以序上下相顧爲文。此言'三監及淮夷叛'，總舉諸叛之人也。下云'成王既黜殷命，殺武庚，命微子啓代殷後'，又言'成王既伐管叔、蔡叔，以殷餘民封康叔'，此序言'三監叛'，將征之，下篇之序歷言伐得三人，足知下文管叔、蔡叔、武庚即此三監之謂，知三監是管、蔡、商也。先儒多同此説。惟鄭玄以三監爲管、蔡、霍，獨爲異耳。"③

A(2) 鄭玄《詩邶鄘衛譜》："庶殷頑民被紂化日久，未可以建諸侯，乃

---

① 左丘明傳、杜預注、孔穎達正義、浦衛忠等整理《春秋左傳正義》，553 頁。
② 鄭玄箋、孔穎達疏、朱傑人、李慧玲整理《毛詩注疏》，1033 頁。
③ 孔安國傳、孔穎達正義、黃懷信整理《尚書正義》，504—505 頁。

三分其地,置三監,使管叔、蔡叔、霍叔尹而教之。"孔疏:"《地理志》云:'邶以封紂子武庚;鄘,管叔尹之;衛,蔡叔尹之,以監殷民,謂之三監。'則三監者,武庚爲其一,無霍叔矣。王肅、服虔皆依《志》爲説。鄭不然者,以《書傳》曰:'武王殺紂,立武庚繼公子禄父,使管叔、蔡叔監禄父,禄父及三監叛。'言使管、蔡監禄父,禄父不自監也。《古文尚書·蔡仲之命》曰:'惟周公位冢宰,正百工,群叔流言,乃致辟管叔于商,囚蔡叔于郭鄰,降霍叔于庶人,三年不齒。'則以管、蔡、霍三叔爲三監明矣。孫毓亦云:'三監當有霍叔,鄭義爲長。'"①

吕按:"三監"者何?孔鄭異解。孔疏于《尚書正義》申孔傳,在《毛詩注疏》中申鄭箋。

B組例子:

B(1)《尚書·太甲中》:"三祀十有二月朔。"孔傳:"湯以元年十一月崩,至此二十六月,三年服闋。"孔疏:"顧氏云:'祥禫之制,前儒不同。'案《士虞禮》云:'朞而小祥,又朞而大祥,中月而禫。'王肅云:'祥月之内又禫,祭服彌寬而變彌數也。'《禮記·檀弓》云:'祥而縞,是月禫,徙月樂。'王肅云:'是祥之月而禫,禫之明月可以樂矣。'案此孔傳云'二十六月服闋',則與王肅同。鄭玄以'中月'爲'間一月',云祥後復更有一月而禫,則三年之喪,凡二十七月,與孔爲異。"②

B(2)《禮記·檀弓上》:"孟獻子禫,縣而不樂,比御而不入。"鄭玄注:"可以御婦人矣,尚不復寢。"孔疏:"其祥禫之月,先儒不同。王肅以二十五月大祥,其月爲禫,二十六月作樂。所以然者,以下云'祥而縞,是月禫,徙月樂',又與上文'魯人朝祥而莫歌,孔子云:踰月則其善',是皆祥之後月作樂也。又《間傳》云:'三年之喪,二十五月而畢。'又《士虞禮》:'中月而禫。'是祥月之中也。故王肅以二十五月禫除喪畢。而鄭康成則二十五月大祥,二十七月而禫,二十八月而作樂,復平常。鄭必以爲二十七月禫者,以《雜記》云:'父在爲母爲妻,十三月而祥,十五月而禫。'

---

① 鄭玄箋、孔穎達疏,朱傑人、李慧玲整理《毛詩注疏》,148頁。
② 孔安國傳、孔穎達正義、黄懷信整理《尚書正義》,314頁。

爲母爲妻尚祥禫異月,豈容三年之喪乃祥禫同月?若以父在爲母,屈而不伸,故延禫月,其爲妻當亦不申,祥禫異月乎?若以'中月而禫'爲月之中間,應云'月中而禫',何以言'中月'乎?案《學記》云'中年考校',皆以'中'爲'間',謂間隔一年,故以中月爲間隔一月也。下云'祥而縞,是月禫,徙月樂'是也,謂大祥者縞冠,'是月禫',謂是此禫月而禫。二者各自爲義,事不相干。"①

吕按:三年之喪究竟是多少個月,孔傳、王肅注與鄭玄注異解,孔疏在《尚書正義》中申孔傳、王肅,在《禮記正義》中申鄭玄注。

C 組例子:

C(1)《尚書·湯誥》:"敢用玄牡,敢昭告于上天神后。"孔疏:"《檀弓》云:'殷人尚白,牲用白。'今云'玄牡',夏家尚黑,于時未變夏禮,故不用白也。故安國注《論語》'敢用玄牡'之文云:'殷家尚白,未變夏禮,故云玄牡。'是其義也。鄭玄說天神有六,周家冬至祭皇天大帝于圜丘,牲用蒼;夏至祭靈威仰於南郊,則牲用騂。孔注《孝經》,圜丘與郊,共爲一事,則孔之所説,無六天之事。"②

C(2)《禮記·郊特牲》:"郊特牲而社稷太牢。"孔疏:"先儒説郊,其義有二。案《聖證論》以天體無二,郊即圜丘,圜丘即郊。鄭氏以爲天有六天,丘郊各異。今具載鄭義,兼以王氏難。鄭氏謂天有六天,天爲至極之尊,其體祇應是一,而鄭氏以爲六者,指其尊極清虛之體,其實是一;論其五時生育之功,其别有五,以五配一,故爲六天。故《周禮·司服》云:'王祀昊天上帝則大裘而冕,祀五帝亦如之。'五帝若非天,何爲同服大裘?又《春秋緯》云:'大微宮有五帝坐星,青帝曰靈威仰,赤帝曰赤熛怒,白帝曰白招拒,黑帝曰汁光紀,黄帝曰含樞紐。'是五帝與天帝六也。"③

C(3)《左傳》桓公五年:"凡祀,啓蟄而郊。"杜預注:"啓蟄,夏正建寅之月,祀天南郊。"孔疏云:"鄭玄注書,多用讖緯,言天神有六,地祇有二。

---

① 鄭玄注、孔穎達正義、吕友仁整理《禮記正義》,256 頁。
② 孔安國傳、孔穎達正義、黄懷信整理《尚書正義》,297 頁。
③ 鄭玄注、孔穎達正義、吕友仁整理《禮記正義》,1023—1024 頁。

天有天皇大帝,又有五方之帝。地有崑崙之山神,又有神州之神。《大司樂》'冬至祭於圜丘'者,祭天皇大帝北辰之星也。《月令》四時迎氣於四郊,所祭者,祭五德之帝,太微宫中五帝坐星也。《春秋緯文耀鈎》云:'太微宫有五帝坐星:蒼帝其名曰靈威仰,赤帝曰赤熛怒,黄帝曰含樞紐,白帝曰白招拒,黑帝曰汁光紀。'五德之帝謂此也。其夏正郊天,祭其所感之帝焉。周人木德,祭靈威仰也。魯無冬至之祭,唯祭靈威仰耳。唯鄭玄立此爲義,而先儒悉不然。故王肅作《聖證論》引群書以證之,言'郊則圜丘,圜丘即郊,天體唯一,安得有六天也'。晋武帝,王肅之外孫也。泰始之初,定南北郊祭,一地一天,用王肅之義。杜君身處晋朝,共遵王説。《集解》《釋例》,都不言有二天,此注直云'祀天南郊',不言靈威仰,明與鄭異也。"①

吕按:天有幾天?郊與圜丘,是一是二?孔傳、王肅注、杜預注均認爲只有一天,郊與圜丘是一碼事兒。鄭玄據緯書爲説,則認爲天有六天,郊與圜丘是兩碼事兒。孔疏在《尚書正義》中申孔傳、王肅注,在《禮記正義》中申鄭注,在《左傳正義》中申杜注、王肅注。

D 組例子:

D(1)《禮記·祭法》:"埋少牢于泰昭,祭時也。相近於坎壇,祭寒暑也。王宫,祭日也。夜明,祭月也。幽宗,祭星也。雩宗,祭水旱也。四坎壇,祭四方也。"孔疏:"案《周禮·大宗伯》備列諸祀而不見祭四時、寒暑、水旱者,《宗伯》所謂,依《周禮》常祀,歲時恒祭。此經所載,謂四時乖序,寒暑僭逆,水旱失時,須有祈禱之禮,非關正禮之事,故不列於《宗伯》也。是以康成之意,謂此諸神爲祈禱之禮。故康成六宗之義,不以此神尊也,明非常禮也。若王肅及先儒之意,以此爲六宗,歲之常禮,《宗伯》不見,文不具也。非鄭義,今不取。"②

D(2)《尚書·舜典》:"禋于六宗。"孔傳:"精意以享謂之禋。宗,尊也。所尊祭者,其祀有六,謂四時也,寒暑也,日也,月也,星也,水旱也。"

---

① 左丘明傳、杜預注、孔穎達正義、浦衛忠等整理《春秋左傳正義》,195 頁。
② 鄭玄注、孔穎達正義、吕友仁整理《禮記正義》,1789 頁。

孔疏:"名曰六宗,明是所尊祭者有六,但不知六者爲何神耳。《祭法》云:'埋少牢於太昭,祭時;相近於坎壇,祭寒暑;王宫,祭日;夜明,祭月;幽禜,祭星;雩禜,祭水旱也。'據此言六宗。彼祭六神,故傳以彼六神謂此六宗。(中略)王肅亦引彼文,乃云'禋于六宗',此之謂矣。(中略)鄭以彼皆爲祈禱之祭,則不可用鄭玄注以解此傳也。(中略)鄭玄以六宗言禋,與祭天同名,則六者皆是天之神祇,謂星、辰、司中、司命、風師、雨師。(中略)惟王肅據《家語》,六宗與孔同。各言其志,未知孰是。"①

吕按:"六宗"者何?孔傳、王肅注均認爲是六個尊敬的神靈,即"四時也,寒暑也,日也,月也,星也,水旱也",屬於正常祭祀;而鄭玄則認爲孔、王所説的六宗是臨時的祈禱之祭,六宗"謂星、辰、司中、司命、風師、雨師"。兩家不同,孔疏就在《尚書正義》中申孔義、王義,在《禮記正義》中則申鄭義。

對於孔疏的"各從其家而爲之説",清人陸隴其已經察覺個中奧妙,他在《讀禮志疑》卷六中説:

"昔者周公朝諸侯于明堂之位,天子負斧依,南鄉而立"。鄭注云:"周公攝王位,以明堂之禮儀朝諸侯也。不于宗廟,辟王也。天子,周公也。"此最謬處,《集説》非之,是矣。孔疏又載鄭《發墨守》云:"隱爲攝位,周公爲攝政,雖俱相幼君,攝政與攝位異也。"愚按此則鄭又自相矛盾矣。又鄭于《大誥》"王若曰",亦云"王,謂周公居攝,命大事則權稱王也"。孔疏于《書》主安國傳,故極言鄭之非;于《禮記》主鄭義,故不駁。②

吕按:《尚書·大誥》孔疏:"鄭玄云:'王,周公也。周公居攝,命大事則權稱王。'惟名與器不可假人,周公自稱爲王,則是不爲臣矣。大聖作則,豈爲是乎?"③此即所謂"孔疏于《書》主安國傳,故極言鄭之非"也。

但是,也有學者對孔疏的這種守其家法、各説各理的做法不理解。姑

---

① 孔安國傳、孔穎達正義、黄懷信整理《尚書正義》,80頁。
② 陸隴其《讀禮志疑》,影印文淵閣《四庫全書》本,129册,549頁。
③ 孔安國傳、孔穎達正義、黄懷信整理《尚書正義》,507頁。

以庫本《尚書注疏》齊召南考證爲例。《尚書序》孔疏："其緯文鄙近,不出聖人,前賢共疑,有所不取。通人考正,僞起哀平,則孔君之時,未有此緯,何可引以爲難乎?"臣召南按："漢人注經,大有功於聖籍,其過則在執緯以誣經。唐人疏經,亦大有功於前賢,其過則在屈經以從注。若此疏,原本張衡力闢邪説,可謂懸諸日月而不刊者矣。夫安國當孝武時,未嘗有緯,況可誣緯爲孔子所作乎?穎達於此序毅然呵之,乃其疏《毛詩》、疏《禮記》,又曲護康成箋注,凡所引緯,必巧爲附會,以伸其説,是何意也?"①又,《尚書注疏》卷一考證:臣召南按:"《尚書》及《春秋正義》並出穎達一人之手,於此文既暢言高祖玄孫之親,於桓六年疏又謂高祖玄孫無相及之理,則又何其彼此矛盾也。"②究其原因,蓋齊氏不知孔疏有"各從其家而爲之説"之例也。

小結:現在我們知道了,孔穎達《五經正義》在處理注疏關係方面有如下八條"例":

第一,《五經正義》中,孔疏有以追求正確闡釋經旨爲第一要義之例。

第二,《五經正義》中,孔疏具有實事求是的學術品格,有敢於破經之例。

第三,《五經正義》中有注的生殺予奪一操之于疏之例。

第四,《五經正義》中,孔疏有對所選注家采取"是則是之,誤則破之,疑則疑之,闕則補之"之例。長期流行于學術界的所謂"疏不破注"例,是上誣孔疏,下誤讀者的不實之辭,亟須糾正。

第五,《五經正義》中,孔疏對所選定的注家,較之其他落選注家,有給予特殊待遇之例:注家説得對,孔穎達自然要予以疏通;注家即令説錯了,孔穎達也要予以疏通。非獨此也,孔疏在指出注家錯誤時,還要語氣平和,點到爲止(按:如果嚴斥痛詆,豈不等於罵自己看走了眼,選錯了人!)而其他落選注家則無此特殊待遇。

第六,《五經正義》中,孔疏有將落選注家的錯誤注解作爲反面教材使

---

① 《尚書注疏》考證,影印文淵閣《四庫全書》本,54册,19頁。
② 《尚書注疏》考證,影印文淵閣《四庫全書》本,54册,50頁。

用之例。

第七，《五經正義》有"廣采博搜，兼容並包"之例。

第八，《五經正義》有"各從其家而爲之説"之例。

愚以爲，讀者閲讀《五經正義》時，苟心存此八例，不唯可破"疏不破注"及"不旁及異聞"謬説之迷障，且可得執簡馭繁之效，有條理秩如之感，而不復感覺《五經正義》之茫無頭緒，紛如亂絲也。

三　孔穎達《五經正義》何以有此"八例"之設計？

我們還可以作進一步的思考：孔穎達《五經正義》何以有此八例之設計？答曰：鄭氏家法使然也。錢穆《國學概論》："經學自鄭玄注經，折衷異同，而博士家法，遂成廢棄。"錢穆在這個結論下面，作爲注脚，徵引了陳澧《東塾讀書記·鄭學卷》："《六藝論》云：'注詩宗毛爲主，毛義若隱略，則更表明。如有不同，即下己意，使可識别也。'（《釋文》引）此鄭君注經之法，不獨《詩箋》爲然。鄭君注《周禮》《儀禮》《尚書》《論語》，皆與箋詩之法無異。有宗主，亦有不同，此鄭氏家法也。何邵公《墨守》之學，有宗主而無不同。許叔重《異議》之學，有不同而無宗主。惟鄭氏家法，兼其所長，無偏無弊也。"①然則，"專己守殘，黨同妒真"的兩漢博士家法，漢末已降，已是明日黄花，代之而起的鄭氏家法，如日中天。皮錫瑞《經學歷史》云："鄭君徒黨遍天下，即經學論，可謂小統一時代。"②孔穎達就是"鄭君徒黨遍天下"中的一員。何者？上述八例，貫穿著一條基本原則，即鄭氏家法的特色"有宗主，亦有不同"。舉例來説，傳統舊説"疏不破注"四字，明顯是只有宗主，没有不同，與鄭氏家法大相徑庭，可以説是兩漢博士家法；而"是則是之，誤則破之，疑則疑之，闕則補之"十六字，有宗主，亦有不同，就是鄭氏家法。再從孔穎達的治學道路來看，《新唐書·孔穎達傳》：

---

① 錢穆《國學概論》，商務印書館，1997年，163—164頁。
② 皮錫瑞著、周予同注釋《經學歷史》，中華書局，1959年，151頁。

"及長,明服氏《春秋傳》、鄭氏《尚書》《詩》《禮記》、王氏《易》。"①所"明"五經之中,三經是鄭玄注,則鄭氏家法爲何物,孔穎達已了然於胸。《春秋傳》雖習服虔注,而據《世説新語·文學》:"鄭玄欲注《春秋傳》,尚未成時,行與服子慎遇宿客舍。先未相識,服在外車上與人説己注傳意。玄聽之良久,多與己同。玄就車與語曰:'吾久欲注,尚未了。聽君向言,多與吾同。今當盡以所注與君。'遂爲服氏注。"②然則,習服注猶如習鄭注也。是《五經》之中,所習四經皆鄭氏家法。唯有《周易》習王弼注,而在《周易正義》中,孔疏雖以王弼爲主,而徵引他家之注仍以鄭注最夥。誠如龔鵬程《〈周易正義〉之編纂》一文之摘要云:"《周易正義》調融南北,薈萃諸家,故用王而不固于王。尤宋人疑古開新之先導,非株守一先生説者可比。"③是仍然遵循"有宗主,亦有不同"之鄭氏家法也。綜觀孔穎達《五經正義》的八例及其治學道路,説孔穎達是"鄭君徒黨"諒不爲過。然則,孔穎達作爲"鄭君徒黨",按照"有宗主,亦有不同"的鄭氏家法來設計《五經正義》,不是非常自然的事嗎?反之,苟以"疏不破注"四字來衡量《五經正義》,苟以"不旁及異聞"五字來衡量《五經正義》實質上等於以兩漢博士家法來衡量《五經正義》,毋怪其格格不入也。

(此文原題爲《試説孔穎達〈五經正義〉中的九條例》,爲作者與王文艷合作,載北京大學《儒藏》編纂與研究中心《儒家典籍與思想研究》第8輯,2016年。修訂後,改作今題)

---

① 歐陽修、宋祁《新唐書·孔穎達傳》,5643頁。
② 余嘉錫《世説新語箋疏》,中華書局,2007年,227頁。
③ 龔鵬程《〈周易正義〉之編纂》,《周易研究》2006年4期,3頁。

論孔穎達《五經正義》中
有注家破經之例①

皮錫瑞《經學歷史·經學統一時代》:"議孔疏之失者,曰彼此互異,曰曲徇注文,曰雜引讖緯。案:著書之例,注不駁經,疏不駁注,不取異義,專宗一家。"②按:皮氏所謂"著書之例,注不駁經,疏不駁注,不取異義,專宗一家"云云,經調查,皆爲不實之詞,上誣孔疏,下誤讀者。僕之此文,僅針對皮氏之"注不駁經"而發。至於駁其"疏不駁注,不取異義,專宗一家"云云,見另文。③

比皮錫瑞生年略前的俞樾則立論不同。俞樾《鄭君駁正三禮考》:"自來經師,往往墨守本經,不敢小有出入。唯鄭學宏通,故其注《三禮》,往往有駁正禮經之誤者。今具列之,略爲疏通。其義有未安,亦稍稍糾正。"④

---

① 本文爲作者主持的國家社科基金項目《〈五經正義〉中疏與注的關係研究》(14BZS007)的階段成果。
② 皮錫瑞著、周予同注釋《經學歷史》,中華書局,2004年,201頁。
③ 另文有三:一、拙文《"疏不破注"———一個亟待重新認識的概念》,載拙著《〈禮記〉研究四題》,中華書局,2014年;二、拙文《試説〈五經正義〉的九條"例"》,載北京大學《儒藏》編纂與研究中心編《儒家典籍與思想研究》第八輯,北京大學出版社,2016年;三、拙文《〈五經正義〉注疏關係十六字説》,載中國历史文獻研究会編《歷史文獻研究》總第38輯,華東師範大學出版社,2016年。
④ 俞樾《鄭君駁正三禮考》,王先謙編《清經解續編》,上海書店,1988年,第五冊,1007頁。

而清初顧炎武《日知録》卷二十七"漢人注經"條更是早已指出:"《左氏》解經,多不得聖人之意。元凱注《傳》,必曲爲之疏通,殆非也。鄭康成則不然。其於二禮之經及子夏之傳,往往駁正。如《周禮·職方氏》:'荆州,其浸潁、湛。'注云:'潁水出陽城,宜屬豫州,在此非也。'……於《禮記》則尤多置駁。此其所駁,雖不盡當,視杜氏之專阿傳文,則不同矣。經注之中,可謂卓然者乎!"①按:顧炎武稱讚鄭玄駁正《三禮》"可謂卓然者",誠然。而杜預之《春秋經傳集解》也並不是總是"專阿傳文",其駁正經傳者也在在有之。詳下,此不贅。

注家破經的方式,與疏家破注的方式一樣,也是有兩種方式。一是直言破經,二是微言破經。所謂直言破經,即注文直言不諱地説經文有失誤。所謂微言破經,是指注文對經文的正確性表示質疑,往往使用"或曰""疑""蓋"一類的字眼。

本文所得注家直言破經凡三十一例,所得微言破經凡二十七例,合計五十八例。其中,《尚書正義》中一例,《毛詩注疏》中五例,《禮記正義》中三十三例,《春秋左傳正義》中十九例。

本文所用《尚書正義》,是上海古籍出版社2007年黄懷信校點本;所用《毛詩注疏》,是上海古籍出版社2013年朱傑人、李慧玲校點本;所用《禮記正義》,是上海古籍出版社2008年吕友仁校點本;所用《春秋左傳正義》,是北京大學出版社2000年浦衛忠等校點本。每條例子後面括注的頁碼,就是所用該書版本的頁碼。

一、注家直言破經,凡三十一例:

(1)《毛詩·邶風·緑衣序》:"《緑衣》,衛莊姜傷己也。妾上僭,夫人失位,而作是詩也。"鄭箋:"緑,當爲'褖'。故作'褖',轉作'緑',字之誤也。"孔疏:"必知'緑'誤而'褖'是者,此緑衣,與《内司服》緑衣字同,《内司服》掌王后之六服,五服不言色,唯緑衣言色,明其誤也。《内司服》注引《雜記》曰:'夫人服税衣、褕翟。'又《喪大記》曰:'士妻以褖衣。'言

---

① 顧炎武著、黄汝成集釋《日知録集釋》,中州古籍出版社,1990年,615—616頁。

褖衣者甚衆，字或作'稅'。此'緑衣'者，實作'褖衣'也。以此言之，《内司服》無褖衣，而《禮記》有之，則褖衣是正也。彼'緑衣'宜爲'褖衣'，故此'緑衣'亦爲'褖衣'也。《詩》者咏歌，宜因其所有之服而言，不宜舉實無之緑衣以爲喻，故知當作'褖'也。"（159 頁）

吕按：鄭箋："緑，當爲'褖'，今轉作'緑'，字之誤。"是直言破經也。又按：《詩》之"緑衣"，《周禮·内司服》作"緣衣"，鄭注云："此'緣衣'者，實作'褖衣'也。"

（2）《毛詩·周頌·有瞽》："應田縣鼓。"鄭箋："田，當作'楝'。楝，小鼓，在大鼓旁，應鞞之屬也。聲轉字誤，變而作'田'。"孔疏："《太師職》云：'下管播樂器，令奏鼓楝。'注云：'爲大鼓先引。'是古有名楝引導鼓，故知'田'當爲'楝'。"（1958 頁）

吕按：經文"田"字，鄭箋云："當作'楝'。聲轉字誤，變而作'田'。"是直言破經也。

（3）《禮記·檀弓上》："孔子少孤，不知其墓。"鄭注："孔子之父郰叔梁紇與顏氏之女徵在野合而生孔子，徵在恥焉，不告。"孔疏："《家語》云：'叔梁紇年餘七十，無妻。顏父有三女，顏父謂其三女曰：'郰大夫身長七尺，武力絶倫，年餘七十，誰能與之爲妻？'二女莫對。徵在進曰：'從父所制，將何問焉！'父曰：'即爾能矣！'遂以妻之。爲妻而生孔子，三歲而叔梁紇卒。王肅據《家語》之文，以爲《禮記》之妄。"（236 頁）

吕按：觀孔疏"王肅據《家語》之文，以爲《禮記》之妄"之語，則是直言破經也。

（4）《禮記·檀弓上》："公叔木有同母異父之昆弟死，問於子游。子游曰：'其大功乎？狄儀有同母異父之昆弟死，問於子夏。子夏曰：'我未之前聞也。魯人則爲之齊衰。'狄儀行齊衰，今之齊衰，狄儀之問也。"鄭玄注："其大功乎？疑所服也。親者屬，大功是。"（316 頁）

吕按：同母異父之昆弟死，生者應服何服？經文給出兩種答案：一種是大功，一種是齊衰。鄭注認爲同母異父昆弟是母之親屬，應服大功。否定了子夏提供的服齊衰。是直言破經也。

(5)《禮記·檀弓下》:"齊穀王姬之喪,魯莊公爲之大功。或曰:由魯嫁,故爲之服姊妹之服。或曰:外祖母也,故爲之服。"鄭注:"王姬,周女,齊襄公之夫人。春秋周女由魯嫁,卒,服之如內女,服姊妹是也。天子爲之無服,嫁於王者之後乃服之。莊公,齊襄公女弟文姜之子,當爲舅之妻,非外祖母也。外祖母又小功也。"(358頁)

吕按:經文中兩個"或曰",第一個"或曰"是爲"王姬之喪,魯莊公爲之大功"提供理由的,也是鄭注認可的。第二個"或曰",是鄭注不認可的,鄭注也講了不認可的理由。此爲直言破經。

(6)《禮記·月令》:"仲夏之月,大雩帝,用盛樂。"鄭注:"《春秋傳》曰:'龍見而雩。'雩之正,當以四月。凡周之秋三月之中而旱,亦修雩禮以求雨,因著正雩此月,失之矣。"(666頁)

吕按:鄭注的意思是:《春秋傳》(桓公五年)記載的"龍見而雩",是正常之雩祭,也就是此處所說的"大雩帝",祭的時間應當是夏曆四月,亦即建巳之月。而凡是周曆的秋季三個月之中(換算成夏曆就是五月、六月、七月)如果天旱,也要舉行雩祭以求雨,這叫做旱暵之雩,或曰不時之雩,與"龍見而雩"不是一碼事兒。由於記《月令》者忽視了這一點,因而就把正常的雩祭記入此仲夏之月,即夏曆五月,因而造成了失誤。此直言破經也。

(7)《禮記·檀弓上》:"曾子曰:'尸未設飾,故帷堂,小斂而徹帷。'仲梁子曰:'夫婦方亂,故帷堂,小斂而徹帷。'"鄭注:"斂者動搖尸,帷堂,爲人褻之。言'方亂',非也。"孔疏:"知'方亂非'者,以小斂之後,豈無夫婦方亂之事?何故徹帷,乃云方亂?明爲動搖尸柩,故帷堂。"(319頁)

吕按:小斂時爲什麼要設置帷堂?曾子的回答是"尸未設飾",仲梁子的回答是"夫婦方亂"。鄭注以爲"言'方亂',非也"。

(8)《禮記·月令·仲夏之月》:"是月也,止聲色,毋或進。"鄭注:"進,猶御見也。聲,謂樂也。《易》及《樂》《春秋説》:'夏至,人主與群臣從八能之士樂五日。'今止之,非其道也。"孔疏:"'作樂五日'者,謂日至之前,豫前五日,令八能之士習作其樂以迎日至。《樂緯協圖徵》亦云

'從八能之士'。今《月令》於日至'止聲色',與諸緯文違,故云'非其道'。必知其緯文作樂爲是者,以《周禮·大司樂》冬至祭天圜丘,夏至祭地方澤,皆有作樂之文,不得云止樂,故知《月令》非也。"(671頁)

吕按:鄭注以緯文駁正《月令》此句,曰"《月令》非也",是直言破經也。而庫本《禮記注疏》考證不以鄭注爲然:"臣召南按:此鄭據緯書以糾經之違也。但《記》言聲色,是言淫靡流蕩,不主音樂。以上下句推之,猶云省嗜欲耳。鄭必以樂解聲字,則太拘矣。且八能之士所作者古樂,豈可與新聲同日語哉?"①

(9)《禮記·月令·孟秋之月》:"是月也,毋以封諸侯,立大官,毋以割地。"鄭注:"古者於嘗,出田邑,此其月也。而'禁封諸侯割地',失其義。"孔疏:"案《祭統》:'古者於嘗也,出田邑。'嘗,謂秋祭。於此嘗祭之時,王者割出田邑,以與諸侯。今正是嘗祭之月,而禁封諸侯及割地之事,故云'失其義'也。"(692頁)

吕按:鄭注云經文"失其義",是直言破經也。

(10)《禮記·月令·仲冬之月》:"是月也,去聲色,禁耆欲。"鄭注:"《易》及《樂》《春秋説》云:'冬至,人主與群臣從八能之士作樂五日。'此言'去聲色',又相違。"孔疏:"此《易乾鑿度》文,及《樂緯》《春秋緯》,其語同也。其'八能之士',已具在仲夏疏文。'又相違'者,以夏已違,今此復違,故言'又'也。"(734頁)

吕按:此鄭注復以緯文駁經也。庫本《禮記注疏》考證云:"按注之失與仲夏注同。"②

(11)《禮記·月令》:"仲秋之月。是月也,陽氣日衰,水始涸。"鄭注:"涸,竭也。此甫八月中,雨氣未止,而云'水竭',非也。《周語》曰:'辰角見而雨畢,天根見而水涸。'"孔疏:"云'此甫八月中,雨氣未止,而云水竭,非也'者,甫,始也,以雨畢在九月之初,今此始八月之中,對九月爲始。八月宿直昴畢,畢星主雨,故云'雨氣未止,今言水竭'非也。引

---

① 《禮記注疏》卷十六考證,影印文淵閣《四庫全書》本,115册,360頁。
② 《禮記注疏》卷十七考證,影印文淵閣《四庫全書》本,115册,380頁。

《周語》以下者,證九月水始涸,不得在八月也。"(697—700頁)

呂按:鄭注明言經文於仲秋之月言"水始涸"非也。

(12)《禮記·曾子問》:"子游問曰:'喪慈母如母,禮與?'孔子曰:'非禮也。古者男子外有傅,內有慈母,君命所使教子也,何服之有?昔者魯昭公少喪其母,有慈母良,及其死也,公弗忍也,欲喪之。有司以聞曰:"古之禮,慈母無服。今也君爲之服,是逆古之禮而亂國法也。若終行之,則有司將書之,以遺後世,無乃不可乎!"公曰:"古者天子練冠以燕居。"公弗忍也,遂練冠以喪慈母。喪慈母,自魯昭公始也。'"(779頁)

呂按:鄭玄於經文"古之禮,慈母無服"句下注云:"據國君也。國君之妾,子於禮不服也。昭公年三十乃喪齊歸(按:齊歸,昭公之母),猶無慼容,是不少,又安能不忍於慈母?此非昭公明矣,未知何公也。"又於經文"公曰:'古者天子練冠以燕居。'"句下注云:"公之言又非也。'天子練冠以燕居',蓋謂庶子王爲其母'。"一節之中,先是以"此非昭公明矣"否定孔子之說,既而又以"公之言又非也"否定魯昭公之說,是兩度直言破經也。

(13)《禮記·郊特牲》:"季春出火,爲焚也。然後簡其車賦而厤其卒伍,而君親誓社,以習軍旅,左之右之,坐之起之,以觀其習變也。"鄭注:"簡、厤,謂算具陳列之也。君親誓社,誓吏士以習軍旅,既而遂田以祭社也。言祭社,則此是仲春之禮也。仲春以火田,田止弊火,然後獻禽。至季春火出,而民乃用火。今云'季春出火乃誓社',記者誤也。"(1059頁)

呂按:鄭注明言"記者誤也",是直言破經也。

(14)《禮記·郊特牲》:"郊之用辛也,周之始郊,日以至。"鄭注:"言日以周郊天之月而至,陽氣新用事,順之而用辛日。此説非也。郊天之月而日至,魯禮也。三王之郊,一用夏正。魯以無冬至祭天於圜丘之事,是以建子之月郊天,示先有事也。用辛日者,凡爲人君,當齋戒自新耳。周衰禮廢,儒者見周禮盡在魯,因推魯禮以言周事。"(1063頁)

呂按:鄭注斷言經文之説"非也"。雖然,後儒多不以鄭注爲然。庫本《尚書注疏》考證云:"臣召南:按王肅謂是周郊,確當之至。此經蓋曰郊何以必用辛日,由周始郊時,冬至日用辛,其後凡遇冬至後辛日,則郊天也。經文明明言周,而鄭謂是魯禮,又自生荆棘矣。王肅謂圜丘即郊,義甚簡易,故後儒多從之。"①是其例。

(15)《禮記·郊特牲》:"尸,陳也。"鄭注:"尸,或詁爲'主'。此尸神象,當從'主'訓之。言'陳'非也。"孔疏:"此經'尸'爲'陳',諸本'尸'爲'主'。尸是神象,當從主。主是人所主事,陳是器物陳列。今訓之爲'陳',故云'非也'。"(1103頁)

吕按:鄭注批評經文訓詁不當。要之,尸者,主也。是直言破經也。

(16)《禮記·明堂位》:"有虞氏之旂,夏后氏之綏,殷之大白,周之大赤。"鄭注:"四者,旌旗之屬也。綏,當爲'緌',讀如冠蕤之蕤。有虞氏當言緌,夏后氏當言旂,此蓋錯誤也。緌,謂注旄牛尾於杠首,所謂大麾。"孔疏:"知'有虞氏當言緌,夏后氏當言旂'者,以虞質於夏,故知虞世但注旄,夏世始加旒縿。"(1277頁)

吕按:據鄭注,經文"有虞氏之旂,夏后氏之綏",當作"有虞氏之緌,夏后氏之旂"。也就是説,經文有兩處錯誤。此直言破經也。

(17)《禮記·明堂位》:"夏后氏尚明水,殷尚醴,周尚酒。"鄭注:"此皆其時之用耳,言'尚'非。"孔疏:"夏后氏尚質,故用水。殷人稍文,故用醴。周人轉文,故用酒。故云'此皆其時之用耳'。云'言"尚"非'者,案《儀禮》設尊尚玄酒,是周家亦尚明水也。案《禮運》云:'澄酒在下。'是三酒在堂下,則周世不尚酒,故知經言'尚'者非也。"(1283頁)

吕按:"尚"者,"以爲上"也。鄭注批評《記》文用詞不當。竊以爲,《記》文三句,蓋互文也。

(18)《禮記·明堂位》:"有虞氏官五十,夏后氏官百,殷二百,周三百。"鄭注:"周之六卿,其屬各六十,則周三百六十官也。此云'三百'者,記時《冬官》亡矣。《昏義》曰:'天子立六官、三公、九卿、二十七大夫、八十一元士。'凡百二十,蓋謂夏時也。以夏、周推前後之差,有虞氏官宜六

---

① 《禮記注疏》卷二十六考證,影印文淵閣《四庫全書》本,115册,554頁。

十,夏后氏宜百二十,殷宜二百四十,不得如此《記》也。"孔疏:"引《昏義》者,欲證明夏官百二十。夏倍於虞,殷倍於夏。殷官既多,周不可倍之,故但加殷百二十耳。案《尚書‧周官》云:'唐虞稽古,建官惟百。夏商官倍,亦克用乂。'與此數不同者,《禮》是記事之典,須委曲備言;《書》是疏通之教,故舉大略小。"(1284頁)

呂按:鄭注云經文"不得如此《記》也",是直言破經也。

(19)《禮記‧明堂位》:"是故,魯,王禮也,天下傳之久矣。君臣未嘗相弒也,禮樂刑法政俗未嘗相變也,天下以爲有道之國。"鄭注:"此蓋盛周公之德耳。春秋時,魯三君弒,又士之有誄由莊公始,婦人髽而弔始於臺駘。云'君臣未嘗相弒,政俗未嘗相變',亦近誣矣。"孔疏:"案隱十一年:'羽父請殺桓公,將以求大宰。'隱公不許,羽父使賊弒隱公。是弒一君也。莊三十二年'慶父使圉人犖弒子般',是弒二君也。閔二年'慶父又使卜齮弒公于武闈',是弒三君也。云'士之有誄,由莊公始'者,《檀弓》文,在《左傳》莊十年乘丘之役也。云'婦人髽而弔,始於臺駘'者,亦《檀弓》文,《左氏》襄四年,臧武仲與邾人戰於狐駘,被邾人所敗,是其事也。"(1285頁)

呂按:鄭注認爲經文所言"近誣矣",孔穎達徵引文獻,以證明鄭注所言屬實。此直言破經也。

(20)《禮記‧雜記下》:"《贊大行》曰:'圭,公九寸,侯伯七寸,子男五寸;博三寸,厚半寸,剡上左右各寸半,玉也。藻,三采六等。'"鄭注:"《贊大行》者,書說大行人之禮者名也。子男執璧,作此贊者失之矣。"(1682頁)

呂按:據鄭注,"子男執璧",不執圭,經文竟然出現子男執圭的字樣,是作贊者搞錯了。是直言破經也。

(21)《左傳》隱公二年:"秋,八月庚辰,公及戎盟于唐。"杜注:"八月無庚辰。庚辰,七月九日也。日月必有誤。"孔疏:"杜勘檢經傳上下月日,制爲《長曆》,此年八月壬寅朔,其月三日甲辰,十五日丙辰,二十七日戊辰。其月無庚辰也。七月壬申朔,則九日有庚辰。杜觀上下,若月不容

誤,則指言日誤;若日不容誤,則指言月誤。此則上有秋,下有九月,則日月俱得有誤,故云'日月必有誤'也。"(75頁)

吕按:杜注云經文"日月必有誤",是直言破經也。楊伯峻《春秋左傳注》云:"以《長曆》及今法推之,八月不應有庚辰之日,疑經有誤字。"①

(22)《左傳》隱公三年:"冬齊、鄭盟于石門,尋廬之盟也。庚戌鄭伯之車僨于濟。"杜注:"十二月無庚戌,日誤。"孔疏:"彼《長曆》推,此年十二月甲子朔,十一日有甲戌,二十三日有丙戌,不得有庚戌。而月有癸未,則月不容誤,知日誤也。"(90頁)

吕按:杜注明言"十二月無庚戌,日誤",是直言破經也。

(23)《左傳》隱公九年:"春王三月癸酉,大雨霖以震。書始也。凡雨,自三日以往爲霖。"杜注:"此解經書'霖'也,而經無'霖'字,經誤。"孔疏:"傳發凡以解經,若經無'霖'字,則傳無由發,故知經誤。然則經當如傳言'大雨霖以震',不當云'大雨震電',是經脱'霖以'二字而妄加'電'也。"(133—134頁)

(24)《春秋》隱公十年:"春王二月,公會齊侯、鄭伯于中丘。"杜注:"傳言正月會,癸丑盟。《釋例》推經傳日月,癸丑是正月二十六日,知經'二月'誤。"②(135頁)

(25)《左傳》成公十三年:"言誓未就,景公即世,我寡君是以有令狐之會。"杜注:"令狐會在十一年。申厲公之命,宜言'寡人',稱'君'誤也。"孔疏:"劉炫以爲,臣之出使,自稱己君皆曰'寡君'。今吕相雖奉君,兼有己語,稱'寡君'正是其理。杜何知宜爲'寡人',稱'君'爲誤?今删定,知劉説非者,以吕相奉厲公之命而往絶秦,則皆是厲公之言,不得兼有己語。案隱十一年,鄭伯告許大夫云'假手於我寡人'。今吕相稱厲公之命,還與自稱無異,亦當云'我寡人',故知稱'君'爲誤。"(872頁)

吕按:據杜注,經文"寡君",當作"寡人"。

---

① 楊伯峻編著《春秋左傳注》(修訂本),中華書局,1990年,20頁。
② 《春秋左傳》杜預注指出經文或傳文所書日月有誤者,據統計,凡三十九次。爲節省篇幅,本文僅録隱公在位時的四次,其餘三十五次一概未録。

（26）《左傳》襄公十一年："群神、群祀，先王、先公，七姓十二國之祖。"杜注："七姓：晋、魯、衛、鄭、曹、滕，姬姓；邾、小邾，曹姓；宋，子姓；齊，姜姓；莒，巳姓；杞，姒姓；薛，任姓。實十三國，言'十二'，誤也。"孔疏："實十三國而言'十二'，服虔云：'晋主盟，不自數。'知不然者，案定四年祝佗稱踐土之盟云：'晋重，魯申。'於是晋爲盟主，自在盟内。何因晋今主盟，乃不自數？故知字誤也。"（1031頁）

吕按：據杜注，經文"十二"，當作"十三"。

（27）《春秋》襄公二十七年："冬，十有二月乙亥，朔，日有食之。"杜注："今《長曆》推十一月朔，非十二月。傳曰'辰在申，再失閏'，若是十二月，則爲三失閏，故知經誤。"孔疏："此經言十二月而傳言十一月，今杜以《長曆》推之，乙亥是十一月朔，非十二月也。傳曰'辰在申，再失閏矣'。若是十二月，當爲辰在亥。以申爲亥，則是三失閏，非再失也。推曆與傳合，知傳是而經誤也。"（1210頁）

（28）《左傳》昭公元年："十一月己酉，公子圍至，入問王疾，縊而弒之。"杜注："縊，絞也。孫卿曰：'以冠纓絞之。'《長曆》推，己酉，十二月六日，經傳皆言'十一月'，月誤也。"孔疏："下有'十二月甲辰朔'，甲辰後五日得己酉，故杜以《長曆》推己酉是十二月六日。而此郟敖之卒，經傳皆云十一月己酉。杜謂'十一月誤'者，止謂十一月不得有己酉，以己酉爲誤，十一月非誤也。"（1344頁）

吕按：杜注明言經文"月誤"。

（29）《左傳》昭公二十二年："秋七月戊寅，以王如平畤。"杜注："戊寅，七月三日，經書'六月'誤也。"孔疏："傳言'七月戊寅'，杜以《長曆》推校之，戊寅是七月三日，明傳是也。經書'王猛居皇'乃在六月下，知經'六月'誤也。"（1643頁）

吕按：杜注明言《春秋》經文有誤。

（30）《春秋》昭公二十六年："尹氏、召伯、毛伯以王子朝奔楚。"杜注："召伯，當言'召氏'，經誤也。尹、召族奔，非一人，故言'氏'。"孔疏："知'召伯'當爲'召氏'，經誤也，宣十年崔氏出奔書'崔氏'者，非其罪也。

此尹氏、召氏立庶篡適,並爲有罪,而亦書氏者,彼實崔杼身奔,非是舉族盡出。但於例,諸侯之卿出奔者,有罪則名,無罪則不名。崔杼不合書名,因其來告以族,遂書'崔氏',示杼無罪也。此尹氏、召氏舉族悉奔,據實而書,與彼有異,故注云'尹、召族奔非一人,故言氏',所謂文同而意異也。"(1687—1688頁)

呂按:杜注明言"召伯,當言'召氏',經誤也"。

(31)《春秋》哀公十二年:"冬,十有二月,螽。"杜注:"周十二月,今十月。是歲應置閏而失不置,雖書十二月,實今之九月。司曆誤一月。九月之初尚温,故得有螽。"(1916頁)

呂按:杜注明言"司曆誤一月",是直言破經也。

二、注家微言破經,凡二十七例:

(1)《尚書·秦誓序》:"秦穆公伐鄭。"孔傳:"遣三帥帥師往伐之。"孔疏:"《左傳》僖三十年:晋文公與秦穆公圍鄭,鄭使燭之武説秦伯,秦伯竊與鄭人盟,使杞子、逢孫、楊孫戍之乃還。三十二年:'杞子自鄭使告于秦曰:"鄭人使我掌其北門之管,若潛師以來,國可得也。"穆公訪諸蹇叔,蹇叔曰:"不可。"公辭焉。召孟明、西乞、白乙使出師伐鄭,'是'遣三帥帥師往伐'之事也。序言'穆公伐鄭',嫌似穆公親行,故辨之耳。"

呂按:孔疏"序言'穆公伐鄭',嫌似穆公親行,(孔傳)故辨之耳",是孔傳微言破經也。

(2)《詩大序》:"是以《關雎》樂得淑女以配君子,憂在進賢,不淫其色,哀窈窕,思賢才,而無傷善之心焉。是《關雎》之義也。"鄭箋:"哀,蓋字之誤也,當爲'衷'。衷,謂中心恕之,無傷善之心,謂好逑也。"孔疏:"以后妃之求賢女,直思念之耳,無哀傷之事在其間也。經云'鐘鼓樂之','琴瑟友之',哀樂不同,不得有悲哀也,故云'蓋字之誤'。箋所易字多矣,皆注云'當爲某字',此在《詩》初,故云'蓋'爲疑辭。以下皆倣此。《論語》云:'《關雎》樂而不淫,哀而不傷。'即此序之義也。《論語》注云:'哀世夫婦,不得此人,不爲減傷其愛。'此以'哀'爲'衷',彼仍以'哀'爲義者,鄭答劉琰云:'《論語》注人間行久,義或宜然,故不復定,以遺後呂按：經文"哀窈窕"，鄭箋云："哀，蓋字之誤也，當爲'衷'。"是微言破經也。

（3）《毛詩·鄘風·君子偕老序》："《君子偕老》，刺衛夫人也。夫人淫亂，失事君子之道，故陳人君之德，服飾之盛，宜與君子偕老也。"鄭箋："夫人，宣公夫人，惠公之母也。人君，小君也。或者'小'字誤作'人'耳。"孔疏："夫人雖理得稱'人君'，而經傳無謂夫人爲'人君'者，故箋疑之云：或者'小'字誤作'人'耳。"

呂按：經文"人君"，鄭箋疑當作"小君"，是微言破經也。

（4）《毛詩·豳風·七月》："七月鳴鵙。"毛傳："鵙，伯勞也。"鄭箋："伯勞鳴，將寒之候也。五月則鳴，豳地晚寒，鳥物之候，從其氣焉。"孔疏："王肅云：'蟬及鵙，皆以五月始鳴。今云七月，其義不通也。古"五"字如"七"。'肅之此説，理亦可通，但不知經文實誤不耳。"

呂按：經文"七月"，王肅以爲當作"五月"。按《禮記·月令》："仲夏之月，鵙始鳴。"故孔疏云："肅之此説，理亦可通。"

（5）《禮記·王制》："古者以周尺八尺爲步，今以周尺六尺四寸爲步。古者百畝，當今東田百四十六畝三十步；古者百里，當今百二十一里六十步四尺二寸二分。"鄭注："周尺之數，未詳聞也。案禮制，周猶以十寸爲尺。蓋六國時多變亂法度，或言周尺八寸，則步更爲八八六十四寸。以此計之，古者百畝，當今百五十六畝二十五步；古者百里，當今百二十五里。"孔疏："古者八寸爲尺，今以周尺八尺爲步，則一步有六尺四寸。今以周尺六尺四寸爲步，則一步有五十二寸，是今步比古步每步剩出一十二寸。以此計之，則古者百畝，當今東田百五十二畝七十一步有餘，與此'百四十六畝三十步'不相應也。又今步每步剩古步十二寸，以此計之，則古之百里，當今百二十三里一百一十五步二十寸，與此經'百二十一里六十步四尺二寸二分'又不相應。故鄭云'六國時多變亂法度'，經文錯亂，不可用也。"（583頁）

呂按：鄭注云"蓋六國時多變亂法度"，故經文之數有誤，是微言破經也。

（6）《禮記·月令·孟夏之月》："螻蟈鳴,蚯蚓出。王瓜生,苦菜秀。"鄭注："今《月令》云'王萯生',《夏小正》云'王萯秀',未聞孰是。"（655頁）

吕按：經文"王瓜生",據鄭注,今《月令》作"王萯生",《夏小正》作"王萯秀",三書所載不一,鄭玄"未聞孰是",對經文表示質疑,是微言破經也。

（7）《禮記·月令·孟夏之月》："立夏之日,天子親帥三公、九卿、大夫以迎夏於南郊。還反,行賞,封諸侯,慶賜遂行,無不欣説。"鄭注"《祭統》曰：'古者於禘也,發爵賜服,順陽義也。於嘗也,出田邑,發秋政,順陰義也。'今此行賞可也,而封諸侯,則違於古。封諸侯,出土地之事,於時未可,似失之。"（656頁）

吕按：鄭注根據《禮記·祭統》所載,孟夏之月,只可行賞,不可封諸侯。《月令》此節所載"封諸侯",鄭玄認爲與《祭統》所載不合,"似失之",是微言破經也。

（8）《禮記·月令·孟夏之月》："是月也,斷薄刑,决小罪。"鄭注："《祭統》曰：'草艾則墨。'謂立秋後也。刑無輕於墨者,今以純陽之月斷刑决罪,與'毋有壞墮'自相違,似非。"孔疏："引《祭統》以下者,證此月不當'斷薄刑,决小罪'。"（660頁）

吕按：鄭注云經文"似非",是微言破經也。

（9）《禮記·月令·季夏之月》："命漁師伐蛟、取鼉、登龜、取黿。"鄭注："四者甲類,秋乃堅成。《周禮》曰：'秋獻龜魚。'又曰：'凡取龜,用秋時。'是夏之秋也。作《月令》者,以爲此秋據周之時也。周之八月,夏之六月,因書於此,似誤也。"孔疏："引《周禮》'秋獻龜魚',是《獻人職》文。又云'凡取龜,用秋時',是《龜人職》文。引之者,證作記之人謂此禮是周之秋八月,當夏之六月,故誤書於此。言記之者非也。"（678頁）

吕按：鄭注明言"作《月令》者,似誤也。"是微言破經也。

（10）《禮記·禮器》："孔子曰：'臧文仲安知禮？夏父弗綦逆祀而弗

止也,燔柴於奧。夫奧者,老婦之祭也,盛於盆,尊於瓶。"鄭注:"時人以爲祭火神,乃燔柴。老婦,先炊者也。盆、瓶,炊器也。明此祭先炊,非祭火神,燔祭,似失之。"(984頁)

呂按:鄭注認爲,老婦之祭,是祭先炊之祭,等級較低。而燔柴是祭天的禮數,等級最高。今將祭天的禮數用之於祭先炊,似乎是搞錯了。是微言破經。

(11)《禮記·郊特牲》:"富也者,福也。"鄭注:"人君嘏辭有'富',此訓之也。或曰'福也者,備也'。"(1096頁)

呂按:鄭注對經文"富也者,福也"表示質疑,故注云:"或曰'福也者,備也'。"簡言之,人君嘏辭中應是"福"字,而不是"富"字。鄭注的質疑是有根據的。第一,《禮記·祭統》:"賢者之祭也,必受其福。非世所謂福也。福者,備也。備者,百順之名也。無所不順者之謂備。"①第二,《尚書·洪範》:"五福:一曰壽,二曰富,三曰康寧,四曰攸好德,五曰考終命。"②富,僅僅是五福之一。

(12)《禮記·玉藻》:"乘路車不式。"鄭注:"或曰'乘兵車不式'。"孔疏:"乘路車不式者,路車,謂玉路,郊天車也。不式,謂乘車從門閒過,不式。"(1241頁)

呂按:經文"乘路車不式",鄭玄懷疑經文有誤,故注云:"或曰'乘兵車不式'。"鄭玄的懷疑是有根據的。《禮記·曲禮上》:"兵車不式。"鄭注:"尚威武,不崇敬。"孔疏:"兵車,革路也。兵車尚武猛,宜無推讓,故不爲式敬也。"(104頁)

(13)《禮記·少儀》:"婦人吉事,雖有君賜,肅拜。爲尸坐,則不手拜,肅拜。爲喪主則不手拜。"鄭注:"肅拜,拜低頭也。手拜,手至地也。婦人以肅拜爲正,凶事乃手拜耳。爲喪主不手拜者,爲夫與長子當稽顙也,其餘亦手拜而已。或曰:喪爲主則不手拜,肅拜也。"(1395頁)

呂按:鄭注之"或曰:喪爲主則不手拜,肅拜也",是對經文"爲喪主

---

① 鄭玄注、孔穎達正義、呂友仁整理《禮記正義》,上海古籍出版社,2008年,1866頁。
② 孔安國傳、孔穎達正義、黃懷信整理《尚書正義》,上海古籍出版社,2007年,478頁。

則不手拜"的質疑,是微言破經。

(14)《禮記·喪大記》:"小斂:布絞,縮者一,橫者三。"鄭注:"絞,既斂,所用束堅之者。縮,從也。或曰'縮者二'。"(1732頁)

呂按:絞是包扎斂衣和尸體的布帶,經文"縮者一",意謂縱的絞用一條,而鄭注云"或曰'縮者二'",是破經文之"縮者一"也。用"或曰",是微言破經也。

(15)《禮記·喪大記》:"君殯用輴,欑至于上,畢塗屋。"鄭注:"欑猶菆也。屋,殯上覆如屋者也。此記參差。以《檀弓》參之,天子之殯,居棺以龍輴,欑木題湊象椁,上四注如屋以覆之,盡塗之。諸侯輴,不畫龍,欑不題湊象椁,其他亦如之。"孔疏:"云'此記參差'者,謂《記》此《大記》之文,其事參差。若君據天子,應稱龍輴,不得直云'殯用輴';若君據諸侯,不得云'欑至于上,畢塗屋'。其文或似天子,或似諸侯,故云'參差'。云'以《檀弓》參之'者,《檀弓》云:'天子之殯,菆塗龍輴以椁。'故知天子殯,居棺以龍輴。又云'以椁',故知'欑木題湊象椁'。云'上四注如屋以覆之'者,謂上以四注垂而鄉下,如似屋簷,以覆其上。云'盡塗之'者,謂四邊及上皆塗之。云'諸侯輴不畫龍,欑不題湊象椁'者,以《檀弓》唯云'天子龍輴',此經直云'君殯用輴',不云'龍',是諸侯不龍也,謂不畫輴轅爲龍。《檀弓》唯'云天子菆塗龍輴以椁',則知諸侯不題湊象椁。"(1768頁)

呂按:所謂"參差",謂此節《記》文含混,其所言葬禮之排場,"或似天子,或似諸侯"。是微言破經也。

(16)《禮記·坊記》:"子云:'禮之先幣帛也,欲民之先事而後祿也。'"鄭注:"此禮,謂所執之贄以見者也。既相見,乃奉幣帛以修好也。或云'禮之先辭而後幣帛'。"(1975—1976頁)

呂按:《欽定禮記義疏》:"案鄭注云:'或作:禮之先辭而後幣帛。'今以下文考之,甚是。蓋辭者,行禮之辭。如辭曰'饋贐',辭曰'聞戒',有所處則禮也。若無辭而以幣帛來,是貨之也。"

(17)《禮記·奔喪》:"凡奔喪,有大夫至,袒,拜之,成踊而後襲;於士,襲而後拜之。"鄭注:"主人袒,降哭,而大夫至,因拜之,不敢成己禮,乃禮尊者。或曰'大夫後至者,袒,拜之,爲之成踊'。"孔疏:"云'或曰:"大夫後至者,袒,拜之,爲之成踊"'者,以此經但云'袒,拜之,成踊',其餘經本云'大夫後至,袒,拜之,爲之成踊',與此經文字多少不同,故云'或曰'。"(2149—2150頁)

吕按:據孔疏,此鄭注以其餘經本質疑此本經文有脱漏,故云"或曰"。是微言破經。

(18)《禮記·問喪》:"女子哭泣悲哀,擊胸傷心;男子哭泣悲哀,稽顙觸地無容:哀之至也。"鄭注:"或曰:男女哭踊。"(2155頁)

吕按:鄭注之"或曰",蓋以經文"女子哭泣悲哀,擊胸傷心;男子哭泣悲哀,稽顙觸地無容"四句,一本作"男女哭踊"也。此質疑經文,蓋微言破經也。

(19)《禮記·投壺》:"算,長尺二寸。"鄭注:"或曰'算,長尺有握。握,素也。'"(2208頁)

吕按:《儀禮·鄉射禮》:"箭籌八十,長尺有握。握素。"鄭注:"握,本,所持處也。素,謂刊之也。"賈公彦疏:"長尺復云有握,則握在一尺之外,則此籌尺四寸矣。"按:《投壺》之所謂"算",即《儀禮·鄉射禮》之"籌",都是計算成績的籌碼。握是計算籌的長度的單位,又叫"扶"或"膚",即四寸。籌總長度爲一尺四寸,其中四寸是手握之處,故名握。把手握之處削白,故曰"素"。總之,鄭注實際上是用《儀禮》來糾正《禮記》。

(20)《左傳》桓公元年:"冬,鄭伯拜盟。"杜注:"鄭伯若自來,則經不書;若遣使,則當言'鄭人',不得稱'鄭伯'。疑謬誤。"孔疏:"六年傳云'魯爲其班,後鄭',注云:'魯親班齊饋,則亦使大夫戍齊矣。經不書,蓋史闕文。'然則經所不書,自有闕文之類。注既疑此事,不云闕文而云謬誤者,師出征伐,貴賤皆書。經所不書,必是文闕。若其事重,使人雖賤,亦書。'鄭人來渝平''齊人歸讙及闡'是也。今以拜盟事輕,若其使賤,則例不合書。故杜云若遣使來,傳當云鄭人,疑傳繆誤。"(153頁)

(21)《春秋》桓公十七年:"癸巳,葬蔡桓侯。"杜注:"無傳。稱侯,蓋

謬誤。"孔疏:"五等諸侯卒,則各書其爵,葬則舉諡稱公,禮之常也。此無貶責而獨稱'侯',故云'蓋謬誤'也。"(240頁)

呂按:據杜注,經文"葬蔡桓侯",當書"葬蔡桓公"。今稱"侯",故曰"蓋謬誤"。

(22)《春秋》莊公六年:"冬,齊人來歸衛俘。"杜注:"《公羊》《穀梁》經傳皆言'衛寶',此傳亦言'寶',唯此經言'俘',疑經誤。俘,囚也。"孔疏:"《釋例》曰:'齊人來歸衛寶,《公羊》《穀梁》經傳及《左氏傳》皆同,唯《左氏經》獨言"衛俘"。考三家經傳有六,而其五皆言"寶",此必《左氏經》之獨誤也。'案《說文》'保'從人,孚省聲。古文孚,不省。然則古字通用寶,或保字與俘相似,故誤作俘耳。杜既以為誤,而又解俘為囚,是其不敢正決,故且從之。"(260頁)

呂按:杜注明言"疑經誤"。

(23)《春秋》莊公二十四年:"郭公。"杜注:"無傳,蓋經闕誤也。自曹羈以下,《公羊》《穀梁》之說既不了,又不可通之於《左氏》,故不采用。"孔疏:"《公羊》《穀梁》並以'赤歸于曹郭公'連文為句。言郭公名赤,失國而歸于曹。是為說不了,故不采用。"(318頁)

呂按:杜注明言"蓋經闕誤也"。

(24)《春秋》文公十七年:"齊侯伐我西鄙。"注:"西,當為'北',蓋經誤。"孔疏:"經言'西鄙',傳言'北鄙',服虔以為再來伐魯西鄙書,北鄙不書,諱仍見伐。按經十五年'秋,齊人侵我西鄙。冬,齊侯侵我西鄙';僖二十六年'春,齊人侵我西鄙。夏,齊人伐我北鄙',皆仍見侵伐,書而不諱,此何獨諱而不書?凡言諱者,諱國惡也。齊侯無道而伐我,我非有惡而可諱,何以諱其仍伐?故知正是一事,經文誤耳。知非傳誤者,魯求與平,即盟于穀。穀是濟北穀城縣也,穀在魯北,知北鄙是也。"(654頁)

呂按:杜注明言:"西,當為'北',蓋經誤。"

(25)《春秋》宣公十五年:"王札子殺召伯、毛伯。"杜注:"王札子,王子札也,蓋經文倒札字。"孔疏"傳稱此人為王子捷,捷、札一人,而'札'在'子'上,故疑經文倒札字也。"(764頁)

（26）《左傳》成公五年："十一月己酉,定王崩。"杜注："經在蟲牢盟上,傳在下,月倒錯。衆家傳悉無此八字,或衍文。"孔疏："傳不虛舉經文,此無所明,又上下倒錯,諸家之傳,又悉無此言,必是衍文。此杜以'疑事毋質',不敢輒去之耳。"（828 頁）

吕按：杜注疑經文"十一月己酉定王崩"八字爲衍文。

（27）《左傳》成公十三年："五月丁亥,晋師以諸侯之師及秦師戰於麻隧。秦師敗績。獲秦成差及不更女父。"杜注："不更,秦爵。戰敗績不書,以爲晋直秦曲；則韓役書戰,時公在師,復不須告,克獲有功,亦無所諱。蓋經文闕漏,傳文獨存。"孔疏："傳言戰敗,而經不書,杜以意測之,不知其故。欲以爲秦曲晋直,不以曲者敵直,故不書戰,則僖十五年韓之戰,秦直晋曲,書'戰于韓'也；欲以爲不告,故不書,當時公親在師,復不須告也；欲以爲無功諱負,則克獲有功,亦無所諱也。再三揆度,不識所以,故云'蓋經文闕漏',傳文獨存也。經文依史官策書,策書所無,故經文遂闕也；傳文采于簡牘,簡牘先有,故傳文獨存也。"（875 頁）

小結：竊以爲,注可破經對人們的啓示有三點。第一,漢魏注家的破經,使我們驚喜地看到,我國經學詮釋史,從一開始就把握住了實事求是的原則。我們對此應該額手稱慶。第二,破除了人們對"經"的迷信。《白虎通·五經》："經所以有五何？經,常也。有五常之道,故曰《五經》。《樂》仁,《書》義,《禮》禮,《易》智,《詩》信也。"余蕭客《古經解鈎沈》卷二十四轉引鄭玄《孝經序》云："經者,不易之稱。"漢魏注家的破經,不可能不對後世產生巨大影響。劉知幾《史通》之《疑古》《惑經》,宋儒的疑經、改經,論其思想認識淵源,當即發端於此。第三,漢魏注家的破經,直接影響到孔穎達《五經正義》的疏可破注。成語有"上行下效"。對於漢魏注家之種種破經,孔穎達自然是瞭若指掌。試想,注家既然可以破經,疏家何獨不可破注？苟明乎此,則對孔疏之大量破注將不復大驚小怪也。

論孔穎達《五經正義》中有疏家破經之例

皮錫瑞《經學歷史·經學統一時代》："案：著書之例，注不駁經，疏不駁注。"①按：《五經正義》中，不僅有注家破經之例，還有孔疏破經之例。至於所謂"疏不破注"，更是子虛烏有之事。事實證明，皮氏所論，乃不實之詞，上誣孔疏，下誤讀者。據查，孔疏破經之例，《尚書正義》五例，《毛詩正義》三例，《禮記正義》三例，《春秋左傳正義》十例。詳下。

（一）《尚書正義》中的孔疏破經，凡五例

（1）《尚書·泰誓序》："惟十有一年，武王伐殷。"孔傳："周自虞、芮質厥成，諸侯並附，以爲受命之年。至九年而文王卒，武王三年服畢，觀兵孟津，以卜諸侯伐紂之心。"孔疏："《易緯》稱'文王受命，改正朔，布王號於天下'，鄭玄依而用之，言'文王生稱王，已改正'。然天無二日，民無二王，豈得殷紂尚在，而稱周王哉？若文王身自稱王，已改正朔，則是功業成矣，武王何得云'大勳未集'，欲卒父業也？《禮記·大傳》云：'牧之野，武王之大事也。既事而退，追王大王亶父、王季歷、文王昌。'是追爲王，何以得爲'文王身稱王，已改正朔'也？《春秋》'王正月'，謂周正月也。《公羊

---

① 皮錫瑞著、周予同注釋《經學歷史》，中華書局，2004年，201頁。

傳》曰：'王者孰謂？謂文王。'其意以正爲文王所改。《公羊傳》，漢初俗儒之言，不足以取正也。《春秋》之王，自是當時之王，非改正之王。晉世有王愆期者，知其不可，注《公羊》，以爲春秋制文，王指孔子耳，非周昌也。《文王世子》稱武王對文王云：'西方有九國焉，君王其終撫諸？'呼文王爲王，是後人追爲之辭，其言未必可信，亦非實也。"①

吕按：此一段，孔疏批評了三家：鄭玄、《公羊傳》《禮記·文王世子》。

（2）《尚書·武成》："武成。"孔傳："文王受命，有此武功，成於克商。"孔疏："此篇'無作神羞'以下，惟告神，其辭不結，文義不成，非述作之體。案《左傳》荀偃禱河云：'無作神羞，具官臣偃，無敢復濟，惟爾有神裁之。'蒯聵禱祖云：'無作三祖羞，大命不敢請，佩玉不敢愛。'彼二者於'神羞'之下，皆更申己意。此經'無作神羞'下更無語，直是與神之言，猶尚未訖。且冢君、百工初受周命，王當有以戒之，如《湯誥》之類，宜應説其除害與民更始，創以爲惡之禍，勸以行道之福，不得大聚百官，惟誦禱辭而已。欲征則殷勤誓衆，既克則空話禱神，聖人有作，理必不爾。竊謂'神羞'之下，更合有言，簡編斷絶，經失其本，所以辭不次耳。或初藏之日，已失其本；或壞壁得之，始有脱漏。故孔稱'五十八篇以外，錯亂磨滅，不可復知'。明是見在諸篇，亦容脱錯。但孔此篇，首尾具足。既取其文爲之作傳，恥云有所失落，不復言其事耳。"②

吕按：此一段孔疏，不獨于孔傳有微詞，于經亦有微詞。庫本《尚書注疏》考證："臣召南按：古文脱誤，此篇爲最，穎達疑之是也。"③

（3）《武成》："血流漂杵。"孔傳："紂衆服周仁政，無有戰心，前徒倒戈，自攻于後，以北走。血流漂舂杵，甚之言。"孔疏："《孟子》云：'信《書》不如無《書》，吾於《武成》取二三策而已。仁者無敵於天下，以至仁伐不

---

① 孔安國傳、孔穎達正義、黃懷信整理《尚書正義》，上海古籍出版社，2007年，398—399頁。
② 孔安國傳、孔穎達正義、黃懷信整理《尚書正義》，427—428頁。
③ 《尚書注疏》，影印文淵閣《四庫全書》本，54冊，235頁。

仁,如何其血流漂杵也?'是言不實也。"①

吕按:孔疏此節援引《孟子》以破經也。

(4)《武成》:"列爵惟五,分土惟三。"孔傳:"列地封國,公侯方百里,伯七十里,子男五十里,爲三品。"孔疏:"爵五等,地三品,武王於此既從殷法,未知周公制禮,亦然以否。《孟子》曰:'北宫錡問於孟子曰:"周之班爵禄如何?"孟子曰:"其詳不可得聞矣。嘗聞其略。天子之制,地方千里;公侯,方百里;伯,七十里;子男,五十里。"'《漢書·地理志》亦云:'周爵五等,其土三等也:公侯百里,伯七十里,子男五十里。'漢世儒者,多以爲然。《周禮·大司徒》云:'諸公之地封疆方五百里,侯四百里,伯三百里,子二百里,男一百里。'蓋是周室既衰,諸侯相并,自以國土寬大,皆違禮文,乃除去本經,妄爲説耳。鄭玄之徒,以爲武王時,大國百里;周公制禮,大國五百里,《王制》之注具矣。"②

吕按:此節孔疏,于《周禮》及鄭玄注並有微詞,宋林之奇《尚書全解》卷二十三認爲孔疏"此説甚好"③。

(5)《金縢序》:"武王有疾,周公作《金縢》。"孔傳:"爲請命之書,藏之於匱,緘之以金,不欲人開之。"孔疏:"史叙其事,乃作此篇,非周公作也。"④

吕按:庫本《尚書注疏》考證:"臣召南按:孔疏此條,直糾小序之失,語足翼經。"⑤

(二)《毛詩正義》中的孔疏破經,凡三例

(1)《詩大序》:"國史明乎得失之迹,傷人倫之廢,哀刑政之苛,吟詠情性,以風其上。"孔疏:"國史者,《周官》大史、小史、外史、御史之等,皆是也。得失之迹者,人君既往之所行也。明曉得失之迹,哀傷而詠情性者,詩人也,非史官也。《民勞》《常武》,公卿之作也;《黄鳥》《碩人》,國

---

① 孔安國傳、孔穎達正義、黄懷信整理《尚書正義》,437頁。
② 孔安國傳、孔穎達正義、黄懷信整理《尚書正義》,438頁。
③ 林之奇《尚書全解》,影印文淵閣《四庫全書》本,55册,44頁。
④ 孔安國傳、孔穎達正義、黄懷信整理《尚書正義》,493頁。
⑤ 《尚書注疏》考證,影印文淵閣《四庫全書》本,54册,282頁。

人之風。然則,凡是臣民,皆得風刺,不必要其國史所爲。"①

吕按:孔疏所謂"凡是臣民,皆得風刺,不必要其國史所爲",是直駁《詩大序》也。

(2)《周南·漢廣》:"南有喬木,不可休息。漢有游女,不可求思。"毛傳:"思,辭也。"孔疏:"以'泳思''方思'之等,皆不取'思'爲義,故爲'辭也'。疑經'休息'之字作'休思'也。何則?《詩》之大體,韻在辭上,疑'休''求'字爲韻,二字俱作'思'。但未見如此之本,不敢輒改耳。"②

吕按:庫本《毛詩注疏》考證:"臣會汾按:《韓詩外傳》即作'休思',朱子亦從之。蓋'休''求'爲韻,通首皆以'思'爲語辭也。"③

(3)《大雅·皇矣》:"維此王季。"孔疏:"此云'維此王季',彼(按:謂《左傳》昭公二十八年)言'維此文王'者,經涉亂離,師有異讀,後人因即存之,不敢追改。今王肅注及《韓詩》亦作'文王',是異讀之驗。"④

吕按:孔疏對"維此王季"句提出質疑,是微言破經也。

(三)《禮記正義》中的孔疏破經,凡三例

(1)《曲禮上》:"國君下齊牛,式宗廟。"孔疏:"'國君下齊牛,式宗廟'者,案《齊右職》云:'凡有牲事則前馬。'注云:'王見牲則拱而式。'又引《曲禮》曰:'國君下宗廟,式齊牛。'鄭注《周官》與此文異者,熊氏云:'此文誤,當以《周禮》注爲正。宜云'下宗廟,式齊牛'。"⑤

吕按:庫本《禮記注疏》考證:"臣召南按:此文當云'國君下宗廟,式齊牛'。鄭既引此文以注《齊右》,則鄭時《禮記》本未誤也。鄭以後之本,始誤倒其字句,而熊氏正之。"⑥

(2)《禮記·文王世子》:"文王曰:'我百,爾九十,吾與爾三焉。'"鄭

---

① 鄭玄箋、孔穎達疏,朱傑人、李慧玲整理《毛詩注疏》,上海古籍出版社,2013年,18頁。
② 鄭玄箋、孔穎達疏,朱傑人、李慧玲整理《毛詩注疏》,70—71頁。
③ 《毛詩注疏》考證,影印文淵閣《四庫全書》本,69册,152頁。
④ 鄭玄箋、孔穎達疏,朱傑人、李慧玲整理《毛詩注疏》,1475頁。
⑤ 鄭玄注、孔穎達正義,吕友仁整理《禮記正義》,上海古籍出版社,2008年,132頁。
⑥ 《禮記注疏》考證,影印文淵閣《四庫全書》本,115册,84頁。

注：“文王以勤憂損壽，武王以安樂延年。言與爾三者，明傳業於女，女受而成之，”孔疏：“云'文王以勤憂損壽'者，以文王當紂暴虐之時，故知勤憂損壽也。《無逸》篇云'文王自朝至於日中昃，不遑暇食'，是勤憂也。云'武王以安樂延年'者，以武王承文王之業，故安樂延年。《詩·魚麗》：'美萬物盛多，始於憂勤，終於逸樂也。'年壽之數，賦命自然，不可延之寸陰，不可減之晷刻。文王九十七，武王九十三，天定之數。今文王云'吾與女三'者，示其傳基業於武王，欲使武王承其所傳之業，此乃教戒之義訓，非自然之理。"①

呂按：此蓋微言破經、破注。衛湜《禮記集說》卷五十引廬陵胡氏（胡銓）曰：“人之考折，天定其數。今曰'吾與爾三'，是不知命，非文王之言也。"②宋員興宗《辯言》：“夢帝與九齡，其說已可怪；'吾與爾三'，則誕之甚矣。"③

（3）《禮器》：“周旅酬六尸。"鄭玄注：“使之相酌也。后稷之尸，發爵不受旅。"孔疏：“然大祫多主，而唯云'六尸'者，先儒與王肅並云：'毀廟無尸，但有主也。'"④

呂按：據鄭注，是“周旅酬"確有六尸。但孔疏提出質疑，大祫之時，有尸不假，但其中也應有主（俗稱“牌位"），不應清一色地都是尸。所以又徵引先儒與王肅之說：“毀廟無尸，但有主也。"王肅之意，六者之中，有尸有主，不應全部是尸。《五禮通考》卷六十二：“蕙田案：依鄭、王義，則祫祭不必皆有尸明矣。而鄭王之說，微有不同。一主三尸，一主六尸；一毀廟有尸，一毀廟無尸。今案六尸見於《禮器》，三尸不見何經，從王為是。"⑤此孔疏藉王肅注破經也。

（四）《春秋左傳正義》中的孔疏破經，凡十例

（1）《春秋》莊公二十二年：“夏五月。"孔疏：“《釋例》曰：'年之四時，

---

① 鄭玄注、孔穎達正義、呂友仁整理《禮記正義》，829頁。
② 衛湜《禮記集說》考證，影印文淵閣《四庫全書》本，118冊，52頁。
③ 員興宗《辯言》，影印文淵閣《四庫全書》本，863冊，858頁。
④ 鄭玄注、孔穎達正義、呂友仁整理《禮記正義》，994頁。
⑤ 秦蕙田《五禮通考》，影印文淵閣《四庫全書》本，136冊，442頁。

雖或無事,必空書首月,以紀時變,以明曆數。莊公獨稱'夏五月',及經四時有不具者,丘明無文,皆闕繆也。"(305頁)①

吕按:孔疏直言"經四時有不具者,丘明無文,皆闕繆也"。

(2)《左傳》文公十三年:"秦人歸其帑,其處者爲劉氏。"杜注:"士會,堯後劉累之裔,別族復累之姓。"孔疏:"伍員屬其子於齊,使爲王孫氏者,知己將死,豫令改族,其傳有爲而發之。士會之帑,在秦不顯,於會之身,復無所辟。傳説'處秦爲劉氏',未知何意言此。討尋上下,其文不類,深疑此句,或非本旨。蓋以爲漢室初興,捐棄古學,《左氏》不顯於世,先儒無以自申。劉氏從秦徙魏,其源本出劉累,插注此辭,將以媚於世。明帝時,賈逵上疏云:'《五經》皆無證圖讖明劉氏爲堯後者,而《左氏》獨有明文。'竊謂前世藉此以求道通,故後引之以爲證耳。"(627頁)

吕按:庫本《左傳注疏》卷十九考證:"臣召南按:孔氏疑此文爲漢儒所加,不易之論也。"②然則是孔疏破經也。

(3)《左傳》文公十八年:"顓頊有不才子,不可教訓,不知話言。告之則頑,舍之則嚚,傲很明德,以亂天常,天下之民謂之檮杌。此三族也,世濟其凶,增其惡名,以至於堯,堯不能去。"杜注:"方以宣公比堯,行父比舜,故言堯亦不能去,須賢臣而除之。"孔疏:"宣公不能去莒僕,而行父能去之,恐宣公以不去之爲恥,行父以去之爲專。史克方以宣公比堯,行父比舜,故言堯朝有四凶,堯亦不能去,須賢臣而除之,所以雪宣公不去之恥,解行父專檀之失也。然則聖主莫過於堯,任賢,王政所急。大聖之朝,不才總萃,雖曰帝其難之,且復何其甚也!此四凶之人,才實中品,雖行有不善,未有大惡,故能仕於聖世,致位大官。自非聖舜登庸,大禹致力,則滔天之害,未或可平。以舜、禹之成功,見此徒之多罪。勳業既謝,怨謇自生,爲聖所誅,其咎益大。且虞史欲盛章舜德,歸罪惡於前人。史克以宣公比堯,同四凶於莒僕,此等並非下愚,未有大惡,其爲不善,唯帝所知。

---

① 以下10例括注頁碼,皆北京大學出版社繁體字校點本《春秋左傳正義》頁碼,下同,不一一。

② 《左傳注疏》卷十九考證,影印文淵閣《四庫全書》本,143册,436頁。

《尚書》將言求舜,以見帝之知人。此傳安慰宣公,故言堯不能去。辭各有爲,情頗增甚。學者當以意達文,不可即以爲實。"(669頁)

呂按:孔疏云:"辭各有爲,情頗增甚。學者當以意達文,不可即以爲實。"是微言破經也。

(4)《左傳》宣公二年:"使其驂乘謂之曰:'牛則有皮,犀兕尚多,棄甲則那。'"注:"那,猶何也。"孔疏:"遍檢書傳,犀兕二獸,並出南方,非宋所有。假令波及宋國,必不能多,言'尚多'者,苟以答謳者耳。"(683頁)

呂按:孔疏對經文"犀兕尚多"提出質疑,是微言破經也。

(5)《左傳》宣公十四年:"履及于窒皇。"杜注:"窒皇,寢門闕。"孔疏:"莊十九年'鬻拳葬於絰皇',注云'絰皇,冢前闕'者,亦以此而知也。經傳通謂兩觀爲闕,唯指雉門高大,爲縣舊章,而使民觀之,故雉門之觀,特得闕名。名爲闕者,以其在門兩旁,而中央闕然爲道。雖則小門,亦如此耳。故杜於寢門、冢門皆以闕言之。此作'窒',彼作'絰',字異音同,未知孰是。"(761頁)

呂按:孔疏懷疑莊十九年之"絰"與此處之"窒",二者必有一誤。

(6)《左傳》襄公二十六年:"以登其城,克而取之。"杜注:"取魯高魚,無所諱而不書,其義未聞。"孔疏:"服虔云:'取魯高魚及反之,皆不書,蓋諱之。'杜以被人取邑,無所可諱,故云'其義未聞'。莊十八年'公追戎于濟西',傳云:'不言其來,諱之也。'戎來不覺,國以爲諱,盜竊魯邑,而云無可諱者,所言諱者,諱國惡,禮也。候不在疆,戎來不覺,是國無政令,故諱之。此守高魚者不覺,介於其庫,直是守者罪耳,非國之恥,故諸被伐取魯邑,皆不諱也。昭二十五年'齊侯取鄆',書而不諱,知失邑無可諱也。此亦戰於麻隧之類,蓋經文脫漏耳。"(1206頁)

呂按:此直言破經也。麻隧之戰,見成公十三年,彼處杜注云:"克獲有功,亦無所諱。蓋經文闕漏,傳文獨存。"

(7)《左傳》襄公三十一年:"衛侯在楚,北宮文子見令尹圍之威儀,言於衛侯曰:'令尹似君矣,將有他志。'"杜注:"言語、瞻視、行步不常。"孔疏:"言令尹威儀,已是國君之容矣。服虔云:'言令尹動作以君儀,故云

"以君矣'。'服言'以君儀'者,明年傳云'二執戈者前矣',是用君儀也。俗本作'似君',若云'似君',不須言矣。今定本亦作'似'字,恐非。"(1304頁)

呂按:此孔疏直言破經也。阮元《左傳注疏校勘記》云:"《正義》詳引服注,明當作'以君',極爲明晰。"①

(8)《左傳》昭公九年:"我自夏以后稷,魏、駘、芮、岐、畢,吾西土也。"杜注:"在夏世,以后稷功,受此五國,爲西土之長。"孔疏:"《釋例·土地名》曰:'魏,河東河北縣也。芮,馮翊臨晉縣芮鄉是也。畢在京兆長安縣西北。駘在武功,岐在美陽。'孔穎達曰:'今案其地,芮在魏之西南百餘里耳,岐在駘之西北無百里也,《詩》稱后稷封邰,與岐、畢相近,爲之長可矣。計魏在邰東六百餘里,而令邰國與魏爲長,道路太遥,公劉居豳,又在岐西北四百餘里,此傳極言遠竟而辭不及豳,並不解其故。'"(1459頁)

呂按:清初閻若璩讀到此節,云:"余謂穎達每好依阿康成、元凱,莫敢是正。兹獨上攻及傳之正文,殊可喜也,宜亟標出之。"②

(9)《左傳》昭公二十六年:"昔武王克殷,成王靖四方,康王息民,並建母弟,以蕃屏周,亦曰:'吾無專享文武之功。'"杜注:"不敢專,故建母弟。"孔疏:"諸家本皆然,服虔、王肅並注云:'文王受命,武王伐紂,故云"文武克殷"。'下句云'吾無專享文武之功',則合'文武'是也。杜無注,諸本悉作'武王克殷',疑誤也。今定本亦作'武王克殷'。"(1695頁)

(10)《春秋》哀公四年:"春,王二月庚戌,盜殺蔡侯申。"杜注:"賤者,故稱盜。不言弑其君,賤盜也。"孔疏:"宣十七年'蔡侯申卒',是文侯也。《蔡世家》云:'文侯申生景侯固,固生靈侯般,般生隱太子。'今昭侯申是隱太子之子,杜《世族譜》亦然。計昭侯是文侯玄孫,乃與高祖同名。'周人以諱事神',二申必有誤者。俱是經文,未知孰誤。"(1874頁)

呂按:孔疏云:"俱是經文,未知孰誤。"此是孔疏微言破經也。

---

① 《十三經注疏》,中華書局,1980年,2018頁。
② 閻若璩《四書釋地·周舊邦》,影印文淵閣《四庫全書》本,210册,334頁。

《周易》識小

孔穎達《周易正義》徵引注家、義疏家考略

爲什麽要作《周易正義》徵引注家、疏家考略？原因有三：第一，孔穎達《周易正義序》對這個問題交代得不完全、不明確。按《周易正義序》："其傳《易》者，西都則有丁、孟、京、田，東都則有荀、劉、馬、鄭。大體更相祖述，非有絶倫。唯魏世王輔嗣之《注》，獨冠古今。所以江左諸儒，並傳其學；河北學者，罕能及之。其江南《義疏》，十有餘家，皆辭尚虚玄，義多浮誕。"①就注家來説，《序》文提到了西漢和東漢的學者，魏晋時期的注家只提到王弼一人。驗諸《周易正義》，多有遺漏，是謂不完全也。就疏家來説，一句"江南《義疏》，十有餘家"，籠而統之，不明不白，是謂不明確也。第二，《周易正義》對疏家的稱呼大多是以"氏"相稱，如"莊氏""周氏"之類。對於專家來説，可能不言而喻；對於一般讀者來説，則未免茫然。第

---

① 王弼注、孔穎達疏、盧光明等整理《周易正義》，北京大學出版社，2000年，3頁。

三,從宋代開始,學者中流傳著"孔疏專主一家,不旁及異聞"之説,實乃不實之詞。本文之作,亦可稍正視聽。鑒於以上三點,於是有《考略》之作。

《周易正義》徵引的注家凡十九家,即:

《子夏傳》,《周易正義》中凡十見。按《隋書·經籍志》總序:"昔宓羲氏始畫八卦,以通神明之德,以類萬物之情。蓋因而重之,爲六十四卦。及乎三代,實爲三《易》:夏曰《連山》;殷曰《歸藏》;周文王作卦辭,謂之《周易》。周公又作爻辭,孔子爲《彖》《象》《繫辭》《文言》《序卦》《説卦》《雜卦》,而子夏爲之傳。"①《隋志》經部《易》類:"《周易》二卷,魏文侯師卜子夏傳,殘缺。梁六卷。"②所謂"梁六卷",謂南朝梁阮孝緒《七錄》著錄《子夏傳》作六卷。子夏,孔子弟子,事迹詳見《史記·仲尼弟子列傳》。此書之真僞及其作者,至今仍争論不休。

薛虞,《周易正義》中凡一見。《經典釋文·序錄》:"《子夏易傳》三卷,卜商,字子夏,衛人,孔子弟子,魏文侯師。《七略》云:'漢興,韓嬰傳。'《中經簿錄》云:'丁寬所作。'張璠云:'或馯臂子弓所作,薛虞記。'虞,不詳何許人。"③

京房,《周易正義》中凡一見。《隋志》:"《周易》十卷,漢魏郡太守京房章句。"京房,《漢書》有傳。

孟喜,《周易正義》中凡二見。按,《漢書·藝文志·六藝略》之《易》類著錄《章句》,孟氏二篇。《隋志》:"《周易》八卷,漢曲臺長孟喜《章句》,殘缺。梁十卷。"孟喜,事迹詳見《漢書·儒林傳》。

荀爽,《周易正義》中凡二見。《隋志》:"《周易》十一卷,漢司空荀爽注。"荀爽,事迹詳《後漢書》本傳。

劉表,《周易正義》中凡二見。《隋志》:"《周易》五卷,漢荆州牧劉表章句。"劉表,事迹詳《後漢書》本傳。

馬融,字季長,《周易正義》中凡十二見。其中七處稱之以馬融;另外

---

① 魏徵等《隋書》,中華書局,1973年,912頁。
② 魏徵等《隋書》,909頁。
③ 陸德明《經典釋文》,上海古籍出版社,1985年,21頁。

五處稱之爲馬季長。南朝梁阮孝緒《七録》著録漢南郡太守馬融注《周易》一卷，後佚。馬融，事迹詳見《後漢書》本傳。

鄭玄，字康成，《周易正義》中凡二十二見。其中十五處稱之以鄭玄，另外七處稱之爲鄭康成。《隋志》："《周易》九卷，後漢大司農鄭玄注。"鄭玄，事迹詳見《後漢書》本傳。

王肅，字子雍，《周易正義》中凡十二見。其中十處稱之爲王肅，一處稱之爲子雍。《隋志》："《周易》十卷，魏衛將軍王肅注。"王肅，事迹詳見《三國志·魏志》本傳。

董遇，《周易正義》中凡二見。《隋志》："梁有魏大司農卿董遇注《周易》十卷。"董遇，事迹詳見《三國志·魏志·王肅傳》裴松之注引《魏略》。

姚信，《周易正義》中凡五見。《隋志》："《周易》十卷，吳太常姚信注。"姚信，正史無傳，其事迹散見《三國志·吳志》之《陸績傳》《陸遜傳》《孫和傳》中。

虞翻，《周易正義》中凡一見。《隋志》："《周易》九卷，吳侍御史虞翻注。"虞翻，事迹詳見《三國志·吳志·虞翻傳》。

陸績，《周易正義》中凡五見。《隋志》："《周易》十五卷，吳鬱林太守陸績注。"陸績，事迹詳見《三國志·吳志·陸績傳》。

何晏，《周易正義》中凡一見。馬國翰《玉函山房輯佚書》有《周易何氏解》一卷，其序云："其《易》不傳。……兹從孔穎達《正義》、李鼎祚《集解》、房審權《義海》輯録，止四節，亦卑之無甚高論。"[1]何晏，《三國志·魏志·曹真傳》附有何晏傳。

向秀，《周易正義》之凡一見。《經典釋文》載張璠《周易集解》十二卷，張書集二十二家之解，向秀《易義》爲二十二家之一。向秀，《晉書》有傳。

孫盛，《周易正義》中凡一見。孫盛著有《易象妙於見形論》，史志不載，見於《晉書·孫盛傳》。

---

[1] 馬國翰輯《玉函山房輯佚書》，《續修四庫全書》，上海古籍出版社，2002年，1200册，639頁。

王廙，《周易正義》中凡三見。《隋志》："《周易》三卷，晋驃騎將軍王廙注，殘缺。梁有十卷。"王廙，《晋書》有傳。

盧氏，《周易正義》中凡一見，《隋志》："《周易》一帙十卷，盧氏注。"史不書名。清姚振宗《隋書經籍志考證》引後魏楊衒之《洛陽伽藍記》："盧白頭，一字景裕，范陽人也。性愛恬静，丘園放傲，學極六經，疏通百氏。普泰初，起家爲國子博士。雖在朱門，以注述爲事，注《周易》，行之於世也。"①按《魏書·盧景裕傳》："盧景裕，字仲孺，小字白頭，范陽涿人也。……所注《易》大行於世。"②

崔覲，《周易正義》中凡一見。按《隋志》："《周易》十三卷，崔覲注。"又："《周易統例》十卷，崔覲撰。"其書後佚。馬國翰《玉函山房輯佚書》有輯本。姚振宗《隋書經籍志考證》引馬氏輯本序云："崔覲，不詳何人。時代、爵字、里居并佚。……《北史·儒林傳》有清河崔瑾與范陽盧景裕同爲徐遵明弟子。覲、瑾音同，或一人而傳寫各異歟？"③

《周易正義》徵引的義疏家凡七家，即：

顧歡，《周易正義》中凡一見，其義疏《隋志》不載。按《釋文·序録》："顧懽，字景怡，或云字玄平，吴郡人，齊太學博士，徵不起。"④又《南齊書·高逸傳》："顧歡字景怡，吴郡鹽官人也。……又注王弼《易》二《繫》，學者傳之。"⑤

劉瓛，《周易正義》中凡二見，一稱之爲劉瓛，一稱之爲劉貞簡。貞簡，劉瓛謚號。《隋志》："《周易繫辭義疏》二卷，劉瓛撰。"劉瓛事迹詳見《南齊書》本傳。

褚氏，《周易正義》中凡十九見。《隋志》："《周易講疏》十六卷，梁五經博士褚仲都撰。"褚仲都，正史無傳。《經典釋文·序録》："近代梁褚仲

---

① 姚振宗《隋書經籍志考證》，《二十五史補編》，開明書店，1937年，5063頁。
② 魏收《魏書》，中華書局，1974年，1859—1860頁。
③ 姚振宗《隋書經籍志考證》，《二十五史補編》，5067—5068頁。
④ 陸德明《經典釋文》，第24頁。
⑤ 蕭子顯《南齊書》，中華書局，1972年，928—935頁。

都、陳周弘正,并作《易義》,此其知名者。"①

莊氏,張善文《周易辭典》281頁"莊氏"條云:"孔穎達《周易正義》中所引《易》家之一。名字、爵里不詳,蓋南朝梁陳之間人。其《易》學著述史志未載,當亡佚已久。馬國翰《玉函山房輯佚書》、黃奭《黃氏逸書考》並輯有《莊氏易義》一卷。國翰指出:'莊氏,不知何人。隋、唐《志》並不載,唯《正義》引之。'又曰:'其人在褚(按,梁人,名仲都)後,爲《疏義》者。唐時其書尚存,《志》偶佚之。'"②

周氏,《周易正義》中凡十八見。其中十七處稱之爲周氏,一處稱之爲周簡子。簡子,是周弘正的謚號。《隋志》:"《周易義疏》十六卷,陳尚書左僕射周弘正撰。"周氏事迹詳見《陳書》本傳。

張氏,《周易正義》中凡六見。《隋志》:"《周易講疏》三十卷,陳諮議參軍張譏撰。"張譏,《陳書·儒林傳》有傳。

何氏,《周易正義》中凡十見。《隋志》:"《周易講疏》十三卷,國子祭酒何妥撰。"何妥,《隋書·儒林傳》有傳。

孔疏除了指名道姓地徵引上述注家及義疏家外,還徵引了"先儒""諸儒"和"鄭學之徒"之說。這是三個無名無姓、表示學者群的稱呼,其具體含義,略考之如下。

先說"先儒"。"先儒"在《周易正義》中凡二十二見,頻率相當高。"先儒"之含義,據筆者的考察,蓋謂王弼、韓康伯之外的《周易》注家。知者:

(1)《周易·姤卦》:"九五:以杞包瓜。"王弼注:"杞之爲物,生於肥地者也。包瓜爲物,繫而不食者也。"孔疏:"'杞之爲物,生於肥地者也',先儒說杞,亦有不同。馬云:'杞,大木也。'《左傳》云:'杞梓、皮革,自楚往。'則爲杞梓之杞。《子夏傳》曰:'作杞匏瓜。'薛虞《記》云:'杞,杞柳也。杞性柔刃,宜屈橈,似匏瓜。'又爲杞柳之杞。案:王氏云'生於肥地',蓋以杞爲今之枸杞也。"(219頁)③

---

① 陸德明《經典釋文》,24頁。
② 張善文《周易辭典》,上海古籍出版社,1992年,281頁。
③ 括注頁碼,爲北京大學出版社2000年版繁體字本《周易正義》頁碼。下同,不一一。

吕按：據孔疏，"先儒説杞"者，計有馬融、《子夏傳》、薛虞《記》，皆是王弼之前的《周易》注家。

（2）《周易·震卦》："震：亨。震驚百里。"王弼注："威震驚乎百里。"孔疏："先儒皆云：'雷之發聲，聞乎百里。故古帝王制國，公侯地方百里，故以象焉。'"（245—246頁）

吕按：經文"百里"，王弼未注，孔疏遂徵引先儒之説以補之。《周易集解》引鄭玄曰："雷發聲聞于百里，古者諸侯之象。諸侯出教令，能警戒其國内，則守其宗廟社稷，爲之祭主，不亡匕與鬯也。"然則，此"先儒"，謂鄭玄等人也。

（3）《周易·比卦》"王用三驅。"王弼注："夫三驅之禮，禽逆來趣己則舍之，背己而走則射之。"孔疏："夫三驅之禮者，先儒皆云：'三度驅禽而射之也，三度則已。'"（67頁）

吕按：王應麟等《增補鄭氏周易》卷上："驅禽而射之，三則已，法軍禮也。"然則孔疏所謂"先儒"者，鄭玄居一也。

（4）《周易·序卦》："豫必有隨。"韓康伯注："順以動者，衆之所隨。"孔疏："鄭玄云：'喜樂而出，人則隨從。孟子曰："吾君不遊，吾何以休？吾君不豫，吾何以助？"此之謂也。'王肅云：'歡豫，人必有隨。'隨者，皆以爲人君喜樂歡豫，則以爲人所隨。……若以人君喜樂游豫，人則隨之，紂作靡靡之樂，長夜之飲，何爲天下離叛乎？故韓康伯云：'順以動者，衆之所隨。'在於人君取致豫之義，然後爲物所隨，所以非斥先儒也。"（395頁）

吕按：據孔疏，韓康伯此節非斥之先儒乃鄭玄、王肅，皆在韓康伯之前的注家。

次説"諸儒"。"諸儒"在《周易正義》中凡十六見。"諸儒"的含義，據筆者的考察，蓋謂南北朝時期之義疏家。知者：

（1）《周易·蠱卦》："元亨，利涉大川。先甲三日，後甲三日。"孔疏："褚氏、何氏、周氏等並同鄭義，以爲'甲'者，造作新令之日，甲前三日，取改過自新，故用辛也。甲後三日，取丁寧之義，故用丁也。今案輔嗣《注》：'甲者，創制之令。'不云創制之日。又《巽卦》九五'先庚三日，後

孔穎達《周易正義》徵引注家、義疏家考略

庚三日',輔嗣《注》:'申命令謂之庚'。輔嗣又云:'甲、庚皆申命之謂'。則輔嗣不以甲爲創制之日,而諸儒不顧輔嗣《注》旨,妄作異端,非也。"(108頁)

吕按:此"諸儒",蓋指褚氏、何氏、周氏等義疏家也。

(2)《周易·乾卦》:"初九:潛龍勿用。"孔疏;"若漢高祖生於暴秦之世,唯隱居爲泗水亭長,是'勿用'也。諸儒皆以爲'舜始漁於雷澤'。舜之時,當堯之世,堯君在上,不得爲小人道盛。"(2頁)

吕按:李鼎祚《周易集解》卷一:"何妥曰:'此第二章,以人事明之,當帝舜耕漁之日,卑賤處下,未爲時用。'"①然則,何妥是此"諸儒"之一也。何妥有《周易講疏》,見《隋志》。

(3)《周易·比卦》"王用三驅。"孔疏:"三驅之禮者,褚氏諸儒皆以爲'三面著人驅禽',必知'三面'者,禽唯有背己、向己、趣己,故左右及於後皆有驅之。"(67頁)

吕按:褚氏有《周易講疏》,已見上文。此所謂"褚氏諸儒",蓋謂褚氏等義疏家也。

需要注意的是,《周易正義》中的個別"先儒",傳本有誤作"諸儒"者。例如:

《周易·乾卦》:"九二:見龍在田,利見大人。"王弼注:"'利見大人',唯二五焉。"孔疏:"諸儒以爲'九二當太簇之月,陽氣發見,則九三爲建辰之月,九四爲建午之月,九五爲建申之月,……上九爲建戌之月,群陰既盛,上九不得言與時偕極'。諸儒此説,於理稍乖。"(3—5頁)

吕按:孔疏中的兩個"諸儒",皆"先儒"之誤。知者,浦鏜《正字》:"'諸儒以爲九二當太簇之月',諸儒,案李鼎祚《集解》作先儒是也。下同。"②此其一。李道平《周易集解纂疏》:"先儒云云,蓋指鄭氏爻辰也。孔氏不取其説,故據消息以駁之。"③徑以"先儒"稱之。此其二。這個錯

---

① 李鼎祚《周易集解》,影印文淵閣《四庫全書》本,7册,617頁。
② 浦鏜《十三經注疏正字》,影印文淵閣《四庫全書》本,192册,5頁。
③ 李道平、潘雨廷點校《周易集解纂疏》,中華書局,1994年,第58頁。

誤,據筆者所見,北京大學出版社出版的《周易正義》,簡化字本與繁體字本均未出校勘記。

最後說"鄭學之徒"。在《周易正義》中,"鄭學之徒"凡三見。其中一次作"鄭玄之徒",疑"玄"字誤。所謂"鄭學之徒",就是服膺《周易》鄭注的學者。例如:

《周易·蠱卦》:"先甲三日,後甲三日。"孔疏:"'先甲三日,後甲三日'者,其褚氏、何氏、周氏等並同鄭義,以爲'甲'者,造作新令之日,甲前三日,取改過自新,故用辛也。甲後三日,取丁寧之義,故用丁也。而諸儒不顧輔嗣《注》旨,妄作異端,非也。"(108頁)

呂按:此褚氏、何氏、周氏,乃梁、陳義疏家,殆即"鄭學之徒"之謂。按《北史·儒林傳上》:"自魏末大儒徐遵明門下講鄭玄所注《周易》,遵明以傳盧景裕及清河崔瑾,景裕傳權會、郭茂,權會早入鄴都,郭茂恒在門下教授,其後能言《易》者,多出郭茂之門。"[1]據此可知,前文之北朝義疏家盧氏、崔覲亦是"鄭學之徒"。

---

[1] 李延壽《北史》,中華書局,1974年,2708頁。

王弼《易》何時開始立於學官芻議

王弼《易》何時開始立於學官？目前有關這個問題的答案，據筆者所知，有四説：

（一）始于東晉晉元帝時。陸德明《經典釋文·序錄》：“永嘉之亂，施氏、梁丘之易亡，孟、京、費之易，人無傳者。唯鄭康成、王輔嗣所注行於世。”自注曰：“江左中興，《易》唯置王氏博士。太常荀崧奏請置鄭易博士，詔許，值王敦亂，不果立。”①

（二）始于南朝梁。《隋書·經籍志》經部易類小序：“梁、陳，鄭玄、王弼二注列於國學。”②

（三）始於西晋。余嘉錫《四庫提要辨證·周易正義》：“西晋初年，清談盛行，疑弼注已立博士。”③

（四）始于宋文帝元嘉十九年（442），見張晨《王弼〈易〉學始立官學考》。④

---

① 陸德明《經典釋文》，中華書局，1983年，6頁。
② 魏徵等《隋書》，中華書局，1973年，912頁。
③ 余嘉錫《四庫提要辨證》，中華書局，1980年，7頁。
④ 張晨《王弼〈易〉學始立官學考》，《唐都學刊》2008年5期，100頁。

以上四説，筆者贊同第一説。對於第二説，時間無乃太晚。須知《南齊書·陸澄傳》不僅有"時國學置鄭、王《易》"的明確記載，而且還有"元嘉（宋文帝年號）建學之始，玄、弼兩立"的明確記載，説明宋、齊時王弼《易》已經立於學官。對於第三説，余嘉錫先生用了一個"疑"字，顯得不是十分有把握，也没有舉出明確的文獻證據。職此之故，置而不論。對於第四説，因爲作者既看到了《南齊書·陸澄傳》"元嘉建學之始，玄、弼兩立"的記載，又看到了《宋書·何承天傳》"（元嘉）十九年，立國子學，以本官領國子博士"的記載，所以得出始於元嘉十九年的結論。筆者認爲，這只能看作元嘉十九年，王弼《易》立於學官是確有其事。至於是不是王弼《易》始立學官之年，還很難説。作者爲了證明自己的觀點，用較大篇幅論證"其設立與東晉後期玄學與佛學、經學的融合以及私學教育的發展有密切之關係"。因爲不是明確的文獻證據，是間接推論，筆者拜讀之後，覺得説服力不强。

筆者之所以認爲陸德明始于東晉晉元帝之説是可信的，是因爲：

第一，《經典釋文·序録》："余少愛墳典，留意藝文（按：即經籍）。粤以癸卯之歲，承乏上庠。"①也就是説，在南朝陳後主至德元年（583），陸德明曾經擔任國子助教。又據《舊唐書·徐文遠傳》："時人稱文遠之《左氏》、褚徽之《禮》、魯達之《詩》、陸德明之《易》，皆爲一時之最。"②也就是説，陸德明對《易》的研究非常精深，舉世無匹。陸德明具有這兩種專業身份，他對於王弼《易》何時立於學官的記述應是比較可信的。

第二，《晉書·荀崧傳》：元帝踐阼，征拜尚書僕射。時方修學校，簡省博士，置《周易》王氏，《尚書》鄭氏，《古文尚書》孔氏，《毛詩》鄭氏，《周官》《禮記》鄭氏，《春秋左傳》杜氏、服氏，《論語》《孝經》鄭氏，博士各一人，凡九人。其《儀禮》《公羊》《穀梁》及鄭《易》，皆省不置。崧以爲不可，乃上疏曰：

　　自喪亂以來，儒學尤寡。今處學則闕朝廷之秀，仕朝則廢儒學之

---

① 陸德明《經典釋文》，1頁。
② 劉昫等《舊唐書》，中華書局，1975年，4943頁。

王弼《易》何時開始立於學官芻議

俊。……太學有石經古文先儒典訓。賈、馬、鄭、杜、服、孔、王、何、顏、尹之徒，章句傳注衆家之學，置博士十九人。……伏聞節省之制，皆三分置二。博士舊置十九人，今《五經》合九人，準古計今，猶未能半。宜及節省之制，以時施行。今九人以外，猶宜增四，願陛下萬機餘暇，時垂省覽。宜爲鄭《易》置博士一人，鄭《儀禮》博士一人，《春秋公羊》博士一人，《穀梁》博士一人。……詔曰：《穀梁》膚淺，不足置博士，餘如奏。會王敦之難，不行。①

按：《荀崧傳》中的"置《周易》王氏"，這個"王氏"，是指王肅還是指王弼，學者看法不一。余嘉錫先生認爲這個王氏是指王弼。其《四庫提要辨證·周易正義》云："東晉博士九人，《周易》唯有王氏。觀陸澄言'泰元（按：東晉孝武帝年號）立王肅《易》，以其在玄、弼之間'，則元帝時所立，實是弼注。"②周予同先生也認爲是指王弼，③只是沒有說明理由。筆者贊同余嘉錫、周予同先生的看法。爲了避免斷章取義，兹更摘引《南齊書·陸澄傳》如下：

永明元年，轉度支尚書，尋領國子博士。時國學置鄭、王《易》，杜、服《春秋》，何氏《公羊》，糜氏《穀梁》，鄭玄《孝經》。乃與儉書論之曰：《易》近取諸身，遠取諸物，彌天地之道，通萬物之情。……晉太興四年，太常荀崧請置《周易》鄭玄注博士，行乎前代。于時政由王、庾，皆儁神清識，能言玄遠，捨輔嗣而用康成，豈其妄然。泰元立王肅《易》，當以在玄、弼之間。④

按：《晉書·元帝紀》："太興四年三月，置《周易》《儀禮》《公羊》博士。"⑤表明荀崧置《周易》鄭玄注博士的建議被晉元帝采納，所以説"行乎前代"。"于時政由王、庾，皆儁神清識，能言玄遠，捨輔嗣而用康成，豈其妄然"的意思是，當時的執政大臣是王導、庾亮，他們本來都是談玄的一

---

① 房玄齡等《晉書》，中華書局，1974年，1976頁。
② 余嘉錫《四庫提要辨證》，7頁。
③ 皮錫瑞著、周予同注釋《經學歷史》，中華書局，2004年，162頁。
④ 蕭子顯《南齊書》，中華書局，1972年，683—684頁。
⑤ 房玄齡等《晉書·荀崧傳》，154頁。

派，與王弼同道，竟然能夠不偏向王弼而毅然恢復爲鄭玄《易》立博士，難道沒有一點道理？余嘉錫先生解釋説："言舍者，甚其辭耳，非竟廢除王氏《易》也。"①至於"泰元立王肅《易》，當以在玄、弼之間"，意思是東晉孝武帝泰元年間復立王肅《易》，是因爲王肅的《易》自成一家，與鄭玄《易》、王弼《易》均有所不同。由此可知，泰元年間，《易》有三家博士。

第三，讓我們對《晉書·荀崧傳》的其他文字略作分析。傳文説："自喪亂以來，儒學尤寡。今處學則闕朝廷之秀，仕朝則廢儒學之俊。"但檢視元帝所置九博士："《周易》王氏，《尚書》鄭氏，《古文尚書》孔氏，《毛詩》鄭氏，《周官》《禮記》鄭氏，《春秋左傳》杜氏、服氏，《論語》《孝經》鄭氏，博士各一人，凡九人。"如果《周易》王氏是王肅的話，可以説九博士是清一色的儒士，與"喪亂以來，儒學尤寡。今處學則闕朝廷之秀"的話對不上號。正因爲這個《周易》王氏是王弼，而王弼好《莊》《老》，是異類，不是儒，所以荀崧才故意聳人視聽地説"自喪亂以來，儒學尤寡。今處學則闕朝廷之秀"。

張晨《王弼〈易〉學始立官學考》（下稱"張文"）認爲《周易》王氏是指王肅。張文提出了四條理由。其中有兩條不足辨，兹僅辨其餘兩條如下：

（一）張文抓住"簡省博士"的"簡省"一詞做文章，説："晉元帝只是在晉武帝設立的十九博士的基礎上加以簡省，並没有任何增加或替换。而鄭《易》在此時被簡省，其所立《周易》王氏應該還是晉武帝所置博士十九人中的王肅《易》學。"筆者認爲，首先，"簡"是一個多義詞，它不僅有"簡省"義，還有"選擇"義。《漢書·馮奉世傳》："守戰之備，久廢不簡。"師古曰："簡，謂選揀。"是其例。② 其次，事實告訴我們，替换的情況還是有的。《晉書·職官志》："晉初，承魏制，置博士十九人。"③而三國魏時所立的《春秋左傳》博士，據王國維《漢魏博士考》，是"服氏、王氏"，即服虔和王肅。這也就是晉初的《春秋左傳》博士。而晉元帝所置《春秋左傳》

---

① 余嘉錫《四庫提要辨證》，5頁。
② 班固《漢書》，中華書局，1962年，3296頁。
③ 房玄齡等《晉書》，736頁。

博士則是"杜氏、服氏",即杜預和服虔。豈不是用杜預替換了王肅嗎？王肅的《左傳》既然可以被替換,王肅的《周易》爲什麽就不可以呢？

（二）張文説："晋初承魏制,且王肅爲晋武帝外祖,其《易》學斷無得立于魏却廢于晋的道理。同樣,東晋承西晋制,且元帝甫及踐阼,不可能立即廢除王肅《易》學。"張文的前兩句話,筆者同意。至於説"東晋承西晋制",這是須要證明的。在没有得到證明之前,只能是想當然之詞,不足爲據。

（原載《中國易學》第二輯,福建教育出版社,2014年）

《尚書》識小

《尚書正義》中孔疏的直言
破注與微言破注

　　何謂"直言破注"？孔疏直言不諱地指出注文錯誤之謂也。何謂"微言破注"，孔疏對注文的正確與否拿不準，遂旁及異聞（即搬來別家之注），而對於異聞是否正確也拿不準。在這種情況下，孔疏往往以"未知孰是，故兩存焉"一類的話頭作結。而這樣的結語就動搖了注文一家獨尊的地位，是謂微言破注。直言破注與微言破注，是《五經正義》中的一條"例"，因而是《五經正義》中的普遍現象，並非只存在于《尚書正義》中。據查，《尚書正義》中的直言破注凡十四例，微言破注凡九十五例。

　　一、《尚書正義》中孔疏的直言破注，凡十四例

　　(1)《堯典》："日中星鳥，以殷仲春。"孔傳："日中，謂春分之日。鳥，南方朱鳥七宿。殷，正也。春分之昏鳥星畢見，以正仲春之氣節。"孔疏："馬融、鄭玄以爲星鳥、星火謂正在南方，春分之昏七星中，仲夏之昏心星

中,秋分之昏虛星中,冬至之昏昴星中,皆舉正中之星,不爲一方盡見,此其與孔異也。……孔氏直取'畢見',稍爲迂闊;比諸馬、鄭,於理最優。"(46—47頁)①

吕按:孔疏徵引馬融、鄭玄之説,謂"此其與孔異也",這是對孔傳的微言破注。至於説"孔氏直取'畢見',稍爲迂闊",則是對孔傳的直言破注。請看後人的評論。《五禮通考》卷一八五秦蕙田案:"唐虞時,春分日在胃末昴初,故初昏七星中。七星,鶉火次也。鶉火值正午,則鶉首值未,鶉尾值巳。夏至日在七星,故初昏心中,大火次也。大火值正午,則壽星值未,析木之津值巳。仲秋日在氐、房,故初昏虛中,玄枵次也。玄枵值正午,則星紀值未,娵訾之口值巳。冬至日在虛五六度,故初昏昴中,大梁次也。大梁值正午,則降婁值未,實沈值巳。馬融、鄭康成之説得之。"②

(2)《堯典》:"帝曰:'往,欽哉!'"孔傳:"敕鯀往治水,命使敬其事。堯知其性很戾圮族,未明其所能,而據衆言可試,故遂用之。"孔疏:"傳解鯀非帝所意,而命使之者,堯知其性很戾圮族,未明其所能。夫管氏之好奢尚僭,翼贊霸圖;陳平之盜嫂受金,弼諧帝業。然則人有性雖不善,才堪立功者,而衆皆據之,言鯀可試,冀或有益,故遂用之。孔之此説,據迹立言,必其盡理而論,未是聖人之實。何則?禹稱'帝德廣運,乃聖乃神'。夫以聖神之資,聰明之鑒,既知鯀性狠戾,何故使之治水者,馬融云:'堯以大聖,知時運當然。人力所不能治,下民其咨,亦當憂勞,屈己之是,從人之非,遂用於鯀。'"(56—57頁)

吕按:"孔之此説,據迹立言,必其盡理而論,未是聖人之實"數句,就是孔疏的直言破注。

(3)《堯典》:"師錫帝曰:'有鰥在下,曰虞舜。'"孔傳:"師,衆。"孔疏:"傳以'師'爲衆臣,爲朝臣之衆,或亦通及吏人。王肅云:'古者將舉大事,訊群吏,訊萬人。堯將讓位,咨四岳,使問群臣。衆舉側陋,衆皆願

---

① 按:每條例文後括注的頁碼,都是上海古籍出版社校點本《尚書正義》的頁碼。下同,不一一。
② 秦蕙田《五禮通考》,影印文淵閣《四庫全書》本,139册,454頁。

與舜。堯計事之大者莫過禪讓,必應博詢吏人,非獨在位。'王氏之言,得其實矣。"(61頁)

吕按:經文"師"字,孔、王異解,而孔疏云:"王氏之言,得其實矣。"不言而喻,孔傳不得其實。

(4)《舜典》:"金作贖刑。"孔傳:"金,黃金。"孔疏:"此傳'黃金',《吕刑》'黃鐵',皆是今之銅也。古之贖罪者皆用銅,漢始改用黃金,但少其斤兩,令與銅相敵。故鄭玄《駁異義》言:'贖死罪千鍰,鍰六兩大半兩,爲四百一十六斤十兩大半兩銅,與金贖死罪金三斤爲價相依附。'是古贖罪皆用銅也。"(91頁)

吕按:經文"金"字,孔傳訓爲"黃金",孔疏不以爲然,率先破注,并引鄭玄《駁異義》爲佐證。

(5)《舜典》:"二十有八載,帝乃殂落。"孔傳:"殂落,死也。堯年十六即位,七十載求禪,試舜三載,自正月上日至崩二十八載,堯凡壽一百一十七歲。"孔疏:"案《堯典》求禪之年,即得舜而試之,求禪試舜共在一年也。更得二年,即爲歷試三年,故下傳云'歷試二年',與攝位二十八年合,得爲三十在位。故王肅云:'徵用三載,其一在徵用之年,其餘二載與攝位二十八年,凡三十歲也。'故孔傳云'歷試二年',明其一年在徵用之限,以此計之,惟有一百一十六歲,不得有七,蓋誤爲七也。"(95頁)

吕按:孔傳謂"堯凡壽一百一十七歲",孔疏則曰:"惟有一百一十六歲,不得有七,蓋誤爲七也。"是直言破注也。

(6)《禹貢》:"黑水、西河惟雍州。"孔傳:"西距黑水東據河。"孔疏:"計雍州之境,被荒服之外,東不越河,而西踰黑水。王肅云:'西據黑水,東距西河。'所言得其實也。遍檢孔本,皆云'西據黑水東據河',必是誤也。"(221頁)

吕按:清朱鶴齡《禹貢長箋》卷九:"古注誤作'西距黑水東據河',王肅始正之。"①按:包括蔡沈《書經集傳》在内的後之學者,皆從王肅之説。

---

① 朱鶴齡《禹貢長箋》,影印文淵閣《四庫全書》本,67册,125頁。

《尚書正義》中孔疏的直言破注與微言破注

(7)《禹貢》:"又東爲滄浪之水。"孔傳:"別流,在荆州。"孔疏:"傳言'別流',似分爲異水。案經首尾相連,不是分別,當以名稱別流也。"(233頁)

吕按:孔疏所謂"不是分別,當以名稱別流也",意謂滄浪之水不是另外一條水,而是漢水流到荆州的别名。知者,宋林之奇《尚書全解》卷十:"漾水既流至武都爲漢矣,於是又東則爲滄浪之水。謂之'爲'者,蓋水流至於此,隨地得名,非是他水自外來入之也。漢孔氏云:'別流,在荆州。'據孔氏之意,則是以滄浪别爲一水。張平子《南都賦》云:'流滄浪而爲隍,廓方城而爲埔。'李善注引《左氏傳》屈完所謂楚國'方城以爲城,漢水以爲池',則是滄浪即漢水也。蓋漢水至于楚地,則其名爲滄浪之水也。"①胡渭《禹貢錐指》卷十四上亦以林氏此説爲是。

(8)《胤征》:"湯始居亳,從先王居。"孔傳:"契父帝嚳都亳,湯自商丘遷焉,故曰'從先王居'。"孔疏:"孔言'湯自商丘遷焉',以相土之居商丘,其文見於《左傳》,因之言自商丘徙耳。此言不必然也。何則?相土,契之孫也。自契至湯,凡八遷,若相土至湯,都遂不改,豈契至相土三世而七遷也?相土至湯,必更遷都,但不知湯從何地而遷亳耳,必不從商丘遷也。"(277—278頁)

吕按:孔傳云"湯自商丘遷焉",孔疏則謂"此言不必然也",是直言破注也。宋夏僎《尚書詳解》卷九:"唐孔氏此説有理,故特從之。"②庫本《尚書注疏考證》云:"臣召南按:疏於孔傳,雖不可通,必爲曲解。此條明糾傳失,可謂公直矣。"③

(9)《金縢》:"武王既喪,管叔及其群弟乃流言於國。"孔傳:"武王死,周公攝政,其弟管叔及蔡叔、霍叔乃放言於國,以誣周公,以惑成王。"孔疏:"傳既言'周公攝政'乃云'其弟管叔',蓋以管叔爲周公之弟。《孟子》曰:'周公,弟也;管叔,兄也。'《史記》亦以管叔爲周公之兄。

---

① 林之奇《尚書全解》,影印文淵閣《四庫全書》本,55册,200頁。
② 夏僎《尚書詳解》,影印文淵閣《四庫全書》本,56册,600頁。
③ 《尚書注疏》卷六考證,影印文淵閣《四庫全書》本,54册,158頁。

孔似不用《孟子》之説。或可孔以'其弟'謂武王之弟,與《史記》亦不違也。"(500頁)

吕按:孔疏對孔傳直言不諱地表示質疑。庫本《尚書注疏》考證云:"臣召南按:此孔傳之誤也。下文又曰:'三叔以周公大聖,有次立之勢。'是安國實指周公爲兄,異於《孟子》。據《史記》:'武王同母兄弟十人,長伯邑考,次武王,次管叔,次周公,次蔡叔,次曹叔,次成叔,次霍叔,次康叔,次冉季。'次序秩然,《孟子》之説,不可易也。"①

(10)《無逸》:"肆祖甲之享國,三十有三年。"孔傳:"太甲亦以知小人之依,故得久年。此以德優劣立年多少爲先後,故祖甲在下。殷家亦祖其功,故稱祖。"孔疏:"諸書皆言'太甲',此言'祖甲'者,'殷家亦祖其功',故稱之祖甲。與二宗爲類,惟見此篇。必言'祖其功',亦未知其然。殷之先君,有祖乙、祖辛、祖丁,稱'祖'多矣,或可號之爲祖,未必祖其功而存其廟也。"(633頁)

吕按:孔疏不以孔傳爲然,衡之以《史記・殷本紀》及王國維《殷卜辭中所見先公先王考》,愚以爲孔疏是。

(11)《蔡仲之命》:"乃命諸王邦之蔡。"孔傳:"叔之所封,圻内之蔡。仲之所封,淮、汝之間。"孔疏:"'仲之所封,淮、汝之間',《左傳》有文。'叔之所封,圻内之蔡',其事不知所出也。《世本》云:'蔡叔居上蔡。'宋仲子云:'胡徙居新蔡。'杜預云:'武王封叔度於汝南上蔡,至平侯徙新蔡,昭侯徙居九江下蔡。'檢其地,上蔡、新蔡,皆屬汝南郡,去京師太遠,叔若封於上蔡,不得在圻内也。孔言'叔封圻内',或當有以知之,但圻内蔡地,不知所在爾。"(661頁)

吕按:孔疏"孔言'叔封圻内',或當有以知之,但圻内蔡地,不知所在爾"云云,是對孔傳的質疑。庫本《尚書注疏》卷十六考證:"臣召南按:孔疏疑傳叔封圻内之蔡,其事不知所出是也。但引《世本》云'蔡叔居上蔡',則《世家》衹云'封叔度於蔡',裴氏《集解》引杜預曰'居上蔡',非本

―――――――
① 《尚書注疏》卷十二考證,影印文淵閣《四庫全書》本,54册,282頁。

文也。至杜預注《左傳》'武王封叔度'云云,實據《地理志》以立說,確矣。孔傳謂'叔封圻內,仲封淮、汝之閒',豈可信乎!"①

(12)《立政》:"夷微、盧烝,三亳、阪尹。"孔傳:"蠻夷微、盧之眾帥,及亳人之歸文王者三所,爲之立監,及阪地之尹長,皆用賢。"孔穎達對孔傳所說"亳人之歸文王"質疑,因疏云:"亳人之歸文王,經傳未有其事。文王既未伐紂,亳民不應歸之。鄭、王所說,皆與孔同。言'亳民歸文王'者,蓋以此章雜陳文王、武王時事,其言以文王爲主,故先儒因言'亳民歸文王'爾。即如此意,三亳爲已歸周,必是武王時也。"(693頁)

吕按:庫本《尚書注疏》卷十六考證:"臣召南按:孔疏於傳,雖不可通,必爲附會。此條可謂直糾傳違,三亳必非文王時官也。"②

(13)《吕刑》:"蚩尤惟始作亂。"孔傳:"九黎之君,號曰蚩尤。"孔疏:"'九黎之君,號曰蚩尤',當有舊說云然,不知出何書也。《史記·五帝本紀》云:'神農氏世衰,諸侯相侵伐,蚩尤最爲暴虐,莫能伐之。黃帝乃徵師諸侯,與蚩尤戰於涿鹿之野,遂擒殺蚩尤,而諸侯咸尊軒轅爲天子。'如《本紀》之言,蚩尤是炎帝之末諸侯名也。應劭云:'蚩尤,古天子。'鄭云:'蚩尤霸天下,黃帝所伐者。'《漢書音義》有臣瓚者,引孔子《三朝記》云:'蚩尤,庶人之貪者。'諸說不同,未知蚩尤是何人也。《楚語》曰:'少昊氏之衰也,九黎亂德,顓頊受之,使復舊常。'則九黎在少昊之末,非蚩尤也。韋昭云:'九黎氏九人,蚩尤之徒也。'韋昭雖以九黎爲蚩尤,要《史記》蚩尤在炎帝之末,《國語》九黎在少昊之末,二者不得同也。'九黎'之文,惟出《楚語》。孔以蚩尤爲九黎,下傳又云'蚩尤,黃帝所滅'。言'黃帝所滅',則與《史記》同矣。孔非不見《楚語》而爲此說,蓋以蚩尤是九黎之君,黃帝雖滅蚩尤,猶有種類尚在,故下至少昊之末,更復作亂。若其不然,孔意不可知也。"(773頁)

吕按:孔傳:"九黎之君,號曰蚩尤。"孔疏則認爲孔傳與種種文獻記載不合。庫本《尚書注疏》考證力挺孔疏:"臣召南按:此係孔傳之謬,疏能辨正是也。鄭曉曰:'黃帝滅蚩尤於涿鹿之野,在北鄙。九黎及三苗皆

---

① 《尚書注疏》卷十六考證,影印文淵閣《四庫全書》本,54冊,379頁。
② 《尚書注疏》卷十六考證,影印文淵閣《四庫全書》本,54冊,382頁。

南蠻,非一種也。'此説尤爲明白。"①

(14)《費誓》:"公曰:'嗟!人無譁,聽命。'"孔傳:"伯禽爲方伯,監七百里内之諸侯,帥之以征,欵而敕之,使無喧譁,欲其静聽誓命。"孔疏:"鄭云:'人,謂軍之士衆及費地之民。'案下句令填塞坑穽,必使軍旁之民塞之,或當如鄭言也。"(808頁)

吕按:經文"人"字,孔傳訓爲"七百里内之諸侯,帥之以征",蓋皆軍士,鄭注則訓爲"軍之士衆及費地之民",孔疏以爲"或當如鄭言也",則是直言破注也。

二、《尚書正義》中孔疏的微言破注有四種情況,凡九十五例

(一)微言破注之一:孔疏在旁及異聞之後,附加"未知孰是""先儒各以意説,未知孰得其本""未知所説,誰得經旨""各言其志,未知孰是""未知孰是,故兩存焉""未知孔、鄭誰得經旨"一類的斷語。這些斷語,都動摇了孔傳一家獨尊的地位,凡十例。

(1)《舜典》:"禋于六宗。"孔傳:"精意以享謂之禋。宗,尊也。所尊祭者,其祀有六,謂四時也,寒暑也,日也,月也,星也,水旱也。"孔疏:"漢世以來,説六宗者多矣。歐陽及大小夏侯説《尚書》,皆云'所祭者六,上不謂天,下不謂地,旁不謂四方,在六者之間,助陰陽變化,實一而名六宗矣'。孔光、劉歆以'六宗,謂乾坤六子:水、火、雷、風、山、澤也'。賈逵以爲'六宗者,天宗三,日、月、星辰;地宗三,河、海、岱也'。馬融云:'萬物非天不覆,非地不載,非春不生,非夏不長,非秋不收,非冬不藏,此其謂六也。'鄭玄以'六宗言禋,與祭天同名,則六者皆是天之神祇,謂星、辰、司中、司命、風師、雨師。星,謂五緯也。辰,謂日月所會十二次也。司中、司命,文昌第五第四星也。風師,箕也。雨師,畢也'。晉初幽州秀才張髦上表云:'臣謂禋于六宗,祀祖考所尊者六,三昭三穆是也。'司馬彪又上表云歷難諸家及自己意:'天宗者,日、月、星、辰、寒暑之屬也;地宗,社稷、五祀之屬也。四方之宗,四時、五帝之屬也。'惟王肅據《家語》,六宗與孔同。

---

① 《尚書注疏》卷十八考證,影印文淵閣《四庫全書》本,54册,434頁。

各言其志,未知孰是。"(80頁)

吕按:"六宗"之解,孔疏列舉了五家與孔傳不同之説,結論是"各言其志,未知孰是"。

(2)《益稷》:"予欲觀古人之象,日、月、星辰、山、龍、華蟲,作會宗彝。藻、火、粉、米、黼、黻絺繡。"孔傳:"日、月、星爲三辰。華,象草華。蟲,雉也。畫三辰、山、龍、華蟲於衣服,旌旗。宗廟彝樽,亦以山、龍、華蟲爲飾。藻,水草有文者。火爲火字,粉若粟冰,米若聚米,黼若斧形,黻爲兩己相背。葛之精者曰絺,五色備曰繡。"孔疏:"鄭意以華蟲爲一,粉米爲一,加宗彝謂虎蜼也。《周禮》宗廟彝器有虎彝、蜼彝,故以宗彝謂虎蜼也。此經所云凡十二章,日也,月也,星也,山也,龍也,華蟲也,六者畫以作繪,施於衣也。宗彝也,藻也,火也,粉米也,黼也,黻也,此六者紩以爲繡,施之於裳也。鄭玄云:'至周而變易之,損益上下,更其等差。'《周禮・司服》之注,具引此文。乃云:'此古天子冕服十二章也。王者相變,至周而以日、月、星畫於旌旗,冕服九章,登龍於山,登火於宗彝,尊其神明也。九章,初一曰龍,次二曰山,次三曰華蟲,次四曰火,次五曰宗彝,皆畫以爲繢;次六曰藻,次七曰粉米,次八曰黼,次九曰黻,以絺爲繡。則袞之衣五章,裳四章,凡九也。鷩畫以雉,謂華蟲也,其衣三章,裳四章,凡七也。毳畫虎蜼,謂宗彝也,其衣三章,裳二章,凡五也。'是鄭以冕服之名,皆取章首爲義。袞冕九章,以龍爲首,龍首卷然,故以袞爲名。鷩冕七章,華蟲爲首,華蟲即鷩雉也。毳冕五章,虎蜼爲首,虎蜼毛淺,毳是亂毛,故以毳爲名。如鄭此解,配文甚便,於絺繡之義,總爲消帖。但解宗彝爲虎蜼,取理太迴,未知所説,誰得經旨。"(170—171頁)

吕按:由於孔傳對冕服十二章的取義注解得不夠明白,孔疏就大段援引鄭玄之説,并云"未知所説,誰得經旨",則是微言破注也。王應麟《困學紀聞》卷二:"鄭康成《書注》間見於《疏義》,如作服十二章,州十二師,孔注皆所不及。"①

---

① 王應麟《困學紀聞》,影印文淵閣《四庫全書》本,854册,170頁。

（3）《禹貢》："導渭自鳥鼠同穴。"傳："鳥鼠共爲雌雄,同穴處此山,遂名山曰鳥鼠,渭水出焉。"孔疏："郭璞曰:'今隴西首陽縣有鳥鼠同穴山,《尚書》孔傳云共爲雌雄,張氏《地理記》云不爲牝牡。'璞並載此言,未知誰得實也。"(237頁)

吕按:孔疏旁及異聞之後,云"未知誰得實也",則是微言破注也。

（4）《盤庚上》："兹予大享于先王,爾祖其從與享之。"孔傳："古者天子録功臣配食於廟。大享,烝、嘗也,所以不掩汝善。"孔疏："近代已來,惟禘祫乃祭功臣配食,時祭不及之也。近代已來,功臣配食,各配所事之君。若所事之君,其廟已毀,時祭不祭毀廟,其君尚不時祭,其臣固當止矣。禘祫則毀廟之主亦在焉,其時功臣亦當在也。《王制》云:'犆礿、祫禘、祫嘗、祫烝。諸侯礿犆,禘一犆一祫,嘗祫,烝祫。'此《王制》之文,夏、殷之制。天子春惟時祭,其夏秋冬既爲祫,又爲時祭。諸侯亦春爲時祭,夏惟作祫,不作時祭;秋冬先作時祭而後祫。周則春曰祠,夏曰礿,三年一祫在秋,五年一禘在夏。故《公羊傳》云;'五年再殷祭。'《禮緯》云;'三年一祫,五年一禘。'此是鄭氏之義,未知孔意如何。"(346頁)

吕按:孔疏云:"此是鄭氏之義,未知孔意如何",顯然有反客爲主之意,是微言破注也。

（5）《洪範》："曰蒙,曰驛,曰克。"孔傳："蒙,陰闇。驛,氣落驛不連屬。克,兆相交錯。"孔疏："圛,即驛也。鄭玄以'圛爲明,言色澤光明也;雺者,氣澤鬱鬱冥冥也',自以明闇相對,異於孔也。克,謂兆相交錯。鄭玄云:'克者,如雨氣色相侵入。'卜筮之事,體用難明,故先儒各以意說,未知孰得其本。"(469頁)

吕按:孔疏云"先儒各以意說,未知孰得其本",是微言破注也。

（6）《洪範》："月之從星,則以風雨。"孔傳："月經於箕則多風,離於畢則多雨。政教失常,以從民欲,亦所以亂。"孔疏："《詩》云:'月離于畢,俾滂沱矣。'是離畢則多雨,其文見于經。經箕則多風,傳記無其事。鄭玄引《春秋緯》云:'月離於箕則風揚沙。'作緯在孔君之後,以前必有此説,孔依用之也。常月行雖有常度,時或失道從星,經箕多風,離畢多雨,此天象之自然。以箕爲簸揚之器,畢亦捕魚之物故耳。鄭以爲:'箕星好風者,箕,東方木宿;風,中央土氣。木克土,爲妻,從妻所好,故好風也。畢星好雨者,畢,西方金宿;雨,東方木氣。金克木,爲妻,從妻所好,故好雨也。'推此則南宮好暘,北宮好燠,中宮四季好寒,以各尚妻之所好故也。未知孔意同否。"(478頁)

呂按:孔疏徵引鄭注,云:"未知孔意同否。"亦是微言破注也。

(7)《立政》:"三亳,阪尹。"孔傳:"亳人之歸文王者三所,爲之立監,及阪地之尹長,皆用賢。"孔疏:"'阪地之尹長',傳言其山阪之地立長爾,不知其指斥何處也。鄭玄以三亳、阪尹者共爲一事,云:'湯舊都之民服文王者分爲三邑,其長居險,故言阪尹。蓋東成皋,南轘轅,西降谷也。'皇甫謐以爲:'三亳,三處之地,皆名爲亳。蒙爲北亳,穀熟爲南亳,偃師爲西亳。'古書亡滅,既無要證,未知誰得旨矣。"(693頁)

呂按:孔疏徵引鄭注及皇甫謐之説,云"古書亡滅,既無要證,未知誰得旨矣",是微言破注矣。

(8)《顧命》:"大輅在賓階面,綴輅在阼階面。先輅在左塾之前,次輅在右塾之前。"孔傳:"大輅,玉。綴輅,金。面,前。皆南向。先輅,象。次輅,木。金、玉、象,皆以飾車,木則無飾。皆在路寢門内左右塾前,北面。"按:據《周禮・巾車》天子之車有五路,一曰玉路,二曰金路,三曰象路。四曰革路,五曰木路。今此所陳,只有四路,缺少革路。孔穎達由於孔傳不言何以缺少革路,故疏曰:"《禮》五輅而此四輅,於五之内,必將少一。蓋以革輅是兵戎之用,於此不必陳之,故不云革輅,而以木輅爲次。馬融、王肅皆云:'不陳戎輅者,兵事非常,故不陳之。'孔意或當然也。"又由於鄭玄對四路之説有異議,故孔疏緊接著又説:"鄭玄以'綴、次是從後之言,二者皆爲副貳之車。先輅是金輅也,綴輅是玉輅之貳,次輅是金輅之貳。不陳象輅、革輅、木輅者,主於朝祀而已'。未知孔、鄭誰得經旨。"(734—735頁)

呂按:天子五路,革路何以不陳,孔傳未言,孔疏以馬融、王肅之説補之。孔傳以經文之四路,皆天子正路。而鄭玄以爲其中的綴輅、次輅是副

99

車,孔疏云"未知孔、鄭誰得經旨",然則是微言破注也。

（9）《顧命》："二人雀弁,執惠,立于畢門之內。"孔傳："士衛殯,與在廟同,故雀韋弁。"孔疏："士入廟助祭,乃服雀弁,于此服雀弁者,士衛主殯與在廟同,故爵韋弁也。鄭玄云:'赤黑曰雀,言如雀頭色也。雀弁制如冕,黑色,但無藻耳。'然則雀弁所用,當與冕同。阮諶《三禮圖》云:'雀弁,以三十升布爲之。'此傳言'雀韋弁'者,蓋以《周禮·司服》云:'凡兵事,韋弁服。'此人執兵,宜以韋爲之,異於祭服,故言'雀韋弁'。下云'綦弁',言鹿子皮爲弁。然則下言冕執兵者,不可以韋爲冕,未知孔意如何。"（736頁）

呂按:孔傳言"士衛殯,與在廟同,故雀韋弁",而下文不止一處説"冕執兵",也是衛殯,但"不可以韋爲冕",故孔疏云"未知孔意如何"。實際上,孔疏在這裏是以子之矛攻子之盾,微言破注矣。

（10）《呂刑》："乃命重、黎,絶地天通,罔有降格。"孔傳："重即羲,黎即和。堯命羲、和世掌天地四時之官,使人神不擾,各得其序,是謂絶地天通。言天神無有降地,地民不至於天,明不相干。"孔疏："如《楚語》云'乃命重、黎',是顓頊命之。鄭玄以'皇帝哀矜庶戮之不辜'至'罔有降格',皆説顓頊之事。'乃命重、黎',即是命重、黎之身,非羲、和也。'皇帝清問'以下,乃説堯事。顓頊與堯,再誅苗民,故上言'遏絶苗民',下云'有辭於苗',異代別時,非一事也。案《楚語》云:'少昊氏之衰也,九黎亂德。'又云:'其後三苗復九黎之德。'則九黎、三苗,非一物也。顓頊誅九黎謂之'遏絶苗民',於鄭義爲不愜;《楚語》言'顓頊命重、黎'解爲'帝堯命羲、和',於孔説又未允。不知二者誰得經意也。"（776頁）

呂按:據孔疏,孔傳、鄭注均有于經窒礙處,故"不知二者誰得經意也",則是微言破注也。

（二）微言破注之二:孔疏在旁及異聞之後,附加"各自以意訓耳""此無文可據,各以意説耳""各爲一通"之類的斷語。此類斷語,同樣動搖了孔傳一家獨尊的地位,凡十例。

（1）《舜典》："舜曰:'咨!四岳,有能奮庸熙帝之載。"孔傳："奮,起、庸,功。載,事也。訪群臣有能起發其功,廣堯之事者。"孔疏:"鄭玄云:'載,行也。'王肅云:'載,成也。'孔以'載'爲'事'也。各自以意訓耳。"(98頁)

吕按:此節孔疏旁及鄭、王兩家異聞,與孔傳三足鼎立。

(2)《皋陶謨》:"天秩有禮,自我五禮有庸哉!"孔傳:"庸,常。自,用也。天次秩有禮,當用我公、侯、伯、子、男五等之禮以接之,使有常。"孔疏:"王肅云:'五禮,謂王、公、卿、大夫、士。'鄭玄云:'五禮,天子也,諸侯也,卿大夫也,士也,庶民也。'此無文可據,各以意説耳。"(153頁)

吕按:經文"五禮",孔傳雖然已解,孔疏猶出王肅、鄭玄之解,蓋旁及異聞,以備學者採擇之義。王應麟《困學紀聞》卷二:"五禮一也,孔注於《舜典》以爲吉凶賓軍嘉,於《皋陶謨》則曰公侯伯子男五等之禮。"①庫本《尚書注疏考證》:"臣召南按:孔傳以公、侯、伯、子、男五等解五禮,未確。五典即五倫,五禮即五典之品式節文。若五等爵列,下文'五服五章'中已該括矣。"②

(3)《益稷》:"以五采彰施于五色,作服,汝明。"孔傳:"天子服日、月而下,諸侯自龍衮而下至黼、黻,士服藻、火,大夫加粉、米。上得兼下,下不得僭上。以五采明施于五色,作尊卑之服,汝明制之。"孔疏:"鄭玄云:'性曰采,施曰色。'以本性施於繒帛,故云'以五采施於五色'也。鄭云:'作服者,此十二章爲五服,天子備有焉。公自山、龍而下,侯伯自華、蟲而下,子男自藻、火而下,卿大夫自粉、米而下。'亦是以意説也。"(171頁)

吕按:對經文"作服"的解釋,孔、鄭不同。孔疏稱鄭注"亦是以意説也",亦者,亦孔傳也。蓋謂孔傳亦是以意説也。

(4)《益稷》:"乃賡載歌曰。"孔傳:"賡,續;載,成也。"孔疏:"鄭玄以'載'爲'始',孔以'載'爲'成',各以意訓耳。"(184頁)

吕按:孔疏凡言"各以意訓"者,蓋謂各家均是按照自己的理解來解釋。

---

① 王應麟《困學紀聞》,影印文淵閣《四庫全書》本,854册,164頁。
② 《尚書注疏》卷三考證,影印文淵閣《四庫全書》本,54册,97頁。

（5）《益稷》："元首叢脞哉。"孔傳："叢脞，細碎無大略。"孔疏："孔以'叢脞'爲'細碎無大略'，鄭以'叢脞，總聚小小之事以亂大政'，皆是以意言耳。"（184頁）

呂按："皆是以意言耳"，蓋謂都是説説自己的理解罷了。

（6）《康誥》："不率大戛，矧惟外庶子訓人。"孔傳："戛，常也。凡民不循大常之教，猶刑之無赦，况在外掌衆子之官主訓民者而親犯乎？"孔疏："鄭玄以'訓人'爲師長，亦各一家之道也。"（544頁）

呂按：經文"訓人"，孔傳訓爲"掌衆子之官主訓民者"，而鄭注訓爲"師長"，此其異也。"一家之道"者，一家之説也。

（7）《康誥》："王曰：'封，爽惟民迪吉康。"孔傳："明惟治民之道而善安之。"孔疏："鄭以'迪'爲下讀，各爲一通也。"（545頁）

呂按：孔、鄭兩家句讀不同，各爲一解。

（8）《顧命》："敷重篾席。"孔傳："篾，桃枝竹。"孔疏："《禮》注謂蒲席爲桃枝，孔以'篾席'爲桃枝，當謂蒲爲蒲桃之席也。王肅云：'篾席，青蒲席也。'鄭玄云：'篾，致也，篾纖致席也。鄭謂此篾席亦竹席。凡此重席，非有明文可據，各自以意説耳。"（731頁）

呂按："篾席"究爲何物，孔傳與鄭、王兩家，言人人殊。

（9）《顧命》："大訓。"孔傳："大訓，《虞書》典謨。"孔疏："'大訓，《虞書》典謨'，王肅亦以爲然。鄭云：'大訓，謂禮法，先王德教。'皆是以意言耳。"（733頁）

呂按："大訓"之訓，孔、王與鄭不同。

（10）《顧命》："四人綦弁，執戈上刃。"孔傳："綦，文鹿子皮弁。"孔疏："鄭玄云：'青黑曰綦。'王肅云：'綦，赤黑色。'孔以爲'綦，文鹿子皮弁'，各以意言，無正文也。"（736頁）

呂按："綦"字之訓，孔傳、鄭注、王注三家，各執一詞。"無正文"者，無證據也。正，通"證"。

（三）微言破注之三：孔疏在旁及異聞之後，附加"與孔異也"、"與孔不同"一類的斷語。此類斷語，只是指出異聞與孔傳不同，而孰是孰非，則由讀者判斷。要之,同樣動搖了孔傳一家獨尊的地位,凡四十二例。後世學者,是異聞者有之,是孔傳者亦有之。

（1）《堯典》:"日中星鳥,以殷仲春。"孔傳:"日中,謂春分之日。鳥,南方朱鳥七宿。殷,正也。春分之昏,鳥星畢見,以正仲春之氣節。轉以推季、孟,則可知。"孔疏:"馬融、鄭玄以爲星鳥、星火,謂正在南方,春分之昏七星中,仲夏之昏心星中,秋分之昏虛星中,冬至之昏昴星中,皆舉正中之星,不爲一方盡見。此其與孔異也。"（46—47頁）

吕按:孔疏指出了馬融、鄭玄之説"與孔異",未言孰是。《五禮通考》卷一八五秦蕙田案云:"唐虞時,春分日在胃末昴初,故初昏七星中。七星,鶉火次也。鶉火值正午,則鶉首值未,鶉尾值巳。夏至日在七星,故初昏心中,大火次也。大火值正午,則壽星值未,析木之津值巳。仲秋日在氐、房,故初昏虛中,玄枵次也。玄枵值正午,則星紀值未,娵訾之口值巳。冬至日在虛五六度,故初昏昴中,大梁次也。大梁值正午,則降婁值未,實沈值巳。馬融、鄭康成之説得之。"①

（2）《堯典》:"帝曰:'我其試哉！'"孔傳:"言欲試舜,觀其行迹。"孔疏:"鄭玄云:'試以爲臣之事。'王肅云:'試之以官。'鄭、王皆以《舜典》合於此篇,故指歷試之事,充此'試哉'之言。孔據古今別卷,此言'試哉',正謂以女試之。既善於治家,別更試以難事,與此異也。"（62頁）

吕按:蔡沈《書經集傳》用孔傳之説。

（3）《皋陶謨》:"惇叙九族,庶明勵翼。"孔傳:"言慎修其身,厚次叙九族,則衆庶皆明其教而自勉勵,翼戴上命。"孔疏:"自身以外,九族爲近,故慎修其身,又厚次叙九族。人君既能如此,則衆庶皆明其教,而各自勉勵,翼戴上命。王肅云:'以衆賢明爲砥礪,爲羽翼。'鄭云:'勵,作也。以衆賢明作輔翼之臣。'與孔不同。"（145頁）

吕按:經文"庶明勵翼",孔、鄭、王三家,言人人殊,孰是孰非,孔疏不作表態。

---

① 秦蕙田《五禮通考》,影印文淵閣《四庫全書》本,139册,455頁。

（4）《皋陶謨》："彰厥有常，吉哉！"孔傳："彰，明。吉，善也。明九德之常以擇人而官之，則政之善。"孔疏："此句言用人之義，故人君取士，必明其九德之常，知其人常能行之，然後以此九者之法擇人而官之，則爲政之善也。鄭云：'人能明其德，所行使有常，則成善人矣。'其意謂彼人自明之，與孔異也。"（149頁）

呂按："明九德"的主語，依孔傳，是"人君"；依鄭注，是自己：此其異也。

（5）《禹貢》："島夷皮服。"孔傳："海曲謂之島。居島之夷，還服其皮，明水害除。"孔疏："鄭玄云：'鳥夷，東方之民，搏食鳥獸者也。'王肅云：'鳥夷，東北夷國名也。'與孔不同。"（196頁）

呂按：經文"島夷"，孔、王異解。

（6）《禹貢》："夾右碣石，入于河。"孔傳："碣石，海畔山。禹夾行此山之右，而入河逆上。"孔疏："'夾右'者，孔云'夾行此山之右'，則行碣石山西南。行入河在碣石之右，故云'夾右'也。鄭玄云：'禹由碣石山西北行，盡冀州之境，還從山東南行入河。'鄭以北行則東爲右，南行西爲右，故夾山兩旁，山常居右，與孔異也。"（197頁）

呂按：經文"夾右"，孔、鄭異解。

（7）《禹貢》孔疏："禹之治水，必每州巡行，度其形勢，計其人功施設規模，指授方略，令人分布並作，還都白帝所治。於時帝都近河，故於每州之下，皆言浮水達河，記禹還都之道也。鄭玄以爲'治水既畢，更復行之，觀地肥瘠，定貢賦上下'，其意與孔異也。"（197頁）

呂按：《禹貢》每州治水畢，皆有"入于河""達于河"字樣，其意何在，鄭注與孔傳異解。

（8）《禹貢》："島夷卉服。"孔傳："南海島夷，草服葛越。"孔疏："冀州云'島夷皮服'，是夷自服皮，皮非所貢也。此言'島夷卉服'，亦非所貢也。鄭玄云：'此州下濕，故衣草服。貢其服者，以給天子之官。'與孔異也。"（209頁）

呂按：林之奇《尚書全解》卷八："此言卉服，亦非所貢。此則不如鄭氏之説也。鄭氏之説,此州下濕,故衣草服。貢其服者,以給天子之官。"

(9)《禹貢》:"厥篚織貝。"孔傳:"織,細紵。貝,水物。"孔疏:"《釋魚》之篇,貝有居陸、居水。此州下濕,故云'水物'。《釋魚》有'玄貝、貽貝。餘貾,黄白文。餘泉,白黄文'。當貢此有文之貝,以爲器物之飾也。鄭玄云:'貝,錦名。《詩》云:"萋兮斐兮,成是貝錦。"凡爲織者,先染其絲,乃織之,則文成矣。《禮記》曰:"士不衣織。"'與孔異也。"(210頁)

吕按:林之奇《尚書全解》卷八:"案荆州云'厥篚玄纁璣組',璣,不圓之珠也。古者以珠貝爲貨,珠既入篚,則貝亦可以入篚矣。然而以織爲一物,貝爲一物,則'織'之一字,爲無所屬。經但曰'織',安知其爲細紵乎?鄭氏曰:'貝,錦名。《詩》曰"萋兮菲兮,成是貝錦"。凡爲織者,先染其絲,乃織之,則文成矣。'此説是也。"①

(10)《禹貢》:"九江孔殷。"傳:"江於此州界分爲九道,甚得地勢之中。"孔疏:"傳以江是此水大名,九江謂大江分而爲九,猶大河分爲九河,故言'江於此州之界分謂九道',訓'孔'爲甚,'殷'爲中,言甚得地勢之中也。鄭云:'殷,猶多也。九江從山谿所出,其孔衆多,言治之難也。《地理志》九江在今廬江潯陽縣南,皆東合爲大江。'如鄭此意,九江各自別源,其源非大江也。下流合於大江耳。然則江以南,水無大小,俗人皆呼爲江。或從江分出,或從外合來,故孔、鄭各爲別解。"(211—212頁)

吕按:"九江"所指,不唯"孔、鄭各爲別解",後人亦衆説紛紜。

(11)《禹貢》:"厥田惟下上,厥賦下中三錯。"孔傳:"田第七,賦第八,雜出第七、第九三等。"孔疏:"傳以既言'下中',復云'三錯',舉下中第八爲正,上下取一,故雜出第七、第九,與第八爲三也。鄭云:'三錯者,此州之地有當出下之賦者少耳。又有當出下上、中下者,差復益小。'與孔異也。"(220頁)

吕按:孫星衍《尚書今古文注疏》引江聲云:"孔傳説非也。"②

(12)《禹貢》:"三百里蠻。"傳:"以文德蠻來之,不制以法。"孔疏:

---

① 林之奇《尚書全解》,影印文淵閣《四庫全書》本,55册,161頁。
② 孫星衍撰,陳抗、盛冬鈴點校《尚書今古文注疏》,中華書局,1986年,175頁。

"鄭云：'蠻者，聽從其俗，羈縻其人耳，故云蠻。蠻之言縻也。'其意言蠻是縻也，縻是繩也，言蠻者，以繩束物之名。王肅云：'蠻，慢也，禮儀簡慢。'與孔異。"（245頁）

呂按：《史記·夏本紀》"三百里蠻"，《集解》引馬融曰："蠻，慢也，禮簡怠慢，來不距，去不禁。"①蓋王肅注之所本。

（13）《湯誥》："敢用玄牡，敢昭告于上天神后。"孔疏："《檀弓》云：'殷人尚白，牲用白。'今云'玄牡'，夏家尚黑，于時未變夏禮，故不用白也。故安國注《論語》'敢用玄牡'之文云：'殷家尚白，未變夏禮，故云玄牡。'是其義也。鄭玄説天神有六，周家冬至祭皇天大帝于圜丘，牲用蒼；夏至祭靈威仰於南郊，則牲用騂。孔注《孝經》，圜丘與郊，共爲一事，則孔之所説，無六天之事。鄭玄解《論語》云：'用玄牡者，爲舜命禹事，於時總告五方之帝，莫適用，用皇天大帝之牲。'其意與孔異。"（297頁）

呂按：鄭玄"六天説"，頗爲後世所不取。

（14）《太甲中》："惟三祀十有二月朔。"孔傳："湯以元年十一月崩，至此二十六月，三年服闋。"孔疏："《禮記·檀弓》云：'祥而縞，是月禫，徙月樂。'王肅云：'是祥之月而禫，禫之明月可以樂矣。'案此孔傳云'二十六月服闋'，則與王肅同。鄭玄以中月爲間一月，云祥後復更有一月而禫，則三年之喪，凡二十七月，與孔爲異。"（314頁）

呂按：三年之喪，實有多少月，孔傳、王肅注主二十六月，鄭注主二十七月，故云"與孔爲異"。

（15）《盤庚上》："不昏作勞。"孔傳："昏，强也。言不强作勞於田畝。"孔疏："鄭玄讀'昏'爲'暋'，訓爲勉也。與孔不同。"（343頁）

呂按：蔡沈《書經集傳》用孔傳。

（16）《盤庚中》："嗚呼！今予告汝不易。"孔傳："凡所言，皆不易之事。"孔疏："此'易'讀爲'難易'之易。不易，言其難也。鄭玄云：'我所以告汝者，不變易，言必行之。'謂盤庚自道己言必不改易，與孔異。"

---

① 司馬遷《史記·夏本紀》，中華書局，1959年，76頁。

（358頁）

呂按：蔡沈《書經集傳》用孔傳。

（17）《盤庚下》："鞠人謀人之保居叙欽。"孔傳："人之窮困能謀安其居者，則我式序而敬之。"孔疏："鞠，訓爲窮。鞠人，謂窮困之人。'謀人之保居'，謂謀此窮人之安居。若見人之窮困能謀安其居，愛人而樂安存之者，'則我式序而敬之'。鄭、王皆以'鞠'爲'養'，'言能謀養人，安其居者，我則次序而敬之'。與孔不同。"（363頁）

呂按：蔡沈《書經集傳》："鞠人，未詳，或曰：'鞠，養也。'"①是取鄭、王兩家之注也。

（18）《高宗肜日序》："高宗祭成湯，有飛雉升鼎耳而雊。"孔傳："耳不聰之異。雊，鳴。"孔疏："《洪範五行傳》云：'視之不明，時則有羽蟲之孽；聽之不聰，時則有介蟲之孽；言之不從，時則有毛蟲之孽；貌之不恭，時則有鱗蟲之孽；思之不睿，時則有倮蟲之孽。'先儒多以此爲羽蟲之孽，非爲耳不聰也。《漢書·五行志》劉歆以爲'鼎三足，三公象也，而以耳行。野鳥居鼎耳，是小人將居公位，敗宗廟之祀也'。鄭云：'鼎，三公象也，又用耳行，雉升鼎耳而鳴，象視不明。天意若云當任三公之謀以爲政。'劉、鄭雖小異，其爲羽蟲之孽則同，與孔意異。"（377頁）

呂按：孔疏徵引劉向《洪範五行傳》及劉歆、鄭玄凡三家之說，云"先儒多以此爲羽蟲之孽，非爲耳不聰也"，字裏行間，帶有傾向性。

（19）《牧誓》："千夫長，百夫長。"孔傳："師帥、卒帥。"孔疏："《周禮》二千五百人爲師，師帥皆中大夫；百人爲卒，卒長皆上士。孔以帥雖二千五百人，舉全數亦得爲千夫長，長與帥，其義同，是千夫長亦可以稱帥，故以千夫長爲師帥，百夫長爲卒帥。鄭玄以爲'師帥、旅帥'也，與孔不同。"（421頁）

呂按：經文"百夫長"之義，孔、鄭異解。

（20）《牧誓》："弗迓克奔，以役西土。"孔傳："商衆能奔來降者，不迎

---

① 蔡沈《書經集傳》，影印文淵閣《四庫全書》本，58冊，59頁。

擊之，如此則所以役我西土之義。"孔疏："迓，訓迎也。不迎擊商衆能奔來降者，兵法不誅降也。役，謂使用也。如此不殺降人，則所以使用我西土之義，用義於彼，令彼知我有義也。王肅讀'御'（按：實即"迓"字）爲禦，言'不禦能奔走者。如殷民欲奔走來降者，無逆之；奔走去者，亦不禦止。役，爲也，盡力以爲我西土'。與孔不同。"（426頁）

呂按：此兩句經文，孔、王異解。

（21）《武成》："爲天下逋逃主，萃淵藪。"孔傳："逋，亡也。天下罪人逃亡者，而紂爲魁主，窟聚淵府藪澤，言大姦。"孔疏："言紂與亡人爲主，亡人歸之，若蟲之窟聚，魚歸淵府，獸集藪澤，言紂爲大姦也。據傳意，'主'字下讀爲便。昭七年《左傳》引此文，杜預云：'萃，集也。天下逋逃悉以紂爲淵藪，集而歸之。'與孔異也。"（434頁）

呂按：孔疏徵引《左傳》杜注，云"與孔異也"。

（22）《洪範》："惟天陰騭下民，相協厥居。"孔傳："騭，定也。天不言而默定下民，是助合其居，使有常生之資。"孔疏："王肅以'陰騭下民'一句爲天事，'相協'以下爲民事，注云：'陰，深也。言天深定下民，與之五常之性，王者當助天和合其居。所行天之性，我不知常道倫理，所以次叙是問承天順民何所由。'與孔異也。"（447頁）

呂按：經文二句，王肅注與孔傳異。

（23）《洪範》："平康正直，彊弗友剛克，燮友桑克。"孔傳："世平安，用正直治之。友，順也。世強禦不順，以剛能治之。燮，和也。世和順，以柔能治之。"孔疏："此三德，是王者一人之德，視世而爲之。故傳三者各言'世'。鄭玄以爲'人臣各有一德，天子擇使之'，注云：'安平之國，使中平守一之人治之，使不失舊職而已。國有不順孝敬之行者，則使剛能之人誅治之。其有中和之行者，則使柔能之人治之，差正之。'與孔不同。"（466頁）

呂按：經文三句，鄭注與孔傳異解。

（24）《洪範》："曰咎徵：曰狂，恆雨若；曰僭，恆暘若；曰豫，恆燠若；曰急，恆寒若；曰蒙，恆風若。"孔傳："君行狂妄，則常雨順之。君行僭差，則常暘順之。君行逸豫，則常燠順之。君行急，則常寒順之。君行蒙闇，則常風順之。"孔疏:"鄭玄以'狂'爲倨慢,以對'不敬',故爲慢也。鄭、王本'豫'作'舒',鄭云;'舒,遲也。'王肅云;'舒,惰也。'以對'照晢',故爲遲惰。鄭云:'急促,自用也。'以謀者用人之言,故'急'爲自用已也。鄭云:'蒙,見冒亂也。'王肅云:'蒙,瞀蒙。'以'聖'是通達,故蒙爲瞀蒙,所見冒亂,言其不曉事,與'聖'反也。與孔各小異耳。"(475頁)

呂按:孔疏徵引鄭、王兩家之説,云"與孔各小異耳"。

(25)《洪範》:"六極:一曰凶短折。"孔傳:"動不遇吉。短,未六十。折,未三十。言辛苦。"孔疏:"'動不遇吉'者,解'凶'也。傳以壽爲百二十年,短者半之,爲未六十;折又半,爲未三十。鄭玄以爲'凶、短、折,皆是夭枉之名。未齓曰凶,未冠曰短,未婚曰折'。《漢書·五行志》云:'傷人曰凶,禽獸曰短,草木曰折。一曰凶,夭也。兄喪弟曰短,父喪子曰折。'並與孔不同。"(479頁)

呂按:經文"凶短折"三字,孔疏徵引鄭注及《漢書·五行志》之説,"並與孔不同"。

(26)《旅獒》:"爲山九仞,功虧一簣。"孔傳:"八尺曰仞。"孔疏:"王肅《聖證論》及注《家語》,皆云:'八尺曰仞。'與孔義同。鄭玄云:'七尺曰仞。'與孔意異。"(491頁)

呂按:"仞"字之訓,孔、鄭異解。

(27)《金縢》:"若爾三王,是有丕子之責于天。"孔傳:"大子之責,謂疾不可救於天。"按:孔傳讀"丕"爲"太"。孔疏:"鄭玄云:'丕,讀曰不。愛子孫曰子。元孫遇疾,若汝不救,是將有不愛子孫之過,爲天所責。欲使爲之請命也。'與孔讀異。"(497頁)

呂按:孔傳釋"丕子"爲'大(太)子',鄭玄則認爲"丕"是"不"的通假字,"子"是"愛子孫"之義,由此不同,故曰"與孔讀異"。此"讀"是"釋義"之義。

(28)《金縢》:"周公居東二年,則罪人斯得。于後,公乃爲詩以貽王,名之曰《鴟鴞》。王亦未敢誚公。"孔傳:"成王信流言而疑周公,故周公既誅三監而作詩,解所以宜誅之意以遺王。王猶未悟,故欲讓公而未敢。"孔疏：“鄭玄以爲：‘武王崩，周公爲冢宰，三年服終，將欲攝政，管、蔡流言，即避居東都。成王多殺公之屬黨，公作《鴟鴞》之詩，救其屬臣，請勿奪其官位土地。及遭風雷之異，啓金縢之書，迎公來反，反乃居攝。後方始東征管、蔡。’解此一篇及《鴟鴞》之詩，皆與孔異。”（501頁）

呂按：此數句經文之解，鄭注"皆與孔異"。

（29）《大誥》：“我有大事，休，朕卜並吉。”孔傳：“大事，戎事也。人謀既從，卜又並吉，所以爲美。”孔疏：“王肅云：‘何以言美？以三龜一習吉，是言並吉，證其休也。’與孔異矣。”（510頁）

呂按：經文"休"字，孔、王異解。

（30）《酒誥》：“越獻臣百宗工，矧惟爾事，服休服采。”孔傳：“於善臣百尊官不可不慎，況汝身事，服行美道，服事治民乎？”孔疏：“鄭玄以‘服休爲燕息之近臣，服采爲朝祭之近臣’，非孔意也。”（560頁）

呂按：孔傳釋"服休"爲"服行美道"，"服采"爲"服事治民"。而孔疏對徵引之鄭注，認爲"非孔意也"。按蔡沈《書經集傳》：“服休，坐而論道之臣。服采，起而作事之臣。”與鄭注接近。

（31）《洛誥》：“公既定宅，伻來，來視予卜休恒吉，我二人共貞。”孔傳：“言公前已定宅，遣使來，來視我以所卜之美常吉之居，我與公共正其美。”孔疏：“‘來來’重文者，上‘來’言使來，下‘來’爲視我卜也。鄭云：‘伻來來者，使二人也。’與孔意異。”（595頁）

呂按：經文"伻來來"，孔、鄭異解。

（32）《君奭》：“在太甲，時則有若保衡。”孔傳：“太甲繼湯，時則有如此伊尹爲保衡，言天下所取安，所取平。”孔疏：“言保衡佐湯，明保衡即是伊尹也。《詩》稱‘實維阿衡，實左右商王’，鄭玄云：‘阿，倚；衡，平也。伊尹，湯所依倚而取平。至太甲，改曰保衡。保，安也，言天下所取安，所取平。此皆三公之官，當時爲之號也。’孔以《太甲》云‘嗣王不惠於阿衡’，則太甲亦曰阿衡，與鄭異也。”（647頁）

呂按：林之奇《尚書全解》卷三十三：“鄭康成謂‘伊尹在湯曰阿衡，至太甲改曰保衡’，非也。故唐孔氏破之，以爲《太甲》云‘嗣王不惠于阿衡’，則太甲亦曰阿衡也。保衡、阿衡一也,太甲即位,始以是而尊伊尹焉。"①

(33)《君奭》:"公曰:'君奭,天壽平格,保乂有殷,有殷嗣,天滅威。'"孔傳:"言天壽有平至之君,故安治有殷。有殷嗣子紂不能平至,天滅亡加之以威。"孔疏:"格,訓至也。平,謂政教均平。孔傳之意,此經專說君之善惡,其言不及臣也。王肅以爲'兼言君臣',注云:'殷君臣之有德,故安治有殷。言是者,不可不法殷家有良臣也。'鄭注以爲'專言臣事。格,謂至於天也'。與孔不同。"(650頁)

呂按:經文"天壽平格"一句,鄭、王兩家之說,與孔不同。

(34)《成王政序》:"成王東伐淮夷,遂踐奄。"孔傳:"成王即政,淮夷、奄國又叛,王親征之,遂滅奄而徙之。"孔疏:"鄭玄讀'踐'爲'翦'。翦,滅也。孔不破字,蓋以踐其國,即是踐滅之事,故孔以踐爲滅也。"(663頁)

呂按:經文"踐"字,孔不破字,鄭則破字,異途同歸。《毛詩》:"誰謂河廣,一葦杭之。"毛傳:"杭,渡也。"亦不破字也。

(35)《多方》:"乃大降罰,崇亂有夏,因甲于內亂。"孔傳:"桀乃大下罰於民,重亂有夏,言殘虐。外不憂民,內不勤德,因甲於二亂之內,言昏甚。"孔疏:"'夾'聲近'甲',古人'甲'與'夾'通用。夾於二事之內而爲亂行,故傳以二事充之,'外不憂民,內不勤德',桀身夾於二亂之內,言其昏闇甚也。鄭、王皆以'甲'爲'狎'。王云:'狎習災異於內,外爲禍亂。'鄭云:'習爲鳥獸之行,於內爲淫亂。'與孔異也。"(668頁)

呂按:孔疏徵引鄭、王兩家之說,孫星衍《尚書今古文注疏》但取鄭說。②

(36)《多方》:"今我曷敢多誥,我惟大降爾四國民命。"孔傳:"今我何敢多誥汝而已,我惟大下汝四國民命,謂誅管、蔡、商、奄之君。"孔疏:"王肅以'四國爲四方之國,言從今以後,四方之國,苟有此罪,則必誅之。謂戒其將來之事',與孔不同。"(675頁)

呂按:經文"四國",孔、王異解。

---

① 林之奇《尚書全解》,影印文淵閣《四庫全書》本,55冊,675頁。
② 孫星衍撰,陳抗、盛冬鈴點校《尚書今古文注疏》,461頁。

111

(37)《多方》:"我則致行天罰,離逖爾土。"孔傳:"若爾乃爲逸豫頗僻,大棄王命,則惟汝衆方取天之威,我則致行天罰,離遠汝土,將遠徙之。"孔疏:"離遠汝土,更遠徙之。鄭云:'分離奪汝土也。'與孔異也。"(678頁)

吕按:孔疏徵引鄭注,云"與孔異也"。

(38)《立政》:"宅乃事,宅乃牧。"孔傳:"宅,居也。居汝事。牧,牧民,九州之伯。"孔疏:"牧、伯一也。伯者,言一州之長;牧者,言牧養下民。牧、伯俱得言之,故孔以'伯'解'牧'。鄭玄云:'殷之州牧曰伯,虞夏及周曰牧。'與孔不同。"(686頁)

吕按:經文"牧"字,孔、鄭異解。

(39)《立政》:"宅乃事,宅乃牧。"孔傳:"宅,居也。居汝事。牧,牧民,九州之伯。"孔疏:"牧、伯一也。伯者,言一州之長;牧者,言牧養下民。牧、伯俱得言之,故孔以'伯'解'牧'。鄭玄云:'殷之州牧曰伯,虞夏及周曰牧。'與孔不同。"(686頁)

吕按:孔疏徵引鄭注,云"與孔不同"。

(40)《立政》:"兹乃三宅無義民。"孔傳:"若此,則乃能三居無義民:大罪宥之四裔,次九州之外,次中國之外。"孔疏:"乃能三處居此無義罪人。三居者,'大罪宥之四裔,次九州之外,次中國之外'。'四裔'者,四海之表,最遠者也。'次九州之外'者,四海之内,要服之外。'次中國之外'者,謂罪人所居之國外也,猶若衛人居於晉,去本國千里。鄭云:'三處者,自九州之外至於四海,三分其地,遠近若周之夷、鎮、蕃也。'與孔不同。"(686—687頁)

吕按:經文"三宅",孔、鄭異解。

(41)《顧命》:"胤之舞衣、大貝、鼖鼓在西房,兑之戈、和之弓、垂之竹矢在東房。"孔傳:"西房,西夾坐東。東房,東廂夾室。"孔疏:"案鄭注《周禮》,宗廟、路寢,制如明堂。明堂則五室,此路寢得有東房西房者,《鄭志》張逸以此問,鄭答云:'成王崩在鎬京,鎬京宫室因文、武,更不改作,故同諸侯之制,有左右房也。'孔無明説,或與鄭異。"(734頁)

112

吕按：孔疏云"孔無明説，或與鄭異"。

（42）《顧命》："王三宿，三祭，三咤。"孔傳："王三進爵，三祭酒，三奠爵。"孔疏："經典無此'咤'字，'咤'爲'奠爵'，傳記無文。正以既祭必當奠爵。既言'三祭'，知三咤爲三奠爵也。鄭玄云：'徐行前曰肅，却行曰咤。王徐行前三祭，又三却復本位。'與孔異也。"（742頁）

吕按："咤"字之訓，孔、鄭不同。蔡沈《書經集傳》用孔傳。

（四）微言破注之四：孔疏在旁及異聞之後，不著一字，戛然而止。雖然，其意可知。何者？苟孔傳無可挑剔，十全十美，則孔疏何須辭費哉！凡三十三例。後世學者，是異聞者有之，是孔傳者亦有之。

（1）《益稷》："欽四鄰。"孔傳："四近，前後左右之臣，敕使敬其職。"孔疏："四近之臣，普謂近君之臣耳，無常人也。鄭玄以四近爲'左輔、右弼、前疑、後丞'，惟伏生《書傳》有此言。《文王世子》云：'有師保，有疑承。'以外經傳，無此官也。"（172頁）

吕按："四鄰"之義，孔傳視爲普通名詞，鄭注視爲專有名詞，此其異也。孔疏雖不言孰是孰非，而分庭抗禮之勢成矣。

（2）《皋陶謨》："俊乂在官。"孔傳："謂天子如此，則俊德治能之士並在官。"孔疏："乂訓爲治，故云'治能'。馬、王、鄭皆云：'才德過千人爲俊，百人爲乂。'"（150頁）

吕按：孔疏旁及馬、王、鄭三家之説。蔡沈《書經集傳》即采用馬、王、鄭三家之説。

（3）《禹貢》："覃懷厎績，至于衡漳。"孔傳："覃懷，近河地名。漳水橫流入河，從覃懷致功，至橫漳。"孔疏："'衡'即古'橫'字，漳水橫流入河，故云'橫漳'。鄭玄亦云：'橫漳，漳水橫流。'王肅云：'衡、漳，二水名。'"（194頁）

吕按：林之奇《尚書全解》卷七："孔、鄭諸儒亦謂漳水橫流入河，當從孔氏之説。"[1]

---

[1] 林之奇《尚書全解》卷七，影印文淵閣《四庫全書》本，55册，137頁。

(4)《禹貢》:"淮夷蠙珠暨魚。"孔傳:"淮、夷二水出蠙珠及美魚。"孔疏:"淮、夷是二水之名。夷蓋小水,後來竭涸,不復有其處耳。王肅亦以淮、夷爲水名。鄭玄以爲'淮水之上夷民獻此珠與魚'也。"(206頁)

呂按:後世學者,多是鄭玄之説。蘇軾《書傳》:"《詩》有'淮夷',知古者淮有夷也。"①蔡沈《書集傳》:"淮夷,淮之夷也。"宋傅寅《禹貢説斷》:"鄭氏謂'淮水之上夷民獻珠與魚',當從鄭氏之説。按《詩》云:'憬彼淮夷,來獻其琛。'則是淮夷不得爲水名也。"②胡渭《禹貢錐指》:"按:'淮夷'見經傳非一處,即孔注《費誓》,亦云'淮浦之夷',此獨以爲二水名,不應前後相戾。"③

(5)《禹貢》:"三江既入,震澤底定。"孔傳:"震澤,吳南大湖名。言三江已入,致定爲震澤。"孔疏:"三江既入此湖也,治水致功,令江入此澤,故致定爲震澤也。鄭云:'三江分於彭蠡,爲三孔東入海。'其意言'三江既入',入海耳,不入震澤也。"(207頁)

呂按:"三江既入",入于何處?孔傳、鄭注異解。庫本《尚書注疏》考證:"臣召南按:三江之説,辨者紛如。孔傳、孔疏,尤爲無理。韋昭、郭璞諸儒,各以意測,亦無確據。若以《禹貢》証《禹貢》,則導漾水云:'東爲北江,入于海。'導江云:'東爲中江,入于海。'是有明文。彼傳云有北有中,南可知。可謂簡當,何乃謂自彭蠡江分爲三入震澤乎?"④

(6)《禹貢》:"厥貢惟金三品。"孔傳:"金、銀、銅也。"孔疏:"金既總名,而云三品,黄金以下,惟有白銀與銅耳,故爲'金、銀、銅'也。鄭玄以爲'金三品者,銅三色也'。"(208頁)

呂按:經文"三品",孔鄭異解。林之奇《尚書全解》卷八:"三品者,金、銀、銅也。鄭氏謂'銅三色'者非也。"⑤

(7)《禹貢》:"厥包橘柚,錫貢。"孔傳:"小曰橘,大曰柚,其所包裹而

---

① 蘇軾《書傳》卷五,影印文淵閣《四庫全書》本,54冊,520頁。
② 傅寅《禹貢説斷》,影印文淵閣《四庫全書》本,57冊,35頁。
③ 胡渭《禹貢錐指》,影印文淵閣《四庫全書》本,67冊,368頁。
④ 《尚書注疏》卷五考證,影印文淵閣《四庫全書》本,54冊,140頁。
⑤ 林之奇《尚書全解》,影印文淵閣《四庫全書》本,55冊,160頁。

致者,錫命乃貢,言不常。"孔疏:"鄭云:'有錫則貢之,此州有錫而貢之。或時無,則不貢。錫所以柔金也,《周禮·考工記》云"攻金之工掌執金錫之齊"故也。'"(210頁)

呂按:經文"錫"字,孔傳訓作"賜予",鄭玄訓作一種金屬,此其異也。林之奇《尚書全解》卷八:"當從孔氏之說。"①

(8)《禹貢》:"惟箘、簵、楛,三邦厎貢,厥名。"孔傳:"箘、簵,美竹。楛,中矢榦。三物皆出雲夢之澤,近澤三國常致貢之,其名天下稱善。"孔疏:"鄭玄以'厥名'下屬'包匭菁茅'。"(214頁)

呂按:孔、鄭句讀不同,廣異聞也。林之奇《尚書全解》卷八:"鄭氏以'厥名'下屬'包匭菁茅',尤爲無義。"②

(9)《禹貢》:"匭菁、茅。"孔傳:"匭,匣也。菁以爲菹,茅以縮酒。"孔疏:"鄭玄以'菁茅'爲一物。匭,猶纏結也。菁茅之有毛刺者,重之,故既包裹而又纏結也。"(215頁)

呂按:孔傳以"菁茅"爲二物,鄭玄以"菁茅"爲一物。孔訓"匭"爲匣,而鄭訓"匭"爲"猶纏結也"。此兩家之異。胡渭《禹貢錐指》卷七:"渭按:《呂氏春秋》云:'具區之菁。'則菁以揚産爲美,未聞荆州味善也。且菁爲七菹之一,何獨與縮酒之茅同其貴重?鄭注此經,以'菁茅'爲一物,符合《左傳》,確不可易。"③

(10)《禹貢》:"滎波既豬。"孔傳:"滎,澤。波,水。已成遏豬。"孔疏:"馬、鄭、王本皆作'滎播',謂此澤名滎播。《春秋》閔二年'衛侯及狄人戰于滎澤',不名播也。"(217頁)

呂按:庫本《尚書注疏》卷五考證:"閻若璩曰:馬、鄭、王本'波'並作'播',伏生今文亦然,惟魏晉間人始作'波',與《漢書》同。余謂其書多出《漢書》者,此又一証。臣召南按:《史記》作'滎播',鄭康成《詩譜》亦作

---

① 林之奇《尚書全解》,影印文淵閣《四庫全書》本,55冊,161頁。
② 林之奇《尚書全解》,影印文淵閣《四庫全書》本,55冊,166頁。
③ 胡渭《禹貢錐指》,影印文淵閣《四庫全書》本,67冊,451頁。

'滎播'。但此澤亦可單名，下文'溢爲滎'是也。"①

（11）《禹貢》："原隰厎績。"孔傳："下濕曰隰。"孔疏："'下濕曰隰'，《釋地》文。鄭玄以爲《詩》云：'度其隰原。'即此原隰是也。原隰，幽地。"（223頁）

　　呂按：此旁及異聞也。林之奇《尚書全解》卷九："《爾雅》曰：'廣平曰原，下濕曰隰。'則是凡廣平下濕之地，皆有此原隰之名也。然此曰'原隰厎績'，當是有所指而言之，非泛指廣平下濕之地也。鄭氏曰：'詩曰"度其隰原"，即此原隰是也。原隰蓋在幽地。'義或然也。"②

（12）《禹貢》："織皮崑崙、析支、渠、搜，西戎即敘。"孔傳："織皮，毛布。有此四國，在荒服之外，流沙之内。"孔疏："鄭玄云：'衣皮之民，居此崑崙、析支、渠搜三山之野者，皆西戎也。'鄭并渠搜爲一，孔傳不明，或亦以渠搜爲一，通西戎爲四也。鄭以崑崙爲山，謂別有崑崙之山，非河所出者也。所以孔意或是地名、國號，不必爲山也。"（225頁）

　　呂按：庫本《尚書注疏》考證："顏師古曰：'崑崙、析支、渠搜，三國名也。'胡渭曰：'三國，西戎之大者，皆來入貢，則餘無不賓服，故曰西戎即叙。傳疏作四國，非是。'"③

（13）《禹貢》："導岍及岐，至於荆山。"孔疏："從此'導岍'至'敷淺原'，舊説以爲三條。《地理志》云：'《禹貢》北條荆山，在馮翊懷德縣南；南條荆山，在南郡臨沮縣東北。'是舊有三條之説也。故馬融、王肅皆爲三條：導岍北條，西傾中條，嶓冢南條。鄭玄以爲四列：導岍爲正陰列，西傾爲次陰列，嶓冢爲次陽列，岷山爲正陽列。鄭玄創爲此説。孔亦當爲三條也。"（226頁）

　　呂按：胡渭《禹貢錐指》卷十一下："四列長於三條，或嫌其陰陽之名近於怪，余曰：'陰陽字只作南北字用，於義無害。朱子據"導"字分南北，

---

① 《尚書注疏》卷五考證，影印文淵閣《四庫全書》本，54册，142頁。
② 林之奇《尚書全解》，影印文淵閣《四庫全書》本，55册，180頁。
③ 《尚書注疏》卷五考證，影印文淵閣《四庫全書》本，54册，143頁。

實本康成而又參以一行山河兩戒之説。"①

（14）《微子》："微子。"孔傳："微，圻内國名，子爵，爲紂卿士，去無道。"孔疏："微國在圻内，先儒相傳爲然。鄭玄以爲微與箕俱在圻内，孔雖不言，箕亦當在圻内也。王肅云：'微，國名，子爵，入爲王卿士。'肅意蓋以微爲圻外，故言入也。"（385頁）

吕按：孔傳、鄭注皆以爲"微"是圻内國名，王肅以爲是圻外國名。

（15）《洪範》："三德：一曰正直，二曰剛克，三曰柔克。"孔傳："和柔能治，三者皆德。"孔疏："三德爲此次者，正直在剛柔之間，故先言。二者先剛後柔，得其敘矣。王肅意與孔同。鄭玄以爲：'三德，人各有一德，謂人臣也。'"（466頁）

吕按：孔疏徵引鄭注，實與孔傳、王肅注意異，但不置可否。

（16）《洪範》："七，稽疑：擇建立卜筮人。"孔傳："龜曰卜，蓍曰筮。考正疑事，當選擇知卜筮人而建立之。"孔疏："考正疑事，當選擇知卜筮人而建立之。建亦立也，復言之耳。鄭、王皆以建立爲二，言將考疑事，選擇可立者立爲卜人、筮人。"（468頁）

吕按：經文"卜筮人"，孔傳視爲一人，鄭玄、王肅視爲二人，孔疏不置可否。

（17）《金縢》："秋，大熟未穫，天大雷電以風。禾盡偃，大木斯拔，邦人大恐，王與大夫盡弁。"孔傳："皮弁，質服以應天。"孔疏："《周禮》'視朝則皮弁'，服皮弁是視朝服。每日常服而言'質'者，皮弁，白布衣，素積裳，故爲質也。鄭玄以爲爵弁，必爵弁者，承天變降服，亦如國家失道焉。"（503頁）

吕按：經文"弁"字，孔傳以爲皮弁，鄭注以爲爵弁，此其異也。孔疏不置可否。

（18）《大誥序》："武王崩，三監及淮夷叛。"孔傳："三監，管、蔡、商。"孔疏："《漢書·地理志》云：'周既滅殷，分其畿内爲三國，《詩風》邶、鄘、

---

① 胡渭《禹貢錐指》，影印文淵閣《四庫全書》本，67册，583頁。

衛是也。邶以封紂子武庚；鄘，管叔尹之；衛，蔡叔尹之，以監殷民，謂之三監。'先儒多同此説。惟鄭玄以三監爲管、蔡、霍，獨爲異耳。"（505頁）

吕按：孔疏此節徵引之"鄭玄以"云云，並非出自《尚書》鄭注，而是出自鄭玄《毛詩譜》："周武王伐紂，以其京師封紂子武庚，爲殷後。庶殷頑民被紂化日久，未可以建諸侯，乃三分其地，置三監，使管叔、蔡叔、霍叔尹而教之。"①對鄭之異説，孔疏未置可否。

（19）《大誥》："延洪惟我幼沖人。"孔傳："凶害延大，惟累我幼童人成王。"孔疏："鄭、王皆以'延'上屬爲句，言'害不少，乃延長之'。王肅又以'惟'爲'念'，向下爲義，大念我幼童子，與繼文、武無窮之道。"（507頁）

吕按：鄭、王之句讀與孔異，孔疏不置可否。孫星衍《尚書今古文注疏》與皮錫瑞《今文尚書考證》皆從鄭、王之句讀。

（20）《大誥》："天降威，知我國有疵。"孔傳："天下威，謂三叔流言。故禄父知我周國有疵病。"孔疏："王肅云：'天降威者，謂三叔流言，當誅伐之，言誅三叔是天下威也。'"（509頁）

吕按：經文"天降威"，孔、王異解。

（21）《康誥序》："成王既伐管叔、蔡叔，以殷餘民封康叔。"孔傳："以三監之民國康叔爲衛侯。"孔疏："鄭云：'初封於衛，至子孫而并邶、鄘也。'其《地理志》邶、鄘之民皆遷，分衛民於邶、鄘，故異國而同風，所以《詩》分爲三。孔與同否，未明也。"（530頁）

吕按：孔疏徵引鄭注及《漢書·地理志》，云"孔與同否，未明也"。

（22）《召誥》："乃社于新邑，牛一羊一豕一。"孔傳："告立社稷之位，用太牢也。共工氏子曰句龍，能平水土，祀以爲社；周祀后稷，能殖百穀，祀以爲稷。社稷共牢。"孔疏："句龍能平水土，祀之以爲社；后稷能殖百穀，祀以爲稷。《左傳》《魯語》《祭法》皆有此文。漢世儒者説社稷有二：《左氏》説社稷，惟祭句龍。后稷人神而已，是孔之所用；《孝經》説社爲土

---

① 《十三經注疏》，中華書局，1980年，95頁。

神,稷爲穀神,句龍、后稷配食者,是鄭之所從。"(578頁)

吕按:對社稷所祀之神,孔傳與鄭注異解,不置可否。

(23)《召誥》:"厥終智藏瘝在。"孔傳:"其終,後王之終,謂紂也。賢智隱藏,瘝病者在位,言無良臣。"孔疏:"以'瘝'從病類,故言'瘝病'也。鄭、王皆以'瘝'爲'病',小人在位,殘暴在下,故以病言之。"(580頁)

吕按:經之"瘝"字,孔釋作"瘝病",鄭、王釋作"病",意爲"小人在位,殘暴在下",孔疏不置可否。

(24)《召誥》:"王來紹上帝,自服于土中。"孔傳:"言王今來居洛邑,繼天爲治,躬自服行教化於地勢正中。"孔疏:"傳言'躬自服行',則不訓'自'也。鄭、王皆以'自'爲'用'。"(584頁)

吕按:蔡沈《書經集傳》、江永《禮書綱目》皆用孔傳之説。

(25)《無逸》:"嘉靖殷邦,至于小大,無時或怨。"孔傳:"善謀殷國,至于小大之政,人無是有怨者。"孔疏:"鄭云:'小大,謂萬人,上及群臣。言人臣小大皆無怨王也。'"(632頁)

吕按:對經文"小大"的解釋,孔、鄭意異,孔疏不置可否。

(26)《無逸》:"小人怨汝詈汝,則皇自敬德。"孔傳:"其有告之,言小人怨詈汝者,則大自敬德,增修善政。"孔疏:"《釋詁》云:'皇,大也。'故傳言'大自敬德'。鄭玄以'皇'爲'暇',言寬暇自敬。王肅本'皇'作'況',況滋益用敬德也。"(634頁)

吕按:經文"皇"字,孔疏徵引鄭、王兩家之説,皆與孔異,不置可否。

(27)《無逸》:"不永念厥辟。"孔傳:"不長念其爲君之道。"孔疏:"王肅謂'辟'爲'辟,扶亦反',不長念其刑辟,不當加無罪也。"(640頁)

按:經之"辟"字,孔傳訓爲"君",王肅訓爲"刑"。

(28)《君奭》:"武王惟兹四人,尚迪有禄。"孔傳:"文王没,武王立,惟此四人庶幾輔相武王,蹈有天禄。虢叔先死,故曰四人。"孔疏:"鄭玄疑不知誰死,注云:'至武王時,虢叔等有死者,餘四人也。'"(654頁)

吕按:此承上文"有若虢叔,有若閎夭,有若散宜生,有若泰顛,有若南宮括",凡五人。至武王時,五人中只剩四人,死去一人。死去者爲誰,

119

孔傳明言"虢叔先死",但没有根據。鄭注則籠統言之:"虢叔等有死者。"二者孰是,孔疏不置可否。

(29)《成王政序》:"成王東伐淮夷,遂踐奄。"孔傳:"成王即政,淮夷、奄國又叛,王親征之,遂滅奄而徙之。"孔疏:"鄭玄謂此伐淮夷與踐奄是攝政三年伐管、蔡時事,其編篇于此,即云'未聞'。"(663頁)

吕按:經文"伐淮夷,遂踐奄",孔傳以爲是"成王即政"時事,而孔疏謂"鄭玄謂此伐淮夷與踐奄是攝政三年伐管、蔡時事"。二説不同,孔疏不置可否。庫本《尚書注疏》考證:"臣召南按:漢儒據《書序》次第,《多方》在《大誥》諸篇之後,又本文有'戰要囚,至再至三'之言,遂謂武庚、三監叛時,淮夷、徐奄並叛,此役爲重叛,成王乃親征滅之。不知《書序》之先後次第,固未可信也。康成之識,卓矣哉!"①

(30)《立政》:"周公若曰:'拜手稽首告:嗣天子王矣。'"孔傳:"順古道盡禮致敬告成王,言嗣天子今已爲王矣,不可不慎。"孔疏:"周公既拜手稽首而後發言,還自言'拜手稽首',示已重其事。王肅以爲於時周公會群臣,共戒成王,其言曰'拜手稽首'者,是周公讚群臣之辭。"(684頁)

吕按:經文"拜手稽首",孔、王異解。

(31)《立政》:"周公曰:'嗚呼,休茲!知恤,鮮哉!'"孔傳:"歎此五者,立政之本,知憂得其人者少。"孔疏:"此五官皆親近王,故歎此五者立政之本也。休,美也。王肅云:'此五官美哉,是"休茲"爲美此五官也。歎其官之美,美官不可不委賢人用之,故歎之。'"(684頁)

吕按:經文"休茲",孔、王異解。

(32)《吕刑》:"墨辟疑赦,其罰百鍰。"孔傳:"六兩曰鍰。鍰,黄鐵也。"孔疏:"鄭玄云:'鍰,稱輕重之名。今代東萊稱或以大半兩爲鈞,十鈞爲鍰,鍰重六兩大半兩。鍰、鋝似同也。或有存行之者,十鈞爲鍰,二鍰四鈞而當一斤。然則鍰重六兩三分兩之二。《周禮》謂鍰爲鋝。'如鄭玄之言,一鍰之重六兩,多於孔、王所説,惟校十六銖爾。"(787頁)

---

① 《尚書注疏》卷十六考證,影印文淵閣《四庫全書》本,54册,380頁。

呂按:"鍰"字之訓,鄭注與孔、王不同,孔疏不置可否。

(33)《費誓》:"今惟淫舍牿牛馬。"孔傳:"今軍人惟大放舍牿牢之牛馬。言軍所在,必放牧也。"孔疏:"此言'大舍牿牛馬',則是出之牢閑,牧於野澤,令其逐草而牧之,故謂此牢閑之牛馬爲牿牛馬,而知牿即閑牢之謂也。鄭玄以'牿'爲'桎牿'之牿,施牿於牛馬之脚,使不得走失。"(809頁)

呂按:"牿"字孔鄭異解,孔疏不置可否。蔡沈《書經集傳》用孔傳,今人李民、王健《尚書譯注》用鄭注。

宋人已經指出的《尚書正義》一處破句至今仍舊

《尚書·牧誓》:"及庸、蜀、羌、髳、微、盧、彭、濮人。"孔傳:"八國皆蠻、夷、戎、狄屬文王者國名。羌在西蜀叟,髳、微在巴蜀,盧、彭在西北庸、濮在江漢之南。"①我所説的破句,指的就是孔傳中的"羌在西蜀叟"一句。而首先指出破句的是宋人。

據南宋末年廖瑩中《九經總例》的"句讀"部分所載,當時流行的蜀中字本和興國本《尚書注疏》就已經是這樣標點的,但《九經總例》認爲是誤標。而誤標的原因,據説是受了孔穎達《正義》的誤導。因爲孔穎達《正義》説:"云'羌在西蜀叟'者,漢世西南之夷,蜀名爲大,故傳據蜀而説。"《九經總例》認爲,正確的標點應是"羌在西。蜀,叟。"道理何在呢?《九經總例》説:

> 案:西羌居析支、渠、搜之地,《禹貢》所謂"西戎即敘"者也。孔傳以"西戎即敘"之下明言"羌、髳之屬",漢時先零、旱開正居析支、渠、搜之地,所謂"賜支河首"(按:《後漢書·西羌傳》文),即《禹貢》之"析支"也。以此證之,"羌在西",當爲一句。"蜀,叟"者,孔傳以

---

① 孔安國傳、孔穎達正義、黃懷信整理《尚書正義》,上海古籍出版社,2007年,421頁。

宋人已經指出的《尚書正義》一處破句至今仍舊

"叟"字解"蜀"字也。後漢之季,呂布既誅董卓,卓將李傕等攻布,布有叟兵内反,傕等遂破長安。及馬騰、劉範之攻傕也,益州牧劉焉遣叟兵五千助之,章懷太子李賢注曰:"叟,蜀兵。"以此證之,"蜀,叟"當自爲一句,今已改定句讀。①

今按:《九經總例》的説法顯然是對的,只是還少欠明晰,今更爲稍稍補説如下:《九經總例》認爲《禹貢》的"析支",就是《後漢書》的"賜支"。這個認爲是有根據的。《後漢書·西羌傳》:"賜支者,《禹貢》所謂'析支'者也。"②《禹貢》的"西戎",就是《後漢書》的"西羌",這就是應該標點作"羌在西"的理由。至於標點作"蜀,叟",其證據在於:《後漢書·董卓傳》:"呂布軍有叟兵,内反。"李賢注:"叟兵,即蜀兵也。漢代謂蜀爲叟。"③又《後漢書·劉焉傳》:"興平元年,征西將軍馬騰與範謀誅李傕,焉遣叟兵五千助之,戰敗。"李賢注:"漢世謂蜀爲叟。孔安國注《尚書》云:'蜀,叟也。'"④李賢注所謂"孔國注《尚書》云'蜀,叟也'"一句,表明唐人的句讀也是"羌在西。蜀,叟"。

《九經總例》的這條糾正似乎被今天的學者忽略了。首先,我所看到的今人校點本《尚書正義》有兩種,都是這樣錯誤標點的。一種是由廖名春等先生整理、北京大學出版社 1999 年出版的,見該書 284 頁;一種是由黃懷信先生整理、上海古籍出版社 2007 年出版的,見該書 421 頁。

其次,焦桂美先生《南北朝經學史》是一部勝義紛呈的著作,但在徵引《尚書·牧誓》這段經文、注文時,除了同樣把"羌在西蜀叟"作爲一句來看以外,似乎走得更遠。爲什麼這樣説呢?且看焦桂美先生《南北朝經學史》徵引的下面一段孔疏:

---

① 引文見《九經三傳沿革例》,影印文淵閣《四庫全書》本,183 册,571 頁上欄。按:人們引用此節時,習慣稱此書爲《九經三傳沿革例》。實際上,溯其源,這是廖瑩中《九經總例》的文字。《沿革例》的主體部分就是原封不動的《九經總例》。發此千載之覆的是張政烺先生。他説:"《沿革例》向皆以爲岳珂所作,事既無據,而按其内容,則又《廖氏世采堂刊正九經》之《總例》,除卷之前後相對岳氏略有增附外,大抵保全原文,無所加減。"詳《張政烺文史論集·讀〈相臺書塾刊正九經三傳沿革例〉》,中華書局,2004 年,168 頁。
② 范曄撰、李賢等注《後漢書》,中華書局,1965 年,2869 頁。
③ 范曄撰、李賢等注《後漢書》,2334 頁。
④ 范曄撰、李賢等注《後漢書》,2433 頁。

大劉以"蜀"是蜀郡，顯然可知，孔不說。又退"庸"就"濮"解之，故以次先解"羌"。云"羌在西蜀叟"者，漢世西南之夷，"蜀"名爲大，故傳據"蜀"而説。左思《蜀都賦》云："三蜀之豪，時來時往。"是蜀都分爲三，羌在其西，故云"西蜀叟"。"叟"者，蜀夷之別名，故《後漢書》興平元年"馬騰、劉範謀誅李傕，益州牧劉焉遣叟兵五千人助之"，是蜀夷有名"叟"者也。"髳、微在巴蜀"者，巴在蜀之東偏，漢之巴郡所治江州縣也。"盧、彭在西北"者，在東蜀之西北也。文十八年《左傳》稱庸與百濮伐楚，楚遂滅庸。是"庸、濮在江漢之南"。①

　　按："大劉"，指隋代經學名家劉焯。劉焯著作很多，其《尚書義疏》是孔穎達《尚書正義》的藍本之一。焦桂美先生將這一段疏文的著作權歸之於大劉，這種推本溯源的剖析是值得肯定的。這是一種正面的走得遠。但是，此段疏文的著作權既然歸之劉焯，那就表明，此處之破句，蓋始於劉焯之《尚書義疏》，孔穎達《尚書正義》，不過是沿襲其誤而已。在這種情況下，把這段孔疏（亦即劉疏）作爲劉焯《尚書義疏》"疏解詳實，言必有據"的例證，顯然不合適。這是一種負面的走得遠。

　　最後，順便説一下，有没有標點對的呢？有。《史記·周本紀》也徵引了《牧誓》中的這句話："及庸、蜀、羌、髳、微、盧、彭、濮人。"裴駰《集解》引孔安國曰："八國皆蠻夷戎狄。羌在西。蜀，叟。"②看來，上述標點錯誤諸家，不僅忽視了宋人的研究成果，也忽視了今人的研究成果，令人惋惜。

　　按：此小文草成後，久置篋中。近日檢視中華書局2013年版校點本《史記》，發覺此新版本將1959年校點本的"羌在西。蜀，叟"，改作"羌在西蜀叟"③，不知校點者有何新説。2016年10月1日記。

---

① 焦桂美《南北朝經學史》，上海古籍出版社，2009年，448頁。
② 司馬遷《史記》，中華書局，1959年，123頁。
③ 司馬遷《史記》，中華書局，2013年，159頁。

整理本《禹貢錐指》求疵

清代學者胡渭的《禹貢錐指》,是一部研究歷史地理的名著。此書經鄒逸麟先生整理,由上海古籍出版社 2006 年 7 月出版。古籍整理,加專名號是個難點。此書中的地名特別多,其中既有爲我輩所熟知者,如五嶽四瀆,名山大川,澤藪湖泊、郡名州名,也有許多爲我輩所陌生的地名、水名、山名。所有這些大大小小的各種地名,無論是我們熟悉的還是陌生的,整理者都給加上了專名號,從而爲我們的閲讀提供了很大的方便。整理者爲此付出的辛勤勞動,引發了我們的油然起敬之心。但是,我們在拜讀之餘,還有一種美中不足的惋惜,所以草此《求疵》之文,期望此書再版時能夠有所改進。

本文所謂的"疵",計有:第一,整理本改動了原本頗具匠心的行款而未作任何交待;第二,《禹貢錐指》是考證之作,考證之作勢必旁徵博引。而此書約六十萬字(據版權頁),整理者對於原作者的旁徵博引之語,一概只使用冒號,不使用引號,使讀者對引文的起迄不明,如墜五里霧中;第三,有失校現象;第四,有破句現象;第五,標點尚欠精細,主要是指把一些訓詁句標點作敘述句。以上五點,第二點尤爲突出。

下面我們就展開來説,不當之處,歡迎批評。

讀經識小錄

一　整理本改動了原本頗具匠心的行款而未作任何交待

《禹貢錐指》書前有胡渭自擬的《禹貢錐指略例》若干條，其第一條是講命名《錐指》之義，第二條和第三條就講到了他對全書行款的處理方式及其用心所在。

其第二條《略例》云：

> 經下集解，亞經一字。首列孔傳、孔疏，次宋、元、明諸家之説。鄭康成《書注》，間見義疏及他籍，三江一條，足稱秘寶。……至若語涉《禹貢》而實非經解，如《通典》之類，亦或節取一二句。雖係經解，却不成章，並以己意融貫，綴於其末，用"渭按"二字別之。①

其第三條《略例》云：

> 集解後發揮未盡之義，又亞一字。二孔、蔡氏，並立於學官，入人已深，其中有差謬者，既不采入，集解於此，仍舉其辭而爲之駁正。諸家之説，得失參半者，亦必細加剖析，使瑕瑜不相掩。②

按：據以上二則《略例》，知胡渭《錐指》之體例是：將全書之文字，按照其重要程度，分爲三等。第一等是經文，頂格書寫；第二等是"集解"，即解經之文，低一格書寫；第三等是"集解後發揮未盡之義"，即須要將問題進一步澄清的文字，《四庫提要》稱之爲"辨證"者，低二格書寫。這種頂格、低一格、低二格的行款安排，是作者頗具匠心的一種安排，整理者不宜輕易改動。作者的這種行款安排，從文淵閣《四庫全書》本上尚能够清楚看到。這説明庫本是遵循胡氏《略例》的。而鄒氏之整理本，對以上三等文字的處理，只有第一等、第二等文字的行款處理與胡渭原書的體例吻合。其第三等文字的行款則與胡氏的原定體例大相徑庭。本來，第三等文字，不管是首行或轉行，應一律低二格，使讀者一望可知，此等文字的重

---

① 胡渭《禹貢錐指》，影印文淵閣《四庫全書》本，67冊，213頁。
② 胡渭《禹貢錐指》，影印文淵閣《四庫全書》本，67冊，213頁。

126

要性最低。而整理本對第三等文字的處理是段落開頭低二格，轉行則頂格。這樣以來，幾乎可以説是與第一等文字平起平坐了。換言之，本來是附庸，這樣一處理，就蔚爲大國了。我有一種擔心，第三等文字，雖然重要性最低，但文字數量却最多。在整理本的行款處理中，它們成了主體，對於没有細心閱讀胡氏《略例》的讀者來説，很難保證不產生誤解。但願我是杞人憂天。當然，整理古籍，原有的行款版式並不是不能改動。問題在於，第一，改動要盡量照顧到原有行款的合理性；第二，改動的情況，要在前言中予以説明。以此爲准的話，整理本在這方面顯然考慮未周。

二　引文一律不加引號，使讀者不明起迄

　　整理古籍，加引號是個難點。筆者忝列古籍整理工作者，也曾爲引號問題大傷腦筋。任繼愈在點校本"二十四史"及《清史稿》修訂工程第一次修纂工作會議上發言説："第五點就是標點。引號就容易出錯，起頭容易，到哪兒刹住？這個很容易弄不對。如果書裏再引書，更容易出錯，要重點注意。"①確是深味個中甘苦的至理名言。

　　胡渭《禹貢錐指》是考證之作，作者的旁徵博引，是該書的一大特色，也是該書的學術價值所在。遺憾的是，整理本《錐指》，整部書從頭到尾，對於所有的引文，一律是只在"曰""云""謂"等字樣後加個冒號，不加引號。引文到哪里爲止，實在是天曉得。問題的嚴重性在於，對於引文的這種處理方式是貫穿全書，不是個别現象。這給讀者帶來的不便之大，可想而知。有的引文，從整理本的標點來看，恐怕連整理者也没有弄明白其起迄，讀者就更不用説了。下面我們把這種情況分作五類，各舉一些例子。

　　（一）僅有一節引文而起迄難辨之例

　　（1）147頁4行（此爲整理本頁碼、行數。下同）：《通典》曰：揚州北

---

①　中華書局點校本"二十四史"及《清史稿》修訂工程辦公室編《點校本"二十四史"及〈清史稿〉修訂工程簡報》5期，2007年，13頁。

距淮，東南距海。舊曰南距海，今改爲東南。自晉以後，歷代史皆云五嶺之南至於海，並是揚州之地。

按：據《通典》卷一百八十一"禹貢曰淮海惟揚州"句注文，①知引文止於"今改爲東南"。故當標作：《通典》曰："揚州，北距淮，東南距海。舊曰'南距海'，今改爲'東南'。"自晉以後，歷代史皆云五嶺之南至於海，並是揚州之地。

(2) 263頁10行：金吉甫謂《漢志》以"瀘"爲"温"，字從省誤，非也。

按：如此標點，讀者難免不會産生疑問："非也"一句，是金吉甫的話，還是胡渭的話？據金履祥《資治通鑑前編》卷一，知"非也"是胡渭語。②故當標作：金吉甫謂"《漢志》以'瀘'爲'温'，字從省誤"，非也。

(3) 251頁5行：閻百詩云：馬、鄭、王本"波"並作"播"，伏生今文亦然。惟魏、晉間書始作"波"，與《漢書》同。余向謂其書多出《漢書》者，此又一證。然安國解猶作一水，非二水，以爲二水自顔師古始，宋林之奇本之，以《周官》《爾雅》爲口實。蔡氏又本之，下到今。余嘗反復參究，而覺一爲濟之溢流，一爲洛之枝流，兩不相蒙而忽合而言之，與大野、彭蠡同一書法，不亦參雜乎。

按：上述四行多文字，皆閻百詩語。但其中兩言"余"，頗能迷惑人。讀者初不辨這兩處"余"，是閻若璩自謂，還是胡渭自謂。如果加上引號，便無此弊。閻説見《尚書古文疏證》卷六下。③

(二) 引文當中還有一處引文的起迄難辨之例

(1) 13頁3行：《正義》曰：史傳皆云堯都平陽。《五子之歌》云："惟彼陶唐，有此冀方。"是冀州堯所都也。

按：這段文字雖然有一"曰"、一"云"，但並非獨立的兩節引文，而都是《正義》之文，《五子之歌》云云，是《正義》的引文。④故當標作：《正義》

---

① 杜佑撰、王文錦等點校《通典》，中華書局，1988年，4799頁。
② 金履祥《資治通鑑前編》，影印文淵閣《四庫全書》本，332册，28頁。
③ 閻若璩《尚書古文疏證》，影印文淵閣《四庫全書》本，66册，401頁。
④ 《尚書·禹貢》"冀州既載"句正義，見《十三經注疏》，中華書局，1980年，146頁。

曰:"史傳皆云堯都平陽。《五子之歌》云:'惟彼陶唐,有此冀方。'是冀州堯所都也。"

（2）129頁倒2行:劉昭補注云:山出名桐。伏滔《北征記》曰:今盤根往往而存。

按:這也不是兩節獨立的引文,而是劉昭補注的注文中引了《北征記》。① 故當標作:劉昭補注云:"山出名桐。伏滔《北征記》曰:'今盤根往往而存。'"

（三）一節引文當中還包括有三四處引文的起迄難辨之例

641頁10—16行:《日知錄》曰:幽、并、營三州,在《禹貢》九州之外,先儒謂以冀、青二州地廣而分之,殆非也。幽則今涿、易以北至塞外之地,并則今忻、代以北至塞外之地,營則今遼東大寧之地,其山川皆不載之《禹貢》,故靡得而詳。然而《益稷》之書,謂"弼成五服,至於五千",則冀方之北不應僅數百里而止。《遼史·地理志》言:幽州在渤、碣之間,并州北有代、朔,營州東暨遼海。《營衛志》言:冀州以南,歷洪水之變,夏後始制城郭。其人土著而居。并、營以北,勁風多寒,隨陽遷徙,歲無寧居,曠土萬里。或其說之有所本也。劉三吾《書傳》謂孔氏以遼東屬青州,隔越巨海,道里殊遠,非所謂因高山大川以爲限之意。蓋幽、并、營三州皆分冀州之地,今亦未有所考。

按:以上一大段都是顧炎武《日知錄》的話。② 整理本並沒有從標點上讓讀者分清楚《日知錄》曰這一大段的起迄。這是我們所作的切割。此姑無論。我們看這麼一大段《日知錄》的話,其中既有顧炎武本人的話,也有徵引他人的話。徵引他人的話,用書名加上"曰"或"謂"明白指出的有三處:《遼史·地理志》《遼史·營衛志》和劉三吾《書傳會選》（簡稱《書傳》）。這三處明白徵引的文字,整理者也沒有加引號,它們各自的起迄,

---

① 《後漢書》卷一百一《郡國志三》"下邳國嶧陽山"下劉注,中華書局,1965年,3462頁。

② 顧炎武著、黃汝成集釋、欒保群等點校《日知錄集釋》,上海古籍出版社,2006年,1234頁。

讀經識小錄

讀者也勢難明了。實際上，從現有標點來看，恐怕整理者也未必明了。譬如說，劉三吾《書傳》的"謂"，究竟止於何處？大費猜想，大費周章。我們也只是在核對了《書傳會選》之後，才知道這個"謂"，止于"蓋幽、并、營三州皆分冀州之地"①。但從整理本的標點來看，無論如何都是得不出這個結論的。下面是我對《日知錄》這段話的標點：

《日知錄》曰："幽、并、營三州，在《禹貢》九州之外，先儒謂以冀、青二州地廣而分之，殆非也。幽則今涿、易以北至塞外之地，并則今忻、代以北至塞外之地，營則今遼東大寧之地，其山川皆不載之《禹貢》，故靡得而詳。然而《益稷》之書，謂'弼成五服，至於五千'，則冀方之北，不應僅數百里而止。《遼史·地理志》言：'幽州在渤、碣之間，并州北有代、朔，營州東暨遼海。'《營衛志》言：'冀州以南，歷洪水之變，夏後始制城郭，其人土著而居。并、營以北，勁風多寒，隨陽遷徙，歲無寧居，曠土萬里。'或其說之有所本也。劉三吾《書傳》謂：'孔氏以遼東屬青州，隔越巨海，道里殊遠，非所謂"因高山大川以爲限"之意，蓋幽、并、營三州皆分冀州之地。'今亦未有所考。"

按："因高山大川以爲限"句前有"所謂"一詞，顯然這是一種暗引。經查，此語出自宋蔡沈《書經集傳》卷二"奠高山大川"句下引曾氏曰②，所以我們也加了引號。

（四）一人之引文，夾引夾注，起迄尤爲難辨之例

什麼是"夾引夾注"？就是作者在徵引一個人的話時，先引一句，然後加以注釋，接著再徵引第二句，然後對第二句再加以注釋。這種引文形式，比較少見，尤須整理者頭腦清醒，精心標點，使讀者讀之如晤古人。

295頁3—5行：酈元云：自西漢沂流而至晉壽，阻漾枝津南。枝津即郭璞所云"水從沔陽縣南流至漢壽"，《寰宇記》所謂"三泉故縣南，大寒水西流"者也。歷岡穴迤邐而接漢，岡穴，即郭璞所謂峒山，《括地志》所謂

---

① 劉三吾《書傳會選》卷一"肇十有二州"下注文，影印文淵閣《四庫全書》本，63冊，18頁。
② 蔡沈《書經集傳》，影印文淵閣《四庫全書》本，58冊，25頁。

130

龍門山大石穴者也。

按：這段文字，比較複雜。出現的問題，既有破句，也有失校。如果適當運用引號，方易理出頭緒。而整理本使用的引號，並沒有使用到正經地方，而是使用到了次要地方，這就更讓人感到撲朔迷離。這段文字是夾引夾注。所謂"夾引夾注"，是指以徵引《水經注》爲主，但並未連續徵引，而是徵引一句，注釋一句。下面，我們根據《水經注》卷三十六《青衣水》，把這段文字比較細膩地加以標點。爲了突出重點，特把《水經注》的文字使用粗體：

酈元云："自西漢泝流而至晋壽，阻漾枝津南"，枝津即郭璞所云"水從沔陽縣南流至漢壽"，《寰宇記》所謂"三泉故縣南，大寒水西流"者也。"歷岡穴，迤邐而接漢。"岡穴，即郭璞所謂岣山，《括地志》所謂龍門山大石穴者也。

標點到這一步，也只能做到區分出哪些話是酈道元的，哪些話不是而已。破句和失校的問題，仍然沒有解決。下面我們先説破句。

《禹貢錐指》卷九兩次徵引《水經注》的上引文字。此前的一段是這樣徵引的：

《水經注》云："西漢即潛水，自西漢遡流而届于晋壽界，阻漾枝津，南歷岡穴，迤邐而接漢，沿此入漾。"①

請注意"南"字的位置，這裏是屬下爲句的，而前引則是屬上爲句的。二者必有一誤。陳橋驛《水經注校證》的標點是屬下爲句的。② 我們也認爲，"南"字屬下是對的。這個破句，是閻若璩《禹貢錐指》已經如此，整理者不任其咎。

其次説整理本的失校。"阻漾枝津"，庫本《水經注》作"沮漾枝津"，其校勘記云："案：沮，近刻訛作阻。"陳橋驛《水經注校證》也作"沮、漾枝津"。我們也認爲作"沮"是。"沮、漾枝津"，謂沮、漾二水之支流也。

（五）看似明引某書，實係暗引他書，以至起迄難辨之例

這種情況，可以説，讀者鮮有不受其迷惑者。我們也是在受到迷惑以

---

① 胡渭著、鄒逸麟整理《禹貢錐指》，上海古籍出版社，1996年，293頁。
② 酈道元著、陳橋驛校證《水經注校證》，中華書局，2007年，823頁。

讀經識小錄

後,感到不對勁,重新核對原書,才明白過來。明白是明白了,遇到這樣的情況如何標點,還是個古籍整理界尚未解決的問題。我們只發現一例。

263頁11行:《山海經》曰:巴遂之山,繩水出焉。東南流徑氂牛道,至大莋與若水合,自下亦通謂之繩水。

按:這一段話,看似作者摘引《山海經》,實際上作者是在暗引《水經注》。因爲"《山海經》曰"以下五句話,都出自《水經注》卷三十六《若水》。①"《山海經》曰:巴遂之山,繩水出焉",是《水經注》的引文。

(六)整理者的誤標,不僅表明整理者也不明起迄,而且還可能誤導讀者之例

(1)211頁倒5行:《九歌》:望涔陽兮極浦,橫大江兮揚靈。王逸注云:涔陽,江碕名,附近郢,即此水之北也。

按:"王逸注云"的注文,一逗到底,很容易使讀者誤以爲"即此水之北也"也是王逸注文,實則不然。據《文選》卷三十二《湘君》李善注,當標作:《九歌》:"望涔陽兮極浦,橫大江兮揚靈。"王逸注云:"涔陽,江碕名,附近郢。"②即此水之北也。

(2)216頁3行:故杜元凱注"夢中"云:夢,澤名。江夏安陸縣東南有雲夢城,則夢在江北。

按:根據整理本的標點,一般讀者只能理解杜注到"澤名"爲止,或者把下面的話都當作杜注。實則不然。據《春秋左傳正義》宣公四年杜注③,當標作:故杜元凱注"夢中"云:"夢,澤名。江夏安陸縣東南有雲夢城。"則夢在江北。

(3)245頁7行:《括地志》云:故穀城在河南縣西北十八里苑中,西臨谷水。

按:"苑中"後之逗號,必須改作句號。當標作:《括地志》云:"故穀

---

① 酈道元著、陳橋驛校證《水經注校證》,中華書局,2007年,824頁。
② 蕭統編、李善注《文選》,上海古籍出版社,1986年,1516—1517頁。王逸之注另見王逸《楚辭章句》,影印文淵閣《四庫全書》本,1062册,18頁。
③ 《十三經注疏》,中華書局,1980年,1870頁。

城在河南縣西北十八里苑中。"西臨谷水。"西臨谷水"四字,非《括地志》文。此段《括地志》引文見《史記·周本紀》"後七歲秦莊襄王滅東周"《正義》引《括地志》。① 孫星衍輯本《括地志》卷六、賀次君《括地志輯校》卷三皆未收"西臨谷水"句。②

（4）367頁1行：邢昺疏云：李巡曰：高大曰崧。此則山高大者自名崧,本不指中嶽。今之中嶽名嵩高,或取此文以立名乎。無正文,故云蓋以疑之,是亦不以詩之崧高爲中嶽也。

按：由於沒有使用引號,似乎整理者自己也沒有搞清楚邢昺疏究竟止於何處。今按：邢疏見《爾雅·釋山》"山大而高崧"句疏。邢疏止於"故云蓋以疑之"。③ 規範的標點應是：邢昺疏云："李巡曰：'高大曰崧。'此則山高大者自名崧,本不指中嶽。今之中嶽名嵩高,或取此文以立名乎。無正文,故云蓋以疑之。"是亦不以詩之崧高爲中嶽也。最後一句"是亦不以詩之崧高爲中嶽也"是胡渭的話。

（5）598頁3行：故《通典》濟陰縣下云：菏澤在縣東北九十裏,故定陶城東北,今曹州東南三十里與定陶接界處是也。

按：整理者一逗到底,似乎引文止於"是也"。實則不然。據《通典》卷一七七,當標作：故《通典》濟陰縣下云："菏澤在縣東北九十里,故定陶城東北。"④今曹州東南三十里與定陶接界處是也。

（6）639頁倒3行：杜氏《通典》曰：顓帝置九州,帝嚳受之,州之爲州也尚矣。誠如許氏所言,豈羲、農之時,亦嘗有洪水乎？

按：據整理本標點,《通典》曰似乎止於"州之爲州也尚矣"。實則不然。《通典》曰止於"帝嚳受之"。據《通典》卷一百七十一,當標作：杜氏《通典》曰："顓帝置九州,帝嚳受之。"⑤州之爲州也尚矣,誠如許氏所言,豈羲、農之時亦嘗有洪水乎？

---

① 司馬遷《史記》,中華書局,1962年,170頁。
② 李泰等著、賀次君輯校《括地志輯校》,中華書局,1980年,167頁。
③ 《十三經注疏》,2617頁。
④ 杜佑撰、王文錦等點校《通典》,4667頁。
⑤ 杜佑撰、王文錦等點校《通典》,4455頁。

三　失　校　諸　例

（1）17頁2行：河自今塞外東受降城南而東，至山西大同府廢東勝州界，折而南，經平鹵衛……

按：平鹵衛，當作"平虜衛"。《明史》卷九十《兵志二》"山西行都司"下有平虜衛。① 又，《明史·地理三》"榆林衛"："北有大河，自寧夏衛東北流經此，西經舊豐州西，折而東，經三受降城南，折而南，經舊東勝衛，又東入山西平虜衛界，地可二千里。"可證。②

（2）115頁5行：渭案：《地理志》：桐柏大復山，在南陽平氏縣東南，淮水所出，東南至淮陵入海。"陵"當作"陰"，字之誤也。

按："陵"，中華書局校點本《漢書》校改作"浦"。其校勘記云："齊召南説'淮陵'當作'淮浦'，各本俱誤。王先謙説齊説是。"③今按：《水經注》卷三十《淮水》："又東至廣陵淮浦縣入於海。"亦作"淮浦"。④

（3）199頁7行：《元和志》云：漢改黔中爲武陵郡，移理義陵，即今辰州敘浦縣是。後魏移治臨沅，即今州是。

按："後魏"，《元和郡縣志》卷三十一作"後漢"，⑤證以司馬彪《續漢書·郡國志四》，作"後漢"是。今校點本《後漢書·郡國四》武陵郡的治所正是臨沅。⑥

（4）209頁1行：古無瀟水，酈道元云：瀟者，水清深也。《湘中記》曰湘川清，照五六丈下，見底石如摴蒲，是納瀟湘之名矣。

按：此條破句兼失校。"下"字當屬下。"摴蒲"下脱"矢"字。當標作：古無瀟水，酈道元云："瀟者，水清深也。《湘中記》曰：'湘川清照五六

---

① 張廷玉等《明史》卷九十《兵志二》，中華書局，1974年，2221頁。
② 張廷玉等《明史》卷四二《地理三》，1012頁。
③ 班固《漢書·地理志上》校勘記，中華書局，1962年，1606頁。王先謙云云，見王先謙《漢書補注·本志》卷八《地理志上（二）》，中華書局，1983年，706頁。
④ 酈道元著、陳橋驛校證《水經注校證》，714頁。
⑤ 李吉甫《元和郡縣志》，影印文淵閣《四庫全書》本，468册，497頁。
⑥ 范曄撰、李賢等注《後漢書》，中華書局，1965年，3484頁。

丈,下見底石如摴蒲.'是納瀟湘之名矣。"按:《水經注》卷三十八"摴蒲"下有"矢"字,是。① 摴蒲矢,即樗蒲遊戲所用之骰子。此處極言湘水之清,小如骰子,在水底也可看見。

(5) 216 頁 6 行:自唐太宗詔改此經爲"雲土夢作乂"。

按:整理本於此無校。按阮元《尚書注疏校勘記》曰:"按《筆談》所謂太宗,乃宋太宗,胡朏明《禹貢錐指》乃以爲唐太宗,殆誤矣。"②

(6) 261 頁倒 4 行:《山海經》黑水之間有若水,二也。

(7) 263 頁 6 行《山海經》曰:南海之内,黑水之間,有木名曰若木,若水出焉。

按:"黑水之間",不辭。當有脱漏。按《山海經》卷十八:"南海之内,黑水、青水之間,有木名曰若木,若水出焉。"③然則"黑水"下當有"青水"二字。袁珂《山海經校注》于"黑水之間"下按云:"《水經注·若水》引此經無'青水'二字。"檢視陳橋驛《水經注校證》,果如珂説,然則陳氏《校證》於此亦失校也。

(8) 289 頁倒 2 行:《正義》曰:"《地理志》云西傾山在隴西臨洮縣南。"

按:今校點本《漢書·地理志》:"隴西郡臨洮,《禹貢》西傾山在縣西,南部都尉治也。"④《尚書·禹貢》孔疏引作:"《地理志》云:西傾在隴西臨洮縣西南。"⑤以今本《地理志》爲准,孔疏和《錐指》可能皆因誤讀《地理志》,因而將"南"字屬上讀,而孔疏當删"南"字,整理本《錐指》則應補"西"字,删"南"字。

(9) 302 頁 12 行:及秦始皇斥逐匈奴,城河上爲塞,又使蒙恬度河,取高闕、陶山、北假中,築亭障以逐戎人是也。

---

① 酈道元著、陳橋驛校證《水經注校證》,896—897 頁。
② 《十三經注疏》,154 頁。
③ 袁珂校注《山海經校注》,上海古籍出版社,1980 年,447 頁。
④ 班固《漢書》,1610 頁。
⑤ 《十三經注疏》,150 頁。

按：陶山，中華書局校點本《史記·秦始皇本紀》校改作"陽山"。①

（10）387頁3行：《正義》曰：顧氏云：《地説》書合黎，山名。但此水出合黎，因山爲名也。

按："地説書"三字，各本同，《禹貢錐指》同。疑當作"地理書"。《隋志》史部地理類著録《地理書》一百四十九卷，注云："陸澄合《山海經》已來一百六十家，以爲此書。"②顧氏，謂《尚書疏》作者顧彪，亦見《隋志》。顧彪《尚書疏》是孔穎達《尚書正義》的六種藍本之一。陸澄是南朝齊人，顧彪是隋煬帝時的秘書學士，故顧得引陸書也。阮刻《尚書注疏》亦於此失校。

（11）465頁9行：宋李垂上《導河形勢書》，請自汲郡東推禹故道，出大伾、上陽三山之間，復西河故瀆。

按："出大伾、上陽三山之間"，各本同，《禹貢錐指》同。按《宋史·河渠一》真宗大中祥符五年："著作佐郎李垂《上導河形勝書》三篇並圖，其略曰：臣請自汲郡東推禹故道，挾御河，較其水勢，出大伾、上陽、太行三山之間，復西河故瀆。"③《續資治通鑑長編》卷七十七真宗大中祥符五年正月丁酉條所載與《宋史》同。④然則"上陽"下脱"太行"二字。蓋大伾一山，上陽一山，太行一山，故曰"三山之間"也。

（12）609頁4行：《元和志》蒲臺縣下云：海在縣東一百四十里，海畔有一沙阜，俗呼爲鬬口淀，是濟水入河之處。海潮與濟相觸，故名。

按："入河之處"，據《元和郡縣志》卷二十一，當作"入海之處"。⑤下文"海潮與濟相觸，故名"，亦可證。

（13）628頁6行：《傳》曰："漆、沮，二水名，亦曰洛水，出馮翊北。"

按：阮元《尚書注疏校勘記》："二，當作一。洛水一名漆沮，可證也。"⑥另，漆、沮之間的頓號當删去。

---

① 司馬遷《史記》，253頁。
② 魏徵等《隋書·經籍志二》，中華書局，1973年，983頁。
③ 脱脱等《宋史·河渠志一》，中華書局，1977年，2261頁。
④ 李燾《續資治通鑑長編》，中華書局，1995年，1752頁。
⑤ 李吉甫《元和郡縣志》，影印文淵閣《四庫全書》本，468册，389頁。
⑥ 《十三經注疏》，155頁。

(14) 641 頁 1 行：金氏《通鑑前編》曰：九州之來舊矣，……是以殷之制，分並爲幽。

按："分並爲幽"，宋金履祥《資治通鑑前編》卷一作"合併爲幽"①，是。此處失校。實際上，細讀此處上下文，亦不難得出"分"當作"合"之結論。有意者可覆按，此不贅。

四　破句諸例

(1) 89 頁 2 行："海、岱惟青州"，《傳》曰：東北據海，西南距岱。

按："東"後、"西"後，均應加頓號。這裏説的是東南西北四個方向，而不是"東北"和"西南"兩個方向。下文云："齊僻陋，隱居東海之上，是東據海也，而《傳》兼言北。"②又云："岱主南，言與徐分界也，而《傳》兼言西。"可證。③

(2) 89 頁 9 行：岱主南，言與徐分界也，而傳兼言西，則岱不足以表其界。

按：上"言"字，當屬上爲句。《禹貢錐指》卷六："渭按：海岸雖自東北迤西南，而經云'東漸於海'，則青、徐、揚之海皆主東言，可知也。"可證。④

(3) 89 頁倒 4 行：故王莽改漢齊郡曰濟南，而《經》不言濟者，蒙兗、濟、河之文，從可知也。

按："兗"後之頓號當删。所謂"蒙兗濟、河之文"，蓋謂蒙上文"濟、河惟兗州"也。

(4) 115 頁 8 行：愚謂此蒙兗、濟、河之文。

按：破句同上。當標作：愚謂此蒙兗"濟、河"之文。

---

① 金履祥《資治通鑑前編》，影印文淵閣《四庫全書》本，332 册，33 頁。
② 胡渭著、鄒逸麟整理《禹貢錐指》，89 頁。
③ 胡渭著、鄒逸麟整理《禹貢錐指》，89 頁。
④ 胡渭著、鄒逸麟整理《禹貢錐指》，147 頁。

(5) 164 之倒 3 行：富順熊過云：黄帝正名,百物未嘗假借,後世乃通之耳。

按："百物"二字當屬上。"黄帝正名百物",是引文中的引文,出自《禮記·祭法》："黄帝正名百物。"孔疏："黄帝正名百物者,上雖有百物,而未有名,黄帝爲物作名,正名其體也。"①當標作：富順熊過云："'黄帝正名百物',未嘗假借,後世乃通之耳。"

(6) 242 頁 6 行：豫西自閺鄉以南爲盧氏、郟縣及郟西之東境,故郟縣地與雍、梁接界。

按："故郟縣地"四字,是上文"郟西之東境"的説明語,當屬上爲句。

(7) 262 頁 2 行：孔疏云：《周禮·職方氏》華山在豫州界内。此梁州境,東據華山之南,不得其山。故言陽山之西,則雍州境也。

按："故言陽"三字,當屬上爲句。當標作：孔疏云："《周禮·職方氏》華山在豫州界内。此梁州境,東據華山之南,不得其山,故言陽。山之西,則雍州境也。"②"故言陽"者,釋經"華陽"之"陽"字也。

(8) 265 頁 4 行：《元和志》：凡言笮者,夷人於大江水上置藤橋,謂之笮。其大笮、定笮皆是。近水置笮橋處。

按：破句。"皆是"二字當屬下,其上當逗。即標作：凡言笮者,夷人于大江、水上置藤橋,謂之笮。其大笮、定笮,皆是近水置笮橋處。

(9) 272 頁 6 行：《廣韻》無"硐"字,不知其音。今案《後漢書》：冉駹夷皆依山居,止累石爲室,高者至十餘丈,爲邛籠。

按："止"字當屬上。"居止"是同義複詞。今中華書局校點本《後漢書·西南夷列傳》標點不誤。③

(10) 274 頁 11 行：近世謂之大皂江者,則岷江之正流也。而班氏以爲首受江,故鄭康成云：沱之類鄢與郫俱爲沱,而流江於是乎爲大江矣。

———

① 《十三經注疏》,1590 頁。
② 《十三經注疏》,150 頁。
③ 范曄撰、李賢等注《後漢書》,2858 頁。

按："沱之類",孔疏《尚書·禹貢》"沱、潛既道"句所徵引之鄭注語也。① 又"而流江"三字亦當屬上。當標作：近世謂之大皂江者,則岷江之正流也。而班氏以爲首受江,故鄭康成云"沱之類"。鄩與郫俱爲沱而流江,於是乎爲大江矣。

（11）344頁2行："壺口、雷首,至於太岳",《傳》曰："三山在冀州太岳上黨西。"

按：《傳》曰云云破句。當標作："三山在冀州。太岳,上黨西。"下文孔疏云："《地理志》云：壺口在河東北屈縣東南,雷首在河東蒲阪縣南,太岳在河東彘縣東,是三山在冀州。乙太岳東近上黨,故云在上黨西也。"可證。

（12）450頁2行：嘉佑八年,大水,馮襄中潬之城遂廢。

按："馮襄"二字當屬上。"馮",音píng。"大水馮襄",謂洪水勢大,漫過了山陵。語出《尚書·堯典》："湯湯洪水方割,蕩蕩懷山襄陵。"② 後人活用,亦有用"馮襄"者。宋洪邁《容齋續筆》卷十二《古迹不可考》："嘉佑八年秋,大水馮襄,了無遺迹,中潬自此遂廢。"③

（13）618頁倒4行：洪澤湖在縣南六十里。洪澤鎮西長八十里,接盱眙縣界。《新志》謂之富陵湖。

按："洪澤鎮西長八十里"這樣的句子,令讀者無法理解。實則"洪澤鎮西"四字當屬上,"六十里"後的句號也應改作逗號。據《大清一統志》卷六十四"淮安府"：當標作：洪澤湖在縣南六十里洪澤鎮西,長八十里,接盱眙縣,《新志》謂之富陵湖。

五　把訓詁句標點作叙述句之例

這裏所説的訓詁句,是根據其意義來叫的。從語法上分析,訓詁句近

---

① 《十三經注疏》,149頁。
② 《十三經注疏》,122頁。
③ 洪邁《容齋隨筆》,上海古籍出版社,1978年,366頁。

似判斷句。

（1）81頁3行："浮於濟、漯，達於河"，《傳》曰：濟、漯兩水名。

按：下"漯"下當置逗號，這是個訓詁句。被注釋詞是"濟、漯"，注釋詞是"兩水名"。不應標作叙述句。孔疏云"是濟、漯爲二水名也"[1]，亦可證。

（2）241頁倒3行：豫北濱冀之南河，其西與華陰接。

按："豫"下當逗。此訓詁句也。當標作：豫，北濱冀之南河，其西與華陰接。如果讀者"豫北"二字連讀，則不得其解。

（3）253頁3行：定陶今屬山東兖州府之曹州，其故城在今縣西北四里。睢陽今爲商丘縣河南歸德府治，其故城在今治南二里。

按："定陶"和"睢陽"之後，應分別置逗號。這是訓詁句。是進一步解釋上文的"《地理志》云：菏澤在濟陰定陶縣東，孟豬在梁國睢陽縣東北"的。

（4）265頁2行：營故寧番衛，在建昌衛東北。

按：這是個訓詁句，是解釋上文的"冕山營"的。所以，"營"後當逗。如果"營故"連讀，則不得其解。

（5）270頁8行：梁北自洛南、商州、鎮安……

按：這是個訓詁句，"梁"後當逗。本句的意思是，梁州，北邊是洛南、商州……，而不是説"梁北"如何。

（6）271頁6行：梁東自洛南、商南以南，爲鄖西之西境，故上津縣地。

按：這是個訓詁句，"梁"後當逗。本句的意思是解釋梁州的東境的，而不是解釋"梁東"的。

（原載彭林主編《中國經學》第4輯，廣西師範大學出版社，2009年）

---

[1]　《十三經注疏》，147頁。

《毛詩》識小

四種整理本《毛詩注疏》平議

導　言

　　案頭擺著四套整理本《毛詩注疏》，按照它們問世的先後，依次是：一、北京大學出版社 1999 年簡化字版《毛詩正義》（簡稱"北大本"），一套三册，李學勤主編，龔抗雲、李傳書、胡漸逵、肖永明、夏先培整理；二、臺灣新文豐出版公司 2001 年版《毛詩正義》（簡稱"臺灣本"），一套三册，臺灣國立編譯館主編，周何整理；三、北京大學出版社 2010 年版《毛詩注疏》（簡稱"《儒藏》本"），一套兩册，北京大學《儒藏》編纂與研究中心主編，鄭傑文、孔德凌校點；四、上海古籍出版社 2013 年版《毛詩注疏》（簡稱"上古本"），一套三册，張豈之主編，朱傑人、李慧玲整理。四種版本，或稱《毛詩正義》，或稱《毛詩注疏》，叫法不同，實質一樣。依筆者管見，叫《毛詩注疏》比較符合實際，所以本文的標題就使用了《毛詩注疏》一詞。

短短十一年間，海峽兩岸學者對同一種儒家典籍給予如此的關注，令筆者不由地從心底泛起一陣喜悦。四種《毛詩注疏》整理本的校點者、主編、出版社，都爲各自整理出版的《毛詩注疏》精心策劃，投入了大量的時間和精力，作爲一個讀者，我是應該向他們表示衷心感謝的。《孟子·滕文公上》："物之不齊，物之情也。"是以有此平議之作。平議者，平心而議也。説長道短，勢所不免，而實事求是，言必有據，不可須臾有失，是所謂"平心"也。幸讀者明察。

平議之大綱有八：一，四種整理本《毛詩注疏》采用底本平議；二，四種整理本《毛詩注疏》采用通校本平議；三、四種整理本《毛詩注疏》采用阮元校勘記平議；四，四種整理本《毛詩注疏》吸收前人校勘成果平議；五，四種整理本《毛詩注疏》失校、誤校平議；六，四種整理本《毛詩注疏》標點破句平議；七，四種整理本《毛詩注疏》引文標點平議；八，北京大學出版社繁體字本平議。

平議不當之處，歡迎批評。

一　四種整理本《毛詩注疏》采用底本平議

衆所周知，整理古籍，底本的選擇是第一要事。底本選擇的得當與否，關係着整理的成敗。北大本《凡例》："本書以1979年中華書局影印清嘉慶二十一年阮元校刻《十三經注疏》（簡稱"阮刻"）爲底本。"按：這個表述不確。中華書局《影印説明》："原世界書局將阮刻本縮印爲兩巨册，使用較方便，我們現據以影印。"可知北大本所據之影印本底本並非嘉慶二十一年阮元校刻之本，而是民國時期世界書局的阮刻縮印本。臺灣本《凡例》："以清江西南昌府學阮元重刊宋本《十三經注疏》附校勘記爲底本。"《儒藏》本，據其《校點説明》，是以藝文印書館2007年影印的道光六年勘定的阮刻宋版《毛詩注疏》爲底本。簡言之，以上三家，都是以阮刻《毛詩注疏》（附校勘記）的影印本爲底本。

四種整理本《毛詩注疏》平議

上古本則大異其趣,其《校點前言》説:"校勘《毛詩注疏》,最好的底本非八行本莫屬。但遺憾的是,天喪斯文,其他的五種八行本經書均今日有存,唯獨八行本《毛詩注疏》不存。在這種情況下,本次校勘整理,只好退而求其次,以足利本爲底本。所謂足利本,即日本足利學校所藏的南宋劉叔剛一經堂刊刻的《毛詩注疏》。此本半葉十行,是真正的宋刊十行本。嚴紹璗《漢籍在日本的流布研究》一書介紹説:'足利學校藏本中,尚有宋建安劉叔剛刊十行初印本《附釋音毛詩注疏》二十卷三十册。原來自南宋初年注、疏合刊後,坊間更把唐陸德明所撰之《經典釋文》,據經文、注、疏而加以分合,是爲"附釋音本"。足利學校所藏此宋刊本,即爲此種《附釋音毛詩注疏》的祖本。清人阮元據以校《十三經注疏》的明正德十行本,是元人覆刻本的明修補本,非爲原本。'①簡言之,上古本是以足利本影印本爲底本,而足利本是真正的宋本。

據我所知,上古本的校點者朱傑人、李慧玲對底本的選擇是下了很大的調查研究工夫的。其具體表現是:第一,朱傑人指導李慧玲完成了《阮元〈毛詩注疏〉(附校勘記)研究》的博士論文(華東師範大學 2008 年);第二,李慧玲發表了《阮刻〈毛詩注疏〉底本諸説之辨正》一文(《中華文史論叢》2008 年第 1 期)。這兩篇文章,對阮刻《毛詩注疏》作了全面、深入的研究,發前人之所未發者甚多,所以他們在底本的選擇上顯得從容淡定,遊刃有餘。譬如説,學界普遍認爲阮刻是善本的問題,②李慧玲論文即表示難以苟同。試想,在底本的選擇上,阮刻以所謂的"宋本"十行本爲底本,錯了;在通校本的選擇上,阮刻以近親繁殖的閩本、明監本、毛本爲通校本,又錯了。底本選錯了,通校本也選錯了,一錯再錯,都是致命性的錯誤,而阮刻由此而成,何善本之有!實際上,以 1989 年問世的《中國古籍善本書目·經部》爲標識,可以認爲版本學界已經正式宣告阮刻不是善本。何以見得呢?理由很簡單,我們從《中國古籍善本書目·經部》中找不到阮刻的書名。雖説《中國古籍善本書目》中有不少阮刻的書名,但是,

---

① 嚴紹璗《漢籍在日本的流布研究》,江蘇古籍出版社,1992 年,261—262 頁。
② 李學勤先生即持此看法,見北大本《序》。

143

根據《中國古籍善本書目·編例》可知,那是因爲阮刻上面有名家批校題跋的緣故。而沒有名家批校題跋的阮刻,在《中國古籍善本書目》裏一種也沒有。《中國古籍善本書目·經部》第九頁將阮元用作底本的十行本定爲"元刻明修本",可以説是還其本來面目。

那麽,足利本有何佳處呢？上古本《校點前言》説："筆者持此足利本與阮元作爲底本的元刻明修十行本作詳細比較,確認二本雖屬同一版本系統,但不僅有早晚之别,更有優劣之分。這主要表現在：一、元刻明修十行本文字多有剜添而足利本文字完整(沒有剜添)。二、從文字上來説,足利本是而元刻明修十行本誤者不一而足。三、足利本避宋諱字皆闕末筆,而元刻明修十行本不避。四、足利本天頭間有校勘記。"以上四點,限於篇幅,無法一一予以證明。這裏僅選取其第二點予以坐實。姑以足利本卷一之一爲例：

足利本是,而十行本誤者。例如：

（1）35頁5行(此係足利本頁碼行數。下同)孔疏：不以不次爲無箄也　十行本下"不"字作"數",阮校云："閩本、明監本、毛本'數'作'不'。案,'不'字是也。"(275頁上。按：此指中華書局1980年影印阮刻《十三經注疏》頁碼欄别。下同)此處足利本不誤。

（2）35頁9行孔疏：典籍出於人間各專門命氏　十行本作"典籍出於人滅各專間命氏",阮校云："毛本'人滅'作'人間'、'專間'作'專門'。案,所改是也。"(275頁上)此處足利本不誤。

（3）66頁9行孔疏：憂在進賢　十行本作"愛在進賢"。阮校云："毛本'愛'作'憂'。案,'憂'字是也。"(275頁下)此處足利本不誤。

以上三例意味着什麽呢？它意味着采用足利本爲底本,這三條校勘記就可以不出了。請讀者注意,《毛詩注疏》凡二十大卷,每一大卷又分爲若干小卷,共有七十小卷。此處的卷一之一,就是全書的七十分之一。即以一小卷有三條這樣的情況來計算,合起來也是一個不小的數字。舉一反三,足利本的整體優越性顯而易見。因此,我們有理由相信,上古本整理者朱傑人、李慧玲以足利本爲底本是現有條件下的最佳選擇,從而邁出了整理成功的第一步。

二　四種整理本《毛詩注疏》采用通校本平議

　　北大本、臺灣本、《儒藏》本没有專門説明它們采用何本爲通校本的文字，但這不影響我們知道它們實際上是采用的什麽版本作爲通校本。因爲它們都是以附有校勘記的阮刻影印本爲底本，不言而喻，他們采用的通校本與阮刻也是相同的。阮刻采用的主要通校本有三，即閩本、明監本和毛本。衆所周知，這三個版本都屬於一個版本系統，依次衍生。即十行本衍生出閩本，閩本衍生出明監本，明監本衍生出毛本。由於是一脈相傳，近親繁殖，校勘價值不大。

　　上古本則另闢蹊徑，采用單疏本《毛詩正義》作爲主要的通校本。上古本《校點前言》："我們此次校勘，雖然也使用了阮刻曾經使用的閩本、明監本、毛本作爲通校本，使用了阮本作爲通校本，但最爲借重的還是單疏本《毛詩正義》。所謂'單疏本'，就是只有疏文（也叫'正義'），没有經文和注文的本子。可以這樣説，如果没有單疏本《毛詩正義》，此次整理校勘工作將會遇到許多糾結的問題而無法妥善解决，我們的校勘成績也將會大打折扣。現在有單疏本在側，每當校勘上處於山窮水盡之窘境時，單疏本總能點化出柳暗花明的效果來。倘若顧千里（阮刻《毛詩注疏》的初校者）、段玉裁（阮刻《毛詩注疏》的覆校者）復起，看到此本，也定會發出同樣感慨。"筆者深有同感。

　　關於此單疏本的來歷，最早應追溯到唐初孔穎達奉敕撰定的《毛詩正義》四十卷。北宋太宗時，命儒臣詳校，歷經數年，於淳化三年（992）雕版行世。但我們今天看到的單疏本《毛詩正義》，並非北宋淳化原刻，而是靖康事變以後，紹興九年（1139）紹興府覆刻的南宋版。此紹興九年覆刻本中土失傳，流落東瀛日本。據相關文獻記載及書中鈐印，知此本原藏日本金澤文庫，後輾轉藏於山口縣國清寺，明治時期歸竹添井井所有。大正十三年（1924）歸於内藤湖南。1936年，由日本東方文化學院影印出版。阮元作《毛詩注疏校勘記》時，從日人山井鼎《七經孟子考文》中但聞其名，未見其書。這是阮元整理《毛詩注疏》中的一大缺憾。

民國時期，藏書家劉承幹得到單疏本《毛詩正義》的影寫本，旋刻入《嘉業堂叢書》中，並作《單疏本毛詩正義校勘記》三卷。《續修四庫全書總目提要》介紹此書云：

> 承幹得《毛詩》單疏於日本東京竹添井井居士家，一時嘆爲珍秘，因從之影寫，以付剞劂。原書都凡四十卷，首七卷原缺。今所存者，自卷第八《鄭譜》變風起，凡三十有三卷。按阮氏作《校勘記》時，此本猶未傳中土，故當時只據山井鼎《考文》所引。第以輾轉引據，舛誤觸目。是編根據原本，詳爲校訂。凡其間遺文異字，皆一一與阮本互校，定其從違。約而計之，其訛脱異同，已不下數百字，足補阮氏《校勘記》之缺失。①

實際上，單疏本《毛詩正義》的校勘價值遠不止此。李慧玲在其博士論文中有更加詳細的論證："劉承幹持單疏本《毛詩正義》與阮本進行比勘，成《毛詩單疏校勘記》三卷。從劉氏校勘記中，可見單疏本對十行本具有重要的校勘價值。據初步統計，劉承幹《毛詩單疏校勘記》共計1 730條，其中：單疏本與阮本相同者158條，占《毛詩單疏校勘記》總數9%稍強。這些條目，一般指二本同誤。二本相異者1 572條，占《毛詩單疏校勘記》總數90%強。這1 572條校勘記包含的内容比較複雜，大致可以分爲以下三種：

1. 單疏本是，十行本誤，而阮本已自知其誤並録入阮本《毛詩注疏校勘記》者。此類共830條，占總數1 572條的52%強。

2. 單疏本是，十行本誤，而阮校未察覺而失校者。共633條，占總數1 572條的40%強。

3. 劉承幹《毛詩單疏校勘記》中僅僅指出單疏本與阮本的異同，而没有作出正誤判斷者，共109條，不到總數1 572條的7%。

---

① 中國科學院圖書館整理《續修四庫全書總目提要·經部》，中華書局，1993年，429頁。

如上所述，單疏本《毛詩正義》具有非常重要的校勘價值，是通校本的首選。但遺憾的是，傳世之單疏本《毛詩正義》並非完帙，缺少前七卷。有沒有補救之法？上古本的校點者以負責的精神，殫思竭慮，設計出了可行之法。他們看到北京圖書館編《中國版刻圖錄》著錄魏了翁《儀禮要義》云："魏了翁嘗據《周易》《尚書》《毛詩》《周禮》《儀禮》《禮記》《春秋》《論語》《孟子》注疏，摘爲《九經要義》，其子克愚淳祐十二年知徽州時爲刻於郡齋。《儀禮要義》五十卷，分卷與單疏本合。今傳《儀禮》單疏（按：即單疏本《儀禮正義》）有缺卷，可據此書補正。"①由此受到啟發：既然"今傳《儀禮》單疏有缺卷"，可據《儀禮要義》補正，同樣道理，今傳《毛詩》單疏有缺卷，何嘗不能據魏了翁《毛詩要義》補正呢！經過抽樣調查，證明這個思路是可行的。因爲魏氏《毛詩要義》與單疏本《毛詩正義》同源，也是善本。用《毛詩要義》的有關部分去補單疏本《毛詩正義》的前七卷，雖然未能百分之百地補成完璧，但較之原先的闕失，已經大爲改觀了。這番用心良苦的設計，在李慧玲的博士論文中和上古本《校點前言》中，都有述及，可資參考。

三　四種整理本《毛詩注疏》采用阮元校勘記平議

北大本、臺灣本、《儒藏》本都是采用阮刻《毛詩注疏》（附校勘記）的影印本爲底本，它們在底本上的失誤已如上述，它們在采用阮元《毛詩注疏校勘記》上的失誤似乎還不被人知。問題的關鍵在於，阮元的《毛詩注疏校勘記》有兩種版本，不僅差別很大，而且有阮元認可不認可之分。遺憾的是，北大本、臺灣本、《儒藏》本采用的《毛詩注疏校勘記》，不僅是質量差的那一種，而且是不被阮元認可的那一種。

李慧玲撰有《阮元〈毛詩注疏校勘記〉的兩個版本辨析》一文，發表於

---

① 北京圖書館編《中國版刻圖錄》，文物出版社，1960年，28頁。

《華東師範大學學報》(哲社版)2009年第1期,今撮引其要義如下。

阮元《毛詩注疏校勘記》的第一個版本是文選樓本,①刻成於嘉慶十三年(1808)。文選樓本又衍生出道光九年(1829)的《清經解》本。文選樓本與《清經解》本,大同小異,屬於同一個版本系統,我們稱之爲"文選樓本系統"。文選樓本,今有《續修四庫全書》本(80冊,481頁上—623頁上;18冊,1頁上—97頁下),容易看到。

阮元《毛詩注疏校勘記》的第二個版本是南昌府學本,②刻成於嘉慶二十一年(1816)。由南昌府學本衍生的後裔較多,解放前比較流行的是世界書局縮印本。1980年中華書局又據世界書局本影印,成爲目前最流行的的一個版本。北大本、臺灣本、《儒藏》本采用的《毛詩注疏校勘記》,都屬於南昌府學本,我們稱之爲"南昌府學本系統"。

我們知道,阮本之所以爲學者看重,就是因爲它有《校勘記》。換言之,阮本的學術價值主要就體現在它的《校勘記》上。如果我們把兩個版本的《校勘記》加以比較,就會發現二者的不同,既多且大:第一,文選樓本書前有一個《宋本〈十三經注疏〉並〈經典釋文〉校勘記凡例》,而南昌府學本沒有。第二,文選樓本的作者署名只有阮元一人,而南昌府學本的署名則是"阮元撰,盧宣旬摘錄"。第三,文選樓本的《校勘記》是由初校和覆校兩校構成,覆校的標誌是覆校前有個"○";而南昌府學本的《校勘記》則是由初校、覆校和補校三校構成,補校的標誌是補校前有個"〔補〕"。第四,兩種不同版本的《毛詩注疏校勘記》在內容上有很大的差異。就整體來說,南昌府學本共有校勘記3 665條,而自己單獨具有的校勘記只有299條,其餘各條均與文選樓本相同;而文選樓本則共有校勘記達5 641條之多,比南昌府學本多出1 976條;文選樓本屬於自己獨有的

---

① 文選樓,阮元藏書樓名,在阮元揚州舊宅中。嘉慶十年(1805)建成。阮宅所在之巷,原爲隋代曹憲、唐代李善研究《文選》舊址,故名。詳阮元《揅經室集》四集卷二《揚州隋文選樓銘》,《續修四庫全書》,上海古籍出版社,2002年,1479冊,277—278頁。
② 嘉慶二十年,阮元移任江西巡撫,因有南昌府學重刻宋本《十三經注疏》附校勘記之舉。詳見《十三經注疏》附校勘記書前之阮元《重刻宋本注疏總目錄》、胡稷《重刊宋板十三經注疏後記》,中華書局,1980年,1—3頁。

校勘記有2 275條,這和南昌府學本的299條相比,相差又何止倍蓰?説到這裏,采用哪個版本的《校勘記》有利於保證校勘質量,不言而喻。

再説,兩個不同的《毛詩注疏校勘記》版本,阮元認可的是哪個版本呢?我們認爲,阮元認可的是文選樓本系統的《毛詩注疏校勘記》。論其始,是文選樓本。但因爲中間插入了南昌府學本,爲了表示對南昌府學本的不認可,於是又有《清經解》本之作。從這個意義上來説,我們也可以説阮元認可的是《清經解》本《校勘記》。對於人們習見慣用的南昌府學本的《毛詩注疏校勘記》,阮元既不滿意,也不認可。阮元的不滿意、不認可,主要是通過編纂《清經解》這一具體行動來表現的,他本人並沒有直接向社會訴説他的不滿。他的不滿,不認可,是通過他的兒子阮福和弟子嚴傑之口傳達給公衆的。

阮元《揅經室集三集》卷二有《江西校刻宋本十三經注疏書後》一文,其子阮福附有案語云:

> 福謹案:此書尚未刻校完竣,家大人即奉命移撫河南,校書之人不能如家大人在江西時細心,其中錯字甚多,有監本、毛本不錯而今反錯者,要在善讀書人參觀而得益矣。《校勘記》去取亦不盡善,故家大人頗不以此刻本爲善也。①

又,阮元主編的《清經解》中的《周易校勘記》末尾,有這樣一段話:

> 近年南昌重刻十行本,每卷後附以校勘記,董其事者,不能辨别古書之真贋,時引毛本以訂十行本之訛字,不知所據者乃續修之册。更可詫異,將宮保師校勘記原文顛倒其是非,加"補校"等字。因編《經解》,附正於此,俾後之讀是記者,知南昌本之悠謬有如是夫。錢塘弟子嚴傑謹識於廣州督糧道署,時道光六年八月朔日。②

下面我們舉兩個例子來説明采用南昌府學本《校勘記》帶來的負面影響。

(1) 269頁中欄倒11行(此爲中華書局影印阮刻本頁碼,雙行小字爲

---

① 阮元《揅經室集》三集卷二,205頁。
② 阮元《周易校勘記》,阮元編《清經解》,上海書店,1988年,第五册,283頁。

一行）：《釋文》：案，鄭《六藝論》文，注《詩》宗毛爲主……

呂按："文"，足利本、閩本、毛本、殿本均作"云"，是。此所謂"有監本、毛本不錯而今反錯者"。北大本第4頁，臺灣本第33頁，《儒藏》本第3頁均作"文"，失校。上古本不誤，見4頁。

（2）362頁下欄14行（此爲上海書店影印本《清經解》第五册頁碼）：孔疏：然上無二王　閩本、明監本、毛本"土"誤"上"。

呂按：這條校勘記，南昌府學本沒有。此所謂"去取亦不盡善"者。北大本第101頁、《儒藏》本第98頁均作"上無二王"，失校。臺灣本181頁將"上"字徑改作"土"，又不出校勘記，不足爲訓。上古本不誤，見137頁。

管中窺豹，可見一斑。

上古本則在其《校點前言》的采用前賢校勘成果部分明確寫有"清阮元《十三經注疏本校勘記》《毛詩注疏校勘記》，《清經解》本；清阮元之《毛詩注疏校勘記》，中華書局影印阮刻《十三經注疏》本"，顯得處理得當。

四　四種整理本《毛詩注疏》吸收前人校勘成果平議

從漢武帝獨尊儒術罷黜百家開始，直到清末，經學一直是顯學。從嘉慶二十一年（1816）阮刻《毛詩注疏》問世開始，到光緒三十二年1905年廢除科舉考試爲止，其間尚有近九十年。在這九十年中，阮刻獨領風騷。而樹大招風，圍繞阮元《毛詩注疏校勘記》的批評之作也有一定數量。令人不解的是，北大本、臺灣本、《儒藏》本對前人的校勘成果近乎視而不見。據北大本《凡例》，吸收前人的校勘成果只有一種，即孫詒讓《十三經注疏校記》，無乃太少。而臺灣本只是蕭規曹隨，沒有吸收任何一種前人校勘成果。《儒藏》本，據其《校點說明》，吸收前人的校勘成果也只有孫詒讓《十三經注疏校記》和陳奐《詩毛氏傳疏》兩種。

在吸收前人校勘成果方面，上古本做得較好。據其《校點前言》，吸收的前人校勘成果，僅列出書名者就有二十二種。計有：一、阮元《毛詩注疏校勘記》，《清經解》本；二、阮元《毛詩注疏校勘記》，中華書局影印阮刻《十三經注疏》本；三、浦鏜《十三經注疏正字》；四、孫詒讓《十三經注疏校記》；五、〔日〕山井鼎、物觀《七經孟子考文補遺》；六、馬瑞辰《毛詩傳箋通釋》；七、陳奐《詩毛氏傳疏》；八、胡承珙《毛詩後箋》；九、茆泮林《毛詩注疏校勘記校字補》；一〇、汪文臺《十三經注疏校勘記識語》；一一、戴震《毛鄭詩考正》；一二、段玉裁《毛詩詁訓傳定本》；一三、彭元瑞《十三經考文提要》；一四、王引之《經義述聞》；一五、于鬯《香草校書》；一六、劉承幹《毛詩單疏校勘記》；一七、羅振玉《敦煌古寫本毛詩校記》；一八、黃侃《黃侃手批白文十三經》；一九、于省吾《澤螺居詩經新證》；二〇、潘重規《敦煌詩經卷子研究論文集》；二一、程俊英《詩經譯注》；二二、張涌泉主編《敦煌經部文獻合集》。此外，在《經典釋文》的校勘上，上古本不僅使用的是《釋文》最佳版本——宋刻宋元遞修本，而且吸收了今人黃焯《〈經典釋文〉彙校》的校勘成果。

毫無疑問，吸收前人校勘成果之充分與否，將直接影響校勘質量。上古本吸收前人之校勘成果之多，筆者十分佩服。但仔細考查起來，覺得上古本尚有遺珠之恨。先以王引之《經義述聞》爲例。《經義述聞》三十二卷，其中有關《毛詩》者三卷，凡 150 條。而檢視上古本《校勘記》，采用《述聞》者僅有 3 條，無乃太少。再以張涌泉主編《敦煌經部文獻合集》爲例。由於此書是集大成之作，執此一書在手，就用不着再東覓西找。筆者於此深服整理者之有識。但仔細考查起來，找不到使用此書的實例，深感惘然。須知《敦煌經部文獻合集》是個富礦，其中可開采者甚夥。

古人有云："校書如掃落葉，旋掃旋生。"筆者近得喬秀巖先生惠贈南宋刊單疏本《毛詩正義》一册（人民文學出版社 2012 年出版），喜不自勝，摩挲把玩，發現該書的叙錄部分亦頗有可資吸收者，姑舉一例如下：

影印本長澤規矩也跋

古鈔本《毛詩》殘卷跋

古鈔本《神樂歌》一卷，武藏樂人安倍氏所藏。佐佐木博士借覽，見示其照片。紙背書《毛詩·韓奕》末二章、《江漢》完篇。以校閩本、毛本，疏文闕略訛奪頗多，但《韓奕》第五章孔疏"蹶父至燕譽"下有"此言韓侯"云云一百九十八字，蓋佚文也。以校十行本、嘉業堂單疏本，益信其爲佚文。予數觀古鈔本，而其佚文多若是者，未曾見也。我邦所傳古本，存彼土所佚者甚多，此其一也，可以爲藝林鴻寶矣。書而謝博士，且以爲跋。長澤規矩也識。①

呂按：長澤規矩也跋語是也。筆者據此書後之影印件，將此佚文198字抄錄如下，並施以標點，以與同道共享。

"蹶父"至"燕譽"。此言韓侯得妻之由。言蹶父之爲人也甚武健，本爲使於天下，無一國而不到。言爲王躬使，遍於天下。於使之時，即有嫁女之志，爲此韓侯之夫人姞氏者，視其可居之處，無有如韓國之最樂者。甚樂美此韓國之土地，川水藪澤甚訏訏然而寬大。其水則有魴鱮之魚甫甫然肥大，藪澤則有麀鹿之獸噳噳然而衆多，其山藪又有熊有羆，有貓有虎。言其庶物皆甚饒，是最樂也。蹶父見如此，於是善之，既善其國，即令其女居之。韓姞嫁之於韓也，韓侯之夫人姞氏則心樂而安處之，以盡其婦道於韓而有榮顯之譽也。

五　四種整理本《毛詩注疏》失校、誤校平議

如果將四種整理本《毛詩注疏》的失校、誤校全部拿來平議，僅就筆者管見所及而言，其字數將以十萬計，篇幅過大，勢不可行。更不要説再分析它們失校、誤校的原因了。不得已，只能退而求其次，采取以小見大的方法。因此，此處的平議，僅僅取材於《毛詩注疏》卷一八之一。《毛詩注疏》凡二十大卷，每一大卷又分若干小卷，共計七十小卷。卷一八之一是一小卷，是七十小卷的七十分之一。

---

① 孔穎達《南宋刊單疏本毛詩正義》，人民文學出版社，2012年，494頁。

四種整理本《毛詩注疏》平議

（一）與上古本相比，北大本、臺灣本、《儒藏》本三本失校者，凡十六例。詳下：

（1）［一］爲下之總目　閩本、明監本、毛本、阮本同。單疏本無"之"字。①

吕按：北大本失校，見1154頁/1356頁上欄②。臺灣本亦失校，見1759頁。《儒藏》本亦失校，見1138頁。

（2）［四］掊克自伐而好勝人也　閩本、明監本、毛本、阮本同。馬瑞辰《通釋》云："《釋文》訓'掊克'爲'聚斂'而云'蒲侯反'，只爲'掊'字作音，是知'聚斂'二字專解'掊'字，非兼釋'克'字也。李黻平曰：'兼倍於人亦是好勝，仍是克字之義。《釋文》所載不分別衆家者，多是毛義。此經釋文有"聚斂也"三字，竊疑毛傳原本云："掊，聚斂也。克，自伐而好勝人也。"'今按：李説是也。《釋文》所見本尚無脱誤，《正義》本'掊'下已脱'聚斂'字，因改從定本作'倍'耳。"③

吕按：北大本失校，見1156頁/1358頁上欄。臺灣本亦失校，見1761頁。《儒藏》本亦失校，見1140頁。

（3）［六］故知服服政事　"服"字原不重，閩本、明監本、毛本、阮本同。今按：單疏本作"服服"，與鄭箋合，是。據補。

吕按：北大本失校，見1156頁/1358頁下欄。臺灣本亦失校，見1762頁。《儒藏》本亦失校，見1140頁。

（4）［八］以小人後至而自外入内　閩本、明監本、毛本、阮本同。單疏本無"内"字，見1715頁。

吕按：北大本失校，見1157頁。臺灣本亦失校，見1764頁/1360頁上欄。《儒藏》本亦失校，見1141頁。

（5）［一〇］以此爲德　"此"字原脱，閩本、明監本、毛本、阮本同。

---

① 以下十六條校勘記，見上古本1714—1721頁。爲便於讀者核查，對號入座，校勘記的序碼使用上古本校勘記的原來序碼。下不一一。
② 斜綫前是北京大學出版社簡體字本頁碼，斜綫後是北京大學出版社繁體字本頁碼。下同，不一一。
③ 馬瑞辰撰、陳金生點校《毛詩傳箋通釋》，中華書局，1989年，936—937頁。

據單疏本補。

呂按：北大本失校，見1158頁/1360頁下欄。臺灣本亦失校，見1765頁。《儒藏》本亦失校，見1142頁。

（6）［一一］正由背後無良臣傍側無賢人故也　"故也"原作"也故"，閩本、明監本、毛本、阮本同。據單疏本乙正。

呂按：北大本失校，見1158頁/1361頁上欄。臺灣本亦失校，見1765頁。《儒藏》本亦失校，見1142頁。

（7）［一四］陸璣疏云蟗一名蠅蚓　閩本、明監本、毛本、阮本同。今按：單疏本"蚓"下有"丁幺反"三字，蓋孔穎達《正義》自爲音也。

呂按：北大本失校，見1160頁/1363頁上欄。臺灣本亦失校，見1768頁。《儒藏》本亦失校，見1144頁。

（8）［一六］言桀惡爲成湯所誅　"惡"字原脫，閩本、明監本、毛本、阮本同。據單疏本補。

呂按：北大本失校，見1161頁/1365頁上欄。臺灣本亦失校，見1770頁。《儒藏》本亦失校，見1145頁。

（9）［一九］角必有棱故云隅廉　"隅廉"原作"廉隅"，閩本、明監本、毛本、阮本同。單疏本作"隅廉"，與箋合，是。據乙正。

呂按：北大本失校，見1163頁/1367頁上欄。臺灣本亦失校，見1773頁。《儒藏》本亦失校，見1147頁。

（10）［二二］故爲灑謂洒水濕地也　閩本、明監本、毛本、阮本同。單疏本無"灑謂"二字。

呂按：北大本失校，見1166頁/1370頁上欄。臺灣本亦失校，見1776頁。《儒藏》本亦失校，見1150頁。

（11）［二四］且蠻方與彼蠻畿名同　"名"字原脫，閩本、明監本、毛本、阮本同。據單疏本補。

呂按：北大本失校，見1166頁/1370頁下欄。臺灣本亦失校，見1777頁。《儒藏》本亦失校，見1150頁。

（12）［三七］況於祭之末可得厭倦之思　"末"上原衍"所"字，閩本、明監本、毛本、阮本同。據單疏本刪。

吕按：北大本失校，見1170頁/1375頁上欄。臺灣本亦失校，見1782頁。《儒藏》本亦失校，見1154頁。

（13）［四三］譖毁人者是差貣之事　"貣"，原作"貳"，單疏本同，閩本、明監本、毛本、阮本同。按："差貳"之"貳"，當作"貣"，轉寫不察，兼以形近，遂誤。《説文・貝部》："貣，向人求物也。从貝，弋聲。"段玉裁注云："按：古多假'貣'爲'差貣'字。"《衛風・氓》："女也不爽，士貳其行。"王引之《經義述聞》卷五云："貳，當爲'貣'之譌。貣，音他得切，即'忒'之借字也。《爾雅》：'爽，差也。''爽，忒也。'是'爽'與'忒'同訓爲差。'女也不爽，士貳其行'，言女也不差，士則差其行耳。"綜合段、王二氏之説，"貳"當作"貣"明矣。古人所謂"差貣"，猶今言"差誤"也。據改。

吕按：北大本失校，見1172頁/1378頁上欄。臺灣本亦失校。《儒藏》本亦失校，見1156頁。

（14）［四五］順德之行　閩本、明監本、毛本、阮本同。馬瑞辰《毛詩傳箋通釋》云："今按：下二句，'僭''心'爲韻，若經本作'詁話'，不得與'行'爲韻。《爾雅・釋言》：'惠，順也。'經當本作'行德之惠'，以'話'與'惠'爲韻。《説文》：'話，會合善言也。'籀文作'譮'，其字以會爲聲，與'惠'字古音正相協。《箋》以'則順行之'釋經文'行德之惠'，猶《終風》傳言'時有順心也'，以'順心'釋經文'惠然肯來'也，人遂誤改經文'惠'字作'順'，又誤倒'行'字於下，'順'字於上，以致'行'與'話'失韻，蓋其誤久矣。又按：經文本作'行德之惠'，《箋》恐人誤以'惠'爲惠愛，故以'則順行之'釋經。若經原作'順德之行'，則其義已明，《箋》不煩言'則順行之'矣。段氏但以《傳》訂'話言'當爲'詁話'之譌，而不詳'話'與'行'失韻之由，予故據《箋》文以正其誤。"

吕按：北大本失校，見1173頁/1379頁上欄。臺灣本亦失校，見1786頁。《儒藏》本亦失校，見1157頁。

（15）［四八］可以爲弓用矣　"用"原作"明"，閩本、明監本、毛本、阮本同。據單疏本改。

呂按：北大本失校，見 1173 頁/1379 頁上欄。臺灣本亦失校，見 1787 頁。《儒藏》本亦失校，見 1157 頁。

（16）［五二］謂王才智褊小　"王"字原脱，閩本、明監本、毛本、阮本同。據單疏本補。

呂按：北大本失校，見 1174 頁/1381 頁上欄。臺灣本亦失校，見 1789 頁。《儒藏》本亦失校，見 1158 頁。

（二）與上古本相比，北大本、臺灣本、《儒藏》本三本誤校者，凡一例。詳下：

故以喻於政事有所害　臺灣本 1786 頁引用阮校云："閩本、明監本、毛本同。案十行本'故'至'於'剜添者一字，當是'云'字誤剜作'以喻'也。"

呂按：阮校非是。足利本剜添與十行本同，而單疏本並無剜添，何以亦作"以喻"？且"以喻"在此，文通字順，何誤之有而必欲改之？《老子》所謂"大道甚夷而民好徑"，此之謂乎！《儒藏》本亦誤從阮校，見 1157 頁。北大本誤從阮校徑改"以喻"爲"云"，走得更遠，見 1173 頁/1378 頁下欄。唯上古本不誤，見 1709 頁。

（三）與北大本、臺灣本、上古本相比，《儒藏》本獨誤者，凡一例：

案《禮記·曾子問》云："殤不備祭。"《儒藏》本 1155 頁校云："備"，今《禮記·曾子問》作"祔"。

呂按：這是一條誤校。整理者此處讀書欠細心，顧頭不顧尾，須知鄭玄在"殤不祔祭"下注云："祔，當爲備，聲之誤也。言殤乃不成人，祭之不備禮。"孔疏引用此句時，根據鄭注，直接將誤字予以改正，避免再生糾葛。北大本簡體字本（見 1171 頁）、臺灣本（見 1783 頁）、上古本（見 1707 頁）均没有出此錯誤之校勘記。北大本繁體字本誤同《儒藏》本，見 1376 頁。

六　四種整理本《毛詩正義》
　　標點破句平議

標點古書，並不是一件輕而易舉之事。魯迅先生説："標點古文，往往

四種整理本《毛詩注疏》平議

害得有名的學者出醜。"①黄侃先生在致其學生陸宗達的信中説:"侃所點書,句讀頗有誤處,望隨時改正。"②楊樹達先生《古書句讀釋例·叙論》説:"句讀之事,視之若甚淺,而實則頗難。"③這些都是深知其中甘苦之言。韓愈是唐代的大學者,但也慨嘆:"余嘗苦《儀禮》難讀。"④朱熹是宋代大學者,他在作《韓文考異》時竟説:"然不知此句當如何讀。"⑤中華書局出版的《資治通鑑》點校本,是由國内第一流學者標點的,但還有很多錯誤,因而纔有吕叔湘先生的《通鑑標點琐議》之作。⑥ 筆者由於學殖譾陋,也有過標點破句的時候。每次憶及,便覺耳熱;想到誤導讀者,便覺内疚。

爲了幫助讀者瞭解《毛詩注疏》四個整理本在標點破句方面的概况,筆者從《毛詩注疏》的後五卷(全書二十卷的四分之一)中摘取破句九十五例,分作六類:一、北大本、臺灣本、《儒藏》本三本皆誤而上古本不誤者,凡四十一例。二、北大本、《儒藏》本誤而臺灣本、上古本不誤者,凡四十例。三、北大本、臺灣本誤而《儒藏》本、上古本不誤者,凡十例。四、北大本、《儒藏》本、臺灣本、上古本四本皆誤者,凡二例。五、北大本、《儒藏》本、臺灣本不誤而上古本獨誤者,凡二例。六、北大本、《儒藏》本、上古本三本不誤而臺灣本獨誤者,凡一例。

管窺所得,不敢必是。苟爲筆者不幸而言中,則冀爲再版訂正之資;苟爲筆者誤判,以不誤爲誤,則敬請高明不吝賜教。

(一) 北大本、臺灣本、《儒藏》本三本皆誤而上古本不誤者,凡四十一例:

(1) 963 頁倒 9 行/1129 頁上欄 15 行⑦:孔疏:《天官·小宰》"凡祭

---

① 《魯迅全集》卷六《且介亭雜文二集·題未定草六》,人民文學出版社,2005 年,437 頁。
② 黄侃校點《黄侃手批白文十三經·前言》,上海古籍出版社,1983 年,5 頁。
③ 楊樹達《古書句讀釋例·叙論》,中華書局,1954 年,3 頁。
④ 馬通伯《韓昌黎文集校注·讀儀禮》,古典文學出版社,1957 年,22 頁。
⑤ 朱熹《別本韓文考異》卷二五《河南少尹李公墓誌銘》,影印文淵閣《四庫全書》本,1073 册,566 頁。
⑥ 《中國語文》1979 年 1 期、2 期。
⑦ 從此例開始,每例句首所標頁碼行數,除另有説明外,斜線前均爲北京大學出版社簡化字本頁碼行數,斜線後均爲北京大學出版社繁體字本頁碼行數。

祀,贊祼將之事"。注云:"又從太宰助王祼,謂贊王酌鬱鬯以獻尸。"

呂按:"助王"下當置句號。"祼"字當屬下爲句。臺灣本亦誤,見 1477 頁。《儒藏》本亦誤,見 948 頁。按:賈公彥疏云:"案《大宰職》云'祀五帝贊王幣爵',今此又云祭祀贊此三者,謂小宰執以授大宰,大宰執以授王,是相贊助,故云'又從大宰助王'也。"可證。上古本不誤,見 1379 頁。

(2) 971 頁 1 行/1137 頁下欄 2 行:孔疏:既納幣於請期之後,文王親往迎之於渭水之傍,造其舟以爲橋樑。

呂按:"既納幣"之後,一定要有逗號。否則,昏禮六禮的順序就亂套了。臺灣本亦誤,見 1487 頁。《儒藏》本亦誤,見 955 頁。上古本不誤,見 1394 頁。

(3) 974 頁 8 行/1141 頁下欄 7 行:孔疏:《周語》伶州鳩曰:"星與日辰之位皆在北,維顓頊之所建也,帝嚳受之。"

呂按:"維"字當屬上爲句。韋昭注云:"北維,北方水位也。"可證。下同,不一一。臺灣本亦誤,見 1492 頁。《儒藏》本亦誤,見 958 頁。上古本不誤,見 1398 頁。

(4) 990 頁倒 6 行/1161 頁下欄 13 行:孔疏:孫炎曰:"大事,兵也。有事,祭也。宜求見,使佑也。"

呂按:"求見"二字當屬下爲句。"宜"是被解釋詞。這個"宜"字,就是上文孔疏"起大事,動大衆"至"謂之宜"的"宜"。臺灣本作"宜求見使佑也",六字一句,亦誤。見 1516 頁。《儒藏》本誤同臺灣本,見 975 頁。上古本不誤,見 1418 頁。

(5) 995 頁倒 5 行/1167 頁下欄 4—6 行:孔疏:《箋》於此獨言詩人自我者,此美文王之德,而云"我所",我之事不明,故辯之言"文王之德所以至然者",是也。

呂按:原標點至少有兩處破句。今試爲改正如下:《箋》於此獨言"詩人自我"者,此美文王之德而云"我",所"我"之事不明,故辯之,言"文王之德所以至然者"是也。臺灣本僅"所我之事不明"一處破句,見 1523

頁。《儒藏》本誤同北大本，見 980 頁。上古本不誤，見 1424 頁。

（6）998 頁 6 行/1170 頁下欄 8—9 行：鄭《箋》：祭祀之禮，王祼以圭瓚，諸臣助之，亞祼以璋瓚。

呂按："諸臣助之"下之逗號當刪。下文孔疏云："其祭之時，親執圭瓚以祼，其左右之臣，奉璋瓚助之而亞祼。"可證。臺灣本亦誤，見 1528 頁。《儒藏》本亦誤，見 983 頁。上古本不誤，見 1435 頁。

（7）1016 頁 4 行/1192 頁上欄 4—5 行：孔疏：仁義之行，行之美者，尚能知其仁義。所以得不聞達者，仁義行之於心，聞達習之於學。

呂按："尚能知"下當置句號，"其仁義"下之句號當刪。因爲鄭《箋》原文有"有仁義之行，而不聞達者"之語，故孔疏有"其仁義所以得不聞達者"之文。臺灣本亦誤，見 1552 頁。《儒藏》本亦誤，見 999 頁。上古本不誤，見 1456 頁。

（8）1025 頁倒 3 行/1204 頁下欄 7 行：孔疏：《釋言》云："荒，奄也。"孫炎曰："荒大之奄。"是荒、奄俱爲大義，故云"奄，大也"。

呂按：孫炎曰："荒大之奄。"當標作：孫炎曰："荒，大之奄。"臺灣本亦誤，見 1567 頁。《儒藏》本亦誤，見 1009 頁。上古本不誤，見 1473 頁。

（9）1040 頁 2 行/1221 頁上欄 12 行：孔疏：囿也，沼也，同言靈，於臺下爲囿爲沼，可知小學在公宮之左，太學在西郊。

呂按："可知"二字當上屬爲句。"可知"下當置句號。臺灣本亦誤，見 1587 頁。《儒藏》本亦誤，見 1023 頁。上古本不誤，見 1497 頁。

（10）1056 頁倒 3 行/1241 頁上欄 9 行：孔疏：張晏曰："高辛所興地名嚳，以字爲號，上古質故也。"

呂按：當標作：張晏曰："高辛，所興地名。嚳，以字爲號。上古質故也。"張晏注見《史記·五帝本紀》裴駰《集解》引（中華書局校點本 13 頁）。臺灣本亦誤，見 1613 頁。《儒藏》本亦誤，見 1039 頁。上古本不誤，見 1524 頁。

（11）1069 頁倒 10 行/1256 頁下欄 7—9 行：孔疏：稍至秋初，禾又出穗，實盡發於管，實生粒皆秀更復少時其粒，實皆堅成，實又齊好，實穗重而垂穎。

按："皆秀"下當置逗號，"少時"下當置逗號，"其粒"二字當屬下爲句。臺灣本標作"稍至秋初，禾又出穗，實盡發於管，實生粒皆秀，更復少時，其粒實皆堅，成實又齊好，實穗重而垂穎"，僅一處破句，即"成"字當上屬，見1631頁。按：明何楷《詩經世本古義》云："堅，孔云'實皆堅成也'。"是其義。《儒藏》本誤同北大本，見1053頁。上古本不誤，見1539頁。

（12）1086頁13行/1275頁下欄8行：孔疏：知子路爲司射者，以《鄉射》云："司射袒決，遂取弓矢於西階，乃告請射事。"

呂按："遂"字當屬上爲句。這個"遂"不是副詞，而是名詞，謂射箭時穿的臂衣，故鄭玄注《鄉射禮》云："遂，射韝也，以韋爲之。"臺灣本亦誤，見1656頁。《儒藏》本亦誤，見1070頁。上古本不誤，見1568頁。

（13）1092頁倒3行/1283頁下欄14行：孔疏：《白虎通》引曾子曰："王者宗廟，以卿爲尸，射以公爲耦。不以公爲尸，避嫌三公尊近天子，親稽首拜尸，故不以公爲尸。"

呂按："避嫌"下當置句號。"天子"二字當屬下爲句。臺灣本作"王者，宗廟以卿爲尸，射以公爲耦，不以公爲尸，避嫌三公尊近"，亦有兩處破句，見1667頁上欄。《儒藏》本亦誤，見1076頁。上古本不誤，見1576頁。

（14）1136頁2行/1334頁下欄13—14行：孔疏：《釋木》云："櫬，梧。"郭璞曰："今梧桐又曰榮桐木。"郭璞云："則梧桐也。"然則桐梧一木耳。

呂按：郭璞曰："今梧桐又曰榮桐木。"當標作：郭璞曰："今梧桐。"又曰："榮，桐木。""又曰"者，《爾雅·釋木》又曰也。臺灣本作"又曰榮桐木"，是有一處破句，見1731頁。《儒藏》本誤同北大本，見1119頁。上古本不誤，見1647頁。

（15）1162頁倒5行/1366頁下欄13行：孔疏：若然，自警者，群臣爲惡，恐禍及已。若前人已死，則非禍所及。

呂按："爲惡"後之逗號當刪。"爲"，介詞，不是動詞。臺灣本亦誤，見1772頁。《儒藏》本亦誤，見1146頁。上古本不誤，見1696頁。

（16）1171 頁 1 行/1376 頁上欄 9—11 行：孔疏：言不媿屋漏，則屋漏之處有神居之矣，故言祭時於屋漏。有事之節，禮祭於奧中，既畢，尸去，

吕按：下"屋漏"下之逗號當刪去，"有事之節"下之逗號當改作句號。"禮"下當有逗號。"不媿屋漏"，語出《大雅・抑》，亦可加引號。臺灣本亦誤，見 1783 頁。《儒藏》本亦誤，見 1155 頁。上古本不誤，見 1707 頁。

（17）1171 頁 3 行/1376 頁上欄 12—13 行：孔疏：《特牲禮》尸謖之後云："佐食徹尸薦俎，敦設於西北隅，几在南厞，用筵納一尊。"

吕按："敦"字當屬上爲句。"厞"字當屬下爲句。"用筵"下當置逗號。"薦俎敦"爲三物，如能加頓號，標作"薦、俎、敦"，更好。臺灣本"敦"字屬上，不誤。其餘誤同北大本，見 1783 頁。《儒藏》本誤同北大本，見 1155 頁。上古本不誤，見 1707 頁。

（18）北大本 1171 頁 8 行/1376 頁下欄 1 行：《禮記・曾子問》云："殤不備祭，何謂陰厭陽厭？"鄭注云："祭成，人始設奠於奧，迎尸於前，謂之陰厭。尸既謖之後，改饌於西北隅，謂之陽厭。"

吕按："人"字當屬上爲句。殤是未成年而死。未成年而死，其祭祀之禮不備，異於成人，故云。臺灣本標作"祭，成人始設奠於奧"，亦破句。"祭成人"是動賓結構，見 1783 頁。《儒藏》本誤與北大本同，見 1155 頁。上古本不誤，見 1707 頁。但"始設奠"之"奠"誤作"莫"。

（19）1193 頁倒 6 行/1402 頁下欄 11—12 行：孔疏：春秋之世，晉之知氏世稱伯，趙氏世稱孟，仍氏或亦世稱，字叔，爲別人可也。

吕按："字"當屬上爲句。"叔"當下屬爲句。臺灣本標作"仍氏或亦世稱字叔"，亦誤，見 1817 頁。《儒藏》本誤同臺灣本，見 1177 頁。上古本不誤，見 1742 頁。

（20）1193 頁倒 2 行/1403 頁上欄 1 行：《釋文》：倬，陟角反，王云："著也。"《說文》云："著，大也。"

吕按：後"著"下之逗號當刪去。"著大也"，這是《說文》對"倬"字的説解。段注云："著大者，著明之大也。"可證。臺灣本亦誤，見 1818 頁。《儒藏》本亦誤，見 1177 頁。上古本不誤，見 1742 頁。

（21）1211頁8行/1424頁上欄8—9行：孔疏：二十八年《左傳》曰："王命王子虎策命晉侯爲侯伯，其策文云：'王曰：叔父用州牧之禮。'"是謂州牧爲侯伯。

呂按：檢《左傳》，這裏徵引的策文只有四個字，即"王曰叔父"。"用州牧之禮"，是孔疏之文。臺灣本作"其策文云：王曰叔父，用州牧之禮。"亦不達意，見1844頁。《儒藏》誤同北大本，見1195頁。上古本不誤，見1772頁。

（22）1231頁倒5行/1448頁上欄9行：孔疏：《天官·夏采》注云："徐州貢夏翟之羽有虞氏以爲綏。後世或無染鳥羽，象而用之。"

呂按："後世或無"下當置逗號。臺灣本亦誤，見1874頁。《儒藏》本亦誤，見1215頁。上古本不誤，見1804頁。

（23）1232頁倒8行/1449頁上欄12行：孔疏：《巾車》注亦云："錫馬面，當盧刻金爲之。"所謂鏤錫當盧者，當馬之額盧，在眉眼之上。

呂按：三處破句，一處引文少引。當標作：《巾車》注亦云："錫，馬面當盧，刻金爲之，所謂鏤錫。"當盧者，當馬之額，盧在眉眼之上。臺灣本作"所謂鏤錫當盧者，當馬之額（"額"字之誤）盧在眉眼之上"，亦誤，見1875頁。《儒藏》本誤同北大本，見1216頁。上古本不誤，見1805頁。

（24）1248頁第8行/1467頁下欄1行：孔疏：謂如其召康公所言。"天子萬壽"以下是也。

呂按："所言"下之句號當删去。觀經文可知。臺灣本亦誤，見1898頁。《儒藏》本亦誤，見1232頁。上古本不誤，見1825頁。

（25）1273頁倒2行/1497頁上欄9行：孔疏：《箋》云："成王既黜殷命，殺武庚，命微子代殷。後既受命，來朝而見也。"

呂按："後"字當屬上爲句。"命微子代殷後"，意謂命微子作殷的香火繼承人。《史記·宋微子世家》："周公既承成王命誅武庚，殺管叔，放蔡叔，乃命微子開代殷後，奉其先祀。"是其事。臺灣本亦誤，見1936頁。《儒藏》本亦誤，見1257頁。上古本不誤，見1874頁。

（26）1275頁第1行/1498頁下欄1行：孔疏：但叙云"奏"者，容周公、成王時,所奏述其事而爲頌,故不可必定也。

吕按:"所奏"當屬上爲句。臺灣本前兩句作"但叙云:奏者容周公、成王時所奏",亦破句,見 1937 頁。《儒藏》本作"容周公、成王時所奏述其事而爲頌"十四字爲一句,亦誤,見 1258 頁。上古本不誤,見 1875 頁。

(27) 1277 頁倒 8 行/1501 頁下欄 7—8 行:孔疏:既爲其器,即立其神,神有制度,故可法象,猶社祀勾龍,廟祭先祖,亦人立之而效之。降命與此同。

吕按:"降命"當上屬爲句,其下之句號當改作逗號。上文之"般以降命",般即"效"之假借字。臺灣本亦誤,見 1940 頁。《儒藏》本亦誤,見 1261 頁。上古本不誤,見 1878 頁。

(28) 1280 頁第 9 行/1504 頁下欄 5—6 行:孔疏:此朝諸侯在明堂之上,於時之位,五等四夷莫不咸在。

吕按:"五等"當上屬爲句。五等,謂三公、諸侯、諸伯、諸子及諸男也。詳《禮記·明堂位》。臺灣本亦誤,見 1945 頁。《儒藏》本亦誤,見 1264 頁。上古本不誤,見 1882 頁。

(29) 1282 頁 4 行/1506 頁下欄 5—7 行:孔疏:以此祀文王之歌,美其祀不美其廟,故云"周公之祭清廟也"。其禮儀敬且和者,謂周公祭祀能敬和也。

吕按:破句之處頗多。今爲之整理如下:以此祀文王之歌,美其祀,不美其廟,故云。"周公之祭清廟也,其禮儀敬且和"者,謂周公祭祀能敬和也。此處破句之改正,觀上文鄭《箋》自知。臺灣本亦誤,見 1948 頁。《儒藏》本亦誤,見 1266 頁。上古本不誤,見 1884 頁。

(30) 1288 頁倒 4 行/1514 頁下欄 5—6 行:孔疏:"王曰:'於戲!斯在伐崇謝告。'"注云:"斯,此也。天命此在伐崇侯虎,謝百姓,且告天。"

按:"斯在"當屬上爲句。"天命此在"下當置逗號。臺灣本亦誤,見 1958 頁。《儒藏》本亦誤,見 1273 頁。上古本不誤,見 1893 頁。

(31) 1303 頁第 13 行/1531 頁上欄 21 行:孔疏:或將强以陵弱,恃衆以侵寡,擁遏王命,冤不上聞,而使遠道細民受枉。聖世聖王知其如是,故制爲此禮,時自巡之。

呂按:"聖世"當屬上爲句。臺灣本亦誤,見 1979 頁。《儒藏》本亦誤,見 1287 頁。上古本不誤,見 1917 頁。

(32) 1303 頁 16 行/1531 頁下欄 2—3 行:孔疏:《大司馬職》注云:"師謂巡守。若會同,是巡守之禮,有伐罪正民之事也。"

呂按:首先,引文多引了。注文止於"會同"二字。再説破句。"巡守"下之句號當删去。"若"是連詞,"和""及"之義。應整理爲:《大司馬職》注云:"師,謂巡守若會同。"是巡守之禮,有伐罪正民之事也。臺灣本亦誤,見 1979 頁。《儒藏》本亦誤,見 1287 頁。上古本不誤,見 1917 頁。

(33) 1328 頁倒 7 行/1560 頁下欄 7 行:孔疏:知者,以《春官·典庸器》《冬官·梓人》及《明堂位》《檀弓》皆言枸虡,而不言業,此及《靈臺》言虡,而無枸文,皆與虡相配,枸業互見,明一事也。

呂按:"文"字當屬下爲句。意謂"枸"字、"業"字皆與"虡"字相配。臺灣本亦誤,見 2016 頁。《儒藏》本亦誤,見 1312 頁。上古本不誤,見 1957 頁。

(34) 1329 頁第 2 行/1561 頁上欄 2—3 行:孔疏:其上刻爲崇牙,似鋸齒捷業然,故謂之業牙,即業之上齒也。

呂按:下"牙"字當屬下爲句。臺灣本亦誤,見 2017 頁。《儒藏》本亦誤,見 1313 頁。上古本不誤,見 1957 頁。

(35) 1335 頁第 6 行/1568 頁上欄 8 行:孔疏:由皇考能遍使民智,故孝子得安皇考之德,又能安及皇天,使無三辰之災,而有徵祥之瑞。

呂按:"故孝子得安"下當置句號。臺灣本亦誤,見 2026 頁。《儒藏》本亦誤,見 1318 頁。上古本不誤,見 1964 頁。

(36) 1339 頁 7 行/1573 頁上欄 8—9 行:孔疏:此光文百辟,與諸侯助祭得禮,當於神明,昭考之神乃安之以多福,又使之光明於大嘏之意,謂神使之光明之也。

呂按:"與諸侯"三字當屬上。"光文百辟與諸侯",鄭《箋》文也。臺灣本不僅前兩句與北大本同誤,且"當於神明昭考之神"八字爲一句,是再次破句也,見2032頁。《儒藏》本"此光文百辟與諸侯助祭得禮",十二字一句讀,亦誤,見1323頁。上古本不誤,見1969頁。

(37) 1344頁1行/1578頁下欄10—11行:孔疏:《訪落》與群臣共謀敬之,則群臣進戒,文相應和,事在一時,則俱是未攝之前。

呂按:"共謀"下當置逗號。"敬之"是《詩經》篇名,應加書名號,其下逗號當刪。臺灣本亦誤,見2039頁。《儒藏》本亦誤,見1327頁倒。上古本不誤,見1976頁。

(38) 1354頁倒9行/1592頁下欄2行:孔疏:韋昭云:"王無耦,以一耜耕。班,次也。三之者,下各三。其上王一發,公三,卿九,大夫二十七。"

呂按:"其上"當上屬爲句,句號當改作逗號,即"下各三其上",謂下一級總是上一級的三倍。臺灣本亦誤,見2057頁。《儒藏》本亦誤,見1339頁。上古本不誤,見1998頁。

(39) 1358頁倒2行/1598頁上欄3行:孔疏:《箋》申特美之意,故云"先長者傑"。既是先長,明厭厭,其餘衆苗齊等者。

呂按:"傑"字當屬下爲句,觀注文可知。"明厭厭"下之逗號當刪去,作"明厭厭,其餘衆苗齊等'者",觀上文經注可知。臺灣本亦誤,見2064頁。《儒藏》本僅"明厭厭"以下十字破句,見1343頁。上古本不誤,見2003頁。

(40) 1454頁倒8行/1711頁上欄6行:孔疏:韋昭云:"周之禘祫文、武,不先不窋,故通謂之王。"

呂按:"文、武"當下屬爲句。此二句意謂,周代在舉行禘祫之祭時,文王、武王之位不能先於不窋。蓋不窋爲文、武之祖父輩也。上海古籍出版社點校本《國語》3頁韋昭注亦誤。臺灣本亦誤,見2205頁。《儒藏》本亦誤,見1437頁。上古本不誤,見2142頁。

(41) 1454頁倒1行/1711頁上欄17行:孔疏:"率履不越",文承"是達"之下,明民從政化,非契身率禮,故云……

呂按:"非"字當屬上爲句。臺灣本亦誤,見2205頁。《儒藏》本亦誤,見1438頁。上古本不誤,見2142頁。

（二）北大本、《儒藏》本誤而臺灣本、上古本不誤者，凡四十例：

（1）952頁倒10行/1115頁下欄9行：孔疏：注云："入戊午蔀二十九年時，赤雀銜丹書而命之。"

吕按："時"字當下屬爲句。《儒藏》本亦誤，見936頁。臺灣本不誤，見1460頁。上古本不誤，見1365頁。

（2）953頁第2行/1116頁上欄13行：孔疏：《乾鑿度》云："亡殷者，紂黑期火戊，倉精授汝位正昌。"

吕按："紂"字當屬上爲句。《儒藏》本亦誤，見937頁。臺灣本不誤，見1461頁。上古本不誤，見1365頁。

（3）957頁第7行/1121頁上欄13行：孔疏：言治民光大，天所加美以此，故爲天所命。

吕按：據單疏本，"加"當作"嘉"。"以此"二字當下屬爲句。《儒藏》本亦誤，見941頁。臺灣本不誤，見1467頁。上古本不誤，見1370頁。

（4）959頁倒2行/1124頁下欄1行：孔疏：《王制》言："天子之縣内，諸侯禄也。"

吕按："諸侯"二字當屬上爲句。《王制》孔疏："此一經論天子縣内食采邑諸侯，得禄，不得繼世之事。"①是其義。《儒藏》本亦誤，見944頁。臺灣本不誤，見1470頁。上古本不誤，見1374頁。

（5）963頁倒6行/1129頁上欄20行：孔疏：本以德服之而來，不以威强使至行者，若爲畏威，當改從其周服，今服其故服，是慕德而來故也。

吕按："行者"，據單疏本，當作"何者"。"不以威强使至行者"，當作"不以威强使至。何者?"《儒藏》本亦誤，見948頁。臺灣本不誤，見1477頁。上古本不誤，見1380頁。

（6）990頁第9行/1161頁上欄9行：孔疏：《檀弓》云："魯莊公之喪，既葬而絰，不入庫門。"

吕按："而絰"二字當屬下爲句。《禮記·檀弓下》孔疏云"故絰不入

---

① 鄭玄注、孔穎達正義、吕友仁整理《禮記正義》，上海古籍出版社，2008年，477頁。

庫門也,所以至庫門而去經",是其義也。《儒藏》本亦誤,見974頁。臺灣本不誤,見1516頁。上古本不誤,見1417頁。

(7) 997頁倒13行/1170頁上欄1—2行:孔疏:此章言祭天之事,祭天則大報天,而主日配以月,可兼及日月,而總言三辰。

吕按:《禮記·郊特牲》:"大報天而主日也。"鄭注:"大,猶遍也。天之神,日爲尊。"可知"而主日"三字當上屬爲句。《儒藏》本亦誤,見982頁。臺灣本不誤,見1526頁。上古本不誤,見1434頁。

(8) 999頁1行/1171頁下欄1行:孔疏:彼注云:"容夫人有故攝焉。攝代王,后一人而已。言諸臣者,舉一人之事,以見諸臣之美耳。"

吕按:這裏説的"彼注",是指《禮記·祭統》注。檢《祭統》注,只有"容夫人有故,攝焉"七字而已。此處引文多引了。又,"后"字當屬上爲句。這裏説的是由大宗伯代替王后亞祼。《儒藏》本亦誤,見984頁。臺灣本不誤,見1529頁。上古本不誤,見1436頁。

(9) 1011頁2行/1185頁下欄2行:孔疏:《論語》云:"無使大臣怨乎?"不以是人君當順大臣也。

吕按:《論語·微子》:"不使大臣怨乎不以。"注:"孔曰:以,用也。怨不見聽用。"可知當標作:《論語》云:"無使大臣怨乎不以。"是人君當順大臣也。這樣的錯誤,只要核對一下原書,就可以避免。《儒藏》本亦誤,見995頁。臺灣本不誤,見1546頁。上古本不誤,見1451頁。

(10) 1027頁9行/1206頁下欄14行:孔疏:德正即德音。政教是音聲號令也。

吕按:"政教"二字當屬上爲句,"德音"下之句號,當改作頓號。按:正,通"政"。《儒藏》本亦誤,見1010頁。臺灣本不誤,見1569頁。上古本不誤,見1475頁。

(11) 1032頁倒8行/1213頁上欄14行:孔疏:必知己德盛威行乃遷居者,以威若不行,則民情未樂,遠方不凑,則隨宜而可令。威德既行,歸從益衆……

吕按:"令",據單疏本,當作"今",且當屬下爲句。《儒藏》本亦誤,且失校,見1016頁。臺灣本標點不誤,但失校,見1577頁。上古本不誤,見1482頁。

(12) 1034頁3行/1215頁上欄4行:孔疏:《箋》以大爲音聲,以作色忿人,長大淫恣而改其本性。

吕按:"以作色"三字當上屬爲句,"忿人"二字當屬下爲句。"大爲音聲以作色",就是經文"大聲以色"的通俗説法。《儒藏》本亦誤,見1017頁。臺灣本不誤,見1578頁。上古本不誤,見1484頁。

(13) 1047頁倒9行/1230頁上欄14行:孔疏:彼謂一人之身,積漸以成,此則順父祖而成事,亦相類,故引以爲證。

吕按:"事"字當屬下爲句。《儒藏》本亦誤,見1030頁。臺灣本不誤,見1598頁。上古本不誤,見1507頁。

(14) 1124頁倒2行/1323頁上欄6行:孔疏:服虔注云:"繄,發聲也,言黍稷牲玉,不易無德,薦之則不見饗。"

吕按:"不易"二字當上屬爲句,"無德"二字當屬下爲句,"薦之"下當置逗號。此亦《左傳》僖公五年"黍稷非馨,明德惟馨"之義。《儒藏》本亦誤,見1109頁。臺灣本不誤,見1714頁。上古本不誤,見1625頁。

(15) 1164頁15行/1368頁上欄9行:孔疏:《太宰職》曰:"正月之吉,始和,布治於邦國都鄙,乃懸治象之法於象魏。"

吕按:"始和"下之逗號當删。王引之《經義述聞·周官上》:"和,當讀爲宣。和布者,宣佈也。"孫詒讓《周禮正義》亦取王説。《儒藏》本亦誤,見1148頁。臺灣本不誤,見1774頁。上古本不誤,見1699頁。

(16) 1166頁倒3行/1371頁上欄4行:孔疏:用此治九州之外不服者,謂治夷鎮蕃。三服,《大行人》既列其服朝見之數……

吕按:"三服"二字當上屬爲句,其下之逗號當改句號。"夷鎮蕃",最好標作"夷、鎮、蕃"。《儒藏》本亦誤,見1150頁。臺灣本不誤,見1777頁。上古本不誤,見1702頁。

(17) 1172頁11行/1378頁上欄10—11行:孔疏:彼童羊實無角,而爲有角,自用妄爲,抵觸人。以喻王后本實無德,而爲有德,自用橫干政事。

呂按：兩處破句。上下兩個"自用"，俱當屬上爲句。《儒藏》本亦誤，見1156頁。臺灣本不誤，見1785頁。上古本不誤，見1708頁。

(18) 1176頁7行/1382頁下欄4行：孔疏：自上以來，諫王之情已極於此，自言諫意以結之。

呂按："於此"二字當屬下爲句。《儒藏》本亦誤，見1160頁。臺灣本不誤，見1791頁。上古本不誤，見1713頁。

(19) 1202頁倒7行/1413頁下欄2行：孔疏：汝等諸臣，無有一人而不賙救。其百姓困急者，謂諸臣之中，無有自言不能賙救而止不爲者。

呂按：上"賙救"下之句號當删去。《儒藏》本用逗號，亦誤，見1186頁。臺灣本不誤，見1831頁。上古本不誤，見1753頁。

(20) 1216頁12行/1430頁上欄1行：毛傳：諸侯有大功則賜虎賁徒御。嘽嘽，徒行者、御車者嘽嘽喜樂也。

呂按：當標作：諸侯有大功則賜虎賁。徒御嘽嘽，徒行者、御車者嘽嘽喜樂也。"徒御嘽嘽"是經文，近在眉睫，何不一顧耶！《儒藏》本亦誤，見1200頁。臺灣本不誤，見1851頁。上古本不誤，見1779頁。

(21) 1223頁倒6行/1438頁上欄13行：孔疏：見其所乘之駉牡業業然動而高大，所從衆人之征夫捷捷然敏而樂事於其祖。

呂按："樂事"下當置句號。"於其祖"三字應屬下句。《儒藏》本亦誤，見1208頁。臺灣本不誤，見1863頁。上古本不誤，見1790頁。

(22) 1227頁8行/1442頁上欄15行：孔疏：服虔云："韓萬，晉大夫曲沃桓叔之子，莊伯之弟。"

呂按："晉大夫"下當置逗號。《儒藏》本亦誤，見1211頁。臺灣本不誤，見1868頁。上古本不誤，見1799頁。

(23) 1231頁倒11行/1447頁下欄17行：孔疏：不言雍州，而云"黑水西河"者，以《禹貢》大界，略言所至地形，不可如圖境界互相侵入。

呂按："地形"當屬下爲句。"如圖"下當置逗號。《儒藏》本亦誤，見1215頁。臺灣本不誤，見1873頁。上古本不誤，見1804頁。

(24) 1250頁17行/1469頁下欄12行：孔疏：王肅云："皇父以三公

而撫軍也,殊南仲,於王命親兵也。"

呂按:"殊南仲"下之逗號當刪去。"親兵"者,直接帶兵也。《儒藏》本亦誤,見1234頁。臺灣本不誤,見1903頁。上古本不誤,見1836頁。

(25) 1258頁倒1行/1479頁下欄5行:鄭《箋》:厥,其也。其,幽王也。

呂按:當標作:厥,其也,其幽王也。"其幽王也",意謂用"其"字來指代幽王也。鄭《箋》往往將人稱代詞活用作動詞。例如,《小雅·出車》:"我出我車,於彼牧矣。"鄭《箋》:"上我,我殷王也。下我,將率自謂也。"再如,《大雅·大明》:"上帝臨女。"鄭《箋》:"女,女武王也。"《儒藏》本亦誤,見1242頁。臺灣本不誤,見1915頁。上古本不誤,見1847頁。

(26) 1261頁第12行/1482頁上欄20行:孔疏:言三宮之夫人,亦容天子。三夫人,人各居一宮也。

呂按:"亦容天子"下之句號當刪去。《儒藏》本亦誤,見1244頁。《禮記·昏義》:"古者天子后立六宮、三夫人、九嬪、二十七世婦、八十一御妻,以聽天下之內治。"是其證。臺灣本不誤,見1918頁。上古本不誤,見1851頁。

(27) 1261頁第16行/1482頁下欄5行:孔疏:彼注云:"葉及早凉脆,采之風戾之,使露氣燥,乃可食鹽。"

呂按:"采之"當上屬爲句。《儒藏》本亦誤,見1245頁。臺灣本不誤,見1918頁。上古本不誤,見1851頁。

(28) 1276頁倒6行/1500頁下欄3行:孔疏:以頌者,告神之歌,由於政平神悅所致,故説政從神,下歌以報神,所以爲頌之意。

呂按:"下"字當屬上爲句。《儒藏》本亦誤,見1260頁。臺灣本不誤,見1939頁。上古本不誤,見1877頁。

(29) 1278頁第11行/1502頁上欄18行:孔疏:祭地得所,地不愛寶,山出器車,地生醴泉,銀甕丹甑金玉,百貨可盡爲人用焉。

呂按:"金玉"當屬下爲句。"百貨"下當置逗號。《儒藏》本亦誤,見1262頁。臺灣本不誤,見1941頁。上古本不誤,見1879頁。

（30）1280 頁第 1 行/1504 頁上欄 16 行：孔疏：《楚茨》經云"烝嘗"，序稱"祭祀"，是秋冬之祭亦以祀目之。此祀文王，自當在春餘，序之稱祀，不必皆春祀也。

呂按：據單疏本，"餘"上有"其"字。"其餘"二字當屬下爲句。《儒藏》本亦誤，見 1263 頁。臺灣本不誤，見 1945 頁。上古本不誤，見 1882 頁。

（31）1300 頁第 4 行/1527 頁上欄 19 行：孔疏：故《雜問志》云："不審周以何月，於《月令》則季秋正可。不審祭月必有大享之禮。"

呂按：核之《禮記·祭法》孔疏所引《雜問志》，"正可"二字當屬下爲句。《雜問志》引文止於"季秋"。《儒藏》本亦誤，見 1284 頁。臺灣本不誤，見 1975 頁。上古本不誤，見 1913 頁。

（32）1308 頁第 11 行/1537 頁上欄 18 行：《釋文》：將，七羊反，注同。《説文》作"戕戕"，行貌。

呂按：《説文》以下破句。當標作：《説文》作"戕"，戕，行貌。《儒藏》本亦誤，見 1293 頁。臺灣本不誤，見 1987 頁。上古本不誤，見 1924 頁。

（33）1313 頁倒 8 行/1543 頁下欄 8 行：孔疏：玄之聞也，賓者，敵主人之稱，而《禮》，諸侯見天子稱之曰賓，不純臣，諸侯之明文矣。

呂按："不純臣"下之逗號當删去。《儒藏》本亦誤，見 1298 頁。臺灣本不誤，見 1994 頁。上古本不誤，見 1931 頁。

（34）1321 頁倒 7 行/1553 頁上欄 11—12 行：孔疏：鄭云："以至於畿，則中雖有都、鄙，遂人盡主其地。"是都、鄙與遂同制，此法明其共爲部也。

呂按：兩個"都、鄙"中間的頓號都應删去。"都鄙"是一個詞，鄭玄注《周禮·天官·太宰》云："都鄙，公卿大夫之采邑、王子弟所食邑。"《儒藏》本亦誤，見 1306 頁。臺灣本不誤，見 2006 頁。上古本不誤，見 1940 頁。

（35）1324 頁 13 行/1555 頁下欄 6 行：孔疏：色潔白之水鳥而集於澤，誠得其處也，以興有威儀之杞、宋。往，行也。

呂按："宋"下之句號與"往"下之逗號，皆應删去。觀下文可知。《儒藏》本亦誤，見 1308 頁。臺灣本不誤，見 2011 頁。上古本不誤，見 1952 頁。

（36）1335 頁 7 行/1568 頁上欄 11 行：孔疏：以今禘祭，則皇考又安佑我之孝子,得年有秀眉之壽,光大孝子以繁多之福也。

呂按:"得年"當屬上爲句。《儒藏》本亦誤,見 1318 頁。臺灣本不誤,見 2026 頁。上古本不誤,見 1964 頁。

(37) 1340 頁倒 10 行/1574 頁下欄 13—14 行:孔疏:《檀弓》曰:"殷人戎事,乘翰翰白色馬。"雖戎事,乘之亦以所尚,故白言"亦白其馬"……

呂按:《儒藏》本作:孔疏:《檀弓》曰:"殷人戎事,乘翰翰白色馬。"雖戎事,乘之亦以所尚,故白。言"亦白其馬"……

按:此句既有引文多引,又有多處破句。今爲之整理如下:《檀弓》曰:"殷人戎事乘翰。"翰,白色馬。雖戎事乘之,亦以所尚故白。言"亦白其馬"……

除最後一句外,《儒藏》本誤同北大本,見 1324 頁。臺灣本不誤,見 2034 頁。上古本不誤,見 1971—1972 頁。

(38) 1367 頁 2 行/1607 頁下欄 4 行:孔疏:直言"自堂徂基"何?知非廟堂之基者。以繹禮在門,不在廟,故知非廟堂也。

呂按:當標作:直言"自堂徂基",何知非廟堂之基者,以繹禮在門,不在廟,故知非廟堂也。《儒藏》本亦誤,見 1351 頁。臺灣本不誤,見 2076 頁。上古本不誤,見 2013 頁。

(39) 1430 頁 7 行/1683 頁上欄 1—2 行:《商頌譜》:自後政衰,散亡商之禮樂,七世至戴公時,當宣王,大夫正考父者,校商之名頌十二篇於周太師,以《那》爲首,歸以祀其先王。

呂按:"散亡"當屬上爲句,"時"字當屬下爲句。《儒藏》本亦誤,見 1413 頁。臺灣本不誤,見 2170 頁。上古本不誤,見 2109 頁。

(40) 1456 頁 3 行/1713 頁上欄 3—4 行:孔疏:言天之所以命契之事,自契之後,世世行而不違失,天心雖已漸大,未能行同於天。

呂按:"天心"當上屬爲句。《儒藏》本亦誤,見 1439 頁。臺灣本不誤,見 2207 頁。上古本不誤,見 2143 頁。

(三)北大本、臺灣本誤而《儒藏》本、上古本不誤者凡十例:

(1) 1034 頁 8 行/1215 頁上欄 11 行:孔疏:故天命文王使伐之人道,

貴其識古知今。

呂按:"人道"二字當屬下爲句。鄭《箋》云:"其爲人,不識古,不知今。"可證。臺灣本作"故天命文王使伐人之,道貴其識古知今"亦誤,且失校,見1579頁。《儒藏》本不誤,見1017頁。上古本不誤,見1484頁。

(2) 1034頁倒5行/1215頁下欄5行:孔疏:"怨偶曰仇",《左傳》云方者,居一方之辭,故爲傍國之諸侯。

呂按:"云",據單疏本,當作"文"。"文"下當置句號。臺灣本誤同北大本,見1579頁。《儒藏》本不誤,出了校勘記,見1018頁。上古本不誤,見1484頁。

(3) 1166頁倒9行/1370頁下欄10行:孔疏:用戒戎,作爲中國,則用剔蠻方爲夷狄。

呂按:第一,"用戒戎"下之逗號當删去;第二,"用戒戎作"與"用剔蠻方"皆是經文原文,當加引號,因爲這是經文原文。臺灣本誤同北大本,見1777頁。《儒藏》本不誤,見1150頁。上古本不誤,見1702頁。

(4) 1254頁第16行/1474頁下欄4行:孔疏:既敗其根本,又窮其枝葉,因復使人治彼淮浦之旁有罪之國,皆執而送之,來就王師之所而聽誓言,盡得其支黨也。

呂按:"言"字當屬下爲句。臺灣本亦誤,見1908頁。《儒藏》本不誤,見1238頁。上古本不誤,見1841頁。

(5) 1257頁第1行/1477頁上欄13行:鄭《箋》:仰視幽王爲政,則不愛我下民甚久矣。天下不安,王乃下此大惡以敗亂之。

呂按:"甚久矣"當屬下爲句。"甚久矣天下不安",就是經文的"孔填不寧"的鄭玄譯文。臺灣本亦誤,見1912頁。上古本不誤,見1844頁。

(6) 1262頁倒11行/1484頁上欄4行:孔疏:此經與上義相配成天,刺神不福,皆由政惡所致。

呂按:"天"字當屬下爲句。此覆説經文"天何以刺?何神不富"?臺灣本亦誤,見1920頁。《儒藏》本不誤,見1246頁。上古本不誤,見1853頁。

（7）1277頁13行/1501頁上欄14—15行（按：繁體字本已改正）：孔疏：《大傳》曰："自禰率而上之至於祖遠者輕仁也；自祖率而下之至於禰高者，重義也。"

吕按："重"字當屬上爲句。宜標作：《大傳》曰："自禰率而上之至於祖，遠者輕，仁也；自祖率而下之至於禰，高者重，義也。"臺灣本標作"自禰率而上之，至於祖遠者，輕仁也；自祖率而下之，至於禰高者，重義也"，亦誤，見1940頁。《儒藏》本不誤，見1261頁。上古本不誤，見1878頁。

（8）1278頁倒6行/1503頁上欄5行：孔疏：頌之作也，主爲顯神，明多由祭祀而爲……

吕按："明"字當屬上爲句。臺灣本亦誤，見1942頁。《儒藏》本不誤，見1262頁。上古本不誤，見1880頁。

（9）1287頁10行/1513頁上欄3—4行（按：繁體字本已改正）：孔疏：杜預曰："籥舞者，所執南籥以籥舞也。"

吕按："籥"，同"籥"。檢《左傳》襄公二十九年杜注，當標作：杜預曰："籥，舞者所執。《南籥》，以籥舞也。"臺灣本亦誤，見1956頁。《儒藏》本不誤，見1271頁。上古本不誤，見1891頁。

（10）1364頁第5行/1604頁上欄7行：孔疏：然則社稷用黝，牛色以黑。而用黃者，蓋正禮用黝，至於報功，以社是土神，故用黃色。

吕按："牛色以黑"下之句號當删去。《儒藏》本不誤，見1348頁。臺灣本作"然則社稷用黝牛，色以黑而用黃者"，"牛"字上屬，亦誤，見2072頁。《儒藏》本不誤，見1348頁。上古本不誤，見2010頁。上古本並據單疏本改"色"爲"當"，是。

（四）北大本、《儒藏》本、臺灣本、上古本四本皆誤者，凡二例：

（1）1036頁10行/1217頁下欄8行：孔疏：《春官·肆師》注云："類，禮依郊祀而爲之。"

吕按："禮"字當屬上爲句。臺灣本作"類禮依郊祀而爲之"，八字爲一句，亦非，見1581頁。《儒藏》本亦誤，見1019頁。上古本誤同臺灣本，見1486頁。據《周禮·肆師》鄭注可知，此"類禮"乃被解釋詞。

（2）1233 頁 5 行/1449 頁下欄 10—11 行：鄭《箋》：人君之車曰路車，所駕之馬曰乘馬。

呂按：下"車"字當屬下爲句。臺灣本亦誤，見 1877 頁。《儒藏》本亦誤，見 1217 頁。上古本亦誤，見 1806 頁。

（五）北大本、《儒藏》本、臺灣本不誤而上古本獨誤者，凡二例：

（1）1112 頁倒 11 行/1306 頁下欄 16 行：哀六年《公羊傳》稱"陳乞欲立公子陽生，盛之巨囊"。而内可以容人，是其大也。

呂按：此亦是撮引傳意之文，不當引。"巨囊"後之句號宜作逗號。臺灣本不誤，見 1696 頁。《儒藏》本不誤，見 1097 頁。上古本"而内"二字屬上，破句，見 1611 頁。

（2）1162 頁 5 行/1365 頁上欄 19 行：稱"人亦有言"者，《牧誓》文亦如此，注云："以古賢之言爲驗。"

呂按：北大本標點不誤，臺灣本亦不誤，見 1770 頁。《儒藏》本亦不誤，見 1146 頁。上古本作"《牧誓》文。亦如此注云"，破句，見 1695 頁。

（六）北大本、《儒藏》本、上古本三本不誤而臺灣本獨誤者，凡一例：

1157 頁 4 行/1359 頁下欄 2 行："侯作侯祝"毛傳："作、祝，詛也。"

呂按：《儒藏》本不誤，見 1141 頁。上古本不誤，見 1688 頁。臺灣本標作"作，祝詛也"，破句，見 1763 頁。毛傳是用一個"詛"字來解釋經文的"作""祝"二字。

七　四種整理本《毛詩注疏》引文標點平議

筆者認爲，整理注疏一類的古書，應該把引號使用的得當與否放在非常重要的位置來考慮。整理得好與不好，在很大程度上取決於引號的使用是否得當。引號使用得當，古人的口吻也就基本上惟妙惟肖地傳達給讀者；反之，則將使讀者不知所云，如墜五里霧中。其實這並不難理解。疏的任務，一是解釋經文，二是解釋注文。在它解釋某句經文或注文時，總要以"云……者"的句型開頭,活脫脫一個苦口婆心的課堂教師形象:"同學們,這句話怎樣講呢?"句句如此,這可以說是《正義》的口頭禪。這還只是提出問題,緊接著還要講這句話究竟怎樣講,甚至句中的某個字怎樣講,而講解的基本方法就是引經據典,並非滕口爲説。換言之,這類書中,充斥著引經據典。隨便你翻開哪一頁,都是如此。而這種滿紙的引經據典,恰恰是此類書的學術價值所在。爲了達意,就需要我們在凡是該加引號之處都加引號。而加引號是個難題,需要字字句句核對原書,下大功夫。筆者忝列古籍整理工作者,也曾爲引號問題大傷腦筋,栽過跟頭。任繼愈在點校本二十四史及《清史稿》修訂工程第一次修纂工作會議上發言説:"第五點就是標點。引號就容易出錯,起頭容易,到哪兒刹住?這個很容易弄不對。如果書裏再引書,更容易出錯,要重點注意。"①確是深味個中甘苦的至理名言。

本文的引文標點平議,其例子也是選自《毛詩注疏》的後五卷,爲全書卷數的四分之一。共計八十七例,分爲五類:一、多引,凡三十二例。其中,北大本三十二例皆誤,《儒藏》本誤二十七例,上古本誤零例。二、少引,凡二十五例。其中北大本二十五例皆誤,《儒藏》本誤十五例,上古本誤零例。三、當引而未引,凡十六例。其中北大本十六例皆誤,《儒藏》本誤十二例,上古本誤一例。四、不當引而引,凡五例。其中北大本五例皆誤,《儒藏》本誤三例,上古本誤零例。五、暗引,凡九例。其中北大本九例皆誤,《儒藏》本誤七例,上古本誤一例。

引文的情況,臺灣本比較另類,下文專題討論。

(一) 多引例

(1) 960頁第11行/1125頁上欄9行(按:繁體字本已改正):《白虎通》曰:"諸侯繼世者,南面之君,體陽而行,陽道不絕。大夫人臣,北面體陰而行,陰道有絕故也。此托之陰陽之義。其實諸侯以大功而封故也,卿大夫本以佐君,欲令非賢不可,所以不世也。其得世者,又違常法,以大功

―――――――――

① 中華書局點校本"二十四史"及《清史稿》修訂工程辦公室編《點校本"二十四史"及〈清史稿〉修訂工程簡報》5期,2007年,13頁。

而許之耳。"

吕按：按之《白虎通·封公侯》，引文止於"陰道有絶故也"。此句以下之八句，乃多引。《儒藏》本不誤，見944頁。上古本不誤，見1374頁。

（2）961頁第18行/1126頁下欄3行（按：繁體字本已改正）：《曲禮下》云"大夫濟濟，謂行容之貌"，與此別。

吕按："謂行容之貌"，非《曲禮下》文，不當引。《儒藏》本亦誤，見945頁。上古本不誤，見1376頁。

（3）963頁倒12行/1129頁上欄9行：《周禮·弁師》注云："弁，古冠之大號，官名弁師，職掌五冕。"故知弁是大名也。

吕按："官名弁師，職掌五冕"是疏文，非注文。《儒藏》本亦誤，見948頁。上古本不誤，見1379頁。

（4）965頁倒2行/1131頁下欄17—18行：《中庸》注云："無知其臭氣者，聞即知也。"

吕按："聞即知也"是孔疏語，不當引。《儒藏》本亦誤，見950頁。上古本不誤，見1383頁。

（5）981頁第8行/1150頁上欄18行：孔疏：孔安國云："漆沮一名洛水，漆沮爲一。"蓋沮一名沮水，孔連言之。

吕按："漆沮爲一"乃孔疏語，不當引。《儒藏》本不誤，見965頁。上古本不誤，見1406頁。

（6）1044頁第11行/1226頁下欄1行：孔疏：孫炎曰："業所以飾栒，刻板捷業，如鋸齒也。其懸鐘磬之處，又以采色爲大牙，其狀隆然，謂之崇牙。"

吕按："其懸鐘磬之處"以下四句是孔疏語，不當引。《儒藏》本在"謂之崇牙"之後還有"言崇牙之狀樅樅然。《有瞽》曰：'設業設虡，崇牙樹羽'"四句，走得更遠了。見1027頁。上古本不誤，見1502頁。

（7）1078頁第6行/1266頁上欄17行：《冬官·旊人》"掌爲瓦器"，而云"豆中懸"，鄭云："懸繩正豆之柄，瓦亦名豆也。"

吕按："瓦亦名豆也"是孔疏語，不當引。《儒藏》本亦誤，見1061頁。

177

上古本不誤,見 1549 頁。

（8）1099 頁第 1 行/1290 頁下欄 3 行：若繹祭之禮,則《郊特牲》注云:"枋當於廟門之外西室,繹又於其堂,不專在廟門。"明在廟爲正祭也。

呂按:"不專在廟門"是孔疏語,不當引。《儒藏》本亦誤,見 1082 頁。上古本不誤,見 1584 頁。

（9）1120 頁倒 8 行/1317 頁上欄 10 行：孫炎曰:"夕乃見日,然則陽即日也。夕始得陽,故名夕陽。"

呂按:孫炎,疑當作"郭璞"。郭璞注僅四字:"夕乃見日。""然則陽即日也"以下三句是孔疏語。《儒藏》本亦誤,見 1105 頁。上古本不誤,見 1620 頁。

（10）1131 頁倒 8 行/1329 頁下欄 2 行：《特牲》注云:"佐食,賓佐尸食者。佐,助也。"

呂按:"佐,助也"是孔疏語,不當引。《儒藏》本亦誤,見 1115 頁。上古本不誤,見 1642 頁。

（11）1134 頁第 11 行/1333 頁上欄 2 行：孔疏：京房《易傳》曰:"鳳皇高丈二,漢時鳳皇數至。"

呂按:"漢時鳳皇數至"是孔疏語,不當引。《儒藏》本亦誤,見 1118 頁。上古本不誤,見 1645 頁。

（12）1135 頁第 3 行/1333 頁下欄 2 行：孔疏：以《左傳》言"維命者,皆謂受其節度,聽其進止",

呂按:當標作：以《左傳》言"維命"者,皆謂受其節度,聽其進止。《儒藏》本亦誤,見 1118 頁。上古本不誤,見 1646 頁。維,上古本校改作"唯",是。

（13）1169 頁第 7 行/1374 頁上欄 4 行：孔疏：武王謂諸侯云:"我友邦冢君是朋友。"謂諸侯亦可以兼群臣公卿也。

呂按:"我友邦冢君",《尚書·泰誓》文。多引導致破句。全句應標作：武王謂諸侯云:"我友邦冢君。"是朋友謂諸侯,亦可以兼群臣公卿也。《儒藏》本亦誤,見 1153 頁。上古本不誤,見 1705 頁。

（14）1184頁第1行/1391頁上欄3行：孔疏：而《樂記》云"君子聽笙竽簫管之聲，則思畜聚之臣，復思得之"者，……

吕按："復思得之者"是孔疏語，不當引。《儒藏》本亦誤，見1168頁。上古本不誤，見1732頁。

（15）1239頁倒2行/1457頁下欄9行：孔疏：又《秋官・貉隸》注云"征東北夷，所獲是貉"者，東夷之種，而分居於北。

吕按：此處由於多引而造成破句。全句當標作：《秋官・貉隸》注云"征東北夷所獲"，是貉者，東夷之種，而分居於北。《儒藏》本亦誤，見1224頁。上古本不誤，見1814頁。

（16）1243頁第4行/1461頁上欄20行：孔疏：《玉藻》云："士曰傳遽之臣。"注云："傳遽，以車馬給使者也，謂若今時乘驛遞傳而遽疾，故謂之傳遽也。"

吕按："謂若今時乘驛遞傳而遽疾，故謂之傳遽也"是孔疏語，不當引。《儒藏》本亦誤，見1227頁。上古本不誤，見1819頁。

（17）1244頁第15行/1463頁上欄5行：孔疏：何休云："躁，迫也。已，甚也。蹙，痛也。蓋戰迫之而甚痛。"

吕按："蓋戰迫之而甚痛"是孔疏語，不當引。《儒藏》本亦誤，見1228頁。上古本不誤，見1820頁。

（18）1266頁第8行/1488頁上欄20行：《閽人職》曰："掌守王宮之中門之禁。"注云："中門於外、内爲中。天子五門，雉門爲中門。"

吕按："天子五門，雉門爲中門"是孔疏語，不當引。《儒藏》本亦誤，見1250頁。上古本不誤，見1858頁。

（19）1277頁第11行/1501頁上欄11行：故鄭云："教令由社下者，由社廟下於人君也。"

吕按：鄭注僅"教令由社下者"一句，觀上文可知。《儒藏》本亦誤，見1261頁。上古本不誤，見1878頁。

（20）1295頁第2行/1522頁上欄10行：王肅難鄭云："禹之時，土廣三倍於堯，計萬里爲方五千里者四。而肅謂三倍，則除本而三。此云五倍,蓋亦除本而五,並本爲六也。"

吕按:此處多引,且導致破句。全句應標作:王肅難鄭云:"禹之時,土廣三倍於堯,計萬里,爲方五千里者四。"而肅謂三倍,則除本而三。此云五倍,蓋亦除本而五,並本爲六也。《儒藏》本亦誤,見 1279 頁。上古本不誤,見 1901 頁。

(21) 1303 頁倒 8 行/1531 頁下欄 12 行:《王制》注亦云:"柴祭天,告至也。云望秩者,山川之神,望其所在,以尊卑次秩祭之。"

吕按:"云望秩者"以下四句是孔疏語,不當引。《儒藏》本亦誤,見 1287 頁。上古本不誤,見 1917 頁。

(22) 1313 頁倒 3 行/1543 頁下欄 15 行:《小行人》云:"凡四方之使,大客則擯,小客則受其幣,聽其辭。見於夷狄,君臣亦稱賓客,則四夷諸侯亦不純臣也。此則天子於諸侯之義耳。若諸侯於天子,皆純臣矣。"

吕按:"見於夷狄"以下六句是孔疏語,不當引。《儒藏》本不誤,見 1298 頁。上古本不誤,見 1931 頁。

(23) 1317 頁第 8 行(按:繁體字本誤作:"孟春祈穀於上帝","夏則龍見而雩"是與? 見 1548 頁上欄 2 行):《月令》"孟春祈穀於上帝,夏則龍見而雩"是與?

吕按:"夏則龍見而雩"非《月令》語,乃孔疏語,不當引。《儒藏》本不誤,見 1302 頁。上古本不誤,見 1935 頁。

(24) 1318 頁 11 行/1549 頁上欄 14 行:《月令》"孟春祈穀於上帝"之下注云:"上帝大微五帝者,亦謂祈穀所祭也。"

吕按:注云之文當標作:注云"上帝,大微五帝"者,亦謂祈穀所祭也。《儒藏》本亦誤,見 1303 頁。上古本不誤,見 1936 頁。

(25) 1323 頁倒 13 行/1543 頁下欄 15 行:《樂記》注云:"投者,舉徙之辭。謂微子在殷,先有國邑,今舉而徙之,別封宋國也。"

吕按:"謂微子在殷"以下三句是孔疏語,不當引。《儒藏》本亦誤,見 1307 頁。上古本不誤,見 1950 頁。

(26) 1324 頁倒 4 行/1554 頁下欄 3 行:《皋陶謨》曰:"虞賓在位,此及有瞽。"皆云我客。

吕按：由於多引造成。全句當標作：《皋陶謨》曰："虞賓在位。"此及《有瞽》，皆云"我客"。《儒藏》本不誤，見1308頁。上古本不誤，見1952頁。

（27）1326頁第5行/1557頁上欄17行："稌，稻"，《釋草》文，郭璞曰："今沛國呼稻爲稌是也。"

吕按："是也"二字不當引，此蓋不熟悉古人文例所致。《儒藏》本亦誤，見1310頁。上古本不誤，見1954頁。

（28）1332頁第3行/1564頁下欄5行：（《月令》）注云："此時魚絜美，故特薦之。"

吕按："故特薦之"是孔疏語，不當引。《儒藏》本亦誤，見1316頁。上古本不誤，見1960頁。

（29）1366頁倒1行/1607頁下欄4行：《白虎通》云："所以必有塾何？欲以飾門，因取其名，明臣下當見於君，必熟思其事，是塾爲門之堂也。"

吕按："是塾爲門之堂也"一句是孔疏語，不當引。《儒藏》本在"是塾爲門之堂也"下更引有"直言'自堂徂基'何？知非廟堂之基者，以繹禮在門不在廟，故知非廟堂也"四句，走得更遠了。見1351頁。上古本不誤，見2013頁。

（30）1442頁倒3行/1697頁下欄5行：鄭《駁異義》云："三年一祫，百王通義，則殷之祫祭，三年一爲。"

吕按："則殷之祫祭，三年一爲"是孔疏語，不當引。《儒藏》本亦誤，見1425頁。上古本不誤，見2124頁。

（31）1447頁倒6行/1703頁下欄3行：《月令》注云："是時恒在桑，言降者，若始自天來，重之，故稱降也。"

吕按："故稱降也"是孔疏語，不當引。《儒藏》本亦誤，見1430頁。上古本不誤，見2128頁。

（32）1456頁第10行/1713頁上欄16行：而《孔子閒居》注云：

"《詩》讀湯齊爲湯躋者,言三家《詩》有讀爲躋者也。"

呂按:當標作:《孔子閒居》注云"《詩》讀湯齊爲湯躋"者,言三家《詩》有讀爲躋者也。《儒藏》本亦誤,見 1439 頁。上古本不誤,見 2144 頁。

(二) 少引例

(1) 959 頁第 4 行/1123 頁上欄 15 行:王肅云:"文王能布陳大利,以錫予人,故能載行周道,致有天下。"維文王孫子受而行之,美其本支子孫。言文王之功德,其大宗與支子相承百世之道。

呂按:"維文王孫子受而行之"以下四句也是王肅語,當引。《儒藏》本亦少引,見 943 頁。上古本不誤,見 1373 頁。

(2) 963 頁第 12 行/1128 頁下欄 16 行:桓九年《公羊傳》曰:"京師者何? 天子之居也。京者何? 大也。師者何? 衆也。"天子之居,必以衆大之辭言之。

呂按:"天子之居"以下二句也是《公羊傳》文,當引。《儒藏》本亦少引,見 947 頁。上古本不誤,見 1379 頁。

(3) 971 頁第 7 行/1138 頁上欄 2 行:《説文》云:"倪,諭也。"《詩》云:"倪天之妹。"

呂按:"《詩》云'倪天之妹'"也是《説文》文,當引。《儒藏》本未少引,見 955 頁。上古本不誤,見 1394 頁。

(4) 997 頁第 13 行/1169 頁下欄 8 行:故注云:"禋之言煙,周人尚臭,煙氣之臭聞者也。"三祀皆積柴,實牲體焉。或有玉帛,燔燎而升煙,所以報陽也。

呂按:"三祀皆積柴"以下五句也是《大宗伯》注文,當引。《儒藏》本未少引,見 982 頁。上古本不誤,見 1434 頁。

(5) 1046 頁第 15 行/1229 頁上欄 5 行:(《曲禮》下)注云:"登,上也。遐,已也。"上已者,若僊去云耳。

呂按:"上已者,若僊去云耳"也是注文,當引。《儒藏》本未少引,見 1029 頁。上古本不誤,見 1505 頁。

（6）1059頁第3行/1243頁下欄6行：焦喬答云："先契之時，必自有禖氏祓除之祀，位在南郊，蓋以玄鳥至之日祀之矣。"然得禘祀，乃於上帝也。娀簡吞鳦有子之後，後王以爲禖官嘉祥，祀之以配帝，謂之高禖。毛傳亦云："郊禖"者，以古自有於郊克禋之義，又據禮之成文耳。祀天而以先禖配之，義如后土祀以爲社。

吕按："然得禘祀"以下十一句也是焦喬答文，觀下文可知，當引。《儒藏》本未少引，見1042頁。上古本不誤，見1527頁。

（7）1114頁倒3行/1309頁下欄7—8行：桓二年《左傳》曰："衮、冕、黻、珽、帶、裳、幅、舄，昭其度也。藻、率、鞞、琫、鞶、厲、游、纓，昭其數也。"夫德儉而有度，登降有數。

吕按："夫德儉而有度，登降有數"也是《左傳》文，當引。《儒藏》本未少引，見1099頁。上古本不誤，見1613頁。

（8）1170頁倒10行/1375頁下欄3行：趙岐云："脅肩，竦體也。謟笑，強笑也。病，極也。"言其意苦勞極甚，於仲夏之月，治畦灌園之勤。

吕按："言其意苦勞極甚"以下三句也是趙岐注文，當引。《儒藏》本亦少引，見1154頁。上古本不誤，見1706頁。

（9）1171頁第4行/1377頁上欄15行：注云："厞，隱也。不知神之所在，或者遠人乎？"尸謖而改饌爲幽闇，庶其饗之。

吕按："尸謖而改饌爲幽闇，庶其饗之"也是《特牲禮》注文，當引。觀下文可知。《儒藏》本亦少引，見1155頁。上古本不誤，見1707頁。

（10）1209頁第5行/1421頁下欄3行：郭璞《爾雅》注云："霍山，今在廬江潛縣西南，別名天柱山。漢武帝以衡山遼曠，移其神於此。今其土俗人皆呼之爲南岳。"南岳本自以兩山爲名，非從近也。而學者多以霍山不得爲南岳，又言從漢武帝始乃名之。如此言，爲武帝在《爾雅》前乎？斯不然矣。

吕按："南岳本自以兩山爲名"以下七句也是郭璞注文，當引。觀下文可知。《儒藏》本亦少引，見1193頁。上古本不誤，見1769頁。

（11）1212頁倒11行/1425頁下欄4行：《地官·小司徒職》曰："乃

經土地，而井牧其田野，而令貢賦。"凡稅斂之事，

呂按："凡稅斂之事"也是注文，當引。《儒藏》本亦少引，見 1196 頁。上古本不誤，見 1774 頁。

(12) 1212 頁倒 3 行/1426 頁上欄 4 行:《有司徹》云："主人降獻私人。"注云："大夫言私人。"明不純臣。

呂按："明不純臣"，也是注文，當引。《儒藏》本亦少引，見 1197 頁。上古本不誤，見 1774 頁。"主人降"下，宜置逗號。

(13) 1227 頁第 11 行/1442 頁上欄 21 行：韋昭云："近宣王時，命韓侯爲侯伯，其後爲晉所滅，以爲邑，以賜桓叔之子萬，是爲韓萬。"則其亡在平王時也。

呂按："則其亡在平王時也"也是韋昭云，當引。《儒藏》本亦少引，見 1211 頁。上古本不誤，見 1799 頁。

(14) 1232 頁倒 13 行/1449 頁上欄 3 行：《巾車》注云："鉤，婁頷之鉤。"樊讀如磬帶之磬，謂今馬大帶纓。今馬鞅鉤，以金爲之。樊及纓皆以五采罽飾之。

呂按：少引六句，且多有破句。今爲之整理如下：《巾車》注云："鉤，婁頷之鉤。樊，讀如磬帶之磬，謂今馬大帶。纓，今馬鞅。鉤，以金爲之。樊及纓，皆以五采罽飾之。"此條注文是摘引。《儒藏》本之少引及破句與北大本同，見 1216 頁。上古本不誤，見 1805 頁。唯"鉤，以金爲之"之"鉤"下，少置逗號。

(15) 1236 頁第 10 行/1453 頁上欄 21 行：莊十九年《公羊傳》曰："媵者何？諸侯娶一國則二國往媵之，以姪娣從。姪者何？兄之子。娣者何？女弟也。"諸侯一娶九女。

呂按："諸侯一娶九女"也是傳文，當引。《儒藏》本未少引，見 1220 頁。上古本不誤，見 1810 頁。

(16) 1246 頁倒 6 行/1465 頁下欄 11 行：《王制》云："三公一命袞若有加。"則賜三公八命……

呂按：少引且破句。今整理如下：《王制》云："三公一命袞，若有加，

则赐。"三公八命。《儒藏》本亦少引,且破句,见 1231 页。上古本不误,见 1823 页。

(17) 1274 页倒 6 行/1498 页上栏 13 行:《载见》《笺》云"诸侯始见君王",谓见成王也。

吕按:"谓见成王也",也是郑《笺》文,当引。《儒藏》本亦少引,见 1258 页。上古本不误,见 1875 页。

(18) 1276 页倒 6 行—1277 页倒 13 行/1500 页下栏 1 行—1501 页上栏倒 2 行(按:繁体字本已改正):《礼运》曰:"政也者,君之所以藏身也。"是故夫政必本于天,殽以降命。命降于社之谓殽地,降于祖庙之谓仁义,降于山川之谓兴作,降于五祀之谓制度。

吕按:"是故夫政必本于天"以下六句,也是《礼运》文,当引。《儒藏》本之少引与北大本同,见 1260—1261 页。上古本不误,见 1877—1878 页。

(19) 1278 页第 7 行/1502 页上栏 11 行(按:繁体字本已改正):故郑云:"信得其礼,则神物与人皆应之。"百神,列宿也。百货,金玉之属。

吕按:"百神,列宿也。百货,金玉之属"也是郑注文,当引。《儒藏》本未少引,见 1262 页。上古本不误,见 1879 页。

(20) 1290 页第 3 行/1516 页上栏 14 行:《春秋》文六年,"闰月不告朔",犹朝于庙。

吕按:"犹朝于庙",也是传文,当引。《儒藏》本二句均未引,见 1274 页。上古本不误,见 1894 页。

(21) 1292 页第 11 行/1519 页上栏 6—7 行(按:繁体字本已改正):王肃云:"武王得天下,因殷诸侯无大累于其国者,就立之。"序,继也,思继续先人之大功而美之。

吕按:"序,继也,思继续先人之大功而美之",也是王肃文,当引。《儒藏》本未少引,见 1276 页。上古本不误,见 1897 页。

(22) 1299 页第 6 行/1526 页上栏 17—18 行:王肃云:"言其修德常如始。"《易》曰:"日新之谓盛德。"义当然也。

吕按:"《易》曰:日新之谓盛德",也是王肃文,当引。《儒藏》本亦少引,見1283頁。上古本不誤,見1912頁。

(23) 1323頁倒9行/1554頁下欄11行(按:繁體字本已改正):《史記·宋世家》亦云:"周武王克殷,微子乃持其祭器,造於軍門肉袒面縛……於是武王乃釋微子,復其位。"如故言復位似還爲微子,

呂按:少引,且破句。"如故"二字也當引。《儒藏》本未少引,見1307頁。上古本不誤,見1950頁。

(24) 1354頁倒2行/1593頁上欄5—6行:注云:"其屬,府、史、胥、徒也。耨,芸芋也。王以孟春躬耕帝籍,天子三推,三公五推,卿、諸侯九推,庶人終於千畝。"庶人謂徒三百人。籍之言借也。王一耕之,而使庶人芸芋終之。

呂按:"庶人謂徒三百人"以下四句,也是《天官序》注文,當引。《儒藏》本之少引與北大本同,見1339頁。上古本不誤,見1999頁。

(25) 1370頁第9行/1611頁上欄18行:宣十二年《左傳》引此云"遵養時晦",耆昧也。

呂按:當標作:宣十二年《左傳》引此云:"'遵養時晦',耆昧也。"《儒藏》本未少引,見1355頁。上古本不誤,見2017頁。

(三)當引而未引例

(1) 1061頁第3行/1246頁上欄6—8行:答曰:即姜嫄誠帝嚳之妃,履大人之迹而歆歆然,是非真意矣。乃有神氣,故意歆歆然。天下之事,以前驗後,其不合者,何可悉信?是故悉信亦非,不信亦非。稷稚於堯,堯見爲天子,高辛與堯並在天子位乎?是《箋》易傳之意也。

呂按:自"答曰"以下至"是《箋》易傳之意也"數句皆是鄭玄答語,當引。《儒藏》本已引,見1044頁。上古本已引,見1529頁。

(2) 1091頁第15行/1281頁下欄7—9行:注云:康寧,人平安也。攸好德,人皆好有德也。考終命,考,成也;終性命,謂皆生佼好以至老也。此五者皆是善事,自天受之,故謂之福。福者,備也。備者,大順之總名。

呂按:"注云"以下,皆鄭玄《洪範》注文,當引。《儒藏》本已引,見1075頁。上古本已引,見1574頁。

（3）1114 頁倒 11 行/1309 頁上欄 13 行：李巡曰：廣平謂土地寬博而平正也。衆、多，一也，丁寧言之耳。

吕按："廣平謂土地寬博而平正也"一句當引。《儒藏》本已引，見 1098 頁。上古本已引，見 1613 頁。

（4）1152 頁第 5 行/1353 頁下欄 5 行：襄十四年《左傳》成國不過半天子之軍。周爲六軍，諸侯之大者，三軍可也。

吕按：皆《左傳》文，當引。《儒藏》本亦未引，見 1135 頁。上古本僅引首句，見 1668 頁。

（5）1181 頁倒 3 行/1388 頁上欄 20—21 行：王肅以爲，如今之政，其何能善，但君臣相與陷溺而已。如此，理亦可通。

吕按："如今之政，其何能善？但君臣相與陷溺而已"三句當引。《儒藏》本亦未引，見 1165 頁。上古本已引，見 1728 頁。

（6）1203 頁第 7 行/1414 頁上欄 7 行：《曲禮》又有君膳不祭肺，馬不食穀，與此徹膳、不秣意同而文異耳。

吕按："君膳不祭肺，馬不食穀"二句當引。《儒藏》本亦未引，見 1187 頁。上古本已引，見 1754 頁。

（7）1209 頁第 10 行/1421 頁下欄 9—10 行：《周語》説堯使禹治水，四岳佐之，帝嘉禹德，賜姓曰姒，氏曰有夏。祚四岳國爲侯伯，氏曰有吕。此一王四伯。

吕按："賜姓曰姒，氏曰有夏。祚四岳國爲侯伯，氏曰有吕。此一王四伯"五句當引。《儒藏》本亦未引，見 1193 頁。上古本已引，見 1769 頁。

（8）1231 頁倒 9 行/1448 頁上欄 2 行：《周禮・職方氏》正北曰并州，韓屬并州矣。

吕按："正北曰并州"一句當引。《儒藏》本亦未引，見 1215 頁。上古本已引，見 1804 頁。

（9）1281 頁第 2 行/1505 頁上欄 21 行：案《鄭志》説《顧命》，成王崩於鎬，因先王之宫，故有左右房，爲諸侯制也。是文、武之世，路寢未如明堂。

呂按："成王崩於鎬，因先王之宮，故有左右房，爲諸侯制也"四句當引。《儒藏》本亦未引，見1265頁。上古本已引，見1883頁。

（10）1281頁第11行/1505頁下欄14行：《書傳》説周公攝政五年營成周，故知洛邑亦以五年成之也。

呂按："周公攝政五年營成周"一句當引。《儒藏》本亦未引，見1265頁。又，《儒藏》本"書傳"未加書名號，非。此謂《尚書大傳》也。上古本已引，見1883頁。

（11）1284頁第2行/1509頁上欄5行：《洛誥》説七年時事，周公猶戒成王，使肇稱殷禮，祀於新邑，則是成王即政，始用周禮也。

呂按："肇稱殷禮，祀於新邑"八字當引。《儒藏》本亦未引，見1268頁。上古本已引，見1887頁。

（12）1297頁第10行/1524頁上欄15行（按：繁體字本已改正）：注云：天神則主北極，地祇則主崑崙。彼以二至之日祭之於丘，不在於郊。

呂按："天神則主北極，地祇則主崑崙"二句當引，是《周禮·大司樂》注文。《儒藏》本已引，見1281頁。上古本已引，見1910頁。

（13）1307頁第1行/1535頁下欄8行：玄謂以《文王》《鹿鳴》言之，則《九夏》皆詩篇名，頌之族類也。此歌之大者，載在樂章。樂崩亦從而亡，是以頌不能具。

呂按："玄謂"以下之文，皆《周禮·春官·鍾師》鄭注之文，當引。《儒藏》本亦未引，見1291頁。上古本已引，見1922頁。

（14）1321頁倒6行/1553頁上欄13行：《地官》序縣正每縣下大夫一人，鄙師每鄙上士一人，鄼長每鄼中士一人，里宰每里下士一人，鄰長五家則一人。

呂按："縣正每縣下大夫一人"以下五句，皆《地官序》文，當引。《儒藏》本亦未引，見1306頁。上古本已引，見1940頁。

（15）1454頁倒4行/1711頁上欄13—14行：《握河紀》注云："稷、契，公也。"公即周禮三公八命，其出封加一等。

呂按："公即周禮三公八命，其出封加一等"，當標作：公即《周禮》

"三公八命,其出封加一等"。這是《周禮·典命》文。《儒藏》本亦未引,見1437頁。上古本已引,見2142頁。

(16) 1460頁第5行/1718頁上欄2行:《郊特牲》稱王者存二代之後,猶尊賢也。尊賢不過二代,則是先代有二,與今王爲三也。

吕按:當標作:《郊特牲》稱"王者存二代之後,猶尊賢也。尊賢不過二代",則是先代有二,與今王爲三也。《儒藏》本亦未引,見1443頁。上古本已引,見2148頁。

(四) 不當引而引例

(1) 986頁第5行/1156頁上欄12行:《禮》"將卜先筮"之言,卜則筮可知,故云"皆從"也。

吕按:"將卜先筮"不當引,因爲《三禮》中没有這樣的話。鄭注《周禮·筮人》:"當用卜者,先筮之。"此蓋用其意也。《儒藏》本未引,是,見970頁。上古本未引,是,見1412頁。

(2) 1078頁第7行/1166頁上欄18行:《天官·醢人》"掌四豆之實,皆有菹醢",是豆爲薦羞菹醢也。

吕按:"掌四豆之實,皆有菹醢"二句是撮引《天官·醢人》之意,不當引。《儒藏》本與北大本同,見1061頁。上古本未引,是,見1549頁。

(3) 1082頁第8行/1270頁下欄14行:《燕禮》"諸侯燕其臣子,宰夫爲主人",則天子亦當然。

吕按:此是撮引《燕禮》大意,不當引。《儒藏》本與北大本同,見1066頁。上古本未引,是,見1564頁。

(4) 1112頁倒11行/1306頁上欄15行:哀六年《公羊傳》稱"陳乞欲立公子陽生,盛之巨囊"。而内可以容人,是其大也。

吕按:此亦是撮引傳意之文,不當引。《儒藏》本未引,是,見1097頁。上古本未引,是,見1611頁。臺灣本1696頁標點不誤。

(5) 1177頁第5行/1383頁上欄6行:《顧命》"同召六卿,芮伯在焉",成王時也。

吕按:此亦撮引大意之文,不當引。《儒藏》本與北大本同,見1161

頁。上古本未引,是,見1722頁。

(五) 暗引例

(1) 1006頁倒9行/1180頁下欄1行:易傳者,言鳥之得所,當如鴛鴦在梁,以不驚爲義,不應以高飛爲義。

呂按:"鴛鴦在梁",《毛詩·小雅·鴛鴦》文,當引。彼處鄭《箋》云:"鴛鴦休息於梁,明王之時,人不驚駭。"是"以不驚爲義"也。

(2) 1126頁倒6行/1323頁下欄20行:且舜舉皋陶,不仁者遠矣,是得賢然後消惡。

呂按:"舜舉皋陶,不仁者遠矣",《論語·顔淵》文,當引。《儒藏》本亦失引,見1110頁。上古本已引,見1637頁。

(3) 1162頁第8行/1365頁下欄2行(按:繁體字本已改正):《箋》云:自警者,如彼泉流,無淪胥以亡。

呂按:"如彼泉流,無淪胥以亡"二句,正是《大雅·抑》篇詩句,當引。《儒藏》本已引,是,見1146頁。上古本已引,見1695頁。

(4) 1203頁第11行/1414頁上欄13行:師氏掌使其屬率四夷之隸,各以其兵服守王之門外,且蹕朝在野外則守列,是掌其近王之兵,故令弛其兵也。

呂按:此是暗引《周禮·地官·師氏》文。北大本有破句。當標作:"師氏掌使其屬率四夷之隸,各以其兵服守王之門外,且蹕。朝在野外則守列",是掌其近王之兵,故令弛其兵也。《儒藏》本之失引與破句同北大本,見1187頁。上古本已引,見1754頁。

(5) 1278頁倒13行/1502頁上欄11行:人君是群神之主,故曰有天下者祭百神,其祭不待於太平也。

呂按:"有天下者祭百神",《禮記·祭法》文,當引。《儒藏》本亦失引,見1262頁。上古本已引,見1880頁。

(6) 1291頁倒4行/1518頁上欄20行:愛之無有期竟,謂卜世三十,卜年七百,是長遠無期竟也。

呂按:"卜世三十,卜年七百",《左傳》宣公三年文,當引。《儒藏》本亦失引,見1276頁。上古本亦失引,見1897頁。

（7）1341頁倒7行/1576頁上欄4行：左右之諸臣又從而安樂之,亦猶顯父餞之,與之歡燕,以安樂其心。

呂按："顯父餞之",《大雅·韓奕》文,當引。《儒藏》本亦失引,見1325頁。上古本已引,見1973頁。

（8）1347頁第3行/1582頁下欄3行：率時昭考,猶曰儀刑文王,欲令法效之也。

呂按："儀刑文王",《大雅·文王》文,當引。《儒藏》本已引,是,見1331頁。上古本已引,見1981頁。

（9）1467頁第6行/1726頁上欄15行：《箋》並言廟者,君子將營宮室,宗廟爲先,明亦脩廟,故連言之。

呂按："君子將營宮室,宗廟爲先",《禮記·曲禮下》文,當引。《儒藏》本亦失引,見1450頁。上古本已引,見2157頁。

（六）臺灣本的疏文全部不使用引號

根據臺灣本的《十三經注疏分段標點凡例》可知,引號的使用"僅限用於《經》《記》《傳》諸文範圍以内"。説白了,就是僅僅在經文中使用,而注文、疏文中不使用。這條凡例,令人大惑不解。實際上,比較而言,經文使用引號的幾率較小,而疏文使用引號的幾率很大。使用引號幾率很大的疏文不加引號,它給讀者帶來的不便,可想而知。謂予不信,請看下面一組疏文對比的例子。《毛詩·大雅·緜》有四句詩："周原膴膴,堇荼如飴。爰始爰謀,爰契我龜。"鄭《箋》："廣平曰原。周之原地在岐山之南,膴膴然肥美。其所生菜雖有性苦者,甘如飴也。此地將可居,故於是始與豳人之從己者謀。謀從,又於是契灼其龜而卜之,卜之則又從矣。"這一組疏文都是疏通《毛詩·大雅·緜》的上述幾句鄭《箋》的。

請先看臺灣本1509頁的疏文：

〈箋廣平至從矣〉《正義》曰：廣平曰原,《釋地》文。《閟宮》云：居岐之陽。山南曰陽,故知周之原地在岐山之南也。上言胥宇是相地之辭,今言地之美貌,故曰大王以此可居,於是始與豳人從己者謀也。《經》云：爰始爰謀。當有二於，如《箋》之言，則始下一爰無所用矣。王肅云：於是始居之，於是先盡人事，謀之於衆。然則《箋》云始與豳人從己者謀，亦謂於是始欲居，於是與之謀。但《箋》文少略耳。人謀既從，大王於是契其龜，而卜（"而卜"二字當屬上）又得吉，則是人神皆從矣。《洪範》曰：汝則有大疑，謀及乃心，謀及卿士，謀及庶人，謀及卜筮。汝則從龜、從筮、從卿士、從庶人、從是之謂大同（以上十八字標點大誤，義不可通。上古本標點是，當從）。檢此上下，大王自相之，知此地將可居，是謀及乃心也。與從己者謀，是謀及卿士庶人也。契龜而卜，是謀及卜也，唯無筮事耳。禮將卜，先筮之，言卜則筮可知，故云皆從也。

再看上古本 1411 頁—1412 頁的疏文：

　箋"廣平"至"從矣"　"廣平曰原"，《釋地》文。《閟宮》云："居岐之陽。"山南曰陽，故知周之原地在岐山之南也。上言"胥宇"，是相地之辭。今言地之美貌，故曰"大王以此可居，於是始與豳人從己者謀"也。經云"爰始爰謀"，當有二"於"。如《箋》之言，則"始"下一"爰"，無所用矣。王肅云："於是始居之，於是先盡人事，謀之於衆。"然則《箋》云"始與豳人從己者謀"，亦謂"於是始欲居，於是與之謀"，但《箋》文少略耳。人謀既從，大王於是契其龜而卜，又得吉，則是人神皆從矣。《洪範》曰："汝則有大疑，謀及乃心，謀及卿士，謀及庶人，謀及卜筮。汝則從，龜從，筮從，卿士從，庶人從，是之謂大同。"檢此上下，大王自相之，知此地將可居，是"謀及乃心"也；與從己者謀，是"謀及卿士、庶人"也；契龜而卜，是謀及卜也。唯無筮事耳。禮，將卜，先筮之，言卜則筮可知，故云皆從也。

不難看出，上古本該用的引號都用了，甚至連孔疏摳字眼的字詞也都加了引號，而臺灣本一個引號都沒有用（其中間有破句）。兩種本子，哪個本子最能得孔穎達之意，哪個本子最有利於今天的讀者閱讀，識者自能辨之。這裏僅僅是一個例子，而臺灣本全書的疏文都是如此，令人嘆惋。

八　北京大學出版社繁體字本平議

　　爲什麽在本文的最後忽然冒出一節"北京大學出版社繁體字本平議"？説來話長。北京大學出版社1999年12月出版了《毛詩正義》簡化字本，2000年12月出版了《毛詩正義》繁體字本。主編李學勤先生在這套叢書的《序》中説："《十三經注疏》整理本還將以繁簡兩種字體分別印行，適應不同需要的讀者，組織和出版者考慮的周到詳密，也是值得稱道的。"給人的觀感是，繁簡兩種字體文本的區別，僅僅是字體區別，没有什麽其他不同。十多年來，我一直就是這麽認識的。我的插架上只有這套書的簡化字本，圖省錢，就没有買繁體字本。心想，反正内容一樣。本文的撰寫，也是這樣，只平議簡化字本，不平議繁體字本，以免辭費。直到本文寫成，寄到《中華文史論叢》編輯部。編輯部的蔣維崧、胡文波兩位先生覆信給我，説拙稿頗有可取，並建議説："繁本的《凡例》較簡本有不少的改動。以吸收前人校勘成果而言，僅《毛詩》繁本增加了王先謙《詩三家義集疏》與馬瑞辰《毛詩經箋通釋》，比簡本有所進步。從學術規範講，批評的對象如有新版成果問世，多年後的批評如依然抓住舊版錯誤不放，似有失公允與恕道。所以我們認爲對北大本的批評不應繞開繁本。爲學術的千秋大業計，故請不憚煩勞，再核一遍繁本，興許會有新的發現。"直到此時，我才如夢方醒，深悔自己大意。深悔之餘，也有些許懊惱："出版社和整理者怎麽可以這樣做呢？這分明是繁體字增訂本嘛，爲何隱而不宣？如果早知繁體字本的真面目，拙文的題目就不是《四種〈毛詩注疏〉整理本平議》而是《五種〈毛詩注疏〉整理本平議》了。"本節平議，就是接受蔣維崧、胡文波兩位先生的建議，要給讀者一個交代。

　　平議的内容有四，一是失校與誤校平議，二是標點破句平議，三是引文標點平議，四是對新增加校勘記的平議。前三項平議内容，原文的框架還可以容納，都在上文相應的章節中將繁體字本的有關情況插入即可。第四項平議内容，比較費口舌，不好插入，只好放在這裏，專章論述。

讀經識小録

繁體字本的《凡例·校勘》說："系統地參校並吸收了清人有關《十三經注疏》一些代表作的成果。"具體到《毛詩正義》來說，較之於簡體字本，就是參校並吸收了王先謙《詩三家義集疏》、馬瑞辰《毛詩傳箋通釋》兩家的成果。我感到不解的是，繁體字本既然是以阮刻為底本，又主要使用的是阮元的《毛詩注疏校勘記》，如果要想提高校勘質量，增補校勘資料的話，其首選應該是一些針對阮刻《毛詩注疏》校勘而發的專著，例如，清茆泮林《毛詩注疏校勘記校字補》一卷，清謝章鋌《毛詩注疏毛本阮本考異》四卷，劉承幹《毛詩單疏校勘記》三卷，等等。不知整理者何以捨棄這些專書而求之於王先謙《詩三家義集疏》和馬瑞辰《毛詩傳箋通釋》？我認為繁體字本整理者有欠思考，有點"病急亂投醫"。

一、對根據王先謙《詩三家義集疏》所出的校勘記的平議

衆所周知，《三家詩》者，《齊詩》《魯詩》《韓詩》也，是今文經，而《毛詩》是古文經，各為一家之學，"井水不犯河水"，如何彼此相校？請先看前人在這方面的論述及作法。

顔師古在《漢書序例》中説："六藝殘缺，莫睹全文，各自名家，揚鑣分路。是以向、歆、班、馬、仲舒、子雲所引諸經，或有殊異，與近代儒者訓義弗同，不可追駁前賢，妄指瑕纇，曲從後說。"①顔師古在《漢書·禮樂志》注中有一段話可以與此相發明："《六經》殘缺，學者異師，文義競馳，各守所見。而馬、鄭群儒，皆在班、馬之後；向、歆博學，又居王、杜之前。校其是非，不可偏據。其《漢書》所引經文，與近代儒家往往乖別，既自成義指，即就而通之，庶免守株，以申賢達之意。非苟越異，理固然也。"②這說明顔師古在看待《六經》文字的差異時，是恪守各家家法，不強求統一。我認為顔師古很了不起，他是第一個從理論的高度指出在校勘學、訓詁學領域需要牢記"辨章學術，考鏡源流"的。

阮元《毛詩注疏校勘記》在《魯頌·閟宮》篇有這麼一條：

魯邦所詹　《唐石經》、小字本、相臺本同。《考文》古本"詹"

---

① 班固《漢書》，中華書局，1962年，3頁。
② 班固《漢書》，1041—1042頁。

作"瞻"。案古本非也。傳訓"詹"爲"至",毛氏《詩》不作"瞻"明甚。唯《説苑》等引此文作"瞻"者,是三家詩也。《韓詩外傳》有其證。①

吕按:從這條阮校中可以看出,古本之所以"非也",是因爲以《韓詩》改《毛詩》,亂了家法。

《毛詩·大雅·抑》:"萬民靡不承。"對這個"靡"字,馬瑞辰《通釋》出校説:"'萬民靡不承',箋:'天下之民不承順之乎?言承順之也。'瑞辰按:據箋訓,則鄭君所見經文原作'萬民不承',無'靡'字。據《釋文》云:'一本靡作是。'則作'萬民是不承','不'爲語詞,猶云萬民是承也。唯《韓詩外傳》引作'萬民靡不承',則今本《毛詩》蓋沿《韓詩》之誤。"②

吕按:這説明歷史上曾有人忽略學派之不同,誤以《韓詩》改《毛詩》。

根據前人的上述説法和作法,可以得出結論:以《三家詩》校《毛詩》,此路不通。

下面讓我們審視一下繁體字本使用《詩三家義集疏》所出校勘記的具體情況。

據統計,繁體字本根據《詩三家義集疏》出校凡一百二十八例。這一百二十八例中,絶大多數都不可取,勉强可取者七八例而已。爲什麽説"絶大多數都不可取"?因爲這個"絶大多數"都是異同校,而孰是孰非,整理者不著一字。我認爲,在底本不誤的情況下,這些異同校没有任何積極意義,只能添亂,讓讀者無所適從,故曰"絶大多數都不可取"。何謂"勉强可取"?即其校勘結論正確,但其校勘思路、校勘方法有嚴重缺陷。限於篇幅,筆者不可能將這一百二十八例悉數列出。下面分三種情況來舉例介紹。一是不講家法而添亂,凡三例;二是無事生非而添亂(即底本不誤而出校),凡二十例;三是校勘結論可取,但校勘思路、校勘方法有嚴重缺陷,凡三例。

---

① 《十三經注疏》,中華書局,1980年,619頁。
② 馬瑞辰撰、陈金生點校《毛詩傳箋通釋》,中華書局,1989年,953頁。

（一）不講家法而添亂，凡三例。詳下：

（1）616頁之校勘記②①："皇匡也"三字，《詩三家義集疏》無。

吕按：《豳風·破斧》："周公東征，四國是皇。"《毛傳》："四國，管、蔡、商、奄也。皇，匡也。"②"皇匡也"三字是《毛傳》文，除非王先謙《義疏》徵引，否則的話，"無"很正常。《詩三家義集疏》在"四國是皇"句下引《魯説》曰："皇，正也。"可知《毛詩》《魯詩》二家對"皇"字的説解不同，故王氏只引《魯説》而不引《毛傳》也。

（2）728頁之校勘記②："載"，《詩三家義集疏》作"在"。

吕按：《小雅·湛露》："在宗載考。"鄭箋："載之言則也。"③則《毛詩》作"載"明矣。《詩三家義集疏》引此句"載"作"在"，整理者率爾出校，果何益哉！

（3）1621頁之校勘記①："句"下，《詩三家義集疏》有"三家多'於繹思'一句，當爲八句。《閔予小子》十一篇，十一章，百三十七句。三家當爲百三十八句"三十六字。

吕按：這是一條添亂的校勘記。這三十六字，可以説是王先謙爲《三家詩》出的一條校勘記，用來説明，由於《三家詩·般》比《毛詩》多出"於繹思"一句，在統計《般》詩句子數目和《閔予小子》之什總的句子數目時就比《毛詩》都多出一句。現在我們校勘《毛詩》，把王先謙這條校勘記搬過來，没有任何積極意義。這樣的校勘記如果也出的話，那數目就很大了。而且這也不是一般意義上的校勘記，而是比較《三家詩》與《毛詩》的異同。再説，陸德明《釋文》已經把這個問題交代得明明白白："《毛詩》無此句，《齊》《魯》《韓詩》有之。今《毛詩》有者，衍文也。"④孔疏也説："此篇末，俗本有'於繹思'，誤也。"⑤在這種情況下，出這樣的校勘記，除了添

---
① 此頁碼和校勘記序碼是繁體字本頁碼和校勘記序碼。下同，不一一。
② 鄭玄箋、孔穎達疏，朱傑人、李慧玲整理《毛詩注疏》，上海古籍出版社，2013年，750頁。
③ 鄭玄箋、孔穎達疏，朱傑人、李慧玲整理《毛詩注疏》，886頁。
④ 陸德明《經典釋文》，上海古籍出版社，1985年，406頁。
⑤ 鄭玄箋、孔穎達疏，朱傑人、李慧玲整理《毛詩注疏》，2028頁。

亂,還有什麽積極意義呢?

（二）無事生非而添亂,凡二十例。詳下:

（1）28頁之校勘記③:"雎鳩",《詩三家義集疏》作"雎類"。

吕按:《關雎》孔疏引陸璣疏云"雎鳩,大小如鳩。"①注疏本各本皆同,《毛詩草木鳥獸蟲魚疏》亦同。《詩三家義集疏》作"雎類",誤。從校勘方法來説,校勘孔疏所引陸《疏》,還需要求之于《詩三家義集疏》嗎?

（2）30頁之校勘記②:"等",《詩三家義集疏》12頁無,另有"莖"字。

吕按:"莖"字不當有。《毛詩注疏》各本皆無"莖"字。陸《疏》亦無"莖"字。《爾雅·釋草》疏引陸《疏》亦無"莖"字。《關雎》孔疏引陸璣《疏》云:"接余,白莖,葉紫赤色,正員,徑寸餘,浮在水上,根在水底,與水深淺等,大如釵股。"②上文已有"白莖"二字,此處再有"莖"字則犯重。又,繁體字本此條校勘記表述不規範。似應如此表述:"大如釵股",《詩三家義集疏》句上有"莖"字。

（3）33頁之校勘記⑤:"公",《詩三家義集疏》無。

吕按:按《釋文》中"毛公"一詞凡七見,不應其他六處皆有"公"字,唯獨此闕。《詩三家義集疏》無"公"字,非是。

（4）301頁之校勘記③:"使",《詩三家義集疏》無。

吕按:這是一條誤校。"使"字當有。鄭箋:"言畜產出入尚使有期節,至於行役者,乃反不也。"③此"使"字是強調"畜產出入尚有期節"是人的管理行爲,否則就成了畜產自己的主動行爲。那樣的話,就背離了《君子于役》"刺平王"的本旨。

（5）583頁之校勘記③:"名",《詩三家義集疏》作"鳴"。

吕按:這是一條誤校。《豳風·七月》孔疏:"《春秋》云:'少皞氏以鳥名官。'"④昭十七年傳文。《詩三家義集疏》作"鳴",乃誤之顯然可辨

---

① 鄭玄箋、孔穎達疏,朱傑人、李慧玲整理《毛詩注疏》,28頁。
② 鄭玄箋、孔穎達疏,朱傑人、李慧玲整理《毛詩注疏》,30頁。
③ 鄭玄箋、孔穎達疏,朱傑人、李慧玲整理《毛詩注疏》,349頁。
④ 鄭玄箋、孔穎達疏,朱傑人、李慧玲整理《毛詩注疏》,713頁。

者,不意整理者率爾出校。

(6) 613頁之校勘記①:"黑",《詩三家義集疏》作"赤"。

呂按:這是一條誤校。《豳風·東山》孔疏引陸璣《疏》云:"鸛,鸛雀也,似鴻而大,長頸,赤喙,白身,黑尾翅。"①不僅《毛詩注疏》各本如此,單疏本亦如此(見132頁上欄),陸璣《毛詩草木鳥獸蟲魚疏》亦如此。

(7) 614頁之校勘記③:"皇",《詩三家義集疏》作"騜"。

呂按:此以不誤爲誤。《説文·馬部》"驍"引《詩》作"有驍有騜",段玉裁注:"按《毛詩》作'皇',許無'騜'字,《字林》乃有之。此'騜'後人所改。《韻會》作'有皇',是也。《爾雅》作'黃白,騜'亦是俗本。"②《爾雅·釋畜》:"黃白,騜。"郝懿行《爾雅義疏》:"黃色兼有白色者名騜。騜,《詩》作'皇'。"③

(8) 664頁之校勘記①:"撫",《詩三家義集疏》作"輔"。

呂按:這是一條誤校。《小雅·常棣》孔疏徵引《左傳》曰:"臣聞太上以德撫民。"④此僖公二十四年文。《左傳》孔疏亦曰"以德撫民"。⑤ 整理者曾不思一校原書,曾不思作"輔"之不可通,率爾出校,惜哉!

(9) 679頁之校勘記③:"盛",《詩三家義集疏》573頁作"陳"。

呂按:這是一條誤校。《小雅·伐木》孔疏:"則此簋盛黍稷。"⑥各本同。鄭注《周禮·舍人》曰:"方曰簠,圓曰簋,盛黍稷稻粱器。"⑦作"陳"之誤,顯然可見。

(10) 735頁之校勘記①:"能",《詩三家義集疏》無。

呂按:《菁菁者莪·小序》:"樂育材也。君子能長育人材,則天下喜樂之矣。"⑧注疏各本皆然。孔疏亦有"能"字。《詩三家義集疏》引毛序無

---

① 鄭玄箋、孔穎達疏,朱傑人、李慧玲整理《毛詩注疏》,745頁。
② 許慎撰、段玉裁注《説文解字注》,上海古籍出版社,1988年,462頁。
③ 郝懿行《爾雅義疏》,中國書店,1982,第三册,6頁。
④ 鄭玄箋、孔穎達疏,朱傑人、李慧玲整理《毛詩注疏》,808頁。
⑤ 左丘明傳、杜預注、孔穎達正義、浦衛忠等整理《春秋左傳正義》,北京大學出版社,1999年,418頁。
⑥ 鄭玄箋、孔穎達疏,朱傑人、李慧玲整理《毛詩注疏》,825頁。
⑦ 鄭玄注、賈公彥疏、彭林整理《周禮注疏》,上海古籍出版社,2010年,606頁。
⑧ 鄭玄箋、孔穎達疏,朱傑人、李慧玲整理《毛詩注疏》,893頁。

"能"字,蓋脱文也。

（11）843頁之校勘記①："詩推度災","詩"字原無,據《詩三家義集疏》補。下同。

吕按："詩"字補得孟浪。知者,孔穎達《毛詩正義》凡四用《推度災》,一見《召南·鵲巢》疏,三見《小雅·十月之交》疏,均無"詩"字。蓋孔氏習慣如此。反過來説,如果此處當補,其他三處爲何不補？

（12）1101頁之校勘記②："率",《詩三家義集疏》作"卒"。

吕按：觀上下文,這是誤校。《小雅·漸漸之石》："武人東征。"鄭箋："武人,謂將率也。將率受王命東行而征伐。"①按：此詩小序亦云"乃命將率東征",孔疏亦云"武人將率",則字當作"率"明矣。《詩三家義集疏》作"卒",誤。

（13）1127頁之校勘記②："㝢,殷冠",《詩三家義集疏》作"冠冕"。

吕按：這是一條誤校。《大雅·文王》："常服黼㝢。"毛傳："黼,白與黑也。㝢,殷冠也,夏后氏曰收,周曰冕。"②此處是講夏、商、周三代冠冕異稱,作"殷冠"不誤。《儀禮·士冠禮》："周弁,殷㝢,夏收。"③可證。

（14）1128頁之校勘記①："來",《詩三家義集疏》作"求"。

吕按：這是一條添亂的校勘記,原文不誤。《大雅·文王》："殷士膚敏,裸將于京。"鄭箋："殷之臣壯美而敏,來助周祭。"④各本皆作"來"。孔疏云："殷臣壯敏,來助周祭,'裸將'是也。王肅亦云：'殷士自殷,以其美德來歸周助祭行灌邑之禮也。'"⑤是孔疏、王肅注亦皆作"來"。

（15）1157頁之校勘記③："使",《詩三家義集疏》作"始"。

吕按：這是一條誤校。按《大雅·緜》："俾立室家。"鄭箋云："俾,使也。使立室家之位處。"⑥則字當作"使"明矣。作"始"者誤也。

---

① 鄭玄箋、孔穎達疏、朱傑人、李慧玲整理《毛詩注疏》,1347頁。
② 鄭玄箋、孔穎達疏、朱傑人、李慧玲整理《毛詩注疏》,1378頁。
③ 鄭玄注、賈公彦疏、王輝整理《儀禮注疏》,上海古籍出版社,2008年,78頁。
④ 鄭玄箋、孔穎達疏、朱傑人、李慧玲整理《毛詩注疏》,1378頁。
⑤ 鄭玄箋、孔穎達疏、朱傑人、李慧玲整理《毛詩注疏》,1379頁。
⑥ 鄭玄箋、孔穎達疏、朱傑人、李慧玲整理《毛詩注疏》,1413頁。

（16）1167頁之校勘記①："説"，《詩三家義集疏》無。

吕按：這是一條不看上文的誤校。孔疏原文是"《詩傳》説有疏附、奔走、先後、禦侮之人"。① 孔疏所説的"詩傳"，即謂《毛詩故訓傳》，學者習稱《詩傳》《毛傳》《毛詩傳》。"説"是解釋之義。這段《毛詩傳》近在眼前，就在上文："予曰有疏附，予曰有先後，予曰有奔奏，予曰有禦侮"。毛傳："率下親上曰疏附，相道前後曰先後，喻德宣譽曰奔奏，武臣折衝曰禦侮。"②這不正是在"説"這四個詞語嗎！

（17）1344頁之校勘記②："話"，《詩三家義集疏》作"語"。

吕按：這是一條誤校。《大雅·板》："出話不然。"《毛傳》："話，善言也。"③王先謙《詩三家義集疏》引《毛傳》猶作"話，善言也"，則《三家詩》之經文亦必作"話"矣。《三家詩》經文苟作"語"，王先謙必有説矣。今王氏一字不著《三家詩》與《毛詩》之異，是《三家詩》此句經文與《毛詩》同也。作"語"者，蓋形近之誤。

（18）1389頁之校勘記②："進"，《詩三家義集疏》作"盡"。

吕按：此亦誤校。《大雅·桑柔》："民有肅心。"箋云："肅，進。王爲政，民有進於善道之心。"④孔疏："民有進於善道之心，王當任用。"⑤觀上下文，可知"進"字不誤。又，鄭玄注《儀禮》之《特牲饋食禮》《少牢饋食禮》，兩言"肅，進也"。可知"肅"有"進"義而無"盡"義。

（19）1637頁之校勘記③："字書作騙字林作瞷"，《詩三家義集疏》作"字林作騙本又作瞷"。

吕按：《釋文》宋刻宋元遞修本亦作"字書作騙字林作瞷"。《詩三家義集疏》蓋誤也。又，"字書"應加書名號。《隋志》小學類有《字書》三卷、《字書》十卷二書，⑥皆不著撰人。

---

① 鄭玄箋、孔穎達疏，朱傑人、李慧玲整理《毛詩注疏》，1423頁。
② 鄭玄箋、孔穎達疏，朱傑人、李慧玲整理《毛詩注疏》，1422頁。
③ 鄭玄箋、孔穎達疏，朱傑人、李慧玲整理《毛詩注疏》，1658頁。
④ 鄭玄箋、孔穎達疏，朱傑人、李慧玲整理《毛詩注疏》，1729頁。
⑤ 鄭玄箋、孔穎達疏，朱傑人、李慧玲整理《毛詩注疏》，1729頁。
⑥ 魏徵等《隋書》，中華書局，1973年，943頁。

（20）1701頁之校勘記①："二"上，《詩三家義集疏》有"由"字。

吕按："由"字不當加。《毛詩注疏》各本皆無"由"字。浦鏜《毛詩注疏正字》："箋'十乘者二王後八州之大國輿'，脱'與'字，從《釋文》校。"①是浦鏜亦不以"二"上當有"由"字也。

（三）校勘結論可取，但校勘思路、校勘方法有嚴重缺陷，凡三例。詳下：

（1）1159頁之校勘記①："桿中"，原作"器"，據《詩三家義集疏》改。

吕按：這條校勘記是對的，但解決問題而求之於《詩三家義集疏》，未免孤陋之誚。何者？第一，且不説版本校，既然是《説文》的問題，何不直接求之於《説文》？各本《説文》正作"桿中"。第二，清人浦鏜《毛詩注疏正字》已經出校在先："捄，盛土於器也。器，《説文》作'桿中'。"②

（2）1717頁之校勘記②："絶"，原作"色"，《詩三家義集疏》引作"絶"，通志堂本《釋文》作"絶"，據改。

吕按：這條校勘記是對的。但校勘思路迂曲。何者？從版本校來説，足利本作"絶"不誤，見2428頁。上古本用足利本爲底本，所以上古本就不用出校勘記。見2147頁。此其一。從前人校勘成果來説，清浦鏜《毛詩注疏正字》早已言之："《韓詩》云：'絶也。''絶'誤'色'。"③清陳啓源《毛詩稽古編》也早已指出："《韓詩》云：'蘗，絶也。''絶'誤作'色'。"④此其二。

（3）1576頁之校勘記③："文"，原作"武"，據《詩三家義集疏》改。

吕按：這條校勘記的結論是對的，但校勘思路迂曲。陳垣先生説："故凡校一書，必須先用對校法，然後再用其他校法。"⑤今按：殿本作"文"，⑥，庫本亦作"文"。⑦ 從他校來説，宋人呂祖謙《吕氏家塾讀詩記》

---

① 浦鏜《十三經注疏正字》，影印文淵閣《四庫全書》本，192册，292頁。
② 浦鏜《十三經注疏正字》，影印文淵閣《四庫全書》本，192册，230頁。
③ 浦鏜《十三經注疏正字》，影印文淵閣《四庫全書》本，192册，294頁。
④ 陳啓源《毛詩稽古編》，影印文淵閣《四庫全書》本，85册，795頁。
⑤ 陳垣《校勘學釋例》，中華書局，1959年，144頁。
⑥ 《毛詩注疏》卷二十七，同治十年廣東書局重刊武英殿本，二十八葉。
⑦ 見影印文淵閣《四庫全書》本，69册，918頁。

亦作"文"。①

二、對根據馬瑞辰《毛詩傳箋通釋》所出的校勘記的平議

梁啓超《中國近三百年學術史》："胡（承珙）馬（瑞辰）皆有新解方標專條，無者闕焉。"②據此可知，《通釋》是具有較高校勘價值的。但不知什麽原因，繁體字本整理者並没有抓住要害，寫出令人拊掌的高質量的校勘記。據統計，整理者根據《通釋》總共寫出了一百一十一條校勘記，數量可謂不少。但逐一審核，令人失望。何者？不起積極作用的異同校太多。且往往抓小失大。其勉强可取者，亦七八例而已。限於篇幅，筆者也不可能將這一百一十條校勘記全部羅列，也只能分類舉例而已。一是抓不住校勘的要害，"揀了芝麻丢了西瓜"，凡二例；二是不起積極作用的異同校太多，實際上是誤校甚多，凡二十例；三是間有校勘結論可采而校勘思路與校勘方法有嚴重缺陷，凡二例。下面逐項舉例説明之。

（一）抓不住要害，"揀了芝麻丢了西瓜"，凡二例。詳下：

（1）1705 頁之校勘記③："在武丁之爲人孫子也"，《毛詩傳箋通釋》作"在此高宗武丁善爲人之孫子"。

吕按：先説這條校勘記本身。這是一條誤校。"在武丁之爲人孫子也"，這是孔疏徵引王肅的話。"在此高宗武丁善爲人之孫子"，這是孔疏的話。馬瑞辰《通釋》把孔疏的話誤作孔疏徵引王肅的話，整理者不察，就出了這麽一條對不上號的校勘記。③ 這是小事一椿，且不説它。我感到奇怪的是，整理者在出這條校勘記時，怎麽就没有把上下文都看看，從而看出來《通釋》的這段話是要解決三句經文皆有誤字的大問題。《通釋》原文如下：

"在武丁孫子"，傳："武丁，高宗也。"箋："商之先君受天命，而行

---

① 吕祖謙《吕氏家塾讀詩記》，影印文淵閣《四庫全書》本，73 册，770 頁。
② 梁啓超《中國近三百年學術史》，中國書店，1985 年，184 頁。此謂胡承珙《毛詩後箋》與馬瑞辰《毛詩傳箋通釋》。
③ "在武丁之爲人孫子也"一句，見上古本 2129 倒 1 行。"在此高宗武丁善爲人之孫子"，見上古本 2127 頁 7 行。爲了便於讀者審核，特注明頁碼行數。

之不解殆者,在高宗之孫子。"瑞辰按:正義引王肅云"在此高宗武丁善爲人之孫子",與《毛傳》釋"湯孫"同義,然節去"善爲人之"四字而謂之"武丁孫子",則不詞。若如箋以爲"在高宗之孫子",則此詩祀高宗,何得不美高宗而美高宗之孫子乎?惟王尚書曰:"經文兩言武丁,疑皆'武王'之譌;而'武王靡不勝',則'武丁'之譌。蓋商之先君受命,不忌者在湯之孫子,故曰'在武王孫子'。'武王孫子',猶《那》與《烈祖》之'湯孫'也。湯之孫子有武丁者,繩其祖武,無所不勝,故曰'武王孫子,武丁靡不勝'。傳寫者上下互譌耳。"今按:王説校正譌誤,極爲精核。《大戴·用兵篇》因《詩》"校德不塞,嗣武于孫子",與此詩形聲相近,"于"即"王"字脱下一畫耳。"在武王孫子"下即接言"武王孫子,武丁靡不勝",與《文王篇》"侯文王孫子"下即接言"文王孫子,本支百世",文法正相似。①

呂按:按照王引之與馬瑞辰之説,經文就要作三處改動:"在武丁孫子"要改作"在武王孫子",一也;"武丁孫子"要改作"武王孫子",二也;"武王靡不勝"要改作"武丁靡不勝",三也。不知道整理者是不是沒有看懂《通釋》這一段文字,對涉及三句經文的大問題視而不見,竟然出了一條無關痛癢的校勘記,豈不是俗話説的:"撿了芝麻,丢了西瓜。"

(2)《大雅·江漢》:"江漢浮浮,武夫滔滔。"傳:"浮浮,衆彊貌。滔滔,廣大貌。"箋:"江漢之水合而東流,浮浮然,宣王於是水上命將率遣士衆,使循流而下,滔滔然。"馬瑞辰《毛詩傳箋通釋》引王尚書(即王引之)曰:"經當作'江漢滔滔,武夫浮浮'。傳當作'滔滔,廣大貌。浮浮,衆强貌'。箋當作'江漢之水,合而東流滔滔然,宣王於是水上命將率,遣士衆,使循流而下浮浮然'今本爲寫經者互譌。"説詳《經義述聞》。②

呂按:馬瑞辰的這條校勘記,涉及經文、毛傳、鄭箋三者的改動,事體不可謂不大,而整理者視而不見,付之闕如。而上古本卷十八之四之校勘記[三三],則原原本本,就此問題出了一條校勘記。

―――――――――
① 馬瑞辰撰、陈金生點校《毛詩傳箋通釋》,1168頁。
② 馬瑞辰撰、陈金生點校《毛詩傳箋通釋》,1016—1017頁。

（二）不起積極作用的異同校，實際上是誤校，凡二十例。詳下：

（1）491頁之校勘記③："四"，《毛詩傳箋通釋》作"不"。

呂按：這條校勘記的被校勘語找錯了。知者，《詩·小戎》："俴駟孔群。"毛傳："俴駟，四介馬也。"孔疏："'俴'訓爲'淺'，'駟'是四馬，是用淺薄之金以爲駟馬之甲，故知'淺駟，四介馬也。'"①馬瑞辰《通釋》云："《釋文》：'《韓詩》云：駟馬不著甲曰俴駟。'瑞辰按：《韓詩》説是也。（中略）成二年《左傳》'不介馬而馳之'，正《詩》'俴駟'之謂。竊疑《毛傳》本作'俴駟，不介馬也'，後人譌爲'四介馬也'。"②可知馬氏是校《毛傳》的"四"字。今校勘記置序碼于孔疏"四"字之下，不是輕重倒置嗎！

（2）504頁之校勘記①："一名赤羅"四字，《毛詩傳箋通釋》無。

呂按：單疏本有此四字，見95頁上欄。③陸璣《毛詩草木鳥獸蟲魚疏》有此四字，唯"羅"作"蘿"。"羅"，通假字；"蘿"，本字。底本不誤。《毛詩傳箋通釋》之所以無此四字，或者是脱文，或者是有意删去。

（3）682頁之校勘記③："皆"，《毛詩傳箋通釋》作"言"。

呂按：這是一條誤校。《小雅·天保》："俾爾單厚，何福不除。"箋云："單，盡也。天使女盡厚天下之民，何福而不開！皆開出以予之。"④孔疏："但王能布德，亦天爲之，故云'天使汝盡厚天下之民，何福而不開'？言'何'，廣辭，故云'皆開出予之'。"⑤可證鄭箋作"皆"不誤。

（4）723頁之校勘記②："德"，《毛詩傳箋通釋》作"盛"。

呂按：這是一條誤校。《蓼蕭》鄭箋："是以稱揚德美。"孔疏："感王之恩，皆稱揚王之德美。"⑥可證鄭箋"德"字不誤。

（5）818頁之校勘記②："止"，《毛詩傳箋通釋》作"正"。

呂按：這是一條誤校。孔疏云："曾無以恩德止此喪亂者。"又云："既

---

① 鄭玄箋、孔穎達疏，朱傑人、李慧玲整理《毛詩注疏》，596頁。
② 馬瑞辰撰、陳金生點校《毛詩傳箋通釋》，378頁。
③ 本文所言"單疏本"，指《南宋刊單疏本〈毛詩正義〉》，人民文學出版社，2012年。
④ 鄭玄箋、孔穎達疏，朱傑人、李慧玲整理《毛詩注疏》，829頁。
⑤ 鄭玄箋、孔穎達疏，朱傑人、李慧玲整理《毛詩注疏》，829頁。
⑥ 鄭玄箋、孔穎達疏，朱傑人、李慧玲整理《毛詩注疏》，880頁。

四種整理本《毛詩注疏》平議

無止之,禍災未歇。"又云:"曾無以恩德止之者。"凡三言"止",①則"止"字不誤明矣。

(6) 23頁之校勘記①:"鞠",《毛詩傳箋通釋》作"鞫"。

呂按:《小雅·節南山》:"昊天不傭,降此鞠訩。"《釋文》:"鞠,九六反。"②馬瑞辰《毛詩傳箋通釋例言》:"《毛詩》用古文,其經字多假借。"③此處之"鞠",假借字;"鞫"本字也。馬氏改假借字爲本字,自違其例,不足爲訓。

(7) 839頁之校勘記①:"薦",《毛詩傳箋通釋》無。

呂按:《小雅·正月》:"民今之無禄,天夭是椓。"鄭箋云:"民於今而無禄者,天以薦瘥夭殺之。"孔疏:"箋以夭是蒙殺之辭,宜天之所爲,故云'天以薦瘥夭殺之'。"④證以孔疏,"瘥"字當有。又《詩·小雅·節南山》:"天方薦瘥,喪亂弘多。"⑤鄭箋之"薦瘥",源出於此。

(8) 862頁之校勘記②:"猶",《毛詩傳箋通釋》作"猷"。

呂按:《小雅·小旻》:"謀猶回遹。"毛傳:"回,邪。遹,辟。"鄭箋云:"猶,道。"⑥

呂按:"猶",假借字;"猷",本字。馬氏改假借字爲本字,自違其例,不足爲訓。參看例(6)。

(9) 885頁之校勘記①:"旋",《毛詩傳箋通釋》無。

呂按:《釋文》:"餤,沈旋音談。"據《釋文·注解傳述人》:沈旋,人名,南朝梁沈約之子,曾集注《爾雅》。《毛詩音義》中兩見"沈旋"。據《釋文·注解傳述人》:"近吴興沈重亦撰《詩音義》。"⑦在《經典釋文》中,陸德明稱呼學者一般只稱呼姓。但在《毛詩音義》中,有兩個姓沈的。陸德

---

① 凡三言"止",參見《南宋刊單疏本〈毛詩正義〉》,196頁。
② 鄭玄箋、孔穎達疏,朱傑人、李慧玲整理《毛詩注疏》,1009頁。
③ 馬瑞辰撰、陳金生點校《毛詩傳箋通釋》,1頁。
④ 鄭玄箋、孔穎達疏,朱傑人、李慧玲整理《毛詩注疏》,1028頁。
⑤ 馬瑞辰撰、陳金生點校《毛詩傳箋通釋》,1004頁。
⑥ 馬瑞辰撰、陳金生點校《毛詩傳箋通釋》,1056頁。
⑦ 陸德明《經典釋文》,上海古籍出版社,1985年,40頁。

明爲了區分，就對沈旋姓名並稱，對沈重則僅稱其姓。《通釋》省去"旋"字，未免辜負陸德明的良苦用心。

（10）1028 頁之校勘記①："實"，《毛詩傳箋通釋》作"食"。

呂按：這是一條誤校。《小雅·賓之初筵》："殽核維旅。"毛傳："殽，豆實也。核，加籩也。旅，陳也。"箋云："豆實，菹醢也。"孔疏："此經二句自相充配，殽核即籩豆所盛。殽則實之於豆，核則加之於籩，故言'殽，豆實。核，加籩也'。"①毛傳中的"實"字，《通釋》引作"食"字。證以鄭箋、孔疏，《通釋》之誤，顯然可見。整理者在出校勘記時，往往不顧上下文，不關注經文、注文、疏文之間的互證關係，率爾出校，令人嘆惋。

（11）1083 頁之校勘記②："愛"，《毛詩傳箋通釋》作"善"。

呂按：這是一條誤校。《小雅·隰桑》："心乎愛矣，遐不謂矣。中心藏之，何日忘之。"箋云："遐，遠；謂，勤；藏，善也。我心愛此君子，君子雖遠在野，豈能不勤思之乎？宜思之也。我心善此君子，又誠不能忘也。孔子曰：'愛之，能勿勞乎？忠焉，能勿誨乎？'"②整理者讀書不細心，將下句"中心藏之"之鄭箋"藏，善也。我心善此君子"，誤套到"心乎愛矣"的鄭箋"我心愛此君子"上了。

（12）1089 頁之校勘記④："維"，《毛詩傳箋通釋》作"念"。

呂按：《小雅·白華》之篇，先有"念彼碩人"一句，後有"維彼碩人"一句。③ 而馬瑞辰《毛詩傳箋通釋》不解"維彼碩人"句，只解"念彼碩人"句。整理者粗心，用《通釋》"念彼碩人"來校勘《毛詩注疏》"維彼碩人"，遂出此校，實乃張冠李戴也。

（13）1100 頁之校勘記①："慚慚"，《毛詩傳箋通釋》作"嶄嶄"，義爲長。

呂按：第一，此處是在校勘孔疏所引《經典釋文》，可以直接去校陸德明《釋文》，不必煩勞清代馬瑞辰《毛詩傳箋通釋》。按《釋文》："漸漸，士

---

① 鄭玄箋、孔穎達疏，朱傑人、李慧玲整理《毛詩注疏》，1260 頁。
② 鄭玄箋、孔穎達疏，朱傑人、李慧玲整理《毛詩注疏》，1325 頁。
③ 鄭玄箋、孔穎達疏，朱傑人、李慧玲整理《毛詩注疏》，1330—1331 頁。

衙反,沈時衙反,山石高峻也,亦作'嶄嶄'。"①可知《通釋》是從"亦作"本。第二,此處也不存在"作'嶄嶄',義爲長"的問題。"嶄"是本字,"慚"是通假字。知者,《集韻·平聲·銜韻》:"巉、嶄、漸,鋤銜切。巉,巖高也,或作'嶄''漸',亦書作'嶄'。"②馬瑞辰《毛詩傳箋通釋·例言》:"《毛詩》用古文,其經字多假借。"③馬氏改假借字爲本字,自違其例,不足爲訓。

(14) 1183 頁之校勘記①:"文王",《毛詩傳箋通釋》作"王室"。

呂按:這是一條對鄭箋的誤校。《大雅·思齊》:"思齊大任,文王之母。思媚周姜,京室之婦。"毛傳:"齊,莊。媚,愛也。周姜,大姜也。京室,王室也。"箋云:"京,周地名也。常思莊敬者大任也,乃爲文王之母。又常思愛大姜之配大王之禮,故能爲京室之婦。"④鄭箋是在串講四句經文。其"乃爲文王之母",正串講經文"文王之母"句,則此作"文王"明矣。《通釋》作"王室",誤。

(15) 1260 頁之校勘記③:"芟",《毛詩傳箋通釋》作"曰"。

呂按:這是一條誤校。《釋文》:"芟,所銜反。"是《釋文》作"芟"。孔疏云:"傳自'嘗之日'至'來歲之稼',皆《春官·肆師職》文也。"⑤而《周禮·春官·肆師職》正作"芟"。

《通釋》頁 885 徵引毛傳未及"嘗之日涖卜來歲之芟"句,三復此頁,不見《通釋》作"曰"之文。

(16) 1305 頁之校勘記③:"乃有疆埸也"五字,《毛詩傳箋通釋》無。

呂按:請看《通釋》原文:

"迺積迺倉。"傳:"言民事時和,國有積倉也。"箋:"邰國乃有積委及倉也。"積倉與疆埸對文,故箋分積、倉爲二。露積曰庾,與有屋曰倉異。⑥

---

① 陸德明《經典釋文》,344 頁。
② 丁度等編《宋刻集韻》,中華書局,2005,86 頁。
③ 馬瑞辰撰、陈金生點校《毛詩傳箋通釋》,1 頁。
④ 鄭玄箋、孔穎達疏,朱傑人、李慧玲整理《毛詩注疏》,1449 頁。
⑤ 鄭玄箋、孔穎達疏,朱傑人、李慧玲整理《毛詩注疏》,1546 頁。
⑥ 馬瑞辰撰、陈金生點校《毛詩傳箋通釋》,904 頁。

讀經識小録

鄭箋原文在"邰國"二字下原有"乃有疆場也"五字,整理者没有理解馬瑞辰爲了辨别積、倉爲二事,所以只引鄭箋的有關文字,無關者省去,整理者不明此意,乃刻舟求劍,出此無謂之校勘記。

（17）1318頁之校勘記②:"止",《毛詩傳箋通釋》作"也"。

吕按:這是一條誤校。知者,《大雅·公劉》:"止基迺理。"鄭箋:"止基,作宫室之功止。"①作"止"明矣。此其一。"也"是誤字,前人已經指出。清人陳啓源《毛詩稽古編》:"止基,箋作'宫室之功止'。'止'誤作'也',當依原本改正。"②此其二。

（18）1358頁之校勘記②:"克"字原無,據《毛詩傳箋通釋》補。

吕按:此處的補字,是没事找事。這個"克"字,有它不多,没它不少。究其原因,蓋不明瞭《經典釋文》體例所致。《釋文·條例》:"摘字爲音,慮有相亂,方復具録。"③意思是説,給哪個字注音,就把哪個字單獨摘出。但擔心讀者不好找,在這種情况下就給它再配上一個緊挨著的字。《釋文》在給"掊"字注音時,就配上了一個"克"字,即:"掊克,蒲侯反,聚斂也。"這個"克"字的作用,正如俗話所説:"聾子的耳朵——配飾。"後人在引用時,對於那個配飾字,各家有各家的習慣,有也可,無也可。《通釋》下文説得很明白:"《釋文》訓'掊克'爲聚斂,而云'蒲侯反',只爲'掊'字作音。"④

（19）1376頁之校勘記①:"備",《毛詩傳箋通釋》作"衭"。

吕按:這也是一條誤校。"備"字不誤,誤的是"衭"字。清人浦鏜《毛詩注疏正字》已經正確指出:"'殯不備祭','備',《記》作'衭',注:'衭當爲備,字之誤也。'"⑤

（20）1377頁之校勘記③:"子"上,《毛詩傳箋通釋》有"差也"二字。

吕按:這是一條無事生非的校勘記。《通釋》作:"阮宫保《校勘記》

---

① 鄭玄箋、孔穎達疏,朱傑人、李慧玲整理《毛詩注疏》,1621頁。
② 陳啓源《毛詩稽古編》,影印文淵閣《四庫全書》本,85册,782頁。
③ 陸德明《經典釋文》,4頁。
④ 馬瑞辰撰、陈金生點校《毛詩傳箋通釋》,937頁。
⑤ 浦鏜《十三經注疏正字》,影印文淵閣《四庫全書》本,192册,255頁。

云：'按《釋文》云：不醬，本亦作"僭"，差也。注及下"我醬"同。'"①阮元《校勘記》在"差也"上有"子念反"三字，馬瑞辰在徵引阮元《校勘記》所引《釋文》時，取其所需，將"子念反"三字删去。《通釋》根本就没有"子念反"三字，於是移花接木，就借用《毛詩注疏》的"子念反"出了這麽一條校勘記，令人莫名其妙。

（三）間有校勘結論可采而校勘思路與校勘方法有嚴重缺陷，凡二例。詳下：

（1）1089頁之校記①："饗饎"，《毛詩傳箋通釋》作"饗饎"。

吕按：這條校勘記是對的，但校勘方法迂曲。第一，從對校上來説，殿本、庫本即作"饎"；②從他校上來説，《釋文》即作"饎"。從内校上來説，孔疏云："故知宜炊饗饎之爨。饗以煮肉，饎以炊飯，雙言之也。"③不待馬氏書方知其誤也。

（2）1310頁之校勘記②："也"，《毛詩傳箋通釋》作"野"。

吕按：這條校勘記是對的，但不必求之于《毛詩傳箋通釋》。從版本上來説，殿本、庫本即作"野"。從較早的校勘成果來説，浦鏜《毛詩注疏正字》已經指出："是京乃大衆所宜居之野，'野'誤'也'。"④

總而言之，拿繁體字本與簡化字本相比，從失校與誤校來説（平議的範圍，仍限於《毛詩注疏》卷一八之一，與其他四個整理本同），簡化字本失校十六例，繁體字本全同；簡化字本誤校一例，繁體字本誤校二例，增加一例。此其一。從標點破句來説，簡化字本破句九十三例，繁體字本改正了其中的二例。此其二。從引文的失誤來説，簡化字本多引者三十二例，繁體字本改正了其中的一例；簡化字本少引者二十五例，繁體字本改正了其中的一例；簡化字本當引而未引者十六例，繁體字本全同；簡化字本不當引而引者五例，繁體字本全同；簡化字本暗引失引者九例，繁體字本改

---

① 馬瑞辰撰、陳金生點校《毛詩傳箋通釋》，956頁。
② 同治十年廣東書局重刊殿本，卷二十二，三十八葉。庫本，69册，670頁。
③ 鄭玄箋、孔穎達疏，朱傑人、李慧玲整理《毛詩注疏》，1331頁。
④ 浦鏜《十三經注疏正字》，影印文淵閣《四庫全書》本，192册，248頁。

正了其中的一例。此其三。從繁體字本整理者根據《詩三家義集疏》《毛詩傳箋通釋》新出的二百多條校勘記來説，其中真正校對的很少，而校錯的却很多。比起簡化字本，形式上看是進步了，實質上看是退步了。爲什麽？誤校那麽多，净添亂啊！此其四。以上四項，加加減減，按常情，應該説繁體字本優於簡化字本，後來居上，但實際上，繁體字本還不如簡化字本，功不抵過，添了很多亂，後來居下。其中原因，值得深思，令人嘆惋。

（原載《中華文史論叢》2014 年第 4 期）

北京大學出版社《毛詩正義》
（簡化字本）下册標點破句例析

標點古書，並不是一件輕而易舉之事。魯迅先生説："標點古文，往往害得有名的學者出醜。"①黃侃先生在致其學生陸宗達的信中説："侃所點書，句讀頗有誤處，望隨時改正。"②楊樹達先生《古書句讀釋例·敘論》説："句讀之事，視之若甚淺，而實則頗難。"③這些都是深知其中甘苦之言。韓愈是唐代的大學者，但也慨歎："余嘗苦《儀禮》難讀。"④朱熹是宋代大學者，他在作《韓文考異》時竟説："然不知此句當如何讀。"⑤中華書局出版的《資治通鑑》點校本，是由國內第一流學者標點的，但還有很多錯誤，因而才有吕叔湘先生的《通鑑標點瑣議》之作。筆者由於學殖譾漏，也有過標點破句的時候。每次憶及，便覺耳熱；想到誤導讀者，便覺內疚。

本文摘出北大本《毛詩正義》下册標點破句150餘例，蓋管窺所得，不敢必是。苟爲筆者不幸而言中，則冀爲再版訂正之資；苟爲筆者誤判，以

---

① 《魯迅全集》第六卷《且介亭雜文二集·題未定草六》，人民文學出版社，2005年，437頁。
② 黃侃校點《黃侃手批白文十三經·前言》，上海古籍出版社，1983年，5頁。
③ 楊樹達《古書句讀釋例·敘論》，中華書局，1954年，3頁。
④ 馬通伯《韓昌黎文集校注》一卷《讀儀禮》，古典文學出版社，1957年，22頁。
⑤ 朱熹《別本韓文考異》卷二五《河南少尹李公墓誌銘》，影印文淵閣《四庫全書》本，1073册，566頁。

不誤爲誤，則敬請高明不吝賜教，筆者必拜而領之。

（1）952 頁倒 10 行：孔疏：注云：“入戊午蔀二十九年時，赤雀銜丹書而命之。”

呂按：“時”字當下屬爲句。

（2）953 頁 2 行：孔疏：《乾鑿度》云：“亡殷者，紂黑期火戊，倉精授汝位正昌。”

呂按：“紂”字當屬上爲句。

（3）955 頁 3 行：孔疏：故《元命苞》云：“鳳凰銜《圖》置帝前，黃帝再拜受堯坐。中舟與太尉舜臨觀鳳皇負《圖》授。”

呂按：“堯坐”後之句號當改作逗號，“堯坐”二字當屬下爲句。

（4）956 頁 13 行：孔疏：《書傳》云：“散宜生、南宮括、閎夭三子相，與學訟于太公。四子遂見西伯于羑里。”

呂按：“相”後之逗號當刪。“相與”，猶今言“一道”也。

（5）957 頁 8 行：孔疏：言治民光大，天所加（當作“嘉”）美以此，故爲天所命。

呂按：“以此”二字當下屬爲句。

（6）959 頁倒 1 行：孔疏：《王制》言：“天子之縣內，諸侯禄也。”

呂按：“諸侯”二字當屬上爲句。孔疏：“此一經論天子縣內食采邑諸侯，得禄，不得繼世之事。”是其義。

（7）963 頁倒 9 行：孔疏：《天官·小宰》“凡祭祀，贊祼將之事”。注云：“又從太宰助王祼，謂贊王酌鬱鬯以獻尸。”

呂按：“助王”下當置句號。“祼”字當屬下爲句。

（8）963 頁倒 6 行：孔疏：本以德服之而來，不以威強使至行（當作“何”）者，若爲畏威，當改從其周服，今服其故服，是慕德而來故也。

呂按：“不以威強使至行者”，當作“不以威強使至。何者？”。

（9）964 頁 6 行：孔疏：傳雖不明意，當同鄭。

呂按：“意”字當屬下爲句。此言毛傳雖未講明，其意思當與鄭玄同也。

（10）970 頁 12 行：毛傳：言受命之宜王基，乃始於是也。

吕按:"王基"二字當屬下爲句。

(11) 971 頁 1 行:孔疏:既納幣於請期之後,文王親往迎之于渭水之傍,造其舟以爲橋樑。

吕按:"既納幣"之後,一定要有逗號。否則,昏禮六禮的順序就亂套了。

(12) 974 頁 8—9 行:孔疏:《周語》伶州鳩曰:"……星與日辰之位皆在北,維顓頊之所建也,帝嚳受之。"

吕按:"北"字當屬下爲句。韋昭注云:"北維,北方水位也。"可證。下同,不一一。

(13) 984 頁 13 行:鄭箋:循西水厓沮、漆水側也。

按:"循西水厓"後應置逗號。"沮、漆水側也"是解釋"循西水厓"的。而"循西水厓"則是經文"率西水滸"的通俗說法。

(14) 985 頁倒 1 行:孔疏:王肅云:"於是始居之於是,先盡人事,謀之於衆。"

吕按:下"於是"當屬下爲句。

(15) 986 頁 5 行:孔疏:《禮》"將卜先筮"之言,卜則筮可知,故云"皆從"也。

吕按:這一句話裏有兩處破句。要引的話,那個"之"字也應該放在引文內。因爲《周禮·春官·筮人》:"凡國之大事,先筮而後卜。"注:"當用卜者,先筮之。"可知"之"字也當引。這是第一處破句。"言"字當屬下爲句,這是第二處破句。

(16) 988 頁 13 行:鄭箋:百堵同時起,馨鼓不能止之,使休息也。

吕按:"止之"下的逗號要刪去,否則意思就擰了。"馨鼓不能止之使休息也"就是解釋經文"馨鼓弗勝"的。下文孔疏云"鼓不能勝止人使休",是其義也。

(17) 990 頁 9 行:孔疏:《檀弓》云:"魯莊公之喪,既葬而絰,不入庫門。"

吕按:"而絰"二字當屬下爲句。《禮記·檀弓下》孔疏云"故絰不入

213

庫門也,所以至庫門而去經",是其義也。

（18）990頁倒6行：孔疏：孫炎曰："大事,兵也。有事,祭也。宜求見,使祐也。"

呂按："求見"二字當屬下爲句。"宜"是被解釋詞。這個"宜"字,就是上文孔疏"起大事,動大衆"至"謂之宜"的"宜"。

（19）994頁倒1行—995頁1行：孔疏：斑白,謂年老,其髮白黑雜也。以其年老不自提舉,其挈有少者代之也。

呂按："其挈"二字當屬上爲句。"以其年老不自提舉其挈",謂以其年老而不自己親自提舉手中持有之物。

（20）995頁倒5行：孔疏：箋於此獨言詩人自我者,此美文王之德,而云"我所",我之事不明,故辯之言"文王之德所以至然者",是也。

呂按：原標點至少有兩處破句。今試爲改正如下：箋於此獨言"詩人自我"者,此美文王之德而云"我",所"我"之事不明,故辯之,言"文王之德所以至然者"是也。

（21）997頁倒13行：孔疏：此章言祭天之事,祭天則大報天,而主日配以月,可兼及日、月,而總言三辰。

呂按：《禮記·郊特牲》："大報天而主日也。"注："大,猶遍也。天之神,日爲尊。"可知"而主日"三字當上屬爲句。

（22）998頁6行：鄭箋：祭祀之禮,王祼以圭瓚,諸臣助之,亞祼以璋瓚。

呂按："諸臣助之"下之逗號當删。下文孔疏云："其祭之時,親執圭瓚以祼,其左右之臣,奉璋瓚助之而亞祼。"可證。

（23）999頁1行：孔疏：彼注云："容夫人有故攝焉。攝代王,后一人而已。言諸臣者,舉一人之事,以見諸臣之美耳。"

呂按：這裏説的"彼注",是指《禮記·祭統》注。檢《祭統》注,只有"容夫人有故,攝焉"七字而已。此處引文多引了。又,"后"字當屬上爲句。這裏説的是由大宗伯代替王后亞祼。

（24）1006頁2行：孔疏：彼謂隨命得賜,與九命外頓加九賜。別九賜者,《含文嘉》云:"一曰車馬,……

呂按:"別"字當屬上爲句。

(25) 1011 頁 2 行:孔疏:《論語》云:"無使大臣怨乎?"不以是人君當順大臣也。

呂按:《論語·微子》:"不使大臣怨乎不以。"注:"孔曰:以,用也。怨不見聽用。"可知當標作:《論語》云:"無使大臣怨乎不以。"是人君當順大臣也。這樣的錯誤,只要核對一下原書,就可以避免。

(26) 1013 頁 2 行:孔疏:鄭以爲,此與下章連上二句,先言在宮在廟,卒二句又總結此二事。

呂按:短短一句,兩處破句。"連"字下當置逗號,"上二句"下之逗號當刪。結合經文,不難看懂。

(27) 1016 頁 4 行:孔疏:仁義之行,行之美者,尚能知其仁義。所以得不聞達者,仁義行之于心,聞達習之於學。

呂按:"尚能知"下當置句號,"其仁義"下之句號當刪。因爲鄭箋原文有"有仁義之行,而不聞達者"之語,故孔疏有"其仁義所以得不聞達者"之文。

(28) 1025 頁倒 3 行:孔疏:《釋言》云:"荒,奄也。"孫炎曰:"荒大之奄。"是荒、奄俱爲大義,故云"奄,大也"。

呂按:孫炎曰:"荒大之奄。"當標作:孫炎曰:"荒,大之奄。"

(29) 1027 頁 9 行:孔疏:德正即德音。政教是音聲號令也。

呂按:"政教"二字當屬上爲句,"德音"下之句號,當改作逗號。

(30) 1032 頁倒 8 行:孔疏:必知己德盛威行乃遷居者,以威若不行,則民情未樂,遠方不湊,則隨宜而可令。威德既行,歸從益衆,……

呂按:"令"當作"今",且當屬下爲句。

(31) 1033 頁 6 行:鄭箋:仇方,謂旁國。諸侯爲暴亂大惡者,女當謀征討之。

呂按:"旁國"下之句號當刪。下文孔疏云:"當詢謀汝怨偶之旁國,觀其爲暴亂大惡者而征討之。"可證。

（32）1034 頁 3 行：孔疏：箋以大爲音聲，以作色忿人，長大淫恣而改其本性。

吕按："以作色"三字當上屬爲句，"忿人"二字當屬下爲句。"大爲音聲以作色"，就是經文"大聲以色"的通俗説法。

（33）1034 頁 8 行：孔疏：故天命文王使伐之人道，貴其識古知今。

吕按："人道"二字當屬下爲句。鄭箋云："其爲人，不識古，不知今。"可證。

（34）1034 頁倒 5 行：孔疏："怨偶曰仇"，《左傳》云方者，居一方之辭，故爲傍國之諸侯。

吕按："云"，當作"文"。"文"下當置句號。

（35）1036 頁 10 行：孔疏：《春官·肆師》注云："類，禮依郊祀而爲之。"

吕按："禮"字當屬上爲句。

（36）1040 頁 2 行：孔疏：囿也、沼也，同言靈。於臺下爲囿爲沼，可知小學在公宫之左，大學在西郊。

吕按："可知"二字當上屬爲句。"可知"下當置句號。

（37）1047 頁倒 9 行：孔疏：彼謂一人之身，漸積以成，此則順父祖而成事，亦相類，故引以爲證。

吕按："事"字當屬下爲句。

（38）1056 頁倒 3 行：孔疏：張晏曰："高辛所興地名嚳，以字爲號，上古質故也。"

吕按：當標作：張晏曰："高辛，所興地名。嚳，以字爲號。上古質故也。"張晏注見《史記·五帝本紀》裴駰《集解》引。

（39）1057 頁倒 10 行：孔疏：堯有賢弟七十，不用須舜舉之，此不然明矣。

吕按：當標作：堯有賢弟，七十不用，須舜舉之，此不然明矣。

（40）1069 頁倒 10 行：孔疏：稍至秋初，禾又出穗，實盡發于管，實生粒皆秀更復少時其粒，實皆堅成，實又齊好，實穗重而垂穎。

按："皆秀"下當置逗號，"少時"下當置逗號，"其粒"二字當屬下爲句。

（41）1086 頁 13 行：孔疏：知子路爲司射者，以《鄉射》云："司射袒決，遂取弓矢於西階，乃告請射事。"

吕按："遂"字當屬上爲句。這個"遂"不是副詞，而是名詞，謂射箭時穿的臂衣，這裏用爲動詞。

（42）1092 頁倒 3 行：孔疏：《白虎通》引曾子曰："王者宗廟，以卿爲尸，射以公爲耦。不以公爲尸，避嫌三公尊近天子，親稽首拜尸，故不以公爲尸。"

吕按："避嫌"下當置句號。"天子"二字當屬下爲句。

（43）1124 頁倒 2 行：孔疏：服虔注云："緊，發聲也。言黍稷牲玉，不易無德，薦之則不見饗。"

吕按："不易"二字當上屬爲句，"無德"二字當屬下爲句，"薦之"下當置逗號。此亦"黍稷非馨，明德惟馨"之義（《左傳》僖公五年）。

（44）1136 頁 2 行：孔疏：《釋木》云："櫬，梧。"郭璞曰："今梧桐又曰榮桐木。"郭璞云："則梧桐也。"然則桐梧一木耳。

吕按：郭璞曰："今梧桐又曰榮桐木。"當標作：郭璞曰："今梧桐。"又曰："榮，桐木。""又曰"者，《爾雅·釋木》又曰也。

（45）1137 頁倒 10 行：孔疏：車不獨賜駕，必以馬、車言衆多，則馬亦多矣。

吕按："駕"字當屬下爲句。"以馬"下之頓號當改作逗號。

（46）1137 頁倒 4 行：孔疏：又解召公獻詩及言遂歌之意，以明王使公卿獻詩，以陳其所作之人志意，遂爲工師之歌故也。

吕按："以陳"二字當屬上爲句。

（47）1163 頁 5 行：鄭箋：今王政暴虐，賢者皆佯愚不爲，容貌如不肖然。

吕按：當標作：今王政暴虐，賢者皆佯愚，不爲容貌，如不肖然。"不爲容貌，如不肖然"，意謂不注意外表，像是個没本事的人那樣。

（48）1163頁倒4行：鄭箋：人君爲政，無强于得賢人。得賢人則天下教化，於其俗有大德行，則天下順從其政。

吕按：當標作：人君爲政，無强于得賢人。得賢人則天下教化於其俗。有大德行，則天下順從其政。"得賢人則天下教化於其俗"，是經文"四方其訓之"的演繹。"於其俗有大德行，則天下順從其政"，是經文"有覺德行，四國順之"的通俗表述。

（49）1164頁15行：孔疏：《太宰職》曰："正月之吉，始和，布治于邦國都鄙，乃縣治象之法于象魏。"

吕按："始和"下之逗號當删。王引之《經義述聞·周官上》："和，當讀爲宣……和布者，宣佈也。"孫詒讓《周禮正義》亦取王説。

（50）1166頁倒9行：孔疏：用戒戎，作爲中國，則用剔蠻方爲夷狄。

吕按：第一，"用戒戎"下之逗號當删去；第二，"用戒戎作"四字當加引號，因爲這是經文原文；第三，"爲中國"三字當屬下爲句。

（51）1166頁倒3行：孔疏：用此治九州之外不服者，謂治夷鎮蕃。三服，《大行人》既列其服朝見之數……

吕按："三服"二字當上屬爲句，其下之逗號當删去。"夷鎮蕃"，最好標作"夷、鎮、蕃"。

（52）1171頁1行：孔疏：言不愧屋漏，則屋漏之處有神居之矣，故言祭時於屋漏，有事之節，……

吕按："屋漏"下之逗號當删去，"之節"下之逗號當改作句號。

（53）1171頁3行：孔疏：《特牲禮》尸謖之後云："佐食徹尸薦俎，敦設於西北隅，几在南厞，用筵納一尊。"

吕按："敦"字當屬上爲句。"厞"字當屬下爲句。"用筵"下當置逗號。"薦俎敦"爲三物，如能加頓號，標作"薦、俎、敦"，更好。

（54）1172頁11行：孔疏：彼童羊實無角，而爲有角，自用妄爲，抵觸人。以喻王后本實無德，而爲有德，自用横干政事。

吕按：兩處破句。上下兩個"自用"，俱當屬上爲句。

（55）1175頁3行：孔疏：上言借曰未知，冀其長大，有識此言。人意

218

不滿，亦望在後更益，是冀王有晚成之意。

吕按："有識"二字當上屬爲句。"此言"二字當屬下爲句。

（56）1175頁倒10行：鄭箋：我教告王，口語諄諄，然王聽聆之藐藐然忽略，不用我所言爲政令，反謂之有妨害於事。

吕按：這是鄭箋在串講經文，故當標作：我教告王口語諄諄然，王聽聆之藐藐然，忽略不用我所言爲政令，反謂之有妨害於事。

（57）1176頁7行：孔疏：自上以來，諫王之情已極於此，自言諫意以結之。

吕按："於此"二字當屬下爲句。

（58）1185頁3行：孔疏：正謂蟲災爲害五穀，盡病以言盡，故知總五穀也。

吕按：兩處破句。當標作：正謂蟲災爲害，五穀盡病。以言"盡"，故知總五穀也。

（59）1188頁3行：鄭箋：天下之民，苦王之政，欲其亂亡，故安爲苦毒之行，相侵暴慍恚使之然。

吕按："相侵暴"三字當上屬爲句。下文孔疏云："天下之民苦王之政，民欲其亂亡，故安然而爲此惡行，以相侵暴，謂强陵弱，衆暴寡也。此非民之本性，乃由慍恚王者使之然也。"是其義也。

（60）1188頁6行：孔疏：荼，苦，葉毒者。螫蟲、荼毒皆惡物，故比惡行。

吕按：短短一句，三處破句。當標作：荼，苦葉。毒者，螫蟲。荼、毒皆惡物，故比惡行。孔疏是首先分釋，何者謂之荼，何者謂之毒。

（61）1189頁12行：孔疏：貪人之識，不能鑒遠聞。淺近之言，合其志意，則應答之。

吕按："聞"字當屬下爲句，其下之句號當改作逗號。

（62）1189頁倒2行：鄭箋：我豈不知女所行者，惡與直知之。女所行如是，猶鳥飛行自恣東西南北時，亦爲弋射者所得。

吕按："惡與"當上屬爲句。"時"字當屬下爲句，經文"時亦弋獲"

可證。

（63）1193 頁倒 6 行：孔疏：春秋之世，晉之知氏世稱伯，趙氏世稱孟，仍氏或亦世稱，字叔，爲別人可也。

呂按："字"當屬上爲句。"叔"當下屬爲句。

（64）1193 頁倒 2 行：《釋文》：倬，陟角反，王云："著也。"《説文》云："著，大也。"

呂按："著"下之逗號當刪去。"著大也"，這是《説文》對"倬"字的説解。

（65）1199 頁 13 行：鄭箋：旱既不可却止，熱氣大盛，人皆不堪言。我無所庇陰而處，衆民之命近將死亡。

呂按："言"字當屬下爲句。

（66）1199 頁倒 8 行：孔疏：故使旱之爲勢赫赫然，氣盛炎炎然熏熱，其時之人不能堪之。

呂按："爲勢"下當置逗號。"氣盛"二字當屬上爲句。

（67）1202 頁倒 7 行：孔疏：汝等諸臣，無有一人而不賙救。其百姓困急者，謂諸臣之中，無有自言不能賙救而止不爲者。

呂按：上"賙救"下之句號當刪去。

（68）1203 頁 2 行：孔疏：于此之時，則趣馬之官不以粟秣養其馬；師氏之官弛廢其兵，而不用所驅馳之大道，不使人除治之；

呂按："而不用"三字當上屬爲句。

（69）1203 頁 8 行：孔疏：左右，君之左右，總謂諸臣不修者，無所修作。

呂按："總謂諸臣"下當置句號。孔疏是在解釋毛傳"左右布而不修"一句的。

（70）1204 頁倒 6 行：鄭箋：使女無棄成功者何，但求爲我身乎？

呂按："何"字當屬下爲句，經文"何求爲我"可證。

（71）1207 頁 1 行：毛傳：嶽降神靈，和氣以生，申甫之大功。

呂按："和氣"當上屬爲句，"以生"當屬下爲句。經文"維岳降神，生甫及申"可證。

（72）1207 頁倒 1 行：孔疏：（《周語》）又曰："祚四岳，國命爲侯伯。"

吕按："國"字當屬上爲句。

（73）1211 頁 8 行：孔疏：二十八年《左傳》曰："王命王子虎策命晋侯爲侯伯，其策文云：王曰：'叔父用州牧之禮。'"是謂州牧爲侯伯。

吕按：檢《左傳》，這裏徵引的策問只有四個字，即"王曰叔父"。"用州牧之禮"，是孔疏之文。

（74）1216 頁 12 行：毛傳：諸侯有大功則賜虎賁徒御。嘽嘽，徒行者、御車者嘽嘽喜樂也。

吕按：標點大誤。當標作：諸侯有大功則賜虎賁。徒御嘽嘽，徒行者、御車者嘽嘽喜樂也。"徒御嘽嘽"是經文，近在眉睫，何不一顧耶！

（75）1220 頁倒 10 行：孔疏：是順謂從其所爲言。君須爲善，從君之意以成善事也。

吕按："言"字當屬下爲句，其下之句號當改作逗號。觀上文鄭箋，庶幾可避免此誤。

（76）1222 頁 9 行：鄭箋：人之言云：德甚輕然，而衆人寡能。獨舉之以行者，言政事易耳。

吕按："然"字當屬下爲句。"寡能"下之句號當删去。這幾句鄭箋，實際上是在串講經文"人亦有言：德輶如毛，民鮮克舉之"。

（77）1223 頁倒 6 行：孔疏：見其所乘之駟牡業業然動而高大，所從衆人之征夫捷捷然敏而樂事於其祖。

吕按："樂事"下當置句號。"於其祖"是另一句的開始。

（78）1227 頁 8 行：孔疏：服虔云："韓萬，晋大夫曲沃桓叔之子，莊伯之弟。"

吕按："晋大夫"下當置逗號。

（79）1231 頁倒 11 行：孔疏：不言雍州，而云"黑水西河"者，以《禹貢》大界，略言所至地形，不可如圖境界互相侵入。

吕按："地形"當屬下爲句。"如圖"下當置逗號。

(80) 1231 頁倒 5 行：孔疏："綏,大綏"者,即《王制》所謂"天子殺下大綏"者是也。

呂按："天子殺"下當置逗號。

(81) 1231 頁倒 5 行：孔疏：《天官·夏采》注云："徐州貢夏翟之羽,有虞氏以爲綏。後世或無染鳥羽,象而用之。"

呂按："後世或無"下當置逗號。

(82) 1232 頁 1 行：孔疏：靲爲軾中蓋,相傳爲然。

呂按："蓋"字當屬下爲句。

(83) 1232 頁倒 7 行：孔疏：《巾車》注亦云"錫馬面,當盧刻金爲之"。所謂鏤錫當盧者,當馬之額盧,在眉眼之上。

呂按：三處破句,一處引文少引。當標作：《巾車》注亦云："錫,馬面當盧,刻金爲之,所謂鏤錫。"當盧者,當馬之額,盧在眉眼之上。

(84) 1233 頁 5 行：鄭箋：人君之車曰路車,所駕之馬曰乘馬。

呂按：下"車"字當屬下爲句。

(85) 1242 頁 13 行：孔疏：凡言來據,自彼至此之辭。

呂按："據"字當屬下爲句,觀上下文可知。

(86) 1246 頁 4 行：《釋文》：錫,本或作"錫之"。山川土田附庸者,是因《魯頌》之文妄加也。

呂按：下"錫"字當作"錫"。"之"字當屬下爲句。

(87) 1248 頁 8 行：孔疏：謂如其召康公所言。"天子萬壽"以下是也。

呂按："所言"下之句號當刪去。觀經文可知。

(88) 1250 頁 6 行：孔疏：王肅云："皇父以三公而撫軍也,殊南仲,于王命親兵也。"

呂按："殊南仲"下之逗號當刪去。"親兵"者,直接帶兵也。

(89) 1254 頁 16 行：孔疏：既敗其根本,又窮其枝葉,因復使人治彼淮浦之傍有罪之國,皆執而送之,來就王師之所而聽誓言,盡得其支黨也。

呂按："言"字當屬下爲句。

(90) 1256 頁倒 5 行：孔疏：凡國,伯爵。

吕按：當標作：凡,國。伯,爵。

(91) 1257 頁 1 行：鄭箋：仰視幽王爲政,則不愛我下民甚久矣。天下不安,王乃下此大惡以敗亂之。

吕按："甚久矣"當屬下爲句。"甚久矣天下不安",就是經文的"孔填不寧"。

(92) 1258 頁倒 1 行：鄭箋：厥,其也。其,幽王也。

吕按：當標作：厥,其也,其幽王也。"其幽王也",意謂用"其"字來指代幽王也。鄭箋往往將人稱代詞活用作動詞。例如,《小雅·出車》："我出我車,於彼牧矣。"鄭箋："上我,我殷王也。下我,將率自謂也。"再如,《大雅·大明》："上帝臨女。"鄭箋："女,女武王也。"

(93) 1261 頁 12 行：孔疏：言三宫之夫人,亦容天子。三夫人,人各居一宫也。

吕按："亦容天子"下之句號當删去。

(94) 1261 頁 16 行：孔疏：彼注云："葉及早凉脆,采之風戾之,使露氣燥,乃可食齏。"

吕按："采之"當上屬爲句。

(95) 1261 頁 20 行：孔疏：彼注云："副褘,王后之服。而云夫人,記者容二王之後與？以記意或然,故言。"與爲疑之辭。

吕按：首先,據《禮記·祭義》注,"記者容二王之後與？"下當置引號。注文至此結束。再説破句。"王后之服"下之句號當删去。"故言"下之句號引號當删去。

(96) 1262 頁倒 11 行：孔疏：此經與上義相配成天,刺神不福,皆由政惡所致。

吕按："天"字當屬下爲句。此覆説經文"天何以刺？何神不富？"

(97) 1263 頁 3 行：孔疏：以"天之降罔",是羅網寬廣優饒者,寬容之義,故易傳以優爲寬。

吕按："羅網寬廣"下當置句號。

（98）1265頁6行：鄭箋：王施刑罪，以羅網天下衆爲殘酷之人，雖外以害人，又自内争相讒惡。

吕按："以羅網天下"下當置句號。"王施刑罪，以羅網天下"，是串講經文"天降罪罟"的；"衆爲殘酷之人，雖外以害人，又自内争相讒惡"，是串講經文"蟊賊内訌"的。

（99）1266頁倒4行：鄭箋：天下之人，戒懼危怖甚久矣，其不安也，我王之位，又甚隊矣。

吕按："戒懼危怖"下當置句號。"其不安也"下之逗號，當改作句號。鄭箋的這三句話，正是對經文"兢兢業業，孔填不寧，我位孔貶"三句的串講。

（100）1269頁7行：《釋文》：案張揖《字詁》云："瀕，今濱。"則瀕是古濱字者。與音餘。

吕按："者"字當屬下爲句。最好標作"者與，音餘"。"者與"是上文鄭箋中的詞語。

（101）1273頁倒2行：孔疏：箋云："成王既黜殷命，殺武庚，命微子代殷。後既受命，來朝而見也。"

吕按："後"字當屬上爲句。"命微子代殷後"，意謂命微子作殷的香火繼承人。《史記·宋微子世家》："周公既承成王命誅武庚，殺管叔，放蔡叔，乃命微子開代殷後，奉其先祀。"是其事。

（102）1275頁1行：孔疏：但敍云"奏"者，容周公、成王時，所奏述其事而爲頌，故不可必定也。

吕按："所奏"當屬上爲句。

（103）1276頁16行：孔疏：《臣工之什》言助祭祈報合樂，朝見事劣於《清廟》。

吕按："朝見事"當上屬爲句。《臣工之什》10篇，觀10篇小序可知。最好加上頓號，標作：《臣工之什》言助祭、祈報、合樂、朝見事，劣於《清廟》。

（104）1276頁倒6行：孔疏：以頌者，告神之歌，由於政平神悦所致，故説政從神，下歌以報神，所以爲頌之意。

吕按："下"字當屬上爲句。

（105）1277頁13行：孔疏：《大傳》曰："自禰率而上之至於祖遠者，輕仁也；自祖率而下之至於禰高者，重義也。"

吕按："輕""重"字當屬上爲句。最好標作：《大傳》曰："自禰率而上之至於祖，遠者輕，仁也；自祖率而下之至於禰，高者重，義也。"

（106）1277頁22行：孔疏：既爲其器，即立其神，神有制度，故可法象，猶社祀勾龍，廟祭先祖，亦人立之而效之。降命與此同。

吕按："降命"當上屬爲句，其下之句號當改作逗號。上文之"殷以降命"，殷即"效"之假借字，

（107）1278頁11行：孔疏：祭地得所，地不愛寶，山出器車，地生醴泉，銀甕丹甑金玉，百貨可盡爲人用焉。

吕按："金玉"當屬下爲句。"百貨"下當置逗號。

（108）1278頁倒5行：孔疏：頌之作也，主爲顯神，明多由祭祀而爲，

吕按："明"字當屬上爲句。

（109）1280頁1行：孔疏：《楚茨》經云"烝嘗"，序稱"祭祀"，是秋冬之祭亦以祀目之。此祀文王，自當在春餘，序之稱祀，不必皆春祀也。

吕按："餘"字當屬下爲句。

（110）1280頁9行：孔疏：此朝諸侯在明堂之上，于時之位，五等四夷莫不咸在。

吕按："五等"當上屬爲句。五等，謂三公、諸侯、諸伯、諸子及諸男也。詳《明堂位》。

（111）1282頁4行：孔疏：以此祀文王之歌，美其祀不美其廟，故云"周公之祭清廟也"。其禮儀敬且和者，謂周公祭祀能敬和也。

吕按：破句之處頗多。今爲之整理如下：以此祀文王之歌，美其祀不美其廟，故云."周公之祭清廟也，其禮儀敬且和"者，謂周公祭祀能敬和也。觀上文鄭箋自知。

（112）1287頁10行：孔疏：杜預曰："箾舞者，所執南箾以箾舞也。"

吕按：檢《左傳》襄公二十九年杜注，當標作：杜預曰："箾，舞者所執。南箾，以箾舞也。"

225

（113）1288 頁倒 4 行：孔疏：《我應》云：……"王曰：'於戲！斯在伐崇謝告。'"注云："斯，此也。天命此在伐崇侯虎，謝百姓，且告天。"

吕按："斯在"當屬上爲句。"天命此在"下當置逗號。

（114）1300 頁 4 行：孔疏：故《雜問志》云："不審周以何月，於《月令》則季秋正可。不審祭月必有大享之禮。"

吕按：核之《禮記·祭法》孔疏所引《雜問志》，"正可"二字當屬下爲句。《雜問志》引文止于"季秋"。

（115）1303 頁 13 行：孔疏：或將强以陵弱，恃衆以侵寡，擁遏王命，冤不上聞，而使遠道細民受枉。聖世聖王知其如是，故制爲此禮，時自巡之。

吕按："聖世"當屬上爲句。

（116）1303 頁 16 行：孔疏：（大司馬職）注云："師謂巡守。若會同，是巡守之禮，有伐罪正民之事也。"

吕按：首先，引文多引了。注文止于"會同"二字。再說破句。"巡守"下之句號當删去。"若"是連詞，"和""及"之義。整理一下是這樣：（大司馬職）注云："師，謂巡守若會同。"是巡守之禮，有伐罪正民之事也。

（117）1308 頁 11 行：《釋文》：將，七羊反。注同。《說文》作"戕戕"，行貌。

吕按：《說文》以下破句。當標作：《說文》作"戕"，戕，行貌。

（118）1313 頁倒 8 行：孔疏：玄之聞也，賓者，敵主人之稱，而《禮》，諸侯見天子稱之曰賓，不純臣，諸侯之明文矣。

吕按："不純臣"下之逗號當删去。

（119）1319 頁倒 1 行：鄭箋：亦，大服事也。

吕按：當標作：鄭箋：亦，大。服，事也。這是鄭玄在解釋經文"亦服爾耕"中的"亦"字和"服"字的。

（120）1320 頁倒 9 行：孔疏："亦，大服事"，《釋詁》文。彼"亦"作"弈"，音義同。

吕按：破句與上條同。

（121）1321 頁倒 7 行：孔疏：鄭云："以至於畿，則中雖有都、鄙、遂人盡主其地。"是都、鄙與遂同制,此法明其共爲部也。

吕按:兩個"都、鄙"中間的頓號都應删去。"都鄙"是一個詞,鄭玄注《周禮·天官·太宰》云:"都鄙,公卿大夫之采邑、王子弟所食邑。"

(122) 1324 頁 13 行:孔疏:色潔白之水鳥而集於澤,誠得其處也。以興有威儀之杞、宋。往,行也。

吕按:"宋"下之句號與"往"下之逗號,皆應删去。

(123) 1324 頁倒 4 行:孔疏:《皋陶謨》曰:"虞賓在位,此及有瞽。"皆云我客。

吕按:當標作:《皋陶謨》曰:"虞賓在位。"此及《有瞽》皆云"我客"。

(124) 1328 頁倒 7 行:孔疏:知者,以《春官·典庸器》《冬官·梓人》及《明堂位》《檀弓》皆言栒虡,而不言業,此及《靈臺》言虡業而無栒文,皆與虡相配,栒業互見,明一事也。

吕按:"文"字當屬下爲句。意謂"栒"字、"業"字皆與"虡"字相配。

(125) 1328 頁倒 1 行:孔疏:《靈臺》云:"虡業維樅。"樅即崇牙上飾,卷然可以爲懸者也。

吕按:"上飾"當屬下爲句。"卷然"下當置逗號。

(126) 1329 頁 2 行:孔疏:其上刻爲崇牙,似鋸齒捷業然,故謂之業牙,即業之上齒也。

吕按:下"牙"字當屬下爲句。

(127) 1329 頁 9 行:孔疏:《大射禮》應鼙在建鼓東,則爲應和。建鼓、應鼙共文,是爲一器,故知"應,小鼙"也。

吕按:"應和"下之句號當删去。"建鼓"下之頓號當改作逗號。按《儀禮·大射儀》:"建鼓在阼階西,南鼓;應鼙在其東,南鼓。"鄭玄注:"應鼙,應朔鼙也。先擊朔鼙,應之。鼙,小鼓也。"

(128) 1329 頁倒 3 行:孔疏:《太師》注:"木柷,敔也。"

吕按:"柷"字當屬下爲句。

(129) 1335 頁 6 行:孔疏:由皇考能遍使民智,故孝子得安皇考之德,又能安及皇天,使無三辰之災,而有徵祥之瑞。

吕按:"故孝子得安"下當置句號。

(130) 1335 頁 7 行:孔疏:以今禘祭,則皇考又安祐我之孝子,得年有秀眉之壽,光大孝子以繁多之福也。

吕按:"得年"當屬上爲句。

(131) 1339 頁 10 行:孔疏:俾緝熙是神,使辟公光明之,則綏以多福。是神安辟公以多福,非謂安孝子也。

吕按:"神"下之逗號當删去。"多福"下之句號當删去。整句應標作:"俾緝熙"是神使"辟公"光明之,則"綏以多福"是神安"辟公"以多福,非謂安孝子也。

(132) 1340 頁 7 行:鄭箋:今微子代之,亦乘殷之馬,獨賢而見尊異,故言亦駁而美之。

吕按:"故言亦"下當置逗號,"亦"字當加引號。"故言亦"之"亦",是針對經文"亦白其馬"的"亦"字的。

(133) 1340 頁倒 10 行:孔疏:《檀弓》曰:"殷人戎事,乘翰翰白色馬。"雖戎事,乘之亦以所尚,故白言"亦白其馬"……

吕按:此句既有引文多引,又有多處破句。今爲之整理如下:《檀弓》曰:"殷人戎事乘翰。"翰,白色馬。雖戎事乘之,亦以所尚故白。言"亦白其馬"……

(134) 1341 頁 6 行:鄭箋:追,送也。於微子去,王始言餞送之,左右之。臣又欲從而安樂之,厚之無已。

吕按:"餞送之"下之逗號當改作句號。"左右之"下之句號當删去。鄭玄是在串講經文"薄言追之,左右綏之"。

(135) 1344 頁 1 行:孔疏:《訪落》與群臣共謀敬之,則群臣進戒,文相應和,事在一時,則俱是未攝之前。

吕按:"共謀"下當置逗號。"敬之"是《詩經》篇名,應加書名號,其下逗號當删。

(136) 1347 頁 11 行:孔疏:又重解難成之事,謂諸政教已有,基業未得平。平亦成也。

呂按:"基業"當屬上爲句。

(137) 1351 頁 1 行:《釋文》:螫音釋,《韓詩》作辛。赦,赦事也。

呂按:"螫"前脱"辛"字,此失校。整句當標作:辛螫,音釋,《韓詩》作"辛赦"。赦,事也。

(138) 1354 頁倒 9 行:孔疏:韋昭云:"王無耦,以一耜耕。班,次也。三之者,下各三。其上王一發,公三,卿九,大夫二十七。"

呂按:"其上"當上屬爲句,其下之句號當改作逗號。

(139) 1358 頁倒 2 行:孔疏:箋申特美之意,故云"先長者傑"。既是先長,明厭厭,其餘衆苗齊等者。

呂按:"傑"字當屬下爲句。"厭厭"下之逗號當删去。觀上文經注可知。

(140) 1363 頁倒 11 行:孔疏:《族師》雖云祭酺,不言即爲釀;《飲酒禮記》自有釀語,不云釀是族法。

呂按:"飲酒"二字不應在書名號之内,當屬上爲句。

(141) 1364 頁 5 行:孔疏:然則社稷用黝,牛色以黑。而用黄者,蓋正禮用黝,至於報功,以社是土神,故用黄色。

呂按:"牛色以黑"下之句號當删去。

(142) 1367 頁 2 行:孔疏:直言"自堂徂基"何?知非廟堂之基者。以繹禮在門,不在廟,故知非廟堂也。

呂按:當標作:直言"自堂徂基",何知非廟堂之基者,以繹禮在門,不在廟,故知非廟堂也。

(143) 1371 頁 2 行:鄭箋:允,信也。王之事所以舉兵克勝者,實維女之事信,得用師之道。

呂按:"信"字當屬下爲句。"信得用師之道",説的就是經文"允師"二字。

(144) 1419 頁 17 行:孔疏:計地所出,則非常故。成出一車,以其非常,故優之也。

呂按:當標作:計地所出則非常,故成出一車。以其非常,故優之也。

(145) 1430 頁 7 行:《商頌譜》:自後政衰,散亡商之禮樂。七世至戴公時,當宣王,大夫正考父者,校商之名頌十二篇于周太師,以《那》爲首,歸以祀其先王。

呂按:"散亡"當上屬爲句。"時"字當屬下爲句。

(146) 1442 頁 7 行:《釋文》:案此序一,注舊有兩本,前袷後禘是前本,兩禘夾一袷是後本也。

呂按:"注"字當屬上爲句。

(147) 1452 頁倒 2 行:毛傳:諸夏爲外幅廣也。

呂按:當標作:諸夏爲外。幅,廣也。觀經文可知。

(148) 1454 頁倒 8 行:孔疏:韋昭云:"周之禘袷文、武,不先不窋,故通謂之王。"

呂按:"文、武"當下屬爲句。

(149) 1454 頁倒 1 行:孔疏:"率履不越",文承"是達"之下,明民從政化,非契身率禮,故云……

呂按:"非"字當屬上爲句。

(150) 1456 頁 3 行:孔疏:言天之所以命契之事,自契之後,世世行而不違失,天心雖已漸大,未能行同於天。

呂按:"天心"當上屬爲句。

(151) 1465 頁 1 行:鄭箋:降,下。遑,暇也。天命乃下視下民,有嚴明之君。

呂按:"下民"當下屬爲句。"天命乃下視",就是經文的"天命降監下民有嚴";"下民有嚴明之君",就是經文的"下民有嚴"。

(152) 1466 頁倒 4 行:孔疏:王肅云:"桷楹以松柏爲之,言無雕鏤也。陳列其楹。有閑,大貌。"

呂按:"陳列其楹"下之句號當改作逗號。"有閑"下之逗號當刪去。這兩句是解釋經文"旅楹有閑"的。

(原載趙生群、方向東主編《古文獻研究集刊》第 4 輯,鳳凰出版社,2012 年)

《周禮》識小

《周禮》概說

一　有關《周禮》的名稱、作者及其成書時代

　　《周禮》最初的名字叫做《周官》,見《史記·封禪書》:"封禪用希曠絶,莫知其儀禮,而群儒采封禪《尚書》《周官》《王制》之望祀射牛事。"①《漢書·藝文志》著録有《周官經》六篇、《周官傳》四篇,是其證。《周官》這個名稱本來是名副其實的,因爲它本來就是講設官分職的書嘛,好端端的爲什麽要改稱《周禮》呢? 是誰改的呢? 荀悦《漢紀·成帝篇》説:"劉歆以《周官經》六篇爲《周禮》,王莽時,歆奏以爲禮經,置博士。"②這就是說,是劉歆改的。後來的學者也都認可此說。爲什麽要改呢? 據孫詒讓《周禮正義》説,這是因爲,《尚書》中也有一篇《周官》,也是講官制的,劉

---

① 司馬遷《史記》,中華書局,2013年,1669頁。
② 荀悦《漢紀》,影印文淵閣《四庫全書》本,303册,430頁。

歆擔心此《周官》與彼《周官》混淆,所以將此《周官》改名《周禮》。從此以後,儘管《周官》《周禮》這兩個名字並行不悖,但學者以稱《周禮》爲常。《周禮》是《三禮》中的第一部,是宋代以後的《十三經》之一。在儒家的所有經典中,是疑點最多、爭論最烈的一部。爭論的焦點首先集中在《周禮》的真僞上,説具體點,就是它的作者究竟是誰？它成書於什麼時代？如何看待它的來歷？

《周禮》的作者,有的人説是周公。首倡此説的是西漢劉歆。劉歆的理由是什麼,他自己没説。倒是賈公彦《序〈周禮〉廢興》引馬融《周官傳序》説,古文《周官》被發現以後,在今文博士的一片排斥反對聲中,只有劉歆獨具隻眼,看出來"周公致太平之迹"全在此書。我們知道,西漢末年,王莽托古改制,《周禮》是其改制的一個主要理論根據,而劉歆則是王莽改制的謀士,被封爲國師,從這些事實來看,説劉歆把《周禮》看作是"周公致太平之迹"之書,並非無根之談。到了東漢末年鄭玄爲《周禮》作注時,就把劉歆的這個觀點給坐實了。鄭玄明確地説:"周公居攝而作六典之禮,謂之《周禮》。七年,致政成王,以此禮授之,使居洛邑治天下。"①鄭玄之所以説得這樣有鼻子有眼,大約是他看到《尚書大傳》上有這樣的話:"周公攝政,一年救亂,二年克殷,三年踐奄,四年建侯衛,五年營成周,六年制禮作樂,七年致政于成王。"②又看到《禮記·明堂位》中有類似的話:"武王崩,成王幼弱,周公踐天子之位,以治天下。六年,朝諸侯于明堂,制禮作樂,頒度量,而天下大服。七年,致政于成王。"③兩書都有"六年,制禮作樂"的話,而《周禮》一書便是"制禮作樂"的具體成果。鄭玄是經學的權威,一言九鼎,從此以後,周公作《周禮》的説法,差不多就成爲定論,至少也是一種代表主流的意見。時至今日,堅持這種説法的已經不多了。筆者認爲,作爲周初最高統治者的周公,爲了鞏固剛剛建立的政權,肯定要

---

① 《十三經注疏》,中華書局,1980年,639頁。
② 《尚書大傳》,影印文淵閣《四庫全書》本,68册,411頁。
③ 鄭玄注、孔穎達正義、吕友仁整理《禮記正義》,上海古籍出版社,2008年,1261—1262頁。

立些規矩,訂些制度;即令是采取殷人的舊的規章制度,恐怕也是有因有革,但這也要經過周公的點頭。如果説周公"制禮"的内容指的就是這些,那没問題;但如果説周公"制禮"的内容指的就是製作《周禮》一書,則證據不足。《左傳·文公十八年》有這樣一句話:"先君周公制《周禮》曰:'則以觀德,德以處事。事以度功。功以食民。'"楊伯峻注曰:"《周禮》,據文,當是姬旦所著書名或篇名,今已亡其書矣。若以《周官》當之,則大誤。"①這就是説,即令是當年周公真的寫過《周禮》,也不是今天我們看到的這部《周禮》。郭沫若《周官質疑》説得好:"且古人並無專門著書立説之事,有之,蓋自春秋末年以來。其前之古書乃歲月演進中所累積而成者也。"②

《周禮》的作者,有的人説是劉歆。首倡此説的是南宋的胡安國、胡宏父子,他們認爲《周禮》是"王莽令劉歆撰"的③。此端一開,後繼者不絶如縷。而真正坐實此説的是清末的康有爲。康氏爲此專門寫了一部《新學僞經考》,其中有云:"《周官經》六篇,則自西漢前未之見,其説與《公》《穀》《孟子》《王制》今文博士皆相反,《(王)莽傳》所謂'發得《周禮》,以明因監',故與莽所更法立制略同,蓋劉歆所僞撰也。歆欲附成莽業而爲此書,其僞群經,乃以證《周官》者。故歆之僞學,此書爲首。"④意思是説,劉歆僞造了許多經書,《周禮》是這些僞經中的最要害的一部,其目的是爲了幫助王莽篡漢。康氏此書涉及的題目實在是太大了,不僅僅《周禮》,所有的古文經都是劉歆僞造的,照康氏看來,中國兩千年來的讀書人,統統都被劉歆騙了。康氏這種反潮流的看法,一時間引起了巨大的震動,回應者也自不少。平心而論,筆者初讀康氏此書,亦深受震撼;而三復其書,覺得也不無可議之處。例如,前引《史記·封禪書》有《周官》一詞,而《史記》爲司馬遷所著,如果説《周官》是劉歆僞造,怎麽會出現在《史記》書中?這顯然是不利於康氏的證據,於是乎康氏就説:"《周官》一篇,一部

---

① 楊伯峻編著《春秋左傳注》(修訂本),中華書局,1990年,633頁。
② 郭沫若《周官質疑》,《沫若文集》第十四卷,人民文學出版社,1963年,613頁。
③ 黎靖德編、王星賢點校《朱子語類》,中華書局,1986年,2204頁。
④ 康有爲《新學僞經考》,中華書局,1956年,76頁。

《史記》無之,唯《封禪書》有此二字,其爲劉歆竄入何疑焉!"①真的是只有此"《周官》"二字嗎? 否。實際上,《封禪書》不僅此處有此二字,而且還有一處引用了《周官》之文:"《周官》曰:冬日至,祀天於南郊,迎長日之至;夏日至,祭地祇。皆用樂舞,而神乃可得而禮也。"②這段話,除了"迎長日之至"一句是出自《禮記·郊特牲》外,其餘都出自《周禮·春官·大司樂》。這麼一段話康氏竟然沒有發現,至少說明他讀書還欠細心。總而言之,不管什麽古書,只要其中有不利於康氏的證據,康氏就統統斥爲劉歆僞造和篡改,這顯然失之偏頗。而對於《四庫全書提要》反駁"劉歆僞造"説,康氏又稱:"其綴輯諸書,皆與原文少異,或增或漏,故示闕略。凡此,皆作僞者之伎倆,欲使人疑信參半,則其術售矣。"③嗚呼,康氏可謂善辯矣!

時至今日,多數學者認爲,《周禮》一書,既非周公本人所作,亦非劉歆冒名僞造,其作者很難指實。在這方面繼續糾纏已經沒有多大意義,於是,學者們轉而把注意力投向了對《周禮》產生時代的研究。而研究這個問題的方法,基本上都是從分析《周禮》的内容入手。分析其思想,分析其制度,分析其語言文字,從中找出其時代特徵。但是,仁者見仁,智者見智,衆説紛紜,迄無定論。錢穆《〈周官〉著作時代考》一文,論證《周禮》成書于戰國晚世;④郭沫若《周官質疑》一文,論證"作《周官》者乃周末人也",且説:"余謂《周官》一書,蓋趙人荀卿子之弟子所爲,襲其師'爵名從周'之意,纂集遺聞佚志,參以己見而成一家言。"⑤楊向奎《〈周禮〉的内容分析及其製作時代》一文,論證《周禮》出自齊國有儒家氣息的法家之手⑥;顧頡剛《"周公制禮"的傳説和〈周官〉一書的出現》一文,認爲《周禮》"是一部戰國時的法家著作",甚至"敢斷定是齊國人所作"⑦;朱謙之

---

① 康有爲《新學僞經考》,35 頁。
② 司馬遷《史記》,1625 頁。
③ 康有爲《新學僞經考》,32 頁。
④ 錢穆《〈周官〉著作時代考》,《燕京學報》11 期。
⑤ 郭沫若《周官質疑》,《沫若文集》第十四卷,61 頁。
⑥ 楊向奎《繹史齋學術文集》,上海人民出版社,1980 年。
⑦ 顧頡剛《"周公制禮"的傳説和〈周官〉一書的出現》,中華書局《文史》第六輯,36 頁。

《〈周禮〉的主要思想》一文，論定《周禮》爲西周宣王中興時代之書①；洪誠《讀〈周禮正義〉》一文，在朱謙之説的基礎上，論定："此書實起于周初，曆二三百年之損益積累而成，成書最晚不在東周惠王后。"②陳連慶《〈周禮〉成書年代的新探索》一文，認爲："《周禮》成書年代的最大可能，是在秦始皇帝之世。當時的政治、經濟情況，都與《周禮》所反映的情況相符合，許多不易解釋的矛盾，放在這個歷史時期，基本都可以解決。尤其是秦始皇焚書以前，國典朝章燦然齊備，也是完成這一巨著的有利條件之一。"③彭林《〈周禮〉成書于漢初説》一文，論定"《周禮》的成書年代當在漢初"，很重要的一條理由是："《周禮》的主體思想是由陰陽五行、儒、法三家融鑄而成的，這就是它的時代特徵。"④筆者認爲，顧頡剛的看法近是，蓋以《周禮》的主體思想頗與《管子》接近也。

《周禮》，顧名思義，是周代的禮，這是傳統的解釋。張舜徽則認爲："爲什麽叫《周禮》呢？周，一個意思是指周朝，另一個意思是周遍、周備、周普，即很完備的意思。而《周禮》的'周'，不是指周朝，而是表示很周全的意思。好事之徒將春秋、戰國及夏、商、周等的禮匯輯在一起而成《周禮》，這種解釋，對《周禮》中相互矛盾、相互重複的現象就可以理解了。如果説一人所作，爲什麽相互矛盾的地方很多呢？原來《周禮》是戰國的好事者將各國的官制、禮製作了一個彙編。"⑤張氏此説一出，贊成者有之，反對者亦有之，蓋亦一家之言也。

二　有關《周禮》的來歷、基本内容及其影響

《周禮》在漢代並不吃香。在漢代吃香的是《儀禮》。《儀禮》，漢代只

---

① 朱謙之《〈周禮〉的主要思想》，《光明日報》1961年11月12日第2版。
② 洪誠《讀〈周禮正義〉》，杭州大學語言文學研究室《孫詒讓研究》，1963年，26頁。
③ 見中國歷史文獻研究會1984年年會論文。
④ 彭林《〈周禮〉成書于漢初説》，《史學史研究》，1989年3期，18頁。
⑤ 劉重來《張舜徽先生文獻學講演録》，《歷史文獻研究》總第18輯。

叫做《禮》，又叫《禮經》。漢代所謂的"五經"——《易》《書》《詩》《禮》《春秋》，其中的《禮》是指《儀禮》，不是指《周禮》。《周禮》雖然也是先秦典籍，但出現得較晚。大約出現在漢武帝時。怎樣出現的，說法也參差不同。賈公彥《序周禮廢興》引《馬融傳序》說，《周禮》一書，爲了躲避秦始皇的焚書被藏了起來，到了漢武帝提倡儒學時被獻了出來，又因爲藏在皇家圖書館裏而爲一般人所看不到。這是第一種說法。陸德明《經典釋文·序錄》說："景帝時，河間獻王好古，得古禮，獻之。"①河間獻王所獻的古禮，就包括《周禮》在內。這是第二種說法。陸德明又說："河間獻王開獻書之路，時有李氏上《周官》五篇，失《事官》一篇，乃購千金，不得，取《考工記》以補之。"②這是第三種說法。還有兩種說法，因爲不足憑信，這裏就不說了。《周禮》的來歷，幾種說法如此參差不同，也就難怪人們起疑，也就難怪康有爲大作文章。筆者認爲，對於《周禮》的這種來歷不明，我們毋庸諱言。人們懷疑它，也是正常的。但是，懷疑不能過了頭，來歷不明與僞造之間還不能畫等號；判斷《周禮》真僞的更重要的方法是《周禮》本身，孫詒讓《周禮正義》說："今檢校周秦先漢諸書、《毛詩傳》及《司馬法》，與此經同者最多。其他文制契合經傳者尤衆，難以悉數。然則其爲先秦古經，周公致太平之法，自無疑義。"③除了"周公致太平之法"一句以外，這段話我基本贊成。

《周禮》的基本內容是講設官分職的，規模弘大，組織嚴密，儼然一幅天朝大國的氣象。在這個大國中，至高無上的是王，即天子。爲了治理好這個龐大的國家，就把國家的職能分解爲六大塊，即所謂"邦治""邦教""邦禮""邦政""邦刑""邦事"。掌管邦治的官長叫做大宰，掌管邦教的官長叫做大司徒，掌管邦禮的官長叫做大宗伯，掌管邦政的官長叫做大司馬，掌管邦刑的官長叫做大司寇，掌管邦事的官長叫做大司空。這叫做六官。又把六官與天地四時相配，大宰是天官，大司徒是地

---

① 陸德明《經典釋文》，上海古籍出版社，1985年，41頁。
② 陸德明《經典釋文》，41—42頁。
③ 孫詒讓撰，王文錦、陳玉霞點校《周禮正義》，中華書局，1987年，6頁。

官,大宗伯是春官,大司馬是夏官,大司寇是秋官,大司空是冬官。後人模仿《周禮》,把吏部比作天官,把户部比作地官,把禮部比作春官,把兵部比作夏官,把刑部比作秋官,把工部比作冬官。這種類比,也只是類比而已,不可視爲完全相同。在六官之下,又各自分别設置了六十個左右的機構,每個機構都有其固定的編制與明確的職守。機構之間,既有縱向的領導與被領導關係,又有横向的分工協作關係,從理論上來說,可以説是嚴密之至,滴水不漏。有了這樣一套嚴密的官僚機構,天子如果要貫徹自己的意志,可以説是就像身之運臂,臂之運指,莫不隨心如意。但是,如此嚴密的官僚機構,不要説有周一代做不到,就是空前統一的秦帝國也没有做到,所以,《周禮》中的這一套完整的官制,理想的成分較大,現實的成分較小。

《周禮》六篇,一曰《天官冢宰》,二曰《地官司徒》,三曰《春官宗伯》,四曰《夏官司馬》,五曰《秋官司寇》,六曰《冬官司空》。據馬融《周官傳序》、鄭玄《三禮目録》和陸德明《釋文·序録》,漢時已缺少《冬官司空》一篇,懸賞千金也没有找到,只好以性質相近的《考工記》代替。從此以後,便有了《冬官考工記》的提法。《考工記》的作者,經江永、郭沫若、陳直等人考證,①基本上可以確定是齊國人。至於成書的年代,則和《周禮》一樣,也是衆説紛紜,迄無定論。聞人軍《〈考工記〉成書年代新考》認爲:"《考工記》成書于戰國初期,大致可以肯定。"②筆者同意此説。《考工記》是我國最早的關於手工藝的專著,在中國乃至世界科技發展史上都佔有重要地位。

《周禮》的第一次公開露臉是在西漢末年。作爲王莽改制的理論武器,《周禮》確實是風光了一陣,而且被立了博士,有了合法地位。但好景不長,隨著王莽政權的垮臺,其合法地位又被取消。東漢時期,《周禮》主要是在民間流行。到了三國魏時,今文經學日趨凋零,古文經學則日興月

---

① 分見江永《周禮疑義舉要》、郭沫若《考工記的年代與國别》(《沫若文集》第十六卷)、陳直《古籍述聞》(《文史》第三輯)。

② 聞人軍《〈考工記〉成書年代新考》,《文史》第二十三輯,中華書局,1984年,37頁。

盛,在這種大氣候下,《周禮》又被立於學官,又取得了合法地位。從此以後,在封建社會中,《周禮》作爲儒家經典的地位就再也不曾動搖過。説來也怪,《周禮》雖然好不容易取得了合法地位,但在廣大的士子階層並没有激起多大的熱情。在獵取功名的道路上,在《周禮》《儀禮》《禮記》這"三禮"之中,《周禮》雖然是排行老大,但士子們却往往是選擇《禮記》而捨棄《周禮》《儀禮》。《南史·儒林傳》記載吏部郎陸倕的話説:"凡聖賢所講之書,必以《周官》立義,則《周官》一書,實爲群經源本。此學不傳,多歷年世。"①《北史·儒林傳》記載:"諸生盡通《小戴禮》(按:即《禮記》),于《周禮》《儀禮》兼通者,十二三焉。"②到了唐代,情況仍然不妙。《通典》卷十五記載開元八年國子司業李元瓘上言:"三禮、三傳等並聖賢微旨,生民教業。今明經所習,務在出身,咸以《禮記》文少,人皆竞讀。《周禮》,經邦之規則;《儀禮》,莊敬之楷模;《公羊》《穀梁》,歷代崇習。今兩監及州縣,以獨學無友,四經殆絶。"③由此可見一斑。《周禮》雖然在讀書人面前遭到了冷落,但在統治者的心目中,在某些政治家的心目中,它却具有高度誘惑力。北周的宇文泰摹仿《周官》改革官制,宋代的王安石效法《周禮》變法斂財,都是一時間轟轟烈烈,而到頭來却不了了之。其中原因,值得深思。今天,我們既不需要把《周禮》作爲獵取功名的敲門磚,也不會貿然地把它當作富國强兵之書,但其史料價值却是無與倫比的。《周禮》好比百科全書,上古社會的方方面面,政治的,思想的,經濟的,軍事的,刑罰的,外交的,文化教育的,工藝製造的,衣食住行,應有盡有。當然,我們在使用這些史料時,必須審慎。

三 《周禮》的主要注本

《周禮》的注本,在東漢時已有多家:鄭興、賈逵、鄭衆、衛宏等人都分

---

① 李延壽撰《南史·儒林傳》,中華書局,1975年,1741頁。
② 李延壽撰《北史·儒林傳》,中華書局,1974年,2708頁。
③ 杜佑撰、王文錦等點校《通典》,中華書局,1988年,355頁。

《周禮》概説

別著有《周官解詁》,張衡著有《周官訓詁》,馬融著有《周官禮注》,鄭玄著有《周官禮注》和《周禮音》。東漢的《周禮》學者,在學術淵源上,都是和劉歆一脈相承的。劉歆的一傳弟子是杜子春,而鄭興、賈逵以下,又多是杜子春的一傳、再傳、三傳弟子。鄭玄的《周禮注》是集大成之作,前輩學者的研究成果都被他吸收了進去,鄭玄的注等於説是給《周禮》學作了第一次總結。孫詒讓讚譽説:"鄭注博綜衆家,孤行百代,周典漢詁,斯其淵藪。"當然,鄭注不是没有缺點,甚至存在嚴重的缺陷,但就其總體而言,鄭注達到了時代的最高水準,澤惠後人良多。鄭玄的《周禮注》流行以後,其他人的注本即漸漸佚失。鄭注之後,注釋《周禮》者,據《釋文·序録》,有王肅注十二卷,干寶注十三卷;據《隋書·經籍志》,又有伊説注十二卷,崔靈恩集注二十卷。這些注也都是曇花一現,先後亡逸,群書間有徵引,但孤文碎義,無關要旨。唐代賈公彦作《周禮疏》五十卷。所謂"疏"者,即不但要詮釋經文,而且要疏通注文。在唐人所作經疏中,賈疏可列上乘。難怪朱熹在《朱子語類》中説:"《五經》中,《周禮疏》最好。"[1]孫詒讓亦許其"尚爲簡當"。但賈疏之作,亦非空無依傍,據馬端臨《文獻通考》的記載和孫詒讓的考證,賈疏是在沈重《周官禮義疏》四十卷的基礎上加以重修而成的。從某種意義上來説,賈疏是對六朝人的義疏作了一次總結。清末孫詒讓寫成《周禮正義》八十六卷,是對兩千年來《周禮》學的一次系統總結,其成就遠在鄭注賈疏之上,章太炎《孫詒讓傳》説:"古今言《周禮》者,莫能先也。"[2]洪誠《讀〈周禮正義〉》説:"孫先生以鄭注簡奧,賈疏疏略,難以盡通,乃竭數十年之力,重爲新疏,姬漢以下之文,淹貫網羅,恢張密織,既精既博,蔑以加矣。余初學此書,未能窺其涘。尋其大端,厥有數善。"[3]洪氏所説的"數善",一曰"無宗派之見",二曰"博稽約取,義例精純",三曰"析義精微平實",四曰"以實物證經",五曰"依據詳明,不攘人之善",六曰"全書組織嚴密"。筆者近年來研習《周禮》,案頭所置的最

---

[1] 黎靖德編、王星賢點校《朱子語類》,2206頁。
[2] 章太炎《太炎文録》,《章氏叢書》,浙江圖書館,1919年,75頁。
[3] 洪誠《讀〈周禮正義〉》,杭州大學語言文學研究室《孫詒讓研究》,21頁。

重要的參考書,就是孫詒讓的《周禮正義》,對孫氏《正義》的上述優點深有體會,拜讀之餘,深表折服。其書縱有小疵,難掩大德。《周禮》中涉及典章、制度、名物的内容極多,而清代樸學昌盛,有關典章、制度、名物考證的著作既多且精,其絶大部分已收入《清經解》和《清經解續編》中,此爲衆所周知之事,毋庸筆者煩言也。

(原載《河南師範大學學報》2001年第1期)

《儀禮》識小

整理本《儀禮注疏》校點失誤舉例
——以《士冠禮》篇爲例

這裏所説的"整理本《儀禮注疏》",是指上海古籍出版社 2008 年出版的由王輝先生整理的本子。讀整理本《儀禮注疏》,我們感受到了整理者付出的艱辛的勞動,贏得了我們作爲讀者的發自内心的尊重和感謝。可能是由於《儀禮》難讀的原因,整理本在校點上頗有不盡如人意之處。據調查,在拙文之前,對整理本提出商榷意見的,先有張文《新版〈儀禮注疏〉校點訛誤舉隅》,[①]繼有宋金華《整理本〈儀禮注疏〉標點商榷》。[②] 拙文追隨兩家之後,由於拙文指出的整理本校點失誤,僅僅限於《儀禮·士冠禮》一篇,故曰"舉例"。張文、宋文已經指出者,不再贅言。拙文有説錯之處,歡迎批評指正。

[①] 張文《新版〈儀禮注疏〉校點訛誤舉隅》,北京大學《儒藏》編纂與研究中心《儒家典籍與思想研究》第二輯,北京大学出版社,2010 年。

[②] 宋金華《整理本〈儀禮注疏〉標點商榷》,《井岡山大學學報》2011 年 6 期。

讀經識小錄

一　整理本《儀禮注疏》的失校

　　承蒙中國人民大學刁小龍先生不棄，寄給我一册經他初步整理的日本學者倉石武四郎的《儀禮疏考正》（简稱《考正》），讓我看過後提點意見。此書之名，由於孤陋寡聞，素未之聞。翻檢版權頁，乃知此書發行於昭和五十四年（1979），距今已三十多年了。初讀之下，愛不釋手，相見恨晚。何則？佩服作者用力之勤，校勘之精。我試着拿《考正》的《士冠禮》篇的校勘記與上海古籍出版社整理本《儀禮注疏·士冠禮》（简稱"整理本"）校勘記逐條比對，發現整理本在校勘中不但没有使用《考正》，而且没有使用《考正》使用的曹元弼《禮經校釋》。此其一。一些衆所周知的前人的校勘成果，諸如浦鏜《儀禮注疏正字》、盧文弨《儀禮注疏詳校》、阮元《儀禮注疏校勘記》，儘管兩家都使用了，但《考正》往往獨具隻眼。此其二。由於上述原因，整理本失校很多。僅《士冠禮》一篇，就有106條。① 在逐條比對過程中，筆者也發現整理本失校者6條，不避芹獻之誚，謹綴附《考正》之末。今按照整理本頁碼順序，逐條論列，請讀者觀覽審核。

　　2頁9行：②小記云大夫冠而不爲殤

　　按：整理本無校。《考正》云："大，閩本作'丈'。《校勘記》云：'作"丈"爲是。蓋言丈夫冠而不爲殤。今大夫降兄殤在小功，則大夫有未冠之兄，而大夫之身尚未二十可知。'又按殿本《儀禮注疏》考證：'丈夫，監本

---

　　①　《考正》固然精粹，但亦非盡善盡美。例如，整理本76頁4行"未知定誰所録"，《考正》云："定，疑'是'字誤。"吕按："未知定"，蓋唐初學者常用語。《周禮·地官·小司徒》賈疏："周以三年大比，未知定用何月。"《毛詩·大雅·韓奕》孔疏："韓是武王之子，其封當在成王之時，其命爲侯伯，或成或康，未知定何時也。"《禮記·文王世子》孔疏："或以爲庸、蜀、羌、髳、微、盧、彭、濮之徒，未知定是何國也。"《左傳》隱公元年孔疏："其得王命，必在北杏之後，但未知定是何年耳。"是其例。《考正》之疑，有以今例古之嫌。諸如此類者，不取。
　　②　"2頁9行"，此整理本之頁碼和行數。下同，不一一。拙文所標的行數，是這樣來計算的：經文是單行大字，一行算一行。鄭玄注文和陸德明《釋文》，都是跟著經文走的，用的是雙行小字。這雙行小字也按一行來計算。而賈公彦的疏文，用的是單行小字，則每一單行按一行計算。

譌作"大夫"。臣紱按：丈夫對女子而言，於大夫無與。從《喪服小記》原文改正。'"

　　4頁倒5行：論將行冠禮先筮取日之事

　　吕按：整理本無校。《考正》云："'諏'誤'取'，各本正作'諏'。"按：《考正》是也。

　　4頁倒4行：闌爲門限

　　吕按：整理本無校。《考正》云："盧氏文弨《儀禮注疏詳校》云'闌'當作'閫'。"按：《詳校》是也。

　　5頁7行：謂遷主所藏始祖同也

　　吕按：整理本無校。《考正》云："同，武英殿本作'廟'字。"按：《考正》是也。庫本同殿本。

　　5頁13行：若以卦對生成之鬼神

　　吕按：整理本無校。《考正》云："'卦'下殿本增'兆'字。"按：庫本亦增兆字。據上文，"兆"字宜有。

　　6頁倒4行：爵韠不服

　　吕按：整理本無校。《考正》云："曹氏元弼《禮經校釋》云：'服'下脱'朝服'二字。"

　　7頁1行：是以雜記卜筮皆朝服也

　　吕按：整理本無校。《考正》云："案《雜記》云'大夫卜宅，占者皮弁。如筮，則占者朝服'，與此違。"

　　7頁6行：屈而重者

　　吕按：整理本無校。《考正》云："重，各本作'垂'，似是。"

　　7頁6行：士則裨其末繞三尺所垂者

　　吕按：整理本無校。《考正》云："此似有譌。《校釋》乃云'繞'當爲'纔'，未確。"

　　7頁6行：不裨在者

　　吕按：整理本無校。《考正》云："《校勘記》云'在'當作'屈'。《校釋》云'在'下脱'上'。未知孰是。"

243

7頁倒4行：證此玄冕朝服而筮者

呂按：整理本無校。《考正》云："冕，殿本改爲'冠'。"今按：庫本同殿本。

7頁倒3行：若云天子用玄冕

呂按：整理本無校。《考正》云："云，殿本作'然'。"按：庫本亦作"然"。

8頁11行：中亦爲長者也

呂按：整理本無校。《考正》云："中，各本作'主'，似是。"

10頁3行：則互挽見之

呂按：整理本無校。《考正》云："挽，各本作'換'，似是。《校釋》仍作'挽'字，云'挽蓋委曲之義'。殆望文生義，不宜從。"

10頁4行：是大小注皆疊今古文

呂按：整理本無校。《考正》云："《校釋》云：'疊字句，言大小書、注皆疊之。以今、古二字俱合，故互疊並從之也。'今案：'今古文'三字疑上屬爲句，言《冠禮》經從大書，注疊出古文。《公食大夫》經從小書，注疊出今文。然則上句引《公食大夫》注或當作'今文一爲壹'，與今本文異而義同。"

10頁7行：事相違故因疊出合文也

呂按：整理本無校。《考正》云："違，注疏本作'爲'。今案：疑當作'連'，形近之譌。"

10頁末行：謂執之不知以請筮何事

呂按：整理本無校。《考正》云："《校釋》云：'之'字衍，'執不知'三字出《公羊解詁》。"

11頁3行：筮皆三占從二

呂按：整理本無校。《考正》云："'筮'上注疏本有'卜'字。《校勘記》云無'卜'字是。今案：此以卜筮相提並論，單疏無卜，脫耳。"

11頁6行：少牢大夫禮亦云三人占

呂按：整理本無校。《考正》云："《通解》云：'《少牢禮》無此文。'《詳校》云：'云，當作是。'"

12頁3行：今從門西東而

呂按：整理本無校。《考正》云："'而'誤,當從各本作'面'。"

12頁9行：筮人尊卦

呂按：整理本無校。《考正》云："《校釋》云：'卦'上脫'書'字。"

12頁倒2行：反還與筮人使人知其占吉凶也

呂按：整理本無校。《考正》云："此即下注云'還與其屬共占之'是也。各本'共'作'其',非。《校釋》乃云'當爲使筮人占其吉凶也',尤非是。"

13頁倒5行：不可止然須冠

呂按：整理本無校。《考正》云："《正字》云：'當作不可不冠。'《詳校》引劉氏台拱說云,'然'上當補'自'字。《校釋》云'然'當爲'終',未知孰是。"

13頁倒4行：更筮中旬云遠日

呂按：整理本無校。《考正》云："'云',殿本改作'之'。"呂按：此說是。庫本亦改作"之"。

13頁倒4行：非謂曲禮文

呂按：整理本無校。《考正》云："《校釋》云：'文'當爲'云'。"此說是。

14頁倒7行：此賓與主人同是官與爲同志

呂按：整理本無校。《考正》云："'是官'二字疑倒。"

17頁6行：筮月既戒諸官以齊戒矣

呂按：整理本無校。《考正》云："'月'誤,當從各本作'日'。"

17頁8行：是前祭二日筮尸訖宿尸至前祭一日又宿尸

呂按：整理本無校。《考正》云："'筮尸',殿本作'筮日'。《校釋》云：當爲是前祭二日宿尸,至前祭一日筮尸訖,又宿尸。"

18頁2行：欲取爲厭明相近故也

呂按：整理本無校。《考正》云："爲,《詳校》改作與。"

19頁7行：有司是家之屬吏者

呂按：整理本無校。《考正》云："《正字》云：'者'當衍文。《校釋》云：'者'上當脫'有事'二字。"

245

19 頁倒 3 行：豫陳設冠與服器物之事也

呂按：整理本無校。《考正》云："《校釋》云：'與字似衍，或者與當爲衣。'今案：'陳服于房中西墉下'，疏云'論陳設衣服器物之等'。'主人玄端爵韠'下又云'上文已陳衣冠、器物'，皆大同而小異。"

20 頁 5 行：夏屋今之門廡漢時門廊也

呂按：整理本無校。《考正》云："金氏曰追《儀禮經注疏正譌》云：'也字，《通解》本在漢時門廊上，與《檀弓》注合。'"

20 頁 10 行：此篇與昏禮飲酒鄉射特牲皆直言水

呂按：整理本無校。《考正》云："《昏禮》祇云'設洗于阼階東南'，不言水。案《少牢》疏亦云'《士昏禮》直言水在洗東'，與此同一謬誤。"

26 頁 2 行：七入爲緇

呂按：整理本無校。《考正》云："《詳校》云當作'三入爲纁'。"

26 頁 6 行：取冠倍之義

呂按：整理本無校。《考正》云："《校釋》云'倍'下似脱'衣'字。"

27 頁 3 行：鄭即因解名緼韍之字

呂按：整理本無校。《考正》云："字，汲古閣本改爲'事'，似是。"

27 頁倒 5 行：又云天子三公大夫不朱韍

呂按：整理本無校。《考正》云："不，殿本作'皆'。"今按：庫本亦作"皆"。

27 頁末行：從經文古纁也

呂按：整理本無校。《考正》云："'文古'二字疑倒。"

28 頁倒 5 行：即此人之等是也

呂按：整理本無校。《考正》云："人，當作'文'，各本不誤。"

29 頁 5 行：以其士唯有一幅襌之帶

呂按：整理本無校。《考正》云："幅，殿本改作'緇'。"今按：庫本同殿本。

29 頁倒 8 行：必以莫爲夕者

呂按：整理本無校。《考正》云："《校勘記》云'莫爲'疑當作'爲莫'。"

30頁末行：以經云頯

吕按：整理本無校。《考正》云："《校釋》云'頯'下脱'項'字。"

31頁1行：明于首四隅爲綴

吕按：整理本無校。《考正》云："《校釋》云'首'似當爲'頯'。今案：或當爲'其'，形相近而譌。"

31頁倒3行：又爲笄者屬纓

吕按：整理本無校。《考正》云："《校釋》云當爲'又爲笄屬紘'，或當爲'有笄者屬紘'。"

32頁8行：前敷在地者皆言藉取相承之義

吕按：整理本校勘記〔三三〕云："阮校云毛本'藉'上有'筵'字，單疏、陳本俱無。"而《考正》云："案《鄉射·記》疏云'但在地者爲筵，取鋪陳之義；在上曰席，取相承藉之義耳'，則此'言'下似當奪'筵取鋪陳之義在上者皆言'十一字。又案'前'字疑當爲'則'。"竊以爲《考正》之校爲優。

33頁1行：士虞禮云側尊

吕按：整理本無校。《考正》云："尊，疑當爲'亨'。"今按：《考正》是也。

33頁5行：案韓詩外傳云

吕按：整理本無校。《考正》云："《外傳》無此文。《毛詩》《春秋》正義引《異義》俱作'韓詩説'。"

34頁10行：以亢反爵之屬

吕按：整理本無校。《考正》云："'亢'下殿本補'圭'字。"今按：庫本同殿本。

35頁倒4行：與下贊者玄端從之同言玄

吕按：整理本無校。《考正》云："'言玄'二字疑。"

36頁3行：亦以錦爲紐紳之垂也

吕按：整理本無校。《考正》云："《正字》云'之垂'二字疑在上句'大帶'下，'紐紳'當'紐約'之誤。"今案：'紳'上或當補"約"字，餘似未容改。

36頁8行：欲得尊嘉賓

呂按：整理本無校。《考正》云："《正字》云'尊'下脱'客'字。今案：《特牲·記》注有'客'字。"

36頁倒2行：據主人在西

呂按：整理本無校。《考正》云："殿本'在'下補'東賓在'三字。"今按：庫本同殿本。

37頁5行：言此皆欲見入大門東向入廟

呂按：整理本無校。《考正》云："皆，《校勘記》云《要義》作'者'。"今按：《要義》是也。"言此者，欲見"，賈疏慣用語。

37頁9行：經直云入門揖

呂按：整理本無校。《考正》云："門，疑當作'三'。"

38頁3行：此賓者之贊冠者

呂按：整理本無校。《考正》云："《校釋》云上'者'字衍。"

38頁5行：又主人從内賓從外來之便

呂按：整理本無校。《考正》云："《校釋》云'又'當爲'由'。"

38頁8行：明與主人爲序也

呂按：整理本無校。《考正》云："'人'下各本有'贊'字。"今按："贊"字當有。

38頁倒2行：賓與贊冠者同

呂按：整理本無校。《考正》云："與，疑當作'之'。"

39頁3行：以其下文有賓揖將冠

呂按：整理本無校。《考正》云："'冠'下《詳校》補'者'字。"按：《詳校》是也。

39頁7行：大略

呂按：整理本無校。《考正》云："《正字》云'大'當'文'字誤。案《通解》正作'文'。"

39頁7行：不言櫛盛於箪

呂按：整理本無校。《考正》云："不，《詳校》云疑當作'上'。"今按：《詳校》是也。"櫛盛於箪"四字應加引號。

248

39 頁 8 行：知贊者是其賓之贊冠者也者

呂按：整理本無校。《考正》云："《正字》云'其'衍字。"

41 頁末行：皮弁冠言設笄

呂按：整理本無校。《考正》云："《校釋》云'冠'字衍。"

41 頁末行：其於固冠之笄

呂按：整理本無校。《考正》云："《校釋》云'於'字衍。"

42 頁末行：皮弁如之而以

呂按：整理本無校。《考正》云："以，各本作'巳'是也。"整理本"而以"二字屬下爲句，破句。

43 頁倒 2 行：謂扱醴之面柄細

呂按：整理本無校。《考正》云："《校釋》云'面'當爲'柶'。"今按：《校釋》是也。整理本由於失校而破句。

45 頁倒 5 行：故不在門外

呂按：整理本無校。《考正》云："《校釋》云'不'字衍。"今按：《校釋》是也。

45 頁倒 2 行：欲見禮子之體例

呂按：整理本無校。《考正》云："《校釋》云'子'字衍。"今按：《校釋》是也。

45 頁末行：皆使俠拜

呂按：整理本無校。《考正》云："《詳校》云'使'字衍。"

46 頁 4 行：主人直東序西者

呂按：整理本無校。《考正》云："'西'下《詳校》補'面'字。"

46 頁 4 行：欲迎其事聞字之言故也

呂按：整理本無校。《考正》云："《校勘記》云'迎'當作'近'。今案：'近其事'，見上注。"今按："近其事"，見整理本 38 頁 1 行鄭注。

46 頁 8 行：此文見母是正見

呂按：整理本無校。《考正》云："見，注疏本作'禮'，似是。"今按：此謂下"見"。

47頁6行：是以雜記諸侯大夫喪皆用布

呂按：整理本無校。《考正》云："《校釋》云'皆'上脱'輤'字。"今按：《校釋》是也。《雜記上》："大夫士死於道，大夫以布爲輤而行。士輤，葦席以爲屋，蒲席以爲裳帷。"是其證。

47頁9行：言贊者先拜冠者苔者也

呂按：整理本無校。《考正》云："《正譌》云'言'上脱'亦如之者'四字。《通解》有。各本下'者'字作'之'。"

48頁6行：以其但正幅

呂按：整理本無校。《考正》云："《校釋》云'但'當爲'俱'。"

48頁末行：禮備有酬酢者

呂按：整理本無校。《考正》云："'禮'字疑衍，注疏本無。"今按：《要義》亦無"禮"字。

48頁末行：奠酬得正禮不旅

呂按：整理本無校。《考正》云："得，疑當作'是'。"

49頁8行：質者謂若冠禮禮子之類是也

呂按：整理本無校。《考正》云："《殿本考證》吳氏紱云：下當補'故設尊在房中文者此禮賓是也'十三字，文義方完備。今案：所謂'文者'，或當謂醮子，下云'醮用酒，尊于房户之間'是也。"

49頁倒5行：則又異於大夫也下

呂按：整理本無校。《考正》云："殿本删'下'字。《校釋》云'也'當爲'以'。"

49頁末行：當與射禮庭實之皮同

呂按：整理本無校。《考正》云："《校釋》云'射'當爲'聘'。"今按：《校釋》是也。《射禮》無庭實。

50頁7行：取尊爲義也

呂按：整理本無校。《考正》云："'尊'下殿本補'賢'字。"今按：庫本同殿本。

60頁6行：以周法用醮

吕按：整理本無校。《考正》云："《校釋》云：'周當爲殷，醮當爲酒。'似是。"

60頁倒2行：醴之尊在房

吕按：整理本無校。《考正》云："《正譌》云《通解》本下有'故洗亦在房'五字。"

61頁倒7行：其經不言冠者醮之處

吕按：整理本無校。《考正》云："者，疑當作'與'。"按：《考正》是也。出文之"加冠於東序"，是謂冠之處也；"醮之於户西"，是謂醮之處也。

62頁3行：故言如初以結之也

吕按：整理本無校。《考正》云："初，疑當作'醴禮'二字。"今按：《考正》是也。此疏疏鄭注，非疏經文也。

62頁4行：亦不言出薦之時節

吕按：整理本無校。《考正》云："殿本删'出'字。"今按：庫本同殿本。

63頁9行：若今梁州烏翅矣

吕按：整理本無校。《考正》云："案《周禮》作'涼州'。"

64頁3行：通事之者

吕按：整理本無校。《考正》云："事，各本作'言'。"

64頁倒2行：不從今文

吕按：整理本無校。《考正》云："《詳校》云今、古文皆不從，則當用'其'字。"

65頁倒4行：爲辭再醮之脯醢

吕按：整理本無校。《考正》云："辭，各本作'辟'，似是。"

65頁倒3行：一醮徹薦辭

吕按：整理本無校。《考正》云："'辭'當'爵'字誤，各本不誤。"

65頁倒2行：一醮亦云嘉薦

吕按：整理本無校。《考正》云："《校釋》云'一'當爲'二'。"今按：據下文醮辭凡兩言"嘉薦"，《校釋》是也。

66頁7行：惟一醮三醴

251

呂按：整理本無校。《考正》云："殿本作'一醴三醮'是也。"今按：庫本同殿本。

67頁9行：類于上父在陳鼎不於門外也

呂按：整理本無校。《考正》云："《正字》云'類'當'異'字誤。殿本改'于'爲'知'。《校釋》云'類'上脱'不'字，'父'上當脱'故知'二字。"

67頁末行：皆爲三代而爲言

呂按：整理本無校。《考正》云："殿本'三代'改作'適子'，删下'爲'字。《詳校》云'三代'下脱'適子'二字。"

71頁6行：案上文前後例周與夏殷冠子法

呂按：整理本無校。《考正》云："《校釋》云：'例'，疑當爲'列'，連下讀。"

71頁7行：至於周醮之辭

呂按：整理本無校。《考正》云："《正字》云：'周'，疑'用'字誤。"

71頁倒5行：凡殤不祭之類也

呂按：整理本無校。《考正》云："'不'下殿本依彼注補'備'字。"今按：鄭注《曾子問》云："殤則不備。"

72頁4行：楚茨詩亦云

呂按：整理本無校。《考正》云："案：《楚茨》誤，當作《賓之初筵》。"

73頁2行：故言甫爲且字

呂按：整理本無校。《考正》云："'甫'上殿本補'某'字。"今按：庫本同殿本。

75頁3行：與冕服之嫌

呂按：整理本無校。《考正》云："與，殿本作'有'。"今按：庫本同殿本。

75頁8行：今次爵弁繐屨

呂按：整理本無校。《考正》云："《校釋》云'次'當爲'此'。"

75頁9行：舉烏者

呂按：整理本無校。《考正》云："殿本作'與烏同者'，似是。"今按：庫本同殿本。

76 頁 5 行：其記則在秦漢之際

呂按：整理本無校。《考正》云："《校釋》云'記'上脫'禮'字。"

79 頁倒 7 行：周大夫有冠禮

呂按：整理本無校。《考正》云："《校釋》云'大'上脫'末'字。"今按：觀上文賈疏"言周末作記之時"云云，則脫"末"字明矣。

80 頁倒 6 行：又云僕右恒朝服

呂按：整理本無校。《考正》云："案此《坊記》注文，'又云'二字疑。"今按："又云"的文字與上文《玉藻》云的文字不相接，故疑也。

附記：

以上的失校，皆爲逐條對比《考正》所得。以下的失校，是筆者的一得之愚，聊附驥尾。

7 頁倒 4 行：天下與其臣與子加冠

呂按："天下"，閩本、毛本、殿本、庫本皆作"天子"，是，當據改。

10 頁 7 行：故因疊出合文也

呂按："合"，各本作"今"，或手民偶誤歟？

48 頁倒 2 行：主人獻賓，賓酢主人，主人將酬賓，先自飲訖，乃酬賓，奠而不舉，是賓、主人各兩爵而禮成也。

呂按："乃酬賓，奠而不舉"，殿本、庫本作"乃酬賓，賓奠而不舉"，"賓"字重，疑是。

50 頁 1 行：言"可"者，以無正交。

呂按："交"，當作"文"。

76 頁 5 行：故《王制》有正"聽之棘木之下"

呂按："正"，疑當作"大司寇"。《禮記·王制》："成獄辭，史以獄成告於正。正聽之，正以獄成告於大司寇，大司寇聽之棘木之下。"

79 頁倒 6 行：謂士若不仕

呂按：此句是《喪服》鄭注，整理本 2 頁 8—9 行亦引此句鄭注，但作"謂爲士者若不仕者也"（原標點錯誤，今正），與《喪服》鄭注合。然則此句"謂"下疑脫"爲"字。

二　整理本《儀禮注疏》的標點失誤

標點失誤分爲五類：（一）破句者，計 25 條；（二）引號的失誤，計 9 條；（三）書名號的失誤，計 4 條；（四）頓號的失誤，計 1 條；（五）專名號的失誤，計 2 條；（六）將訓詁句誤作敍述句，計 5 條。都凡 46 條，詳下。

（一）破句者

2 頁 8—9 行：案《喪服》小功章云"大夫爲昆弟之長殤"，鄭云"大夫爲昆弟之長殤，小功謂爲士者，若不仕者也，以此知爲大夫無殤服也"。

吕按：此節文字有兩處破句。第一處破句是鄭云中的"小功"二字當屬上爲句。爲什麽？既然是在小功章，自然是爲昆弟之長殤服小功。第二處破句是"若不仕者也"五字當屬上爲句。那個"若"字，不是假若之"若"。楊樹達《詞詮》："若，選擇連詞，或也。《禮記·文王世子》鄭注：'先聖，周公若孔子。'疏云：'若是不定之辭。'"

4 頁 9 行：筮者，以蓍問日吉凶於《易》也。

吕按："以蓍"二字當屬上。此句是注文，賈疏讀作"筮者以蓍，問日吉凶於《易》也"是也。整理本之斷句，顯非鄭注本意。

5 頁 7 行：謂遷主所藏，始祖同也。

吕按："藏"後之逗號當删。"同"當作"廟"。此因失校而破句。

6 頁倒 4 行：此決正冠時，主人服玄端，爵韠不服，

吕按："爵韠不服"，不辭。當標作"此決正冠時，主人服玄端、爵韠，不服（朝服）"。此"主人服玄端、爵韠"，即下經文"主人玄端、爵韠"。

10 頁 6 行：殷質言，以表明丈夫也。

吕按："言"字當屬下爲句。此是鄭注，見整理本 78 頁 1 行，彼處標點不誤。

10 頁 9 行：進，前也，自西方而前受命者，當知所筮也。

吕按："自西方而前"後應置句號。觀經文可知，觀賈疏亦可知。

13 頁 5 行：云"如初儀"者，自"筮于廟門"已下，至"告吉"是也。

呂按："至"前之逗號當删。

13頁10行：下旬不吉,則止不祭祀也。

呂按："則止"二字當屬上爲句。

13頁倒5行：若然,大夫已上筮旬外,士筮旬内,此士禮而注云"遠日,旬之外"者,此遠日旬之外,自是當月上旬之内筮,不吉,更筮中旬。云（當作"之"）"遠日",非謂《曲禮》文（當作"云"）大夫以上前月預筮來月上旬爲"遠某日"者。

呂按：此節文字,破句不止一處,誤字亦非一個。今講錯字改正,重新標點如下：若然,大夫已上筮旬外,士筮旬内,此士禮而注云"遠日,旬之外"者,此"遠日,旬之外",自是當月。上旬之内筮,不吉,更筮中旬之遠日,非謂《曲禮》云大夫以上前月預筮來月上旬爲"遠某日"者。"自是當月"後當句,蓋對上文"故容入後月"而言也。

16頁倒1行：又《大射》"宰戒百官,有事于射者。射人戒諸公、卿大夫射。司士戒士射,與贊者。"

呂按："百官"後之逗號當删,"與贊者"前之逗號當删。前面的兩個句號,可以改作逗號。這幾句話,在整理本《大射》篇（中册466頁）中的標點比這裏好,但也不是全對。

25頁4行：自此至"東面",論陳設衣服。器物之等,以待冠者。

呂按：'衣服'後之句號當删。

27頁8行：諸侯火而下卿大夫山,士韎韋而已。

呂按："諸侯火而下"之後應加逗號。此謂諸侯之韍上的裝飾圖案有火與山,而卿大夫之韍上的裝飾圖案只有山。

33頁10行：《周禮》王之皮弁會五采玉琪,象邸玉笄,諸侯及孤、卿、大夫之冕、皮弁各以其等爲之,則士之皮弁,又無玉,象邸飾。

呂按：這幾句話的標點問題較多：一是斷句太長,二是引文當引而未引,三是有一處破句。首先讓我們糾正一個錯字："琪",當作"璂"。現在説標點問題。第一,《周禮》的引文止於何處,原標點没有交代。據《周禮·夏官·弁師》,止於"各以其等爲之"。第二,《周禮》的引文,斷句太

255

長，既不達古人之意，也不利于現代讀者的理解。據鄭注、賈疏及孫詒讓《正義》，應標作：《周禮》"王之皮弁，會五采玉璂，象邸（以象骨爲飾的冠圈），玉笄。諸侯及孤卿大夫之冕、皮弁，各以其等爲之"。第三，"又無玉，象邸飾"，應標作"又無玉、象邸飾"，即把逗號改作頓號。原標點把意思說擰了。這裏的意思是，士之皮弁，既没有玉笄，也没有象邸那樣的裝飾物。

33 頁末行：下云"諸侯及孤、卿、大夫之冕、韋弁、皮弁，弁絰各以其等爲之"，

吕按："弁絰"二字當屬上爲句，并在"弁絰"前加頓號。弁絰是諸侯及孤、卿、大夫穿弔服時所戴的弁。

35 頁 1 行：案《特牲》，士禮祭服用玄端，

吕按："士禮"二字當屬上爲句。此謂《特牲》是士禮，所以才祭服用玄端。

43 頁末行：《昏禮》禮賓亦主人，尊不入房，贊者面葉以授主人，

吕按："禮賓"後應加逗號，"尊"字當屬上爲句。即標作：《昏禮》禮賓，亦主人尊，不入房，贊者面葉以授主人。讀上文賈疏"此以賓尊，不入户"云云，可知此數句之仿佛。

46 頁 8—9 行：彼見母在下者，記人以下有"兄弟之等皆拜之"，故退見母於下，使與"兄弟拜"，文相近也。

吕按："文相近也"前面的逗號當删。《儀禮經傳通解》潤色作"記人以下有兄弟之等皆拜之，故退見母於下，使文近也"，可證。

48 頁 10 行：壹獻者，主人獻賓而已，即燕無亞獻者。獻、酢酬賓、主人各兩爵而禮成，

吕按："獻、酢酬賓、主人各兩爵而禮成"，不辭。應標作：獻、酢、酬，賓、主人各兩爵而禮成。知者，賈疏曰："主人獻賓，賓酢主人，主人將酬賓、先自飲訖乃酬，賓奠而不舉，是賓、主人各兩爵而禮成也。"凌廷堪《禮經釋例》卷三："凡主人進賓之酒謂之獻。凡賓報主人之酒謂之酢。凡主人先飲以勸賓之酒謂之酬。"

50 頁倒 5 行：案舅、姑共饗，婦以一獻，

吕按：十字當作一句讀。"婦"是"饗"的對象。

59頁3行：《曲禮》曰"君子行禮，不求變俗。祭祀之禮，居喪之服，哭泣之位，皆如其國之故，謹脩其法而審行之"，是酌而無酬酢曰醮。

吕按：《曲禮》云云，與"酌而無酬酢曰醮"，是兩碼事，互不相涉。"是"，殿本、庫本作"是也"，屬上爲句，是。應標作：《曲禮》曰云云是也。酌而無酬酢曰醮。

62頁1行：冠者南面拜，受，賓授爵，東面答拜，如醴禮也。

吕按："拜受"是一個詞，不能拆開。吴廷華《儀禮章句》卷一："《儀禮》之例，皆先拜受，後拜送。以送者手有所執，既授乃得拜送。受必先拜者，既受則不能拜也。"疏中破句與此同，不贅。

71頁7行：至於周醮之辭，三等别陳之者，以其數異辭，宜不同故也；

吕按：下"辭"字當屬下爲句。

74頁2行：繶，縫中絇也，純，緣也，三者皆青。

吕按：短短十二字，不僅有破句，而且文字關係混亂。應標作：繶，縫中絇也。純，緣也。三者皆青。而"三者皆青"，指的是上文的"絇"與此文的"繶""純"。

76頁4—5行：其《周禮·考工記》六國時所録，故遭秦燔滅典籍，有《韋氏》《裘氏》闕其"記"，則在秦、漢之際，儒者加之。

吕按："闕"後應加句號。此言《考工記》中的《韋氏》《裘氏》闕佚，《考工記》目録可覆按也。

81頁1行：爲子孫，能法先祖之賢。

吕按：此九字當作一句讀。"爲"是介詞，讀去聲，"因爲"之義。

（二）引號的失誤

1頁5行：經之與記都無天子冠法，而李云委貌與弁皆天子始冠之冠，李之謬也。

吕按："委貌與弁皆天子始冠之冠"，宜加引號。

11頁1行：凡卜筮之法，案《洪範》云"七，稽疑，擇建立卜筮人"，"三人占從二人之言"，呂按：竊以爲，引文不必使用兩組引號，用一組引號即可。

11頁8行：宋均注云"陽豫，夏、殷之卦名，故今《周易》無文"，

按：引文多引了。"故今《周易》無文"是賈疏之文。

17頁5—6行：凡宿賓之法，案《特牲》云前期三日筮尸，乃宿尸。厥明夕陳鼎，則前期二日宿之也。

呂按："前期三日筮尸，乃宿尸。厥明夕陳鼎"是《特牲》的話，應加引號。

33頁7行：知然者，以經云尊"在服北，南上"，

呂按："尊"字亦應納入引號。

48頁末行：《昏禮》舅姑饗婦以一獻之禮，莫酬得正禮，

呂按："舅姑饗婦以一獻之禮"，《士昏禮》經文，一字不差，應加引號。

49頁5行：案《大行人》云上公饗禮九獻，侯伯七獻，子男五獻，是以大夫三獻，士一獻，亦是其差也。

呂按："《大行人》云"，云到何處爲止，沒有交代。據《周禮·秋官·大行人》，可以把"上公饗禮九獻，侯伯七獻，子男五獻"引起來。

64頁3行：今先言載，後言升，又合字在載升之間通事（當作"言"）之者，欲見在俎在鑊俱曰合也。

呂按：第一，"又合字在載升之間"後面應加逗號，因爲這是兩句話。第二，適當加上引號，會有助於讀者的理解。試標如下：今先言"載"，後言"升"，又"合"字在"載升"之間，通事（當作"言"）之者，欲見在俎在鑊俱曰合也。

73頁3行：是以《禮記》諸侯薨復曰"皋某甫復"，鄭云"某甫，且字。以臣不名君，且爲某之字呼之"，即此某甫立爲且字。

呂按：鄭注的引文多引了。鄭注僅四個字："某甫，且字。"見《禮記·曲禮下》。此處的"以臣不名君，且爲某之字呼之"，是賈疏用來解釋鄭注的話。

（三）書名號的失誤

16頁倒2行：案鄉飲酒、鄉射主人戒賓，及公食大夫各以其爵，

呂按："鄉飲酒""鄉射"及"公食大夫"，皆應加篇名號。"及"前之頓

號當刪。

19頁末行：案漢禮器制度，洗之所用，士用鐵，大夫用銅，諸侯用白銀，天子用黃金也。

呂按："漢禮器制度"是書名，當用書名號。知者，《周禮·天官·凌人》鄭注："《漢禮器制度》：'大槃，廣八尺，長丈二尺，深三尺，漆赤中。'"賈疏云："云'漢禮器制度'云云者，叔孫通前漢時作《漢禮器制度》，多得古之周制，故鄭君依而用之也。"宋王應麟《漢藝文志考證》卷二："《三禮》注疏所引《漢禮器制度》，通所作也，《隋志》已亡此書。"《漢禮器制度》，又簡稱《漢禮》。知者，上文鄭注引《漢禮器制度》："大槃，廣八尺，長丈二尺，深三尺，漆赤中。"《禮記·喪大記》鄭注則作：'《漢禮》："大盤，廣八尺，長丈二，深三尺，漆赤中。"'由此可知。賈疏《士冠禮》，使用《漢禮器制度》全稱者三，分見整理本19頁末行，20頁9行，78頁倒4行；使用《漢禮》簡稱者一，見64頁5行。這四處，整理本統統沒有使用書名號，失之。

20頁10行：大射雖云疊水，不云枓。

呂按："大射"應加書名號。

48頁8行：此即《鄉飲酒》與《鄉射》記"先生"及《書》傳"父師"，皆一也。

呂按："《書》傳"，當標作《書傳》，是《尚書大傳》的簡稱。"父師"一詞，即見於《尚書大傳》卷二："大夫七十而致仕，老于鄉里，名曰父師。"

（四）頓號的失誤

47頁5行：又案《周禮·幕人》"掌帷幕、幄、帟綬之事"，

呂按：這裏的問題是頓號沒有用夠。請看《周禮·幕人》鄭注："在旁曰帷。在上曰幕。四合象宮室曰幄，王所居之帳也。帟，王在幕若幄中，坐上承塵。凡四物者，以綬連繫焉。"據此，應標作：又案《周禮·幕人》"掌帷、幕、幄、帟、綬之事"，

（五）專名號的失誤

31頁9行：繞頤下，

呂按："頤"是普通名詞，不應加專名號。

82 頁 6—7 行：公曰："末之卜也。"

吕按：此"卜",即上文之卜國,應加專名號。

（六）將訓詁句誤作敘述句

30 頁 10 行：同篋謂此上凡六物,

吕按：此句是訓詁句,不是敘述句。"同篋"下應置逗號。

42 頁倒 3 行：他謂卒紘容出。

吕按：這個句子的標點,有兩點不足。第一,這句話是鄭玄注經中的"他"字的,是個訓詁句,不是敘述句。應標作"他,謂卒紘容出"。第二,"卒紘容出"是兩事,即"卒紘"與"容出",均見於此前之經文。所謂"卒紘",謂由賓贊者爲冠者繫好皮弁下的紘；所謂"容出",謂冠者回到房中,端正容儀,然後出房。"卒紘"後加個頓號就好了。疏中的標點放此。

43 頁 8 行：洗盥而洗爵者,

吕按：這句鄭注,是解釋經文中的"洗"字的,是訓詁句,不是敘述句,應標作：洗,盥而洗爵者。

59 頁 4 行：醴亦當爲禮。

吕按：這是訓詁句,當標作：醴,亦當爲禮。

71 頁 1 行：不忘長有令名。

吕按：這是訓詁句。"長有令名"是解釋"不忘"的。應標作：不忘,長有令名。

（原載《歷史文獻研究》第 34 輯,華東師範大學出版社,2014 年）

楊復《祭禮》校讀札記

緣　起

　　承蒙葉純芳、橋本秀美兩位先生厚愛，先是惠贈他們費力編輯、校點的《楊復再脩儀禮經傳通解續卷祭禮》（臺灣"中研院"中國文哲所2011年發行，下文簡稱《祭禮》）一書，繼而又邀請我參加"朱熹禮學研究——以祭禮爲中心"學術討論會，深感榮幸。

　　討論會組織者讓與會者選報論文題目，我自恃有一點史源學的功夫，就報了個《楊復〈祭禮〉引書考》的題目。誰知實際作起來，叫苦不迭。例如，76頁的"李氏曰：前旅酬"云云，我在《儀禮集釋》中就是查不到。再如，有的宋代文字，查其史源，見之多書：《宋會要》《長編》、作者文集、《宋名臣奏議》，究竟出自哪一種，倉促難辨。總而言之，很不順手。於是乎知難而退，就有了現在的這個題目，聊以塞責。

　　這個校讀札記，主要是筆者在閱讀楊復《祭禮》時的一得之愚。包括兩個方面：校勘和標點。校勘要做到盡善盡美，良非易事。古語有"校書如掃落葉，旋掃旋生"之説，可知古人於此深有體會。標點要做到盡善盡美，亦良非易事。韓愈是先後做過國子博士和國子祭酒的大學者，毫不諱言："余嘗苦《儀禮》難讀。"（見《讀儀禮》）朱熹是一代宗師，他在作《原本韓集考異》時也老實承認："然不知此句當如何讀。"（見庫本卷七《河南少尹李公墓誌銘》）。黄侃先生在致其學生陸宗達的信中説："侃所點書，句讀頗有誤處，望隨時改正。"（黄焯《黄侃手批白文十三經·前言》）楊樹達先生《古書句讀釋例》説："句讀之事，視之若甚淺，而實則頗難。"這些都是深知其中甘苦之言。友仁校點的《禮記正義》，今年有幸從頭到尾温習一遍，乃發現其中失校、誤校甚多，破句甚多，引文不達古人之意者甚多，等等，深感愧疚。

友仁敢於對楊復《祭禮》的校點説三道四者，《記》不云乎："君子之接如水，小人之接如醴。君子淡以成，小人甘以壞。"余雖不肖，不敢不學君子也。以此報答二君之厚愛，不亦宜乎！而説錯之處，敬希讀者指正，不勝嚮往之至。

拙文編排，以楊復《祭禮》頁碼先後爲序。

199頁1—2行：古之王者行則嚴興衛，處則厚宫闕，所以示威，重備非常也。

吕按："宫闕"，《長編》卷三一七"神宗元豐四年十月壬戌"條作"宫闈"，疑是。又，"重"字當屬上爲句。

205頁3行：愚按：禮家或謂郊祀上帝則百神從祀。然乎？曰：郊之祭，大報天而主日，配以月，傳記屢言之。

吕按："郊之祭，大報天而主日，配以月"，《禮記·祭義》文，當引。此語又見《孔子家語·郊問》等書，故下文云"傳記屢言之"。

209頁4行：《祭法》……鄭注曰："禘、郊、祖、宗，謂祭天以配食也……"

吕按："祭天"，注作"祭祀"。

209頁9行：趙伯循曰："禘者，帝王立始祖之廟，猶未盡其追遠尊先之義，故又推尋始祖所自出之帝而追祀之……"

吕按：《春秋集傳纂例》卷二及《通考》卷一百引"猶"下均有"謂"字。

213頁7行：愚按：神號，如曰"昊天上帝"是也。

吕按："愚按"，《通考》卷六十八作"陳氏曰"。按，"陳氏曰"者，陳祥道《禮書》曰也。"神號"云云，略見《禮書》卷八十八。

238頁倒1行：【案】"康衡之説",底本確作"康"。

吕按：陳垣先生《史諱舉例·宋諱例》："匡,改爲'康'。"又,《詩·周南·兔罝》："公侯好仇。"朱子《詩集傳》："康衡引《關雎》亦作'仇'字。"是朱子諱之在先也。

241頁倒2行：在東漢時,則孝明始建明堂,而以光武配,其後孝章、孝安之後無聞焉。

吕按：據下文"章、安二帝亦弗之變"之語,頗疑上下語氣不貫。據《長編》,乃知此數句有脱文。案據《長編》卷二百"治平元年正月辛酉"條,此數句當作："在東漢時,則孝明始建明堂,而以光武配(之),其後孝章、孝安(又以光武配之),(孝安)之後無聞焉。"括號内是當補之字。徵之今本《後漢書·祭祀中》："明帝即位,永平二年正月辛未,初祀五帝於明堂,光武帝配。章帝即位,元和二年二月壬申,宗祀五帝於孝武所作汶上明堂,光武帝配。安帝延光三年,祠汶上明堂,如元和二年故事。"安帝之後無聞,是其本事也。

242頁倒2行：以是觀古之帝王,

吕按：據《宋會要·禮》二四之三六及《長編》卷二百"治平元年正月辛酉"條,"觀"下脱"之"字。

243頁9行：宜遵舊,

吕按：據《宋會要·禮》二四之三七及《長編》卷二百"治平元年正月辛酉"條,"舊"下脱"禮"字。

261頁8行：韜,字或從兆,下鼓。

吕按：疑當作：韜,字或从"兆"下"鼓"(即一作"䰒")。

265頁7行：【案】"禮之意",底本確作"意"。

吕按：《宋會要·禮》二八之六八亦作"意"。

266頁5行：【案】"正觀禮",底本確作"正"。

吕按：此亦避宋諱也。見陳垣先生《史諱舉例·宋諱例》。

267頁3行：《周禮》：小宗伯,兆五帝於四郊。

吕按：中華書局2011年校點本《文獻通考》將"小宗伯"標點作篇名,

263

似乎更符合今日標點習慣。(校點本《文獻通考》4/2399頁)①

268頁5行：故云"大史，主禮官之屬"。

吕按："主"，衍字。

271頁8行：謂黑精之帝而，顓頊、玄冥食焉。

吕按："而"字當屬下。蓋手民之誤。此前之"而"字標點不誤。

285頁倒2行：案《異義》《古尚書》説：元氣廣大謂之皞天，則皞皞廣大之意。以伏羲德能同天，故稱皞。

吕按：據陳壽祺《五經異義疏證》，《古尚書》説只有"元氣廣大謂之皞天"八字。"則皞皞廣大之意"以下，蓋孔疏文。苟此説不謬，此八字宜加引號。中華書局校點本《文獻通考》卷七十八於此八字加引號（2408頁），是。

286頁5行：太皞木主，

吕按：此《月令》孔疏文。"主"，八行本之景潘本、覆潘本以及阮本皆作"王"是也。此即上文"木王"之王。校點本《文獻通考》2408頁作"主"，亦誤。

287頁5行：共工氏子曰句龍爲后土。

吕按：《月令》疏"氏"下有"有"字是也。

293頁倒4行：祭日於壇，謂春分也。祭月於坎，謂秋分也。

吕按：竊以爲疏語與被疏語（一曰出文），宜有別。宜標作："祭日於壇"，謂春分也。"祭月於坎"，謂秋分也。

293頁倒2行：祭日於東，用朝旦之時；祭月於西，鄉夕之時。

吕按：理由同上。宜標作："祭日於東"，用朝旦之時；"祭月於西"，鄉夕之時。

294頁倒2行：《特牲》云"大報天而主日"，

吕按："特牲"，《通典》卷四十四作《郊特牲》，庫本、中華書局校點本（1230頁）皆然。295頁首行之"特牲"同此，不贅。

---

① 4/2399頁，意謂第4册之2399頁。下同，不一一。

楊復《祭禮》校讀札記

295 頁 2 行：《祭法》分祭之時，王宮祭日，夜明祭月，以少牢，在壇上，不於地也。

呂按："王宮祭日，夜明祭月"，《祭法》文，宜加引號。

300 頁 7 行：元豐四年，詳定郊廟奉祀禮文言：

呂按：《通考》卷八十"文"下有"所"字，疑是。

310 頁倒 4 行：誠未足以上盡聖恭事之意也。

呂按：《長編》卷三〇四"元豐三年五月甲子"條"聖"下有"人"字，疑是。《宋名臣奏議》卷八十五"聖"下有"神"字，誤，但可證此句"聖"下有脫文。

311 頁 5 行：彼議者誠知苟簡之便，而不睹尊奉之嚴也。

呂按："誠"，《長編》卷三〇四"元豐三年五月甲子"條與《宋名臣奏議》卷八十五作"徒"，疑是。

311 頁倒 3 行：其合祭之意，正緣親祠欲遍及爾。

呂按："正"，《長編》卷三〇四"元豐三年五月甲子"條與《宋會要·禮》三之二二皆作"止"，是。楊樹達《詞詮》："止，僅也。""止緣"蓋宋人常語。

312 頁 1 行：因請圓丘之北，別祠地祇。

呂按："請"，《長編》卷三〇四"元豐三年五月甲子"條與《宋會要·禮》三之二二皆作"即"，是。

314 頁 6 行：昨因詳定郊廟禮文所建議，見祠祭不應古義。

呂按："見祠祭"，曾肇《曲阜集》卷二《上哲宗皇帝乞分祭》作"見行合祭"，是。"見行"，即"現行"。"見行合祭"，指太祖至神宗實行的天地合祭之禮，參見本書 313 頁顧臨等奏。《宋名臣奏議》卷八十五作"見祠合祭"，"祠"乃"行"之誤。

314 頁 10 行：以申始見之，

呂按：曾肇《曲阜集》卷二《上哲宗皇帝乞分祭》及《宋名臣奏議》卷八十五《上哲宗乞分祭》"之"下均有"禮"字，是。

314 頁倒 2 行：冬至日南郊，宜設皇地祇位，以嚴並況之報。

呂按："況"，《宋名臣奏議》卷八十五《上哲宗乞分祭》（第二札）同，

265

誤。曾肇《曲阜集》卷二《上哲宗皇帝乞分祭》(第二札)作"祀",是。

315頁3行：置神位於弈碁,

吕按：曾肇《曲阜集》卷二《上哲宗皇帝乞分祭》(第二札)與《宋名臣奏議》卷八十五《上哲宗乞分祭》(第二札)均作"廢置神位,幾於弈碁",是。

330頁6行：先儒以謂自秦以下民始得立社,然《禮》言"大夫以下",則民社不始於秦。

吕按："自秦以下民始得立社",《鄭志》文,見《郊特牲》孔疏引。宜加引號。

333頁4行：其社主長五尺,方二尺,剡其上以象物生,方其下以體地。體埋其半,以根在土中,而本末均也。

吕按："體埋其半"之"體",當上屬爲句。校點本《文獻通考》卷八十二標點不誤(2497頁)。

335頁倒2行：《秋官·柞氏》掌攻草木是也。

吕按："掌攻草木"四字宜加引號。

342頁1行：蕭又難鄭云："《召誥》用牲于郊,牛二,明后稷配天,故知二牲也……"

吕按："用牲于郊,牛二",宜加引號。

342頁8行：又《月令》命民社,鄭注云"社,后土也",

吕按："命民社",宜加引號。

342頁9行：《孝經》注云"后稷,土也",

吕按："后稷,土也",阮刻《禮記·郊特牲》孔疏同。阮校云："閩、監、毛本同。惠棟校宋本作'社,后土也'。"八行本《禮記正義》之足利本闕此卷,景潘本與覆潘本均作"社,后土也"。尋繹上下文意,似與"后稷"無涉。《周禮·大宗伯》："則先告后土。"鄭注："后土,土神也。"賈疏："此注本無言'后土,社',寫者見《孝經》及諸文注多言'社,后土',因寫此云'后土,社'。"孫詒讓《周禮正義》云："按：據賈、孔疏,蓋此注有別本'土神'作'社神'。"(校點本1419頁)要之,八行本差是。

266

347 頁倒 2 行：《曲禮》曰稷、曰明粢，

呂按：竊以爲，"稷曰明粢"是個叙述句，不是訓詁句，"稷"後不宜頓。

353 頁 8 行：舊法惟社有主，而稷無主，不曉其意，恐不可以己意增添其言。壇上之南方非壇之中也，

呂按："其言"二字，當屬下爲句。校點本《文獻通考》4/2531 頁標點不誤。

353 頁倒 4 行：以文計之，六尺爲步，則爲十五丈也。

呂按："文"，《晦庵集》卷六十八《答社壇說》作"丈"，是。疑手民之誤。

355 頁 8 行：其祭肉、心、肺、肝各一，

呂按："肉"後之頓號，當作逗號。

355 頁倒 4 行：土，五行之主，故其神在室之中央也。是名"中霤"，所祭即土神也，

呂按："名"，《月令》孔疏作"明"，是。"明"者，表明也。又，"是名中霤所祭即土神也"，十字當作一句讀，中間不宜停頓。校點本《文獻通考》4/2631 頁已將"名"校改作"明"。

356 頁倒 2 行：又設盛于俎西，祭黍稷、祭肉、祭醴，皆三祭。肉，脾一腎再。

按："三祭"之"祭"，當屬下爲句。校點本《文獻通考》4/2632 頁斷句不誤。

358 頁倒 2 行：故云"皆三祭"。

呂按："祭"，衍字。此復述鄭注，而鄭注無"祭"字。八行本孔疏亦無"祭"字。校點本《文獻通考》（4/2632 頁）亦衍"祭"字。

360 頁 3 行：皇氏以爲此祭老婦，盛於盆，非其義也。

呂按：竊以爲苟將"此祭老婦，盛於盆"引起來，更佳。

360 頁 7 行：唯《特牲》《少牢》鼎當陳於廟門室之前稍東，

呂按："唯"，景潘本、覆潘本《禮記正義》均作"准"，是。此比照《特牲》《少牢》爲說也。校點本《文獻通考》已校改。

363 頁 5 行：《月令》殷禮言。若周則七祀。

267

呂按：《禮記正義》八行本、阮本"言"下並有"之"字，而殿本、庫本"月令"下有又"合"字。未知孰是。浦鏜校，改"月令"爲"此據"，亦未言所據。要之，"言"下必有脱文。"言"後之句號，亦以改逗號爲宜。

366頁7行：門、户主出入，行主道路。行作厲，主殺罰。

呂按："行作"二字當屬上爲句。

366頁末行：曰"國行"者，謂行神，在國外之西。

呂按："國外"，八行本《禮記正義》、阮刻《禮記注疏》均作"國門外"，是。

367頁末行：子産立良霄之子良止爲後子，大叔問其故，

呂按："後子"之"子"字當屬下爲句。

373頁5行：漢、唐以來，緯書行而經學弛重，以鄭玄博聞寡要，

呂按："重"字當屬下爲句。劉淇《助字辨略》："《離騷》：'紛吾既有此内美兮，又重之以修能。'此'重'字猶加也，益也。"

373頁6行：世無稽古大儒，稽古言以袪群惑，

呂按：上"稽古"，胡寅《讀史管見》卷十二作"達理"；下"稽古"下有"正"字。（《續修四庫全書》本，448册，610頁）疑是。

373頁9行：推廣其義以苔請者，

呂按："義"，胡寅《讀史管見》作"議"。按上文有"上嘉納之，因推演懋議，以答請者"，則作"議"是也。

374頁倒2行：舜即位，類于上帝，禋于六宗，望于山川，遍于群神，類也、禋也、望也，各是一事，非望兼上下之神可知也。

呂按："類于上帝，禋于六宗，望于山川，遍于群神"，《舜典》文，宜加引號。此亦引經據典説事也。

379頁6行：四瀆或在山東。

呂按："或"，《漢書·郊祀志》作"咸"，是。

381頁8行：鄭注禮器"五獻察"，謂祭四望山川也。

呂按：標點可否這樣處理：鄭注《禮器》"'五獻察'，謂祭四望山川也。"

382 頁 6 行：帝召宰相諭，以五岳實助天育物，

吕按："諭"字當屬下爲句。

383 頁 7 行：議禮制度者，能一正之，以破積久之妄，群衆之疑，百世以俟而不惑，是亦聖人矣。

吕按：胡寅《讀史管見》卷一在"聖人"下有"之徒"二字（《續修四庫全書》本，448 册，427 頁），疑是。

390 頁 12 行：如天子祭四方，歲遍是也。

吕按："天子祭四方，歲遍"，《曲禮下》文，宜加引號。

397 頁 7 行：若不如此，即是之死而致死之也。

吕按："之死而致死之"，《檀弓上》文，宜加引號。

400 頁 3 行：大夫、士雖或三廟、二廟、一廟，或祭寢廟，則雖異，亦不害祭及高祖。

吕按："寢廟"之"廟"，當屬下爲句。"或祭寢"，即《王制》之"庶人祭於寢"。上文云"自天子至於庶人，五服未嘗異，皆至高祖"。此言雖"庶人祭於寢"，"亦不害祭及高祖"也。下文引朱子曰"雖三廟、一廟，以至祭寢，亦必及於高祖"，亦是此意。校點本《文獻通考》卷一百五（5/3201 頁）、校點本《二程遺書》卷十五（上海古籍出版社，2000 年版 214 頁）標點亦誤。

400 頁 7 行：禮家言大夫有事省於其君，干祫及其高祖。此則可爲立三廟而祭及高祖之驗。

吕按："大夫有事省於其君，干祫及其高祖"，《大傳》文，宜加引號。

402 頁倒 3 行：此適士云顯考無廟，非也。當爲皇考，字之誤。

吕按：竊以爲宜適當加引號，標作：此適士云"顯考無廟"，非也。當爲"皇考"，字之誤。

403 頁 8 行："皆月祭之"者，此之五廟則並同日月祭之也。

吕按："日月"，當作"月月"。

405 頁倒 4 行：既有祖考，明應遷之祖以制幣，招其神而藏焉，

吕按："以制幣"三字當屬下爲句。

416 頁倒 2 行：示新之敬也。

呂按："之"下宜加逗號。

418 頁倒 3 行：案《匠人》注云"城隅，謂角浮思也"，漢時東闕浮思災，以此諸文參之，則浮思，小樓也。

呂按："東闕浮思災"，《漢書·文帝紀》文，宜加引號。下文云"以此諸文參之"，含有此文也。

424 頁倒 5 行：只不消二片相合，及竅，其旁以通中。

呂按："及竅"後之逗號當刪。

425 頁倒 4 行：尊謂天無二日，土無二王，嘗、禘、郊、社，尊無二上。卑謂喪有二孤，廟有二主。

呂按："天無二日，土無二王，嘗、禘、郊、社，尊無二上"和"喪有二孤，廟有二主"，皆《曾子問》文，宜加引號。

430 頁 2 行：古者立尸，必隔一位孫，可以爲祖尸。

呂按："孫"字當屬下爲句。"祖尸"後之句號，宜作逗號。

432 頁倒 5 行：《瞽矇注》云："世奠繫，謂帝繫、諸侯卿大夫世本之屬也。"

呂按：孫詒讓《周禮正義》："《帝繫》，《大戴禮記》第六十三篇，記黃帝至禹世繫所出。《漢書·藝文志》：《春秋》家，《世本》十五篇。其書今佚。"（校點本 7/1867 頁）頗疑此處之"帝繫""世本"應加書名號。

450 頁 1 行：韋玄成王者五廟圖

呂按：《晦庵集》卷六十九《禘祫議》附圖在"成"下有"等"字。徵諸本書 451 頁之"韋玄成等周廟圖"，"等"字宜有。《漢書·韋玄成傳》亦云"玄成等四十四人奏議曰"。

451 頁末行：由是言之，宗無數中。

呂按："中"，《晦庵集》卷六十九《禘祫議》作"也"，是。《漢書·韋玄成傳》亦作"也"。

453 頁 5 行：公季

呂按：《晦庵集》卷六十九《禘祫議》作"王季"，是。

483 頁 6 行：解以先奏樂之義，

呂按：八行本《禮記正義·郊特牲》孔疏同。殿本、庫本及阮本"以"上有"所"字，是。

486 頁 7 行：此人又執以授夫人。

呂按：《禮記·祭統》孔疏在"執"下有"豆"字。

501 頁 1 行：北面告文曰："皋！"

呂按："文"，《禮記·禮運》孔疏作"天"，是。

502 頁 10 行："冬則居營窟"者，營，累其土而爲窟。地高則穴於地，地下則窟於地。上，謂於地上累土而爲窟。

呂按：私意當標點作："冬則居營窟"者，營累其土而爲窟。地高則穴於地，地下則窟於地上，謂於地上累土而爲窟。

507 頁倒 4 行：其君與夫人交錯而獻也。

呂按："其"，《禮記·禮運》孔疏作"是"，是。庫本《儀禮經傳通解續》兩引此句，皆作"是"。校點本《文獻通考》卷九十六（5/2943 頁）亦未校改。

510 頁 6 行："爛祭祭腥"者，爛謂爛肉，而祭腥謂以腥肉而祭。

呂按：私意當標點作："爛祭祭腥"者，爛謂爛肉而祭，腥謂以腥肉而祭。

511 頁 9 行：夫人乃就盎齊之尊酌，此涗齊而薦之者，

呂按："酌"字當屬下爲句。

511 頁倒 2 行：君以鸞刀割制所羞嚌，肺橫切之使不絶，

呂按：私意"肺"字當屬上爲句。

515 頁 9 行：《書傳》云"武王伐紂……"

呂按：此"書傳"非書名，蓋普通名詞，典籍之謂也。李慧玲《孔穎達〈毛詩正義〉中〈尚書大傳〉的異名辨析》(《上海大學學報》(社科版)，2008 年第 2 期）有云："經核查，在這 89 次徵引中，孔穎達沒有一次使用《尚書大傳》的全稱，而是全部使用異名，且異名達 12 個之多。這 12 個異名是：《書傳》《尚書傳》《大傳》《書傳略說》《略說》《虞傳》《書傳·虞夏

271

傳》《虞夏傳》《尚書·夏傳》《夏傳》《殷傳》《尚書·周傳》。'書傳'一詞，固然在大多數情況下是指稱《尚書大傳》，在個別情況下是指《尚書》傳，但在許多地方，它又只是一個普通名詞，是'典籍'之義。據統計，北大本將普通名詞的'書傳'誤解爲書名而誤加書名號者計32例。"《禮記正義》如何，尚未調查，估計大體不異。

519頁倒1行：又於宗廟中接納賓客也，

呂按：《禮記·樂記》孔疏在"又"下有"用"字。

523頁3行：經云"一獻"，知非初祼及朝踐。饋食之一獻必爲一酢尸者，以一酢尸之前皆爲祭事，

呂按：私意當標作：經云"一獻"，知非初祼及朝踐饋食之一獻，必爲一酢尸者，以一酢尸之前皆爲祭事，

又，疏中二"一"字，出自注："一獻，酢尸也。"八行本、阮本"酢"上有"一"字。張敦仁《撫本鄭注考異》以"一"字衍，疏放此。

526頁倒3行："貴者不重，賤者不虛，示均也"者，言貴者不特多而重，賤者不虛而無分。俎多少隨其貴賤，是示均平也。"

呂按："分"字當屬下爲句。

526頁末行：此脊、脅、臂、臑，舉其貴者，尊之屬中，包其賤者。

呂按：此處標點誤，緣於有誤字。"尊"，當作"言"。當標作：此脊、脅、臂、臑，舉其貴者言，"之屬"中包其賤者。

531頁9行：但天子諸侯禮大異，日爲之別爲立名，謂之"繹"，言其尋繹昨日；卿大夫禮小同，日爲之不別立名，直指其事，謂之"賓尸"耳。

呂按：私意當標作：但天子諸侯禮大，異日爲之，別爲立名，謂之"繹"，言其尋繹昨日；卿大夫禮小，同日爲之，不別立名，直指其事，謂之"賓尸"耳。校點本《文獻通考》卷九十六(5/2951頁)標點不誤。

532頁4行：於廟門之旁因名焉。

呂按：《毛詩正義》(人民文學出版社2012年版，448頁上欄)"門"下有"外"字。《禮記·禮器》注，各本脱"外"字，浦鏜校補"外"字。

537頁9行：然王者因革，與世而遷事，雖制禮大定，要亦所改有漸。

吕按："事"字當屬下爲句。

539 頁末行：故黍稷非馨，明德惟馨。

吕按：這是暗引。"黍稷非馨，明德惟馨"，宜加引號。

543 頁倒 5 行：殷則烝、嘗、祭亦有樂，

吕按："嘗"後之頓號當刪。

543 頁倒 4 行：則殷秋冬亦有樂者。

吕按："者"後之句號，當改作逗號。

546 頁倒 3 行："……升歌清廟，下管象"，

吕按：似當作"……升歌《清廟》，下管《象》"，

547 頁 6 行：愚按：此謂大合，毀廟、未毀廟之主於太祖廟而祭之也。

吕按："大合"後之逗號宜刪。

551 頁右上角：公季

吕按：《晦庵集》卷六十九、《文獻通考》卷一百皆作"王季"。

552 頁 5 行：故陸佃以爲毀廟之主有不皆祫之時難之，而未見璪之所以對也。

吕按："毀廟之主有不皆祫"，陸佃《陶山集・昭穆議》文，宜加引號。

556 頁 8 行：然《司尊彝疏》已云"禘祫則用當時，尊重用取足而已"，

吕按：上古社校點本《周禮注疏》(747 頁)"尊"字屬上，疑是。

558 頁 5 行："貢"者，則内金示和，龜爲前列之屬是也。

吕按："内金示和，龜爲前列"宜加引號。

558 頁倒 4 行：荆、楊二州，

吕按："楊"，當作"揚"。559 頁 7 行同此。

559 頁 2 行：荆州納錫、大龜。

吕按："錫"後之頓號當刪。孔傳："龜不常用，錫命而納之。"孔疏："言此大龜錫命乃貢之也。"

559 頁 9 行：其餘，謂九州夷服、鎮服、蕃服之國。《周禮》九州之外謂之蕃國，世一見，各以其所貴寶爲摯。

吕按：庫本《儀禮經傳通解續》"九州"下有"之外"二字，是。又，"九

州之外謂之蕃國,世一見,各以其所貴寶爲摯",《大行人》文,宜加引號。

559 頁倒 3 行:此經其助祭之後,

呂按:"其",《禮器》孔疏及《文獻通考》卷一百(校點本 3062 頁)皆作"是",是。

562 頁 3 行:"……今按彼書'岨'但作'徂',而引《韓詩》薛君章句,亦但訓爲'往獨'矣。"字正作者如沈氏説,

呂按:當標作:今按彼書"岨"但作"徂",而引《韓詩》薛君章句,亦但訓爲"往",獨"矣"字正作"者",如沈氏説。參看校點本《後漢書》10 册 2855 頁。

562 頁 6 行:荒,治康安也。

呂按:當標作:荒,治。康,安也。

562 頁 6 行:夷,平行路也。

呂按:當標作:夷,平。行,路也。

571 頁倒 4 行:毁廟神皆合食,

呂按:《文獻通考》卷一百二同。《政和五禮新儀·卷首》"神"下有"主"字,義勝。

572 頁 1 行:而天子北面事神之禮缺矣。

呂按:《文獻通考》卷一百二同。《政和五禮新儀·卷首》"神"作"祖",義勝。

575 頁倒 4 行:獻謂饋食時后之獻也。

呂按:"獻",殿本、庫本及秦蕙田《五禮通考》卷八十八"獻"上有"饋"字,疑是。

575 頁倒 3 行:以瑶爵酌山尊沈齊以獻尸,

呂按:"山尊沈齊",《禮運》孔疏、庫本《儀禮經傳通解續》皆作"壺尊醍齊"。

575 頁倒 3 行:案《特牲》有三加,則天子以下加爵之數,依尊卑不祇三加也。

呂按:私意當標作:案《特牲》有三加,則天子以下,加爵之數依尊

卑,不衹三加也。

575 頁倒 2 行:《文王世子》諸侯謂之"上嗣舉奠",亦當然。

吕按:私意當標作:《文王世子》,諸侯謂之"上嗣",舉奠亦當然。

576 頁 2 行:"……始用瑶爵。"

吕按:此四字,非鄭注,不當引。

578 頁 5 行:己欲立而立人。

吕按:殿本《左傳注疏》考證及浦鏜《正字》皆以爲此句當作"非'己欲立而立人'之道"。

589 頁 3 行:"夫禮,不王不禘。王者禘其祖之所自出",見於《大傳》、

吕按:"夫"字不當引。

596 頁 6 行:無不受冰。

吕按:"冰"後脱後引號。

600 頁倒 4 行:卒事反宿,路寢亦如之。

吕按:當標作:卒事,反宿路寢亦如之。

614 頁 1 行:遂造制爲之,尊極之稱。

吕按:"之"後之逗號當删。此句對應的經文是"制爲之極"。

614 頁 7 行:疏曰:教民反古復始,古,謂先祖。

吕按:"教民反古復始",是被疏的經文,宜加引號。

615 頁 9 行:發情性,

吕按:當作"發其情"。

623 頁倒 2 行:孝子退而恭敬,齊莊之色,不離絶於面。

吕按:"而恭敬"三字當屬下爲句。

624 頁 5 行:本謂不思其親。

吕按:《禮記·祭義》疏和《儀禮經傳通解續》"本"上皆有"忘"字,是。

625 頁 8 行:疏曰:精慤純善之故,行不違離於身,言恒慤善也。

吕按:"故"後之逗號當删。

626 頁 4 行:"出户,若薦設時也"者,

吕按:"若",當作"謂"。

626 頁 6 行：主人出複位，

呂按："複"，當作"復"。

633 頁倒 3 行：疏曰：此脊、脅、臂、臑，舉其貴者言之。屬中包其賤者，

呂按：當標作：此"脊、脅、臂、臑"，舉其貴者言；"之屬"中，包其賤者。

636 頁 6 行：疏曰：言世人謂福、謂壽考、吉祥祐助於身，

呂按：當標作：言世人謂福，謂壽考、吉祥祐助於身。

637 頁 1 行：則是祭祀有求此。云"不求"者，

呂按："此"字當屬下爲句。

639 頁倒 3 行：此獨以義爲言者，五常指體，則別理亦相通。

呂按："則別"二字當屬上爲句。

640 頁 3 行：不服罪，不改脩，

呂按："脩"後之逗號，當改作句號。

641 頁 10 行：王肅亦引彼文，乃云"禋于六宗"，此之謂矣。

呂按：馬國翰《玉函山房輯佚書》與上海古籍出版社黃懷信校點之《尚書正義》，皆以"此之謂矣"是王肅注文，置於引號內，是。所謂"彼文"者，謂上引《祭法》文也。

641 頁末行：宗，依注並讀爲禜，禜敬反。王如字。

呂按："王"前之句號，宜作逗號，以免語氣不屬。

642 頁 3 行：宮壇，營域也。

呂按：當作"宮，壇營域也"。此釋經文之"宮"字。《周禮·春官·小宗伯》："兆五帝於四郊。"鄭注："兆，爲壇之營域。"亦其類。

642 頁末行—643 頁 1 行：禋，精意以享之，謂六宗。宗，尊也。所祭者其祀有六：

呂按：當標作：禋，精意以享之謂。六宗，宗，尊也，所祭者其祀有六：

643 頁 4 行：朱子書説非苟從者，亦取《祭法》六者爲宗，必有深意。

呂按："書"字應加書名號，謂蔡沈《書集傳》。

643 頁 11 行：傍不及四時，

呂按：陳壽祺《五經異義疏證》："蒙按：四時，《祭法》正義作'四方'，

當從之。"

643頁11行：居中央，恍惚無有神助，陰陽變化，有益於人，

呂按：據浦鏜校，"神"疑衍字，"助"字當屬下爲句。645頁2行有"助陰陽變化"句，可證。

643頁倒3行：天宗，日、月、星辰；

呂按：陳壽祺《疏證》："蒙按：星辰，《祭法》正義作'北辰'，當從之。"按：浦鏜校同。下放此，不一一。

644頁2行：其中山川，

呂按：陳壽祺《疏證》："蒙按：其中，當作'國中'。"

648頁10行：謂奎星，晨見而出冰也。

呂按："奎星"後之逗號當删。

649頁1行：賓、食、喪、祭，

呂按：同頁7行標作"賓食、喪祭"，是。

650頁1行：秬，黑黍。《釋草》文也。

呂按：當標作："秬，黑黍"，《釋草》文也。

655頁7行：王既揖，五者升壇設擯。升諸侯以會同之禮，

呂按：當標作：王既揖五者，升壇設擯，升諸侯以會同之禮。盛世佐《儀禮集編》所謂"傳擯者，擯者傳告五等諸侯，使之各以其幣升壇覲王"是也。

663頁8行：自孔子以前，曰聖曰賢，有道有德，則未有不生都顯位没於大烝者，

呂按："没於"，衛湜《禮記集説》引魏了翁説作"没祭"，疑是。《周禮·夏官·司勳》："凡有功者，銘書於王之大常，祭於大烝，司勳詔之。"鄭注："死則於烝先王祭之。"是其義也。

664頁9行：凡大合樂，必遂養老，是以往焉。

呂按："凡大合樂，必遂養老"兩句，是《文王世子》文，鄭玄暗引，應加引號。

665頁倒5行：釋菜、奠、幣，禮先師也。

呂按："奠"後之頓號當删。孔疏："今案注云'釋菜',解經中'釋'字；'奠幣',解經中'奠'字。"可證。下引疏文放此。737 頁 8 行放此。

667 頁倒 6 行：知"菜是蘋蘩之屬"者,《詩》有采蘋、采蘩,皆采名。

呂按：最後一個"采"字,當作"菜"。

672 頁倒 4 行：故《國語》云神農之名柱,

呂按：衛湜《集說》"之"下有"子"字。浦鏜校亦云脫"子"字。

673 頁倒 4 行：黄帝爲物作名。正名,其體也。

呂按：當標作：黄帝爲物作名,正名其體也。

673 頁倒 3 行：共如上事,故得祀之。

呂按："共",八行本作"其"。

674 頁 9 行：其宗廟與殤以下,及親屬七祀之等,

呂按：八行本作"其宗廟與殤以下之親屬,七祀之等",義長。

680 頁 1 行：天子所御,謂今有娠者於祠,大祝酌酒,飲於高禖之庭,以神惠顯之也。

呂按："謂今有娠者"下當置句號。觀孔疏可知。

681 頁倒 1 行：郊之用辛。上云"元日"。

呂按："辛"後之句號,當作逗號。

682 頁 4—5 行：知用亥者,以陰陽式法正月,亥爲天倉,以其耕事,故用天倉也。

呂按：《漢書·藝文志》五行類有《羡門式法》二十卷,《齊民要術》卷一："《雜陰陽書》曰：'亥爲天倉,耕之始。'"此"陰陽式法"蓋書名,與以上二書同類。然則,當標作：知用亥者,以《陰陽式法》"正月亥爲天倉",以其耕事,故用天倉也。

687 頁 1 行：壬辰位祠之,

呂按：據《通典》卷四四,"壬辰位祠之"是正文,非注文。

687 頁 3 行：東晉靈星酬饗南郊,

呂按：酬,《通典》卷四四作"配"。

692 頁 3 行：然則初時正齒位,後則皆狂蜡祭。蔡邕云："夏曰清祀,

殷曰嘉平,周曰蜡,秦曰臘。"

吕按:"蜡祭"一詞當屬下,是蔡邕云云的主題詞。

692頁7—8行:《鄉飲酒義》所謂"六十者坐,五十者立侍"、"六十者三豆,七十者四豆,八十者五豆,九十者六豆"是也。

吕按:愚以爲頓號可删,兩節引文併爲一節可也。知者,清代學者陳澧《東塾續集》卷一《引書法》云:"所引之書,其説甚長者,當擇其要語。"①張舜徽先生《文獻學論著輯要》收録此文,改題作《引書法示端溪書院諸生》(陝西人民出版社1985年版,414頁)陳澧之時,尚無今日之標點符號,然其義可知,亦視摘引之文爲一體也。黄焯《詩疏平議·自序》云:"書中凡引經文、《詩序》《傳》《箋》《疏》及前人之説,悉加引號。間或有跳脱節略,則依舊例,皆未用省略號。特此説明。"(上海古籍出版社1985年版,2頁)可知黄焯是把摘引文字作爲一個完整的統一體來看待的。所以,他所説的"悉加引號",就是凡是遇到這種"跳脱節略"情況,只加一組引號即可,而不是分别地加上兩組或三組。

蓋古人引書,猶如良工裁衣,自有剪裁之法。原文雖多,取我所需而已。由於剪裁適當,在引者是水乳交融,於原書是無損原意。於是乎摘引之法,大行其道。而我們在標點摘引文字時,往往不自覺地進入了一個認識誤區。我們明明標點的是經過摘引者改造的引文,但我們並没有站在摘引者的立場上來認識,没有體會摘引者這樣改造的良苦用心,而是又倒回到原作者的立場,用原文的標準去要求摘引文字,斤斤計較,這怎麽能行呢?簡言之,摘引也是一種創作,摘引者的這點創作没有得到標點者的充分理解與尊重。職是之故,摘引之古人復起,必曰:"吾文不如是也!"

中華書局校點本《漢書》中頗多破碎摘引引文之例,此處姑舉兩例:

(1)《刑法志》:"《書》云'天秩有禮','天討有罪'。[師古曰:"此《虞書·皋陶謨》之辭也。"]故聖人因天秩而制五禮,因天討而作五刑。"(1079頁)

---

① 陳澧《東塾續集》,《近代中國史料叢刊》(77),文海出版社,1966年,28頁。

呂按：《尚書·皋陶謨》的原文是：" 天秩有禮，自我五禮有庸哉！同寅協恭和衷哉！天命有德，五服五章哉！天討有罪，五刑五用哉！"（《尚書正義》，上海古籍出版社 2007 年版，151 頁）對比可知，班固的摘引是"擇其要語"。筆者以爲不如標作：《書》云："天秩有禮，天討有罪。"校點本現在的標點，不僅不得作者之心，也讓讀者感到困惑。譬如説，"天討有罪"被割裂出去，它還是"《書》云"的内容嗎？師古注僅僅置於"天討有罪"之下，它還管得到上面的"天秩有禮"嗎？

（2）《朱雲傳》："雲曰：'今朝廷大臣上不能匡主，下亡以益民，皆尸位素餐，孔子所謂"鄙夫不可與事君"，"苟患失之，亡所不至"者也。'"〔師古曰："皆《論語》所載孔子之言也。"〕

呂按：引文出自《論語·陽貨》："子曰：'鄙夫可與事君也與哉？其未得之也，患得之；既得之，患失之。苟患失之，無所不至矣。'"古書没有標點，從"師古曰：皆《論語》所載孔子之言也"來看，顔師古是把摘引文字當作一體來看待的。古人在摘引時，往往使用這樣一個固定結構："所謂……者也"。在"所謂"之後、"者也"之前的所有摘引文字，必然是一個整體。分作兩截而套用這個固定結構，古人必不如此。

友仁今日小題大做，借題發揮，喋喋不休，敬請原諒，敬請批評。

698 頁 4 行："草木歸其澤"者，草苔、稗木、榛梗之屬也。

呂按：當標作："草木歸其澤"者，草、苔、稗；木、榛、梗之屬也。

701 頁倒 2 行：土功，建亥之月，起"日至而畢"也。

呂按："起"字當屬上爲句。句意蓋謂，可以舉行土工之事的時間，十月開始，冬至結束。

708 頁倒 3 行：其易所作，即伏犧爲之矣。

呂按："易"字應加書名號。

709 頁倒 5 行：故《中霤禮》"祭竈，先薦於奥，有主有尸，用特牲迎尸，以下略如祭宗廟之禮"，

呂按："迎尸"二字當屬下爲句。鄭注《文王世子》云："釋奠者，設薦饌酌奠而已，無迎尸以下之事。"

720頁6—7行：禋，精意以享之。謂六宗，尊也。

吕按："謂"字當屬上爲句。

730頁2行：天子以海内爲家，時一巡省之五年者，虞、夏之制也。

吕按："時一巡省之"之後當句。

730頁3行：柴祭，天告至也。

吕按："祭"字當屬下爲句。

733頁4行：周制，十有二年，王巡狩殷國柴望，祭告諸侯畢朝。

吕按："柴望"當屬下，"祭告"後當逗。

738頁1—2行：云"宜于社"者，軍將出，宜祭於社，即將社主行，不用命，戮於社。云"造於祖"者，出必造，即七廟俱祭，取遷廟之主行，用命，賞于祖，

吕按：此處孔疏有暗引。"不用命，戮於社。用命，賞于祖"，《尚書·甘誓》文，孔疏暗引，宜加引號。知者，鄭注《小宗伯》云："《書》曰：'用命，賞于祖；不用命，戮于社。'"

740頁4行：云"律所以聽軍聲"者，《大師職》云。

吕按："云"，上海古籍出版社校點本《周禮注疏》作"文"。

743頁8行：有功則賞于主前，

吕按："主"字前疑脱"祖"字。

746頁3行："后，土社也"。

吕按："土"字當屬上爲句。

753頁4行：節，兵符陳亂，故正其衆官，脩其所職，以定之乃還也。

吕按："兵符"後當句。

754頁7行：太史誓于祖廟，擇吉日，

吕按："誓"，疑當作"筮"。

763頁倒3行：唯是祭其先，人禮之盛者也。

吕按："人"，疑當作"大"。

777頁倒5行：此男巫於《地官》祭此神時，

吕按："地官"不應加書名號。浦鏜校"地當他字誤"是也。

281

807 頁 3—5 行：玄云"丕"讀曰不愛子孫。曰子元孫遇疾，若汝不救，是將有不愛子孫之過，爲天所責，欲使爲之請命也。與孔讀異。

吕按：輯本《尚書鄭注》和上海古籍出版社校點本《尚書正義》皆作：玄云："丕，讀曰不。愛子孫曰子。元孫遇疾，若汝不救，是將有不愛子孫之過，爲天所責。欲使爲之請命也。"與孔讀異。今按：兩書標點是。

808 頁倒 4 行：予仁若考，能多材多藝，能事鬼神。

吕按：上"能"字當屬上爲句。傳云"我周公仁能順父，又多材多藝，能事鬼神"，可證。

810 頁倒 2 行：諸侯望，祀竟內山川星辰。

吕按："望"後之逗號當刪。

824 頁 2 行：凡禷，積共其羊牲。

吕按：當標作："凡禷、積，共其羊牲。"觀鄭注可知。

824 頁 2 行：玄謂：積，積柴。禋祀、槱燎、實柴。

吕按："積柴"後之句號，當改作逗號。"禋祀、槱燎、實柴"三詞是進一步解釋"積柴"的。知者，孔疏："後鄭云'積，積柴，禋祀、槱燎、實柴'，歷言此三者，以互而相通，皆須積柴、實牲幣，煙氣上聞故也。"

835 頁末行：牲殺，牲必恃殺也。

吕按："恃"，蓋"特"字之誤。

838 頁 8 行：大昕，季春，朔日之朝也。

吕按："季春"後之逗號當刪。

839 頁 5 行：副褘，王后之服。而云夫人，記者容二王之後與？

吕按："王后之服"後之句號當刪。

842 頁倒 3 行：所謂三辰旂旗，昭其明也。

吕按："三辰旂旗，昭其明也"二句應加引號，這是暗引《左傳》文。

853 頁 3 行：卒事反宿，路寢亦如之。

吕按：當標作：卒事，反宿路寢亦如之。孔疏"故知反居路寢，亦如明堂"可證。

853 頁 5 行：案下諸侯"皮弁聽朔"、"朝服視朝"，是視朝之服卑于

282

聽朔，

呂按：此"皮弁聽朔""朝服視朝"，竊以爲用一組引號即可。管見詳上文 692 頁 7—8 行條。

862 頁 2 行：中士黃，裳下士雜裳。

呂按：上"裳"字當屬上。

862 頁 9 行：《飾冠禮》"士靺韐"，是士無飾。推此，即尊者士多，有此四等。

呂按："飾冠禮"之"飾"，當作"士"；"尊者士多"之"士"，當作"飾"。

863 頁 6—7 行：……經云"直"，則下文云"天子直"是目韠制也。

呂按："是"字前應加逗號或冒號。

865 頁 2 行：云"一命緼韍"者，一命公、侯、伯之上士。

呂按：下"一命"後，應加逗號。"上"字疑衍。

880 頁 9 行：以《禮記》每云君袞冕，夫人副褘王者之後，自行正朔與天子同……

呂按：《禮記·祭統》兩言"君袞冕，夫人副褘"。當作：以《禮記》每言"君袞冕，夫人副褘"，王者之後，自行正朔與天子同……

880 頁倒 1 行：所謂夫尊於朝，妻榮於室也。

呂按："所謂……是也"句式，是暗引句式。"夫尊於朝，妻榮於室"，《喪服傳》文。

881 頁 7 行：凡云"世婦以下蠶事畢，獻繭乃命之"者，

呂按："凡云"，乃"云凡"之誤。"凡"是引文中字。

884 頁倒 4—3 行：上明王及后等尊者烏屨，訖此明臣妻及嬪已下之屨也。

呂按："訖"做當屬上爲句。

886 頁 1—2 行：后服六翟，三等三鳥，玄、青、赤。

呂按："翟"字當屬下爲句。"翟三等"，據《內司服》，蓋謂褘衣、揄狄、闕狄。

896 頁倒 5 行：《旱麓》"瑟彼玉瓚，黃流在中"，

283

呂按："早"，當作"旱"。

900頁倒4行：王肅云此，言以二尊形如牛、象而背上負尊。

呂按：《毛詩正義》無"云"字，作"王肅此言，以二尊形如牛、象而背上負尊"。

909頁7—8行：皆黍稷器制之異同，未聞。

呂按："器"後當逗。

918頁5—6行："犧賦爲次"者，諸侯大夫少牢，此言犧，謂牛，即是天子之大夫祭祀賦斂，邑民供出牲牢，故曰犧賦。

呂按："天子之大夫"後當句。

923頁8行：幄帷幕之内設之。

呂按。"幄"後當逗，這是解釋經文"幄"字的。

924頁10行：云"以此旅見祀"者，

呂按："以此"，據本頁6行注文，當作"此以"。

929頁倒3—2行：《詩》云："載謀載惟，取蕭祭脂，取羝以軷。"《詩家說》曰："將出祖道，犯軷之祭也。"《聘禮》曰："乃舍軷，飲酒于其側。"禮家說亦謂道祭。

呂按："詩家說"加書名號，而下文之"禮家說"不加，不審其旨。王應麟《困學紀聞》以"禮家說"爲緯書，恐未必。竊以爲，"詩家說"，即說《詩》之家云。"禮家說"同。

930頁7—8行：此云"及祭，酌僕"者，即上文將犯軷之時，當祭左右軹，未及軾前，乃犯軷而去。

呂按："未"，當作"末"，且當屬上爲句。

938頁3—4行：大呂，經云"歌"者，歌者聲出音，故據聲而說，

呂按："聲出音"之前，疑脱"發"字。

951頁8行：蓋"編縣之二八十六枚而在一簨，謂之堵。鍾一堵，磬一堵，謂之肆堵"。言合是以爲宫，肆言全而後可以陳列也。

呂按："肆堵"之"堵"，當屬下爲句。當標作：蓋"編縣之二八十六枚而在一簨，謂之堵。鍾一堵，磬一堵，謂之肆"。堵言合，是以爲宫；肆言

全,而後可以陳列也。

964 頁 7—8 行:案《序官》,舞徒四十人,其數有限,今云"皆教之"者,數雖四十餘者,有能學皆教之以待其闕耳。

呂按:"餘者"二字當屬下,標作:餘者有能學,皆教之,以待其闕耳。

968 頁末行—969 頁 2 行:若然,州長黨正飲酒而謂之鄉射,或是鄉大夫所居州黨,或是鄉大夫親來臨禮,並得鄉名,故謂之鄉。

呂按:"鄉射",當作"鄉者"。

969 頁倒 4 行:故劉香《要雅》亦以"宜成"爲酒名,

呂按:"劉香",當作"劉杳"。劉杳有《要雅》五卷,見《梁書》本傳。

985 頁 5 行:此天子以犧牛,諸侯以肥牛,大夫以索牛,皆上得兼下,下不得僭上。

呂按:"天子以犧牛,諸侯以肥牛,大夫以索牛"宜加引號。

985 頁 8—9 行:故《雜記》云"上大夫之虞也少牢,卒哭成事、祔皆大牢;下大夫之虞也犆牲,卒哭成事、祔皆少牢"。是也。

呂按:"是也"前之句號當刪。

985 頁倒 4 行:但不毛,色純耳。

呂按:"毛"後之逗號當刪。

985 頁倒 2 行:鄭司農云:"求牛禱於鬼神,祈求福之牛也。"

呂按:"求牛",是被解釋詞,其後應加逗號。

989 頁 3 行:不於《甒人》言其共至尊,

呂按:此句不通。彭林《周禮注疏校勘記》:"其,岳本、嘉靖本作'者',是。"然則當作:不於《甒人》言者,共至尊,

1010 頁 8—9 行:"《内則》曰:麋鹿、田豕、麕皆有胖,足相參正"者,

呂按:竊以爲可標作:"《内則》曰'麋鹿、田豕、麕皆有胖',足相參正"者,

1012 頁倒 5 行:"一爲乾豆"者,謂乾之以爲豆實,豆非脯而云乾者,

呂按:"非"上疑脱"實"字。

1014 頁 4—5 行:又曰:"麋、鹿、魚爲菹,麕爲辟,雞、野豕爲軒,兔爲

宛脾。"（軒、辟、鷄宛脾，皆菹類也。）

吕按：疑當作：又曰："麋、鹿、魚爲菹，麕爲辟鷄，野豕爲軒，兔爲宛脾。"（軒、辟鷄、宛脾，皆菹類也。）詳《内則》鄭注、孔疏。

1014 頁 5 行：麕爲辟，鷄、兔爲宛脾，

吕按：疑當作：麕爲辟鷄，兔爲宛脾，

1038 頁末行：《少牢饋食禮》曰："尸左執爵，右兼取肝、肺，……"

吕按：《少牢饋食禮》無"肺"字。浦鏜《禮記正字》云"肺字衍"是也。

1039 頁 2 行：引《少牢饋食禮》者，云"尸左執爵，右兼取肺"，

吕按："肺"，當爲"肝"字之誤。

1044 頁 4 行：《郊特牲》云"毛血告幽"，全是宗廟有血也。

吕按："全"字當屬上爲句。

1044 頁倒 5—4 行：其三獻之祭血、腥與燔一時同薦，凡薦燔之時皆在薦腥之後。但社稷、五祀、初祭，降神之時已埋血，《宗伯》之文是也；

吕按："其三獻之祭"後，宜用逗號。"五祀"後之頓號當删。

1045 頁倒 4 行：疏曰："謂祭先公之廟禮，又轉尊神靈尊重也。"

吕按：當標作：疏曰："謂祭先公之廟，禮又轉尊，神靈尊重也。"

1058 頁 2 行：稽首拜中，最重臣拜君之拜。

吕按：當標作：稽首，拜中最重，臣拜君之拜。

1058 頁倒 2 行：案今文《太誓》得火烏之瑞使以周公書報於王，王動色變，

吕按："使"字當屬下爲句。

1060 頁 3 行：禋祀，天神通星辰已下。

吕按：此句不通。彭林《周禮注疏校勘記》："元、正、聞、閩、阮本'祀'字重。"

1068 頁倒 5 行：國遷唯在竟内得云。"祝不出竟"者，

吕按："得云"二字當屬下爲句。

1069 頁 6 行：非但欲專事，

吕按："欲"下疑脱"使"字。

"熙寧祀儀"是一部禮書之名

"熙寧祀儀"是一部禮書之名、"祀典"是書名説，這兩條文字稍多，因置於最後。

"熙寧祀儀"一詞，在楊復《祭禮》中出現了兩次，見300頁和301頁，被標點作熙寧祀儀，視爲普通名詞。我認爲"熙寧祀儀"是宋代的一部禮書名，各種公私目録皆未之載，應當標作《熙寧祀儀》。《熙寧祀儀》，或簡稱作《熙寧儀》，甚或在具體的上下文中簡稱作《祀儀》。

《熙寧祀儀》是接續《慶曆祀儀》編寫的。《慶曆祀儀》，史志有載。《宋史·藝文志三》著録賈昌朝《慶曆祀儀》六十三卷（中華書局校點本5135頁）。《宋史·禮志一》載其事云："景祐四年，賈昌朝撰《太常新禮》及《祀儀》，止於慶曆三年。""景祐"，當作"慶曆"。知者，《續資治通鑑長編》卷一百四十六慶曆四年正月辛卯："太常禮院上新修《太常新禮》四十卷，《慶曆祀儀》六十三卷。賜提舉參知政事賈昌朝、編修龍圖閣直學士孫祖德（中略）器幣有差。"注云："景祐四年三月吴育建請。"《宋史·仁宗本紀三》慶曆四年春正月："辛卯，太常禮儀院上新修《禮書》及《慶曆祀儀》。"從知史志是將建請之年誤作修成之年也。《熙寧祀儀》修成于熙寧十年。《宋史·禮志一》："熙寧十年，禮院取慶曆以後奉祀制度，別定《祀儀》，其一留中，其二付有司。"（2422頁）文中的《祀儀》，實指《熙寧祀儀》。《長編》卷二百八十熙寧十年正月庚申條也記載了此事："禮院言：'今以慶曆五年以後祠祭沿革，參酌編修成《祀儀》三本，乞一本留中，餘付監祭禮司。'從之。賜判太常寺陳襄等銀絹有差。"《玉海》卷一百二"慶曆熙寧元祐祀儀"條，亦歷述《慶曆祀儀》《熙寧祀儀》《元祐祀儀》三書編修始末。

《熙寧祀儀》在宋代史籍中出現的頻率並不很低。以校點本《宋史》爲例，據初步統計，《熙寧祀儀》出現6次，分見卷一百三之2508、2515、2517、2519頁和卷一百五之2549頁（再見）；《熙寧儀》出現2次，分見卷一百三之 2517 頁和卷一百六之 2574 頁。二者合計，凡八例，《宋史》都是將其作爲普通名詞對待，失之。《祀儀》一名，就《熙寧祀儀》來說，只有卷九十八之 2422 頁標書名號，其餘基本上都是作爲普通名詞看待，也多失之。

認識到《熙寧祀儀》是書名，有助於提高我們對其下引文標點的準確性。古人引書，一字不差或基本不差者有之，撮取大意者有之，夾敘夾議者有之。所謂"敘"，就是引書；所謂"議"，就是對所引之書發表看法。拿楊復《祭禮》兩引《熙寧祀儀》來說，就是屬於夾敘夾議。原標點沒有把這種夾敘夾議表現出來，換言之，沒有維妙維肖地傳達出古人的口吻，似乎"熙寧祀儀"四字下的文字，都是祀儀之文。如果此説不謬，那兩處似乎應該這樣標點：

300 頁開始的那一處似應標作：《熙寧祀儀》"兆日於東郊，兆月於西郊"，是以氣類爲之位。至於"兆風師於國城東北，兆雨師於國城西北，兆司中、司命於國城西北亥地"，則是各從其星位，而不以氣類，非所謂四類也。

301 頁的那一處似應標作：……仍依《熙寧祀儀》，以"雷師從雨師之位，以司民從司中、司命、司禄之位。所有雨師、雷師爲二壇同壝，司中、司命、司民、司禄則爲四壇同壝"，其壇制高廣自如故事。

以上兩段文字，也大體見於《宋史·禮志六》，校點本的 2517 頁。校點本《宋史》也没有使用書名號和適當地加引號，失之。

附帶説一下，《熙寧祀儀》曾流傳到金國，並被金國所采用。例如，《金史》卷十《章宗二》："明昌五年（1194，宋光宗紹熙五年）二月戊戌，祭社稷，以宣獻皇后忌辰，用《熙寧祀儀》，樂縣而不作。"（中華書局校點本 232 頁）再如，《大金集禮》卷三十六《雜錄》："大定十年（1170，宋孝宗乾道五年）八月七日，以懷州申稟，釋奠幣帛合無焚燒。檢討到《唐開元禮》釋奠禮畢，太祝各執篚，神座前跪取幣，詣瘞坎，以幣置於坎訖，奉禮曰'可瘞'。又宋《熙寧祀儀》釋（"釋"字據庫本加）奠禮畢，有司各詣神座前，取幣置於瘞坎，板置於燎柴。據上項典故，其幣帛皆是埋，並無焚燒幣帛典故。禮部准申行下。"（《叢書集成新編》35 册，309 頁）

"祀典"是書名説

楊復《祭禮》上册 299 頁：

  愚案：先鄭釋司中、司命是一説，後鄭又是一説。竊謂惟皇上帝降衷于民，非帝之外别有司中之神也。乾道變化，各正性命，非乾道之外别有司命之神也。蓋統言之，則曰帝，曰乾；祀典專指一事之所主，而祀之以報其德，則曰司中，曰司命。義與司民、司禄同。注家穿鑿異同，又以星象言之，過矣。

吕按：這節文字是引經據典而立言，但屬於暗引。如果没有把所據之經標出，就有失古人口吻。其中的"惟皇上帝降衷於民"一句，出自《尚書・湯誥》，這是下面"非帝之外"句的立論根據；其中的"乾道變化，各正性命"二句，出自《周易・乾卦・彖傳》，這是下面"非乾道之外"句的立論根據。另，"曰司命"後的句號似當作逗號，其義蓋謂司中、司命，也和司民、司禄一樣，按其字面意思去理解就行了，不必求之過深。

此外，我懷疑"祀典專指一事之所主"中的"祀典"是書名，應加書名號。"祀典"二字下面没有具體的引文，證明起來，比較困難。但不妨一試。

首先，《説文・丌部》："典，五帝之書也。从册在丌上。"段玉裁注："《三墳》《五典》，見《左傳》。"（上海古籍出版社 1981 年版，200 頁）按《左傳》昭公十二年："是能讀《三墳》《五典》《八索》《九丘》。"杜預注："皆古書名。"可知典之本義是典册、典籍。"典"的引申義甚多，其中的一個引申義是典禮。《祀典》之"典"，即典籍義，不是典禮義。

其次，從上下文來看，這個"祀典"不應是一個普通名詞，而應是一個專有名詞，具體地説，就是書名。這樣才講得通。"祀典專指一事之所主"，其義蓋謂《祀典》中所載的神靈都是各自主管一事的。例如，風師管風，雨師管雨。如果給《祀典》下定義，應是"得到官方批准的天神、地祇、人鬼的祭祀名册"。這個定義很可能不够嚴謹，但主要意思應是如此。

再次，從古到今，我們也確實有《祀典》這本書。古，最早可以追溯到先秦。《禮記·祭法》："夫聖王之制祭祀也，法施於民則祀之，以死勤事則祀之，以勞定國則祀之，能禦大菑則祀之，能捍大患則祀之。……非此族也，不在《祀典》。"鄭玄注："族，猶類也。"區區標點的《禮記正義》，"祀典"原來沒有加書名號，是個失誤。《國語·魯語上》也有類似的話，兹不贅。

《漢書》中有三個例子，可以證明《禮記》之《祭法》篇，又名《祀典》《祭典》。請看：

（1）《郊祀志下》："後（王）莽又奏言：'《禮記·祀典》：功施於民則祀之。'"（4/1268頁）①

按："功施於民則祀之"，《禮記·祭法》作"法施於民則祀之"。然則，《祭法》，又叫《祀典》。

（2）《韋玄成傳》："太僕王舜、中壘校尉劉歆議曰：《禮記·祀典》曰：'夫聖王之制祀也，功施於民則祀之，以勞定國則祀之，能救大災則祀之。'"（10/3126頁）

按："《禮記·祀典》曰"云云，見《禮記·祭法》。《祀典》蓋《祭法》之別名。

（3）《律曆志下》："《祭典》曰：'共工氏伯九域。'"師古曰："《祭典》，即《禮經·祭法》也。"（4/1012頁）

按："共工氏伯九域"，《禮記·祭法》作"共工氏之霸九州也"。據顏師古注，知《祭法》又名《祭典》。

以上三例中的"祀典（祭典）"，校點本《漢書》都没有加書名號，失之。

至於"今"，謂楊復生活的宋代。在宋代，能夠證明"祀典"是書名的例子很多。姑以《宋史》一書爲例。

《宋史·藝文志》史部儀注類有《國朝祀典》一卷，不知作者。宋人在徵引《國朝祀典》時，往往簡稱《祀典》。這很正常，今人也是如此。《中華

---

① 括號中斜線（/）前阿拉伯數字表示中華書局標點本册數。下同，不一一。

人民共和國憲法》，人們也習慣簡稱《憲法》。下面是簡稱《祀典》的例子：

（1）《宋史》卷十七《哲宗一》元祐五年："十月丁酉，詔定州韓琦祠載《祀典》。"（2/331頁）

（2）《宋史》卷九八《禮志一》："凡有大赦，則令諸州祭岳、瀆、名山、大川在境內者及歷代帝王忠臣烈士載《祀典》者。"（8/2425頁）

（3）《宋史》卷一百五《禮志八》："元祐六年，詔相州商王河亶甲冢、沂州費縣顏真卿墓，並載《祀典》。"（8/2560頁）

（4）《宋史》卷一百五《禮志八》："其新立廟，若何承矩、李允則守雄州，曹瑋帥秦州，李繼和節度鎮戎軍，則以有功一方者也；韓琦在中山，范仲淹在慶州，孫冕在海州，則以政有威惠者也；……而趙普祠中山，韓琦祠相州，則以鄉里，皆載《祀典》焉。"（8/2562頁）

（5）《宋史》卷一百五《禮志八》："又詔：先代帝王，載在《祀典》，或廟貌猶在，久廢牲牢，或陵墓雖存，不禁樵采。其太昊、女媧、炎帝、黃帝、高辛、唐堯、虞舜、夏禹、成湯、周文王、武王、漢高帝、光武、唐高祖、太宗，各置守陵五戶，歲春秋祠乙太牢。"（8/2558頁）

（6）《宋史》卷一百五《禮志八》："淳熙四年，靜江守臣張栻奏：'初領州有唐帝祠，其山曰堯山；有虞帝祠，其山曰虞山。請著之《祀典》。'"（8/2560）

（7）《宋史》卷三五〇《郭成傳》："帝手書報曰：'郭成盡忠報國，有功於民，宜載《祀典》。'"（32/11085頁）

（8）《宋史》卷四三五《胡安國傳》："安國奏曰：'本朝自嘉祐以來，西都有邵雍、程顥及其弟頤，關中有張載，皆以道德名世，公卿大夫所欽慕而師尊之。會王安石、蔡京等曲加排抑，故其道不行。望下禮官討論故事，加之封爵，載在《祀典》，比于荀、楊、韓氏。"（37/12914頁）

以上八例中的"祀典"，校點本《宋史》也都沒有加書名號，失之。

（原載葉純芳、喬秀岩主編《朱熹禮學基本問題研究》，中華書局，2015年。此次收入文集作了增補）

《禮記》識小

《禮記》"禮不下庶人"舊解發覆

一 發覆思路

《中國經學》第五輯發表了拙作《〈禮記〉"刑不上大夫"舊解發覆》。我在該文的內容提要中寫道：

"刑不上大夫"，傳統解讀是以"上"字爲切入點，由於切入點選錯了，所以兩千年來一直不得其解。本文則把切入點放在"刑"字上，論證了"刑"是刑辱之義，"刑不上大夫"的本義是大夫犯了罪，該殺就殺，該剮就剮，而由種種刑訊手段給當事人帶來的羞辱則不能施之于大夫。論證了"刑不上大夫"產生的精神基礎是"士可殺而不可辱"。論證了《郭店楚墓竹簡·尊德義》篇的"䎽不逮于君子"是"刑不上大夫"的不同表述形式，論證了傳統舊解的形成過程。通過以上四個方面的論證，這一持續兩千年的歷史公案庶幾有望得以澄清。①

本文可以説是《〈禮記〉"刑不上大夫"舊解發覆》的姊妹篇,我寫作此文的思路,一仍舊貫。我認爲,要澄清這一持續兩千年的歷史公案,也不能再糾纏於"下"字,而必須把切入點放在"禮"字上。爲什麽不能再糾纏於"下"字? 因爲"禮不下庶人"是個僞命題。一旦糾纏於"下"字,就勢必誤入歧途,就不得不挖空心思、千方百計去證明這一僞命題。於是乎一些違背常識的解讀層出不窮。試想,要想把一個僞命題證明成立,能做得到嗎?

二 "禮不下庶人"是一個僞命題

本文説"禮不下庶人"是一個僞命題,有一個前提。這個前提就是,這個"禮"字的含義,或者是與"刑"字相反相成的"禮"(《論語·爲政》:"子曰:'道之以政,齊之以刑,民免而無恥。道之以德,齊之以禮,有恥且格。'"②),或者是與"樂"字相輔相成的"禮"(《孝經·廣要道章》:"子曰:'移風易俗,莫善於樂;安上治民,莫善於禮。'"③)換言之,這個"禮"字的含義是抽象的而不是具體的。

據我所知,在我之前,已經有三位學者對"禮不下庶人"這個命題提出質疑。在歷史長河中,在絶大多數人致力於如何千方百計地證明這一僞命題時,這三位學者的質疑就顯得非常難能可貴。

第一位學者是北宋的李覯(1009—1059),他在《盱江集》卷二《禮論第六》中説:

> 《王制》曰:"庶人縣封,葬不爲雨止,不封不樹,喪不貳事。"此亦庶人之喪禮也;"庶人春薦韭,夏薦麥,秋薦黍,冬薦稻,韭以卵,麥以魚,黍以豚,稻以雁。"此亦庶人之祭禮也。既庶人喪、祭皆有其禮,而

---

① 彭林主編《中國經學》第五輯,廣西師範大學出版社,2009年,191頁。
② 《十三經注疏》,中華書局,1980年,2461頁。
③ 《十三經注疏》,2556頁。

293

謂"禮不下庶人"者,抑述《曲禮》者之妄也。①

按:"妄"者,亂説一通也。敢對"禮不下庶人"下一個"妄"字的評語,這是需要膽識的。但把這頂帽子扣到"述《曲禮》者"的頭上是不公正的,因爲"述者"並不誤,誤的是解者。是《白虎通義》强作解人,害得後人幾乎無不被牽着鼻子走。

第二位學者是司馬光(1019—1086),他在《進士策問十五首》中急切地發問道:

《曲禮》曰:"禮不下庶人,刑不上大夫。"按《王制》:"修六禮以節民性;冠、婚、喪、祭、鄉、相見。"此庶人之禮也。《舜典》:"五服三就,大夫于朝,士於市。"此大夫之刑也。夫禮與刑,先王所以治群臣萬民,不可斯須偏廢也。今《曲禮》乃云如是,必有異旨,其可見乎?②

按:所謂"必有異旨",就是必有不同於舊有解讀的解讀。這四個字傳遞出來的信息是,司馬光對此前的所有的解讀,包括《白虎通義》、鄭玄等學者的解讀在内,都持否定的態度,統統不予認可。而正確的解讀是什麽,他還在困惑中。於是通過進士策問的形式發出求教的呼籲。

第三位學者是清代的姚際恒,他在《禮記通論》中説:

"禮不下庶人",此語若鶻突,賴有注疏爲之斡旋。鄭氏曰"爲其遽於事,且不能備物",孔氏曰"酬酢之禮不及庶人",皆是也。③

按:"鶻突"者,悖理之謂也。實際上,"禮不下庶人"一句並不鶻突,説句不好聽的俗話,經是好經,只是讓歪嘴和尚念歪了。姚氏的卓識在於,他認爲鄭注、孔疏的的彌縫是對的。儘管姚氏的這個表述並非無可挑剔,但我仍然覺得很了不起,可惜的是他只有結論而没有對結論的論證。

以上三位學者,可以説是先知先覺者。我的任務是在他們指出的方

---

① 李覯《盱江集》,影印文淵閣《四庫全書》本,1095 册,28 頁。
② 司馬光《傳家集》卷七十五《進士策問十五首》,影印文淵閣《四庫全書》本,1094 册,685 頁。
③ 杭世駿《續禮記集説》,《續修四庫全書》,上海古籍出版社,2002 年,101 册,84 頁。

向上繼續往前走,解決他們尚未解決和尚未完滿解決的問題。具體地説,這些問題是:第一,必須充分證明"禮不下庶人"是一個僞命題,爲撥亂反正奠定堅實基礎;第二,在改變切入點的基礎上,揭示"異旨"是什麽。具體地説,本文認爲"禮不下庶人"的"禮"是指"酬酢之禮"。第三,充分論證"禮(酬酢之禮)不下庶人"的合理性。

三　對"禮不下庶人"這個僞命題的論證

我的論證原則是以經證經。具體地説,分爲下列五個方面:一、以《禮記・曲禮》篇的禮下庶人之例爲證;二、以《禮記》其餘四十八篇的禮下庶人之例爲證;三、以他經中的禮下庶人之例爲證;四、以鄭玄注中的禮下庶人之例爲證;五、"禮不下庶人"與儒家對禮的全民適用性的表述不相容。

一、以《禮記・曲禮》篇的禮下庶人之例爲證

"禮不下庶人"一句出自《禮記・曲禮上》。《禮記》一書凡四十九篇,這四十九篇並非成篇於同一個時代。我以《禮記・曲禮》篇的禮下庶人之例爲證,實際上是以本篇證本篇。

1.《禮記・曲禮上》:"凡爲人子之禮,冬温而夏清,昏定而晨省。"[1]

2.《曲禮上》:"爲天子削瓜者副之,巾以絺。爲國君者華之,巾以綌。爲大夫累之,士疐之,庶人齕之。"孔疏:"此削瓜等級不同,非謂平常之日,當是公庭大會之時也。"[2]

3.《曲禮下》:"天子穆穆,諸侯皇皇,大夫濟濟,士蹌蹌,庶人僬僬。"孔疏:"此一節論天子至庶人行容之貌。"[3]

4.《曲禮下》:"天子之妃曰后,諸侯曰夫人,大夫曰孺人,士曰婦人,

---

[1] 鄭玄注、孔穎達正義、吕友仁整理《禮記正義》,上海古籍出版社,2008年,29頁。
[2] 鄭玄注、孔穎達正義、吕友仁整理《禮記正義》,72—73頁。
[3] 鄭玄注、孔穎達正義、吕友仁整理《禮記正義》,194頁。

庶人曰妻。"①

5.《曲禮下》:"問天子之年,對曰:'聞之:始服衣若干尺矣。'問國君之年,長,曰'能從宗廟社稷之事矣';幼,曰'未能從宗廟社稷之事也'。問大夫之子,長,曰'能御矣';幼,曰'未能御也'。問士之子,長,曰'能典謁矣';幼,曰'未能典謁也'。問庶人之子,長,曰'能負薪矣';幼,曰'未能負薪也'。"②

6.《曲禮下》:"問國君之富,數地以對,山澤之所出。問大夫之富,曰有宰食力,祭器衣服不假。問士之富,以車數對。問庶人之富,數畜以對。"③

7.《曲禮下》:"天子死曰崩,諸侯曰薨,大夫曰卒,士曰不禄,庶人曰死。"④

8.《曲禮下》:"凡摯,天子鬯,諸侯圭,卿羔,大夫雁,士雉,庶人之摯匹。"⑤

二、以《禮記》其餘四十八篇中的禮下庶人之例爲證

1.《王制》:"天子七日而殯,七月而葬。諸侯五日而殯,五月而葬。大夫、士、庶人,三日而殯,三月而葬。"⑥

按:是庶人亦有殯葬時日之禮。

2.《王制》:"三年之喪,自天子達。"鄭注云:"下通庶人,于父母同。"⑦

3.《王制》:"庶人縣封,葬不爲雨止,不封不樹。"鄭注云:"縣封,當爲'縣窆'。縣窆者,至卑,不得引紼下棺。雖雨猶葬,以其禮儀少。封,謂聚土爲墳。不封之,不樹之,又爲至卑無飾也。"⑧

4.《王制》:"喪不貳事,自天子達于庶人。"孫希旦《禮記集解》:"父母

---

① 鄭玄注、孔穎達正義、吕友仁整理《禮記正義》,195 頁。
② 鄭玄注、孔穎達正義、吕友仁整理《禮記正義》,201 頁。
③ 鄭玄注、孔穎達正義、吕友仁整理《禮記正義》,202 頁。
④ 鄭玄注、孔穎達正義、吕友仁整理《禮記正義》,209 頁。
⑤ 鄭玄注、孔穎達正義、吕友仁整理《禮記正義》,215 頁。
⑥ 鄭玄注、孔穎達正義、吕友仁整理《禮記正義》,512 頁。
⑦ 鄭玄注、孔穎達正義、吕友仁整理《禮記正義》,512—513 頁。
⑧ 鄭玄注、孔穎達正義、吕友仁整理《禮記正義》,513 頁。

之喪,三年不從政,則大夫士亦不貳事矣,非獨庶人也。"①

5.《王制》:"天子七廟,三昭三穆,與太祖之廟而七。諸侯五廟,二昭二穆,與太祖之廟而五。大夫三廟,一昭一穆,與太祖之廟而三。士一廟。庶人祭於寢。"②

按:此言庶人亦有其祭祖之禮,異於士以上者,無廟,祭於寢而已。

6.《王制》:"天子社稷皆大牢,諸侯社稷皆少牢。大夫、士宗廟之祭,有田則祭,無田則薦。庶人春薦韭,夏薦麥,秋薦黍,冬薦稻。韭以卵,麥以魚,黍以豚,稻以雁。"鄭注:"庶人無常牲,取與新物相宜而已。"孔疏:"此一節論天子、諸侯祭用牲牢及庶人所薦之物。"③

7.《王制》:"諸侯無故不殺牛,大夫無故不殺羊,士無故不殺犬豕,庶人無故不食珍。"鄭注:"故,謂祭饗。"④

按:此謂庶人亦有祭饗食珍之禮。

8.《王制》:"司徒修六禮以節民性。……六禮:冠、昏、喪、祭、鄉、相見。"⑤

按:司馬光云:"此庶人之禮也。"⑥

9.《文王世子》:"五廟之孫,祖廟未毀,雖爲庶人,冠,取妻,必告;死,必赴;練祥則告。……至於賵賻贈含,皆有正焉。"孔疏:"此論族人雖或至賤,吉凶必須相告,吊賵含贈,皆當有正禮。"⑦

10.《內則》:"大夫燕食,有膾無脯,有脯無膾。士不貳羹胾,庶人耆老不徒食。"鄭注:"尊卑差也。"孔疏:"此一節接上人君燕食,因明大夫、士、庶人燕食不同。"⑧

---

① 孫希旦撰,沈嘯寰、王星賢點校《禮記集解》,中華書局,1989年,342頁。
② 鄭玄注、孔穎達正義、呂友仁整理《禮記正義》,513頁。
③ 鄭玄注、孔穎達正義、呂友仁整理《禮記正義》,529—530頁。
④ 鄭玄注、孔穎達正義、呂友仁整理《禮記正義》,530頁。
⑤ 鄭玄注、孔穎達正義、呂友仁整理《禮記正義》,545頁、588頁。
⑥ 司馬光《傳家集》,影印文淵閣《四庫全書》本,1094冊,685頁。
⑦ 鄭玄注、孔穎達正義、呂友仁整理《禮記正義》,855頁。
⑧ 鄭玄注、孔穎達正義、呂友仁整理《禮記正義》,1141頁。

11.《内則》:"羹食,自諸侯以下至於庶人無等。"①

12.《祭法》:"王立七廟,諸侯立五廟,大夫立三廟二壇,適士二廟一壇,官師一廟,庶士、庶人無廟。"孔疏:"此一經明天子以下尊卑既異,上祭祖廟多少不同之事。"②

13.《祭法》:"王爲群姓立七祀……諸侯爲國立五祀……諸侯自爲立五祀。大夫立三祀:曰族厲,曰門,曰行。適士立二祀:曰門,曰行。庶士、庶人立一祀,或立户,或立灶。"③

按:七祀之祭,尊卑有差。庶人立一祀,數少而已,非無其禮也。

14.《祭法》:"王下祭殤五:適子、適孫、適曾孫、適玄孫、適來孫。諸侯下祭三,大夫下祭二,適士及庶人,祭子而止。"孔疏:"此明天子以下祭殤之差也。"④

按:是庶人亦有祭殤之禮。

15.《祭義》:"天子有善,讓德於天。諸侯有善,歸諸天子。卿、大夫有善,薦于諸侯。士、庶人有善,本諸父母,存(王引之《經義述聞》謂'存,當作薦',是也)諸長老。"⑤

按:是庶人亦有有善讓於尊上之禮。

16.《中庸》:"斯禮也,達乎諸侯、大夫及士、庶人。"鄭注云:"斯禮達于諸侯、大夫、士、庶人者,謂葬之從死者之爵,祭之用生者之禄也。"⑥

17.《中庸》:"父母之喪,無貴賤,一也。"

按:《欽定禮記義疏》卷六十六:"'父母之喪,無貴賤,一也',唯父母之喪,無問天子及士、庶人,其服並同,故云'無貴賤,一也'。"⑦

18.《大學》:"自天子以至於庶人,壹是皆以修身爲本。"孔疏:"'壹是

---

① 鄭玄注、孔穎達正義、吕友仁整理《禮記正義》,1146頁。
② 鄭玄注、孔穎達正義、吕友仁整理《禮記正義》,1792—1793頁。
③ 鄭玄注、孔穎達正義、吕友仁整理《禮記正義》,1799頁。
④ 鄭玄注、孔穎達正義、吕友仁整理《禮記正義》,1802頁。
⑤ 鄭玄注、孔穎達正義、吕友仁整理《禮記正義》,1858頁。
⑥ 鄭玄注、孔穎達正義、吕友仁整理《禮記正義》,2007頁。
⑦ 《欽定禮記義疏》,影印文淵閣《四庫全書》本,126册,191頁。

皆以修身爲本'者,言上從天子,下至庶人,貴賤雖異,所行此者,專壹以修身爲本。"①

三、以《禮記》以外他經中的禮下庶人之例爲證

1.《尚書·洪範》:"汝則有大疑,謀及乃心,謀及卿士,謀及庶人,謀及卜筮。汝則從、龜從、筮從、卿士從、庶民從,是之謂大同。"②

按:是亦有"謀及庶人"之禮。

2.《周禮·春官·大宗伯》:"以禽作六摯,以等諸臣:孤執皮帛,卿執羔,大夫執雁,士執雉,庶人執鶩,工商執雞。"③

按:是庶人亦有執摯之禮。

3.《周禮·春官·巾車》:"服車五乘:孤乘夏篆,卿乘夏縵,大夫乘墨車,士乘棧車,庶人乘役車。"④

按:是庶人亦有乘車之禮。

4.《儀禮·士相見禮》:"庶人見於君,不爲容,進退走。"⑤

按:是庶人亦有見君之禮。

5.《儀禮·士相見禮》:"凡自稱于君,士大夫則曰下臣。宅者在邦,則曰市井之臣;在野,則曰草茅之臣,庶人則曰刺草之臣。"⑥

按:是庶人亦有如何自稱於君之禮。

6.《儀禮·喪服》:"疏衰裳,齊,牡麻絰,無受者。庶人爲國君。"⑦

按:是庶人亦有爲國君服齊衰三月之禮。

7.《左傳》桓公二年:"師服曰:'吾聞國家之立也,本大而末小,是以能固。故天子建國,諸侯立家,卿置側室,大夫有貳宗,士有隸子弟,庶人、工商,各有分親,皆有等衰。"⑧

---

① 鄭玄注、孔穎達正義、呂友仁整理《禮記正義》,2241頁。
② 孔安國傳、孔穎達正義、黃懷信整理《尚書正義》,上海古籍出版社,2007年,467頁。
③ 《十三經注疏》,762頁。
④ 《十三經注疏》,825頁。
⑤ 《十三經注疏》,977頁。
⑥ 《十三經注疏》,978頁。
⑦ 《十三經注疏》1110頁。
⑧ 《十三經注疏》1744頁。

按:"皆有等衰",即皆有等差。此"皆",皆天子至庶人也。是庶人亦有"固本"之禮。

8.《左傳》襄公十四年:"是故天子有公,諸侯有卿,卿置側室,大夫有貳宗,士有朋友,庶人、工商、皂隸、牧圉皆有親昵,以相輔佐也。"①

按:孔疏:"此言天子以下皆有臣僕以輔佐其上。"

9.《左傳》襄公十四年:"大夫規誨,士傳言,庶人謗。"孔疏:"庶人卑賤,不與政教,聞君過失,不得諫争,得在外誹謗之。謗,謂言其過失,使在上聞之而自改,亦是諫之類也。"②

按:是庶人亦有批評國君之禮。

10.《左傳》哀公二年:"克敵者,上大夫受縣,下大夫受郡,士田十萬,庶人工商遂。"③

按:是庶人亦有克敵受賞之禮。

11.《孝經》前六章標題:《開宗明義章》第一,《天子章》第二,《諸侯章》第三,《卿大夫章》第四,《士章》第五,《庶人章》第六。④

按:是庶人亦有爲孝之禮。

12.《孝經·庶人章》第六:"用天之道,分地之利,謹身節用,以養父母,此庶人之孝也。故自天子至於庶人,孝無終始而患不及者,未之有也。"⑤

按:是爲庶人如何爲孝之禮。

13.《爾雅·釋水》:"天子造舟,諸侯維舟,大夫方舟,士特舟,庶人乘泭。"⑥

按:是庶人亦有其渡河所用工具之禮。

14.《孟子·公孫丑下》:"古者棺椁無度,中古棺七寸,椁稱之,自天

---

① 《十三經注疏》,1958 頁。
② 《十三經注疏》,1958 頁。
③ 《十三經注疏》,2156 頁。
④ 《十三經注疏·目録》,25 頁。
⑤ 《十三經注疏》,2549 頁。
⑥ 《十三經注疏》,2619 頁。

子達于庶人。"①

按：趙岐注："中古，謂周公制禮以來。"是庶人之棺槨規格亦有禮的規定。

15.《孟子·滕文公上》："孟子曰：吾嘗聞之矣，三年之喪，齊疏之服，飦粥之食，自天子達于庶人，三代共之。"②

按：朱熹《孟子集注》："此古今貴賤通行之禮也。"③

16.《孟子·萬章下》："庶人不傳質爲臣，不敢見於諸侯，禮也。"④

按：是庶人也有傳質爲臣乃見於諸侯之禮。

17.《孟子·萬章下》：曰："'敢問招虞人何以？'曰：'以皮冠。庶人以旃，士以旂，大夫以旌。'"⑤

按：是有以旃召唤庶人之禮。

四、以鄭玄注中的禮下庶人之例爲證

1.《詩·鄭風·丰》："衣錦褧衣，裳錦褧裳。"毛傳："衣錦褧裳，嫁者之服。"鄭箋云："褧，襌也。蓋以襌縠爲之中衣，裳用錦而上加襌縠焉，爲其文之大著也。庶人之妻嫁服也，士妻紑衣纁袡。"⑥

按：據鄭注，是有庶人之妻出嫁服裝規格之禮。

2.《毛詩·唐風·蟋蟀》："蟋蟀在堂，役車其休。"鄭箋云："庶人乘役車。役車休，農功畢，無事也。"⑦

按：是庶人亦有乘車之禮。《周禮·春官·巾車》："服車五乘：孤乘夏篆，卿乘夏縵，大夫乘墨車，士乘棧車，庶人乘役車。"此鄭箋所本也。

3.《周禮·春官·冢人》："以爵等爲丘封之度與其樹數。"鄭注："別尊卑也。王公曰丘，諸臣曰封。《漢律》曰：列侯墳高四丈，關内侯以下至

---

① 《十三經注疏》，2697頁。
② 《十三經注疏》，2701頁。
③ 朱熹《四書章句集注》，中華書局，1983年，252頁。
④ 《十三經注疏》，2745頁。
⑤ 《十三經注疏》，2745頁。
⑥ 《十三經注疏》，344頁。
⑦ 《十三經注疏》，361頁。

庶人各有差。"①

按：鄭以《漢律》比況，是庶人之墳高自有禮之規定也。

4.《儀禮·喪服》"子嫁反在父之室爲父三年"鄭注："凡女，行于大夫以上曰嫁，行于士、庶人曰適人。"②

5.《禮記·檀弓下》："天子崩，三日，祝先服。五日，官長服。七日，國中男女服。"鄭注："祝佐含斂，先服。官長，大夫、士。國中男女，庶人。"③

按：據鄭注，是庶人亦有爲天子服喪之禮。

6.《禮記·禮器》："君子之于禮也，有經而等也。"鄭注："謂若天子以下至士、庶人，爲父母三年。"④

按：孔疏云："謂上自天子，下至庶人，雖尊卑有異，而服其父母，則貴賤同等也。"

7.《禮記·內則》："子事父母，雞初鳴，咸盥、漱、櫛、縰、笄、總、拂髦、冠、緌、纓、端、韠紳、搢笏。"鄭注："咸，皆也。……端，玄端，士服也。庶人深衣。"⑤

按：據鄭注，是庶人亦有早起問安父母之禮。與士不同者，唯著深衣而已。

8.《禮記·內則》："凡接子擇日，冢子則大牢，庶人特豚，士特豕，大夫少牢，國君世子大牢。其非冢子，則皆降一等。"鄭注："謂冢子之弟及衆妾之子生也。天子、諸侯少牢，大夫特豕，士特豚，庶人猶特豚也。"⑥

按：據鄭注，是庶人之長子、庶子誕生亦皆有接子之禮。

9.《禮記·雜記下》："三年之喪，祥而從政。期之喪，卒哭而從政。九月之喪，既葬而從政。小功、緦之喪，既殯而從政。"鄭注："以《王制》言之，此謂庶人也。從政，從爲政者教令，謂給繇役。"孔穎達疏："案《王制》

---

① 《十三經注疏》，786頁。
② 《十三經注疏》，1102頁。
③ 鄭玄注、孔穎達正義、呂友仁整理《禮記正義》，427頁。
④ 鄭玄注、孔穎達正義、呂友仁整理《禮記正義》，987頁。
⑤ 鄭玄注、孔穎達正義、呂友仁整理《禮記正義》，1115頁。
⑥ 鄭玄注、孔穎達正義、呂友仁整理《禮記正義》，1158頁。

云：'父母之喪，三年不從政。齊衰、大功，三月不從政。'此云'期之喪，卒哭而從政。九月之喪，既葬而從政'，與《王制》不同者，此庶人依士禮，卒哭與既葬同三月，故《王制》省文，總云'三月'也。"①

按：據鄭注孔疏，是庶人亦有服喪從政之禮。

10.《禮記·雜記下》："晏平仲祀其先人，豚肩不揜豆，賢大夫也，而難爲下也。"鄭注："言其偪士、庶人也。"②

按：鄭注既云"言其偪士、庶人也"，説明庶人祭祀先人亦有用牲之禮。

11.《禮記·喪大記》："男女改服，屬纊以俟絶氣。"鄭注："爲賓客來問病，亦朝服也。庶人深衣。"③

按：據鄭注，是庶人亦有改服之禮。

12.《禮記·喪大記》："君大棺八寸，屬六寸，椑四寸。上大夫大棺八寸，屬六寸。下大夫大棺六寸，屬四寸。士棺六寸。"鄭注："上公革棺不被，三重也。諸侯無革棺，再重也。大夫無椑，一重也。士無屬，不重也。庶人之棺四寸。"④

按：據鄭注，庶人之棺，其厚薄亦自有禮。

13.《禮記·喪大記》："凡封，用綍去碑負引。君封以衡，大夫、士以緘。"鄭注："大夫、士旁牽緘而已。庶人縣窆，不引紼也。"⑤

按：據鄭注，"庶人縣窆"，即庶人之葬禮。

14.《禮記·喪大記》："君松槨，大夫柏槨，士雜木槨。"鄭注："槨，謂周棺者也。天子柏槨，以端長六尺。夫子制于中都，使庶人之槨五寸。五寸，謂端方也。此謂尊者用大材，卑者小材耳。自天子、諸侯、卿、大夫、士、庶人六等，其槨長自六尺而下，其方自五寸而上，未聞其差所定也。"⑥

---

① 鄭玄注、孔穎達正義、吕友仁整理《禮記正義》，1660頁。
② 鄭玄注、孔穎達正義、吕友仁整理《禮記正義》，1671頁。
③ 鄭玄注、孔穎達正義、吕友仁整理《禮記正義》，1696頁。
④ 鄭玄注、孔穎達正義、吕友仁整理《禮記正義》，1764頁。
⑤ 鄭玄注、孔穎達正義、吕友仁整理《禮記正義》，1776頁。
⑥ 鄭玄注、孔穎達正義、吕友仁整理《禮記正義》，1778頁。

按：據鄭注，"庶人之椁五寸"，即庶人葬具之禮。

15.《禮記·祭法》："大夫以下成群立社，曰置社。"鄭注："群，衆也。大夫以下，謂下至庶人也。"孔穎達疏："'大夫以下成群立社曰置社'者，大夫以下，謂包士、庶。成群，聚而居，其群衆滿百家以上得立社。"①

按：據鄭注孔疏，是庶人群居滿百家以上亦得立社也。

16.《禮記·三年問》："孔子曰：'子生三年，然後免于父母之懷。夫三年之喪，天下之達喪也。"鄭注："達，謂自天子至於庶人。"②

17.《禮記·深衣》："（深衣），善衣之次也。"鄭注："善衣，朝、祭之服也。自士以上，深衣爲之次。庶人吉服，深衣而已。"③

按：據鄭注，是庶人亦有著何等吉服之禮。

五、"禮不下庶人"與儒家對禮的全民適用性的表述不兼容

任何一種社會，統治者都是少數，被統治者都是多數。就"禮不下庶人，刑不上大夫"來說，其中的庶人就是被統治者，其中的大夫，包括了士以上的統治者。我們很難想像，如果把占人口大多數的庶人排除在禮之外，那將是一種什麼樣的場面。統治者絕對不會弱智到這個地步。"禮不下庶人"，是某些學者不得其解而產生的烏托邦幻想，它不僅現實中不存在，而且理論上也不成立。

先看孔子對禮的論述。

《論語·爲政》："子曰：'道之以政，齊之以刑，民免而無恥；道之以德，齊之以禮，有恥且格。'"

按：朱熹《論語精義》引程頤曰："格，至也，至於善。有恥且格，此謂庶民，士則行己有恥，不待上之命而然。"④根據程頤的解釋，這個"禮"是包括庶人在內的。

《孝經·廣要道章》："子曰：'移風易俗，莫善於樂；安上治民，莫

---

① 鄭玄注、孔穎達正義、呂友仁整理《禮記正義》，1798 頁。
② 鄭玄注、孔穎達正義、呂友仁整理《禮記正義》，2190 頁。
③ 鄭玄注、孔穎達正義、呂友仁整理《禮記正義》，2194 頁。
④ 朱熹《論語精義》，影印文淵閣《四庫全書》本，198 册，34 頁。

善於禮。'"①

按：句中的"民"是"治"的對象，且與"安上"之"上"對文，顯然包括庶人在内。

再看其他儒家著作對禮的論述。

《左傳》莊公二十三年："曹劌曰：'夫禮，所以整民也。'"②

按：孔疏："夫禮者，所以整理天下之民。民謂甿庶，貴賤者皆是也。"

《晏子春秋》卷二："晏子曰：'君子無禮，是庶人也。庶人無禮，是禽獸也。"校注："言人無貴賤，無禮即是禽獸。"③

《荀子・大略》："故禮之生，爲賢人以下至庶民也，非爲成聖也。"④

四　對東漢學者解讀"禮不下庶人"的平議

在尋求解讀的閱讀中，我很希望幸運能够再次降臨到我的頭上。因爲在撰寫《〈禮記〉"刑不上大夫"舊解發覆》的過程中，我讀到了賈誼的解讀，讀到了司馬遷的解讀。他們的解讀恰如醍醐灌頂，令人豁然開朗，迷途知返。包括筆者在内的後人被《白虎通》、鄭玄的誤讀牽着鼻子走了兩千年，豈知正確的解讀早在西漢就有了，只怪我們自己讀書不細心。幸運之神會再次降臨嗎？尋求的結果，我失望了。於是不得不退而求其次，把希望的目光投向東漢的學者。按照時代的先後，他們依次是班固、許慎、鄭玄、何休和張逸。下面依次說之。

（一）班固（32—92）

今本《白虎通義》署班固撰，非其實。據《後漢書》的《章宗本紀》《班

---

① 《十三經注疏》，2556頁。
② 《十三經注疏》，1778頁。
③ 張純一《晏子春秋校注》，《諸子集成》，上海書店出版社，1986年，66頁。
④ 王先謙《荀子集解》，《諸子集成》，上海書店出版社，1986年，323頁。

固傳》以及其他有關者的傳記記載，東漢章帝建初四年（79）的白虎觀會議，是模仿西漢宣帝甘露三年（前51）的石渠閣會議而舉行的"講議《五經》同異"的一次會議。參加會議的人很多，據姚振宗《隋書經籍志考證》，僅有名有姓的就有十五人，即廣平王羨、魏應、淳于恭、班固、賈逵、桓郁、李育、魯恭、樓望、成封、丁鴻、張酺、召馴、趙博及楊終①。這十五個人各自承擔的角色也不一樣。據《章帝紀》："使五官中郎將魏應承制問，侍中淳于恭奏，帝親稱制臨決。"②可知魏應和淳于恭是漢章帝的傳話人，魏應負責把皇帝提出的問題傳達給會議參加者，而淳于恭負責把會議參加者對皇帝提出的問題的討論答案回饋給皇帝，然後由皇帝對討論答案作出裁決。而班固的角色，據《班固傳》："天子會諸儒講論《五經》，作《白虎通德論》，令固撰集其事。"③"撰集"者，編輯之謂也。就是把"天子會諸儒講論《五經》"的全部會議資料加以編輯。這部書，按照《四庫全書總目》命名的慣例，應該稱作《欽定白虎通義》才對。它代表的不是班固的觀點，而是皇帝認可的觀點。

下面我們就來審視一下《白虎通義》中與"禮不下庶人"有關的資料。

《白虎通義》卷下《五刑》："刑不上大夫何？尊大夫。禮不下庶人何？④欲勉民使至於士。故禮爲有知制，刑爲無知設也。庶人雖有千金之幣，不得弗服刑也（原作"不得服"，據陳立《白虎通疏證》補字）。刑不上大夫者，據禮無大夫刑。或曰：撻笞之刑也；禮不下庶人者，謂酬酢之禮也。"⑤

這段文字很重要，因爲它不僅是最早的解讀，而且是最權威的解讀，對後世的影響很大。這段文字，以"或曰"二字爲標誌，分爲前後兩部分。陳立《白虎通疏證》對"或曰"二字這樣解釋："《白虎通》雜論經傳，多以前

---

① 姚振宗《隋書經籍志考證》，《二十五史補編》，中華書局，1995年，5184頁。
② 范曄撰、李賢等注《後漢書》，中華書局，1965年，138頁。
③ 范曄撰、李賢等注《後漢書》，1373頁。
④ 吕按："何"字原脱，據《白虎通義》全書文例補。
⑤ 陳立《白虎通疏證》，王先謙編《清經解續編》，上海書店，1988年，第五冊，562頁。

《禮記》"禮不下庶人"舊解發覆

一説爲主。'或曰'皆廣異聞也。"①綜觀《白虎通》的"或曰",我基本同意陳立的解釋,只是想稍微做一點補充,即"或曰"以上之説是表示與會者中多數人的看法,"或曰"以下之説是表示與會者中少數人的看法。就上面這段文字的"或曰"來説,陳立在"或曰:撻笞之刑也"下加注説:"此古説也。"以某之淺見,不若改作"此又一説也",以表示這是與會者中少數人之説,因爲古人並無"撻笞之刑也"這樣的成文表述。這是一個小問題,尚無關大局。問題是陳立沒有在"禮不下庶人者,謂酬酢之禮也"下加注,以表明這也是屬於"或曰"的内容,這就爲解讀帶來了不便。試想,陳立作爲研究《白虎通》的專家尚且識不及此,遑論一般讀者。

上面這段文字,以"或曰"爲界,反映了兩種不同的解讀。一種是多數人的解讀,他們的解讀方法是以"下""上"二字爲切入點,把"禮"解讀爲"禮樂"並稱的"禮",把"刑"解讀爲"五刑"的"刑",所以才有了這樣的表述:"刑不上大夫何?尊大夫。禮不下庶人何?欲勉民使至於士。"一種是少數人的解讀,他們的解讀方法是以"禮""刑"二字爲切入點。他們認爲,那個"禮"字,指的僅僅是"酬酢之禮";那個"刑"字,指的僅僅是"撻笞之刑"。我們常説,真理往往在少數人手裏。這裏就是一個活生生的例子。

我推想,"禮不下庶人,刑不上大夫"這兩句話究竟是什麽意思,對於當時的學者來説,是一個普遍的難題。首先,皇帝心裏就打鼓,拿不准。拿不准的原因是,無論是書本上,還是現實生活中,都找不到這兩句話的例證。這是一個方面。另一方面,要説這兩句話説得有毛病吧,又怕擔當"誣經"的惡名。於是就派魏應帶着這兩個問題去問與會的學者。學者們對這兩句話的理解,其實是彼此彼此,並不比皇帝高明。但皇帝既然提出來了,硬着頭皮也得回答呀,總不能説個"不知道"吧。於是,多數人交出的答卷是:"刑不上大夫何?尊大夫。禮不下庶人何?欲勉民使至於士。"實際上,這是不顧事實,强作解人,自欺欺人。試問,庶人無禮,便是禽獸。

---

① 陳立《白虎通疏證》,王先謙編《清經解續編》,第五册,499頁。

"欲勉民使至於士",實質上就是"欲勉禽獸使至於士",可能嗎?"欲勉民使至於士",聽起來冠冕堂皇,實際上没有可行性。再説,既然"禮不下庶人何?欲勉民使至於士"是一種鼓勵上進的有效做法,何不推而廣之,甘脆士禮也不要有了,大夫禮也不要有了,一律取消,以期"勉士使至於大夫""勉大夫使至於卿",豈不妙哉!我這樣説,只不過是"以子之矛,攻子之盾"罷了。

寫到這裏,不禁想説兩句讚揚漢章帝的話。以皇帝之尊,稱制臨决,竟然不搞一言堂,允許保留少數人的不同意見,使得後人能够看到正反兩面的意見,可謂無量功德。否則,筆者今日必然尚在懵懂之中,何有於舊解發覆哉!

"或曰:撻笞之刑也"説的成立,在拙作《〈禮記〉"刑不上大夫"舊解發覆》已有論證,兹不復贅。"禮不及庶人者,謂酬酢之禮"説的成立,其論證詳後。

説來奇怪,多數人的解讀在這裏鄭重其事地肯定"禮不下庶人"的成立,而在《白虎通義》的其他地方却頻頻出現禮下庶人的文字,讓我們看到一幅在同一書内自相矛盾的景象。試看:

(1)《白虎通·考黜》:"《王度記》曰:天子鬯,諸侯薰,大夫苣蘭,士蕭,庶人艾。"①

按:《白虎通義》所載《王度記》文有誤字。《廣雅·釋天》:"天子祭以鬯,諸侯以薰,卿大夫以苣蘭,士以蕭,庶人以艾。"王念孫《疏證》云:"此逸禮《王度記》文,見《白虎通義》及《周官·鬱人》疏。"②當以《廣雅》文爲正。

(2)《白虎通·蓍龜》:"《尚書》曰:'女則有大疑,謀及卿士,謀及庶人,謀及卜筮。'定天下之吉凶,成天下之亹亹者,莫善於蓍。"③

(3)《白虎通·瑞贄》:"《曲禮》曰:'卿羔,大夫以雁,士以雉爲贄,庶

---

① 陳立《白虎通疏證》,王先謙編《清經解續編》,第五册,542頁。
② 王念孫《廣雅疏證》,中華書局,2004年,291頁。
③ 陳立《白虎通疏證》,王先謙編《清經解續編》,第五册,545頁。

《禮記》"禮不下庶人"舊解發覆

人之贄疋。'疋謂鶩也。"①

（4）《白虎通·五經》："夫孝者,自天子下至庶人,上下通。"②

（5）《白虎通·五經》："妻者何？謂妻者齊也,與夫齊體。自天子下至庶人,其義一也。"③

（6）《白虎通·喪服》："《禮》,庶人國君服齊衰三月。"④

（7）《白虎通·喪服》："禮不下庶人,所以爲民制服何？禮不下庶人者,尊卑制度也。服者,恩從内發,故爲之制也。"⑤

（8）《白虎通·喪服》："王者崩,臣下服之有先後何？恩有深淺遠近,故制有日月。《檀弓》記曰：'天子崩,三日,祝先服。五日,官長服。七日,國中男女服。"陳立《疏證》："鄭彼注云：'祝佐含斂,先服。官長,大夫、士。國中男女,庶人。'"⑥

（9）《白虎通·崩薨》："天子曰崩,諸侯曰薨,大夫曰卒,士曰不禄,庶人曰死。"⑦

（10）《白虎通·崩薨》："《春秋含文嘉》曰：'天子墳高三仞,樹以松；諸侯半之,樹以柏；大夫八尺,樹以欒；士四尺,樹以槐；庶人無墳,樹以楊柳。'"⑧

上述十例,説的都是禮下庶人。這些實例反證了"禮不下庶人,欲勉民使至於士"説的不能成立。令人不解的是,與會者都是經學專家,何以面對如此嚴重的自我矛盾現象却視而不見？

（二）許慎(58？—147？)

《後漢書·許慎傳》："初,慎以《五經》傳説臧否不同,於是撰爲《五經異義》。"⑨《隋志》、兩《唐志》皆著録《五經異義》十卷,後佚。此書的散

---

① 陳立《白虎通疏證》,王先謙編《清經解續編》,第五册,549頁。
② 陳立《白虎通疏證》,王先謙編《清經解續編》,第五册,562頁。
③ 陳立《白虎通疏證》,王先謙編《清經解續編》,第五册,568頁。
④⑤⑥ 陳立《白虎通疏證》,王先謙編《清經解續編》,第五册,571頁。
⑦ 陳立《白虎通疏證》,王先謙編《清經解續編》,第五册,575頁。
⑧ 陳立《白虎通疏證》,王先謙編《清經解續編》,第五册,578頁。
⑨ 范曄撰、李賢等注《後漢書》,2588頁。

309

佚，尤令人惋惜。須知《白虎通義》是舉朝廷之力來"講議《五經》同異"的記録，而《五經異義》則是許慎舉一己之力對"《五經》傳説臧否不同"發表看法的，其學術價值不言而喻。清人有此書輯本，而陳壽祺《五經異義疏證》尤爲學者所重，所以我的徵引即以《五經異義疏證》爲主：

  《五經異義》曰："謹按《周禮》説五玉，贄自孤卿以下執禽，尊卑有差也。禮不下庶人，工商又無朝儀，《五經》無説庶人、工商有贄。"(《太平御覽》卷五百三十九引)①

陳壽祺《疏證》云：

  按：《周禮·大宗伯》："以禽作六贄，以等諸臣。孤執皮帛，卿執羔，大夫執雁，士執雉，庶人執鶩，工商執雞。"《曲禮》曰："卿羔，大夫以雁，士以雉爲贄，庶人之贄匹。"然《周禮》言六贄，下及庶人、工商。《儀禮·士相見禮》言"庶人見於君"。《曲禮》亦言庶人之贄。《周禮·小司寇》詢萬民之位，"百姓北面"。則庶人、工商有朝儀、有贄明矣。《異義》援《周禮》説，但云五贄，又云"五經無説庶人、工商有贄"何也？疑《太平御覽》所引文有脱誤。五贄者，《尚書》説也。《堯典》曰："五玉、三帛、二生、一死，贄，如五器。"②

按：從《太平御覽》所引《五經異義》來説，白紙黑字，許慎是認可"禮不下庶人"的。但陳壽祺又懷疑這不像"《五經》無雙"的許慎所説的話，就懷疑《太平御覽》所引文有脱誤。

我們再來看看皮錫瑞《駁五經異義疏證》是怎麽説的：

  錫瑞按：《周禮》詢萬民之法，春秋時猶行之。《左氏》哀元年傳："懷公朝國人而問焉，曰：'欲與楚者右，欲與吴者左。'"定八年傳："王孫賈曰：'苟衛國有難，工商未嘗不爲患，使皆行而後可。'公以告

---

① 陳壽祺《五經異義疏證》，阮元編《清經解》，上海書店，1988年，第七册，185頁。
② 同上。吕按：黄以周不同意陳壽祺此説。黄氏在《禮書通故》卷四七説："以周按：《大宗伯》言六贄，下及庶人工商，《曲禮》亦言庶人之贄，許云《五經》無説者，據見君之朝儀言也。《士相見禮》言'庶人見於君，不爲容，進退走'，《孟子》言'庶人不傳質爲臣'，是臣有贄，庶人見其君無贄也。上引《周禮》説明《大宗伯》所言庶人工商之贄，非以朝其君，乃其平夷所用也。陳氏《異義疏證》疑其文有誤奪，未是。"(黄以周《禮書通故》，《續修四庫全書》，112册，370頁)備參。

310

大夫,乃皆將行之。行有日,公朝國人,使賈問焉。"據此,則衛靈公之朝,國人工商亦必在列。此尤工商有朝儀、有摯之明證。許君《異義》多從古《周禮》《左氏》説,乃云庶人、工商無朝儀、無摯,不可解。惜鄭駁無可考。①

按:皮氏的看法與陳壽祺如出一轍,也表示許慎的這個看法反常,不可理解。我的看法,第一,同意陳壽祺、皮錫瑞的看法,《太平御覽》的引文不太可靠;第二,補充一個證據,證明許慎認可"禮不下庶人"的説法非常值得懷疑。這個證據就是許慎《五經異義》對"刑不上大夫"的看法。

《異義》:"《禮戴》説:'刑不上大夫。'古《周禮》説:'士尸肆諸市,大夫尸肆諸朝。'是大夫有刑。謹案:《易》曰:'鼎折足,覆公餗,其形渥,凶。'無'刑不上大夫'之事,從《周禮》之説。"②

請注意,許慎認爲"無'刑不上大夫'之事,從《周禮》之説"。我認爲,"刑不上大夫"和"禮不下庶人"就像是一對孿生兄弟,按照常理,要麼兩者均予以肯定,要麼兩者均予以否定,而肯定二者之一、否定二者之一的作法,是違背邏輯的。許慎既然明確地根據《周禮》否定"刑不上大夫",忽然一反常態,駁斥《周禮》,説出"《五經》無説庶人、工商有贄"的昏話,實在匪夷所思。皮錫瑞説:"惜鄭駁無可考。"我則大膽假設,很可能鄭玄壓根就無駁。而鄭玄之所以無駁,是因爲鄭玄的看法與許慎基本相同。請往下看。

(三) 鄭玄(127—200)

鄭玄,《後漢書》有傳。今本《十三經注疏》中有四經是鄭玄作注,即《毛詩》的鄭箋和《三禮》的鄭注。就"禮不下庶人"一句的解讀來説,既見於《禮記》鄭注,又見於《毛詩》鄭箋。先看鄭注:

《禮記·曲禮上》:"禮不下庶人。"鄭玄注:"爲其遽於事,且不能備物。"孔疏:"禮不下庶人者,謂庶人貧,無物爲禮,又分地是務,不暇

---

① 皮錫瑞《駁五經異義疏證》,《續修四庫全書》,171册,256頁。
② 鄭玄注、孔穎達正義、吕友仁整理《禮記正義》,103頁。

燕飲，故此禮不下與庶人行也。《白虎通》云:'禮爲有知制，刑爲無知設。禮謂酬酢之禮，不及庶人，勉民使至於士也。'故《士相見禮》云'庶人見於君，不爲容，進退走'是也。張逸云:'非是都不行禮也，但以其遽務，不能備之，故不著於經文三百，威儀三千耳。其有事，則假士禮行之。'"①

按：鄭注只是解讀"禮不下庶人"的原因何在，而於"禮"字的含義並無一字涉及。我們暫時作爲一個懸而未決的問題，稍安勿躁。孔疏如果僅有"禮不下庶人者，謂庶人貧，無物爲禮，又分地是務，不暇燕飲，故此禮不下與庶人行也"這幾句爲止，那將是一個十分精彩的善解人意的解讀。遺憾的是他又加上了"《白虎通》"云云以下的申釋文字，畫蛇添足，成了敗筆。這反映了孔穎達的胸無主見。

按：鄭注中的"遽"字是"劇"的通假字。知者，《淮南子·詮言訓》："神勞于謀，智遽於事。"俞樾《諸子平議》卷三一《淮南內篇三》："'遽'讀爲'劇'。《說文·力部》：'勞，劇也。'然則劇亦勞也。劇于事，謂勞於事也。'遽''劇'古通用。《公羊》宣六年傳《釋文》曰：'劇'本作'遽'。"②然則鄭注之"爲其遽於事"，意謂"因爲庶人勞於事"。通俗點說，即庶人一年到頭都在爲生計忙碌。至於"且不能備物"的"物"何所指，還是個謎。要破這個謎，就要先弄清楚"禮不下庶人"的"禮"在鄭玄的心目中究竟是什麼意思？是"禮樂"並稱的"禮"呢，還是某種具體的禮？這個問題解決了，這個"物"字的問題也就迎刃而解。謝天謝地，《毛詩》鄭箋爲我們提供了我們想要知道的東西：

《毛詩·小雅·瓠葉》："有兔斯首，炮之燔之。君子有酒，酌言獻之。"鄭箋："飲酒之禮，既奏酒於賓，乃薦羞。每酌言'言'者，禮不下庶人，庶人依士禮，立賓主爲酌名。"③

我對鄭箋的理解是："按照飲酒之禮，已經把酒進獻給賓，接着就要獻

---

① 鄭玄注、孔穎達正義、呂友仁整理《禮記正義》，101 頁、103 頁。
② 俞樾《諸子平議》，《續修四庫全書》，1162 冊，234 頁。
③ 《十三經注疏》，499 頁。

上佐酒的美味。《瓠葉》一詩凡四章,每章說到酌酒時都使用'言'字(言者,我也)的原因在於,禮(按:謂飲酒之禮)不下庶人,庶人按照士禮的規格辦,這樣才能够體現出我是主人,爲客人酌酒。"如果我的理解不誤,現在就明白了,"禮不下庶人"的"禮",在鄭玄這裏指的是"飲酒之禮",很具體,不是抽象的禮,不是"禮樂"並稱的"禮"。鄭玄的"飲酒之禮"與《白虎通義》中少數人的解讀"酬酢之禮"是一個意思,只不過表述不同罷了。而令人惋惜的是,鄭箋還有"庶人依士禮"一句,純屬多餘。可是仔細想想,這一句又必須得有,爲什麽?因爲鄭箋在這裏必須同時顧及兩頭。一頭是《毛傳》。《毛傳》説:"瓠葉,庶人之菜也。"爲了顧及《毛傳》,鄭玄不得不把《瓠葉》詩中"君子有酒"的君子釋作"此君子,謂庶人之有賢行者也"①。一頭是《左傳》。《左傳》昭公元年:"夏,四月,趙孟、叔孫豹、曹大夫入于鄭,鄭伯兼享之。子皮戒趙孟,禮終,趙孟賦《瓠葉》。子皮遂戒穆叔,且告之。穆叔曰:'趙孟欲一獻,子其從之。'"楊伯峻《春秋左傳注》:"《禮記·樂記》鄭玄注:'一獻,士飲酒之禮。'"②這就是説,《瓠葉》詩講的是士的飲酒之禮,這是文獻已經證明了的,鄭玄也必須顧及。兩頭都要顧及,於是就有了"庶人依士禮"這句話。

　　從説《詩》的角度來説,後世之説《詩》者,在《瓠葉》這首詩是講飲酒之禮這一點上没有分歧,但這個飲酒之禮是士人之禮還是庶人之禮,在這個問題上就有分歧了。少數人同意鄭箋之説,多數人反對鄭箋之説。舉例來説,馬瑞辰《毛詩傳箋通釋》同意鄭説:"此詩以庶人而行一獻之禮,箋云'庶人依士禮'是也。"③而胡承珙《毛詩後箋》反對鄭説:

　　"幡幡瓠葉,采之亨之。"傳:"幡幡,瓠葉貌,庶人之菜也。"按:《傳》以瓠葉爲庶人之菜者,不過極言其物之微薄,以見維其禮不維其物,如蘋蘩藴藻可以薦鬼神而羞王公之意,未嘗以全詩皆言庶人之禮也。鄭箋泥於傳義,遂歷言庶人之事,以君子爲"庶人之有賢

---

① 《十三經注疏》,499頁。
② 楊伯峻編著《春秋左傳注》,中華書局,1981年,1208頁。
③ 馬瑞辰撰、陳金生點校《毛詩傳箋通釋》,中華書局,1989年,786頁。

行者"。……然《既夕》注云："士腊用兔。"詩三章皆言"兔首"，又焉知非士禮而必以庶人之禮乎？①

陳奐《詩毛氏傳疏》認爲："胡説是也。"②今人黄焯《毛詩鄭箋平議》也贊成胡説。③

在這個問題上，我贊成胡承珙的看法，不贊成鄭箋的解讀。"禮不下庶人，庶人依士禮"這兩句解讀，比起《白虎通義》的"禮不下庶人何？欲勉民使至於士"的解讀，是一個退步，是在錯誤的道路上走得更遠。在《白虎通義》那裏僅僅是一個希望，在鄭玄這裏儼然已經是毋庸置疑的規定。

鄭玄這樣的解讀，既無理論根據，也無事實根據。非獨此也，這個解讀還和他自己所説的"爲其遽於事，且不能備物"相抵觸。讓我們試作推論：如果禮下庶人，庶人之禮的規格肯定要低於士禮。之所以禮不下庶人，就是因爲庶人"遽於事，且不能備物"。這就是説，庶人由於貧困，你就是給它制定了禮，也難以施行。既然庶人施行庶人之禮還有困難，現在忽然改作"庶人依士禮"，豈不是施行起來難上加難！《晋書·惠帝紀》有云："天下荒亂，百姓餓死，帝曰：'何不食肉糜？'"④此"庶人依士禮"，亦"何不食肉糜"之類也。

總而言之，鄭玄在"禮不下庶人"的解讀上，有功也有過。他認爲"禮不下庶人"的"禮"是飲酒之禮，而飲酒之禮之所以不下庶人，是"爲其遽於事，且不能備物"，這是功。他認爲"禮不下庶人，庶人依士禮"，這是過。鄭玄之功，除了姚際恒外，似乎大家都没有注意；而鄭玄的過，却爲許多説《禮》之家所接受。後人之持"庶人依士禮"説者甚夥，究其從來，皆從鄭玄出。

（四）何休（129—182）

何休，《後漢書·儒林傳》有傳，主要著作是《春秋公羊解詁》。請看：

---

① 胡承珙《毛詩後箋》，《續修四庫全書》，67 册，573 頁。
② 陳奐《詩毛氏傳疏》，《續修四庫全書》，70 册，305 頁。
③ 黄焯《毛詩鄭箋平議》，上海古籍出版社，1985 年，287—288 頁。
④ 房玄齡等《晋書》，中華書局，1974 年，108 頁。

《禮記》"禮不下庶人"舊解發覆

《公羊傳》桓公八年："君子之祭也,敬而不黷。疏則怠,怠則忘。士不及兹四者,則冬不裘,夏不葛。"何休注："禮本下爲士制。兹,此也。四者,四時祭也。"徐彦疏："言此者,欲道庶人無禮篇,故傳家偏舉言之。即《曲禮》上篇'禮不下庶人',鄭注云:'爲其遽於事,且不能備物。'義亦通於此。"①

按:何休注云"禮本下爲士制",實際上就是《白虎通義》所載的多數人的解讀的另外一種表述。換言之,何休是贊成"禮不下庶人"這一僞命題的。至於徐彦疏把鄭玄的《曲禮》注也拉扯上,説"義亦通於此",那是沒有看懂鄭注。

(五) 張逸(生卒年不詳)

張逸是鄭玄的弟子,他的名字頻繁地出現在《鄭志》中。據《後漢書·鄭玄傳》,知《鄭志》乃模仿《論語》而作,記録了鄭玄對諸弟子提出的經學問題的回答,其中也有少量的弟子之間的互相問答。此書散佚,後人有輯本。予所據者,皮錫瑞《鄭志疏證》:

張逸云:"非是都不行禮也,但以其遽務,不能備之,故不著於經文三百、威儀三千耳。其有事,則假士禮行之。"②

按:張逸這幾句話,顯然是從鄭玄的《禮》注和《詩》箋那裏學來的,但走樣了。"禮不下庶人"的"禮",在鄭玄那裏是指飲酒之禮,在張逸這裏似乎變成了無所不包的禮了。"經文三百"是指代《周禮》,"威儀三千"是指代《儀禮》。"不著於經文三百、威儀三千",也就是"不著于《周禮》《儀禮》"。而我在上文已經指出,無論是《周禮》和《儀禮》,都載有庶人之禮。鄭玄説的"庶人依士禮",還局限於飲酒之禮。在張逸這裏,沒有這個限制了。將"庶人依士禮"的含義由局部擴展到整體,張逸是第一人。看來,他並沒有真正領會乃師的《禮》注和《詩》箋。

小結:《白虎通》所載多數人的解讀是錯誤的,少數人的解讀是正確的。許慎的解讀,由於懷疑所據文本有脱誤,無從確知許慎的真意,姑且

---

① 《十三經注疏》,2218頁。
② 皮錫瑞《鄭志疏證》,《續修四庫全書》,171册,369頁。

存疑。鄭玄的解讀，既有成功的一面，又有失敗的一面。何休的解讀與《白虎通》所載多數人的解讀同調，不可取。張逸的解讀，沒有繼承乃師成功的一面，反倒繼承了乃師失敗的一面。總而言之，我對這個清理結果是滿意的，試想，從最早的、最權威的《白虎通義》中我們就可以得到正確的解讀，這就够了！

五 對魏晋以後諸家解讀的平議

魏晋以後諸家對"禮不下庶人"的解讀，大體上都是沿襲東漢學者之説。其中，真知灼見者少，隨波逐流者多。二者之區分，大致在於切入點的不同。其有真知灼見者，本文將表而出之，不隱其善；其隨波逐流者，本文將擇其尤者，略加點評。

（一）三國魏王肅（？—256）

《孔子家語·五刑解第三十》："所謂'禮不下庶人'者，以庶人遽其事而不能充禮，故不責之以備禮也。"①

按：今本《孔子家語》十卷，自唐以來，學者多以爲王肅僞作，是。如肅所言，則是經文當作"禮不求備于庶人"，概念已經被置换。又，"以庶人遽其事而不能充禮"，與鄭注文字何其相似乃爾！而王肅《家語序》批評鄭注云："鄭氏學行五十載矣，然尋文責實，考其上下，義理不安違錯者多。"②然則何爲復襲鄭氏之文邪？

（二）唐孔穎達（574—648）

孔穎達在《五經正義》中四次談到"禮不下庶人"，兩次見於《禮記正義》，兩次見於《毛詩正義》。綜觀孔氏的解讀，有兩點值得注意。

第一，孔疏往往把幾種互不相容的解讀攪拌在一起，給人一種胸無主見的感覺。上文《禮記·曲禮上》"禮不下庶人"的孔疏是其例，兹不贅。

第二，在《毛詩正義》中，孔疏除了首先表示對鄭箋的順從以外，曲終

---

① 王肅《孔子家語》，影印文淵閣《四庫全書》本，695册，70頁。
② 王肅《孔子家語》，影印文淵閣《四庫全書》本，695册，3頁。

《禮記》"禮不下庶人"舊解發覆

奏雅,也吞吞吐吐地表示了自己的異議。例如,孔疏在《毛詩·小雅·瓠葉》中説:"禮不下庶人,不制篇卷耳(意謂沒有形成文字),其庶人執鶩,庶人見國君走,亦往往見於禮焉。"①試與上文的《禮記》孔疏對照,顯然是换了一副腔調。

賈公彦《周禮疏》、徐彦《公羊傳疏》也有此病,爲省篇幅,例略。

(三) 宋代學者的解讀

宋代學者對"禮不下庶人"的解讀,除了李覯、司馬光之外,無足稱者。宋代學者勇於提出新解,但由於選擇的切入點不對,所以終難挣脱誤讀之怪圈。就拿一代大儒朱熹來説,他在《論語精義》卷三下引用謝良佐説云:"禮不下庶人,故其容多僬僬。君子攝以威儀,故其容多濟濟。"②顯然未脱傳統舊解的窠臼。儘管這不是朱熹自己的解讀,但却是他認可的解讀。

黄敏求説:"謂乘車之禮,不爲庶人而下,故曰禮不下庶人者也。其文連續上文爲乘車之節,則厥義明矣。先儒誤認'禮不下庶人'與'刑不上大夫'辭句相對,而廣爲敷引,義無所歸。"③

按:此黄氏解讀,另闢蹊徑,在分節上做文章,後人從之者頗多。但由於他仍是選擇"下"字爲切入點,所以,看似解有新義,實則離題愈來愈遠。清人姜兆錫在《禮記章義》中就質疑説:"或説此承上文而言,君撫式以禮大夫則大夫下車,大夫撫式以禮士則士下車,庶人則否,是不下庶人也。但禮刑二句相連,今見《家語·五刑解》,乃冉有所問於孔子而答之者,顧牽上文而爲詞,可乎?"④又《郭店楚墓竹簡·尊德義》篇的第31、32簡云:"垩不逮于君子,禮不逮於小人。"⑤這是"禮不下庶人,刑不上大夫"的不同表述形式,意思完全一樣。《尊德義》這兩句話的順序是"垩不逮于君子"在前,"禮不逮於小人"在後,再加上"垩不逮于君子"的上文是"治樂和哀,民不可惑也。反之,此往矣",並非"國君撫式,大夫下之。大

---

① 《十三經注疏》,499頁。
② 朱熹《論語精義》,影印文淵閣《四庫全書》本,198册,140頁。
③ 衛湜《禮記集説》卷七引,影印文淵閣《四庫全書》本,117册,155頁。
④ 姜兆錫《禮記章義》,《續修四庫全書》,98册,653頁。
⑤ 荆門市博物館編《郭店楚墓竹簡》,文物出版社,1998年,57頁、174頁。

夫撫式,士下之"。然則,黃氏此説,不攻自破。

游桂曰:"'禮不下庶人',古注詳矣。如庶人不廟祭,則宗廟之禮所不及也;庶人徒行,則車乘之禮所不及也;……不下者,謂其不下及也。然非庶人舉無禮也,特自士以上之禮所不及耳。"①

按:《王制》"庶人祭於寢"②,是宗廟之禮所及也,特所祭之處不同耳。《周禮·春官·巾車》:"大夫乘墨車,士乘棧車,庶人乘役車。"③則車乘之禮所及也。白紙黑字,安得言"所不及"邪?"不下者"云云,邏輯混亂。試問,既然庶人有庶人之禮,庶人自然安分守己,行庶人之禮而已,何爲自家之禮不講,反倒覬覦士以上之禮邪!

邵淵曰:"世俗之説曰:'禮不下庶人,則庶人不足以行禮。刑不上大夫,則大夫有罪不可以加刑。'如此,則棄衆人于禮法之外,爲大夫者可以率意妄行而無忌憚矣。夫不下庶人,猶曰不以庶人爲下而使之廢禮;不上大夫,猶曰大夫不以刑爲上而當待以禮義廉恥云耳。"④

按:這是從語法上分析"下""上"二字。邵氏認爲,"下""上"二字不是及物動詞"逮"之義,而是名詞的意動用法。用心雖巧,但由於切入點未變,仍然未得《曲禮》經文之原義。

(四)元代學者的解讀

元代學者的解讀,往往爲模棱兩可之論,但終無一是。例如:

吳澄先於《禮記纂言·曲禮上》云:"澄曰:禮,謂禮書。禮書所制之禮,上自天子,始而下及諸侯,又下及卿大夫,又下及士而止,不下及庶人也。"⑤又於《禮記纂言·哀公問》云:"澄曰:禮不下庶人,隨其所得行者行之,不責其備也。"⑥

按:吳氏先後兩解皆非。其先解云:"禮,謂禮書。"如其言,《周禮》

---

① 衛湜《禮記集説》卷七引,影印文淵閣《四庫全書》本,117 册,156 頁。
② 鄭玄注、孔穎達正義、吕友仁整理《禮記正義》,516 頁。
③ 《十三經注疏》,825 頁。
④ 衛湜《禮記集説》卷七引,影印文淵閣《四庫全書》本,117 册,157 頁。
⑤ 吳澄《禮記纂言》,影印文淵閣《四庫全書》本,121 册,44 頁。
⑥ 吳澄《禮記纂言》,影印文淵閣《四庫全書》本,121 册,584 頁。

《禮記》"禮不下庶人"舊解發覆

《儀禮》《禮記》非禮書邪？此三種禮書所載庶人之禮班班可考，何得言"禮書所制之禮不下及庶人"邪！其後解云"隨其所得行者行之，不責其備也"，然則經文當作"禮不下責庶人"，此王引之《經義述聞》所謂"增字解經"也："經典之文，自有本訓。得其本訓，則文義適相符合，不煩言而已解；失其本訓而強爲之說，則阮陧不安。乃於文字之間增字以足之，多方遷就而後得申其說，此強經以就我，而究非經之本義也。"①

陳澔《禮記集說》的分節是："'國君撫式，大夫下之；大夫撫式，士下之。禮不下庶人'。"這是乾脆把"禮不下庶人"歸併到"國君撫式"節了。然後解讀說："君與大夫或同途而出，君過宗廟而式，則大夫下車。士于大夫，猶大夫與君也。庶人卑賤，且貧富不同，故經不言庶人之禮。古之制禮者，皆自士而始也。先儒云：'其有事則假士禮而行之。'一說：此爲相遇於途，君撫式以禮大夫，則大夫下車；大夫撫式以禮士，則士下車。庶人則否，故云禮不下庶人也。"②

按：陳氏之說兩解，亦皆無新義。將"禮不下庶人"併入"國君撫式"節，此宋人黃敏求說也；"其有事則假士禮而行之"，鄭玄、張逸說也。

（五）清代學者的解讀

清代學者的解讀，除姚際恒一家外，其餘皆乏善可陳。中華書局擬定出版的《十三經清人注疏》，屬於《禮記》類的有兩家：孫希旦《禮記集解》和朱彬《禮記訓纂》；屬於通禮類的有一家：黃以周《禮書通故》。就"禮不下庶人"一句的解讀來說，以上三家的解讀都令人難以首肯。朱彬的解讀先是完全沿用鄭注，這沒問題。至於孔疏，則摘引爲："《白虎通》云：'禮爲有知制，刑爲無知設。'故《士相見禮》云'庶人見於君，不爲容，進退走'是也。"③看過以後，令人扼腕。蓋所摘引者皆不足取，而孔疏之精華則被刪除淨盡。黃以周的解讀是沿用張逸之說。④ 孫希旦倒是有自己的

---

① 王引之《經義述聞》，《續修四庫全書》，175 冊，361 頁。
② 陳澔《禮記集說》，中國書店，1994 年，20 頁。
③ 朱彬撰、饒欽農點校《禮記訓纂》，中華書局，1996 年，39 頁。
④ 黃以周《禮書通故》卷二十一《相見禮》，《續修四庫全書》，111 冊，534 頁。

看法,但模棱遊移,也了無新義。試看:

> 愚謂庶人非無禮也,以昏則緇幣五兩,以喪則四寸之棺,五寸之椁,以葬則懸棺而窆,不爲雨止,以祭則無廟而薦於寢,此亦庶人之禮也。而曰禮不下庶人者,不爲庶人制禮也。制禮自士已上,《士冠》《士昏》《士相見》是也。庶人有事,假士禮以行之,而有所降殺焉。①

按:既説"庶人非無禮",又説"不爲庶人制禮",豈不前後矛盾?而"假士禮以行之"云云,也是襲用鄭玄、張逸之故智,並非孫氏之發明。

"假士禮以行之"之説,在清代是主流解讀。持此説者,除了孫希旦外,前後還有姜兆錫《禮記章義》、任啓運《禮記章句》、汪紱《禮記章句》三家。此三家書具在,不贅引。

王夫之《禮記章句》:"'禮不下庶人',有士禮,無庶人禮,聽其自盡而上不責之。"②

按:王氏的解讀,與元代吴澄"禮不下庶人,隨其所得行者行之,不責其備也"的解讀意思相同。納蘭性德《陳氏禮記集説補正》的解讀就完全襲用吴澄的解讀,一字不差。③

六 何謂"酬酢之禮"?

《白虎通義·五刑》:"或曰:禮不下庶人者,謂酬酢之禮也。"④本文認爲,"禮不下庶人"的"禮",其正確解讀就是"酬酢之禮"。在我之前,明代的楊慎在《丹鉛餘録》卷九就明確地説:"禮不下庶人,謂酬酢之禮也。《白虎通德論》之説,勝諸家矣。"⑤可謂卓識。

---

① 孫希旦撰,沈嘯寰、王星賢點校《禮記集解》,中華書局,1989年,81頁。
② 王夫之《禮記章句》,《續修四庫全書》,98册,24頁。
③ 納蘭性德《陳氏禮記集説補正》,影印文淵閣《四庫全書》本,127册,235頁。
④ 陳立《白虎通疏證》,王先謙編《清經解續編》,第五册,562頁。
⑤ 楊慎《丹鉛餘録》,影印文淵閣《四庫全書》本,855册,42頁。呂按:明焦竑《焦氏筆乘續集》卷五"禮不下庶人"條:"禮不下庶人,謂酬酢之禮也。《白虎通德論》之説,勝諸家矣。"與楊慎的説法一字不差。《四庫全書總目》著録焦竑《焦氏筆乘》時,對其剿襲行爲廣泛舉證,嚴詞撻伐。焦氏"禮不下庶人"條,可斷爲抄襲之作,故正文中不及之。

然則何謂"酬酢之禮"？答曰：即鄭玄所説的"飲酒之禮"。因爲飲酒之禮是用於招待賓客，所以又叫"賓客之禮"。而賓客之禮是分等級的："賓客之禮，士一獻，卿大夫三獻，子男五獻，侯伯七獻，上公九獻。"①因爲士的飲酒之禮級別最低，只有一獻，所以士的飲酒之禮又叫"一獻之禮"。《禮記·樂記》："壹獻之禮，賓主百拜，終日飲酒而不得醉焉。"鄭注"壹獻，士飲酒之禮"是也。② 一獻之禮之所以叫作"酬酢之禮"，是因爲一獻之禮的完成，必須先一獻，次一酢，次一酬，才算禮成。《詩·小雅·彤弓》："鐘鼓既設，一朝酬之。"箋云："飲酒之禮，主人獻賓，賓酢主人，主人又飲而酌賓謂之酬。"③凌廷堪《禮經釋例》總結説："凡主人進賓之酒謂之獻，凡賓報主人之酒謂之酢，凡主人先飲以勸賓之酒謂之酬。"④也就是説，一獻之禮是由主人獻、客人酢、主人酬三個連續性的動作組成的，故稱"酬酢之禮"。

總而言之，"酬酢之禮"，即"賓客之禮"，亦即"一獻之禮"，即士的飲酒之禮。相對於三獻之禮，五獻之禮、七獻之禮和九獻之禮，一獻之禮的級別最低，開銷最小。

七　爲什麽"酬酢之禮"不下庶人？

對這個問題的回答，鄭注的兩句話可謂言簡意賅："爲其遽於事，且不能備物。"

"遽於事"者，忙於生計也。説的是時間問題。《國語·魯語》下："自庶人以下，明而動，晦而休，無日以怠。"⑤天天起早摸黑，終年如此，没有這份時間。西漢的晁錯説："今農夫五口之家，其服役者不下二人。春耕夏耘，秋穫冬藏，伐薪樵，治官府，給繇役，春不得避風塵，夏不得避暑熱，

---

① 陳祥道《禮書》，影印文淵閣《四庫全書》本，130 册，538 頁。
② 鄭玄注、孔穎達正義、吕友仁整理《禮記正義》，1497 頁。
③ 《十三經注疏》，422 頁。
④ 凌廷堪著、彭林點校《禮經釋例》，臺灣"中研院"中國文哲研究所，2002 年，165 頁。
⑤ 上海師範大學古籍整理組校點《國語》，上海古籍出版社，1978 年，205 頁。

秋不得避陰雨，冬不得避寒凍，四時之間，亡日休息。"①説的雖然是西漢初年的情况，而先秦的情况大體可以推知。

"不能備物"，説的是財力問題。要備哪些物呢？鄭玄注《士冠禮》云："一獻之禮，有薦有俎，其牲未聞。"②可知至少需要置備三樣物品：第一是酒，第二是薦，第三是俎。薦，即脯醢；俎，即牲肉。什麼牲畜的肉？鄭玄説"未聞"，我們此刻也無須深究。因爲不管是哪種牲肉，反正是不可或缺。這三樣東西容易置備嗎？鄭玄説"不能"。我認爲鄭玄説得符合實情。讓我們把目光拉回先秦時期，看看那時的庶人（主體是農民）的生活狀况是什麼樣子。

《鹽鐵論・散不足第二十九》："古者庶人，春夏耕耘，秋冬收藏，昏晨力作，夜以繼日。《詩》云：'晝爾于茅，宵爾索綯。亟其乘屋，其始播百穀。'非腰臘不休息，非祭祀無酒肉。……古者庶人糲食藜藿，非鄉飲酒、腰、臘祭祀，無酒肉。"③這是説的一般情况。其具體的情况，姑以戰國時的魏國爲例。魏文侯（前445—前396在位）時，李悝曾經爲魏國農民一年的收入支出算過一筆細賬：

> 今一夫挾五口，治田百畝，歲收畝一石半，爲粟百五十石，除十一之税十五石，餘百三十五石。食，人月一石半，五人終歲爲粟九十石，餘有四十五石。石三十，爲錢千三百五十，除社閭嘗新，春秋之祠，用錢三百，餘千五十。衣，人率用錢三百，五人終歲用千五百，不足四百五十。不幸疾病死喪之費，及上賦斂，又未與此。④

可以看出，算來算去，即令是按照最低的生活標準來算，還是入不敷出。這還没有算上疾病、喪葬等事所需的費用。到了魏文侯的孫子魏惠王（即梁惠王）在位時（前369—前319），情况有没有改善呢？看來没有。請看《孟子・梁惠王上》的記載：

---

① 班固《漢書》，中華書局，1962年，1132頁。
② 《十三經注疏》，953頁。
③ 桓寬《鹽鐵論》，《諸子集成》，33頁。
④ 班固《漢書》，1125頁。

《禮記》"禮不下庶人"舊解發覆

　　是故明君制民之產,必使仰足以事父母,俯足以畜妻子,樂歲終身飽,凶年免於死亡,然後驅而之善,故民之從之也輕。今也制民之產,仰不足以事父母,俯不足以畜妻子,樂歲終身苦,凶年不免於死亡,此惟救死而恐不贍,奚暇治禮義哉? 王欲行之,則盍反其本矣。五畝之宅,樹之以桑,五十者可以衣帛矣;雞豚狗彘之畜,無失其時,七十者可以食肉矣。百畝之田,勿奪其時,八口之家可以無饑矣。①
可以看出,魏惠王時的實際情況是,庶人"仰不足以事父母,俯不足以畜妻子,樂歲終身苦,凶年不免於死亡"。試想,在魏文侯、魏惠王統治時期,庶人連自己的生存都成問題,自顧不暇,哪談得上有餘力置備酒、脯醢和牲肉招待客人呢?

　　再舉幾個實例。

　　《左傳》莊公十年:"春,齊師伐我。公將戰。曹劌請見。其鄉人曰:'肉食者謀之,又何間焉?' 劌曰:'肉食者鄙,未能遠謀。'"杜預注:"肉食,在位者。"孔穎達疏:"蓋位爲大夫乃得食肉也。"②

　　《晉書·陶侃傳》:"侃早孤貧,爲縣吏,鄱陽孝廉范逵嘗過侃,時倉卒無以待賓,其母乃截髮得雙髲以易酒肴,樂飲極歡。"③可知到了晉代,賓客之禮亦非貧家所能辦。

　　余生也晚,爲20世紀之"30後"。先人世居中原,以務農爲業,家道尚稱殷實。回憶兒時,最盼過年,蓋過年始得吃肉也。家中有客來,皆以自家所種蔬菜相饗,未見有肉有酒也。20世紀上半葉之殷實農家尚如此,遑論先秦之農民也。

　　現在明白了,"刑不上大夫"的"刑"是指撻笞之刑,產生"刑不上大夫"的精神基礎是"士可殺而不可辱"。"禮不下庶人"的"禮"是指酬酢之禮,產生"禮不下庶人"的物質基礎是庶人貧窮,無力承擔。《禮記·坊

---

① 《十三經注疏》,2671頁。
② 《十三經注疏》,1767頁。
③ 房玄齡等《晉書》,中華書局,1974年,1768頁。

323

記》:"禮者,因人之情而爲之節文,以爲民坊者也。"①《管子·心術上》:"禮者,因人之情,緣義之理,而爲之節文者也。"②既然制禮的原則是"因人之情而爲之節文",那麽,士大夫不缺錢花,要的是面子;而庶人恰恰相反,面子事小,没錢事大。於是,"禮(酬酢之禮)不下庶人,刑(撻笞之刑)不上大夫"這樣的節文就"因人之情"而產生了。這條節文既因應了士大夫的特殊需要,又照顧到庶人的貧窮處境難;既堅持了原則性(大夫不能免刑,庶人不能無禮),又表現了靈活性(大夫的面子和庶人的貧窮都可以得到照顧),反映了制禮者的大智慧。這是禮的人性化的表現。

(原載《禮記研究四題》,中華書局,2014年)

---

① 鄭玄注、孔穎達正義、吕友仁整理《禮記正義》,1954頁。
② 戴望《管子校正》,《諸子集成》,第五册,221頁。

《禮記》"刑不上大夫"舊解發覆

一　必須調整解讀的切入點

　　《禮記·曲禮上》："禮不下庶人,刑不上大夫。"①這兩句很有分量的話究竟是什麽意思？兩千多年來,儘管有不少學者爲此問題絞盡腦汁,但結果還是見仁見智,未能一致。例如東漢許慎的《五經異義》説："《禮戴》説：'刑不上大夫。'古《周禮》説：'士尸肆諸市,大夫尸肆諸朝。'是大夫有刑。謹案：《易》曰：'鼎折足,覆公餗,其形渥,凶。'無刑不上大夫之事,從《周禮》之説。"②而鄭玄《駁五經異義》則説："凡有爵者,與王同族,大夫以下,適甸師氏,令人不見,是以云刑不上大夫。"③一個是五經無雙的許叔重認爲"無刑不上大夫之事"；一個是遍注群經的鄭康成認爲有其事。二人就相持不下。二人爭論的焦點實際上是在"刑不上大夫"的第三個字"上"字上,許慎認爲"上",鄭玄認爲"不上"。此後的學者,或質疑,或辨析,也都是以"上"字爲切入點。例如司馬光,他曾經在進士策問中這樣發問：

---

① 鄭玄注、孔穎達正義、呂友仁整理《禮記正義》,上海古籍出版社,2008年,101頁。
② 鄭玄注、孔穎達正義、呂友仁整理《禮記正義》,103頁。
③ 鄭玄注、孔穎達正義、呂友仁整理《禮記正義》,103頁。

讀經識小錄

《曲禮》曰:"禮不下庶人,刑不上大夫。"按《王制》:"修六禮以節民性:冠、婚、喪、祭、鄉、相見。"此庶人之禮也。《舜典》:"五服三就,大夫于朝,士於市。"此大夫之刑也。夫禮與刑,先王所以治群臣萬民,不可斯須偏廢也。今《曲禮》乃云如是,必有異旨,其可見乎?①

不知當時應舉的進士是如何回答的。但從這道策問中可以看出兩點:第一,這是一個讓北宋學者普遍感到困惑的問題;第二,就"刑不上大夫"來説,提問的切入點仍然是在第三個字"上"字上。當代學者探討這個問題的論文也不少,②而這些論文考慮問題的切入點,就"刑不上大夫"一句來説,也仍舊都是放在第三個字"上"字上。换言之,都是圍繞這個"上"字做文章。因爲都是圍繞"上"字做文章,其結論大體上不外乎兩種:一是"刑不上大夫"這句話成立,二是這句話不成立。筆者認爲,不管你的結論是什麼,只要你是圍繞這個"上"字做文章,其結論都是錯誤的,都是在不同程度上曲解了"刑不上大夫"的本義。

筆者認爲,要正確理解"刑不上大夫"這句話,必須調整看問題的切入點。具體地説,就是必須首先圍繞"刑不上大夫"這句話的第一個字"刑"字來做文章。説起來實在是卑之無甚高論,但在我們看來,這實在是解決問題的不二法門。"刑"字的問題解決了,其他問題也就迎刃而解。

---

① 司馬光《傳家集》卷七十五《進士策問十五首》,影印文淵閣《四庫全書》本,1094冊,685頁。

② 據筆者所知,有下列這些:1. 鐘肇鵬《"禮不下庶人,刑不上大夫"説》,《學術月刊》1963年2期;2. 謝維揚《"禮不下庶人,刑不上大夫"辨》,《學術月刊》1980年8期;3. 陳一石《"禮不下庶人,刑不上大夫"辨》,《法學研究》1981年1期;4. 王占通《奴隸社會法律制度中不存在"禮不下庶人,刑不上大夫"的原則》,《吉林大學學報》1987年5期;5. 李弋飛《"禮不下庶人,刑不上大夫"質疑》,《法學論叢》1988年3期;6. 宋曦《淺析"禮不下庶人,刑不上大夫"》,《江漢大學學報》綜合版1988年4期;7. 王志固《"刑不上大夫"考辨》,《文史知識》1989年4期;8. 葉程義《"刑不上大夫"説》,《國文天地》1990年1月5卷8期〔總56期〕;9. 楊展倫《"禮不下庶人,刑不上大夫"的含義是什麼》,《中國古代法律三百題》,上海古籍出版社,1991年;10. 劉信芳《"禮不下庶人,刑不上大夫"辨疑》,《中國史研究》2004年1期。

二 "刑不上大夫"中的"刑"字是什麼意思？

"刑不上大夫"的"刑"字,過去一直是當作"五刑"之刑、"刑名"之刑來理解的。拿先秦來說,當時的五刑是墨刑、劓刑、剕刑、宮刑、大辟。於是問題就來了。質疑者認爲,翻看先秦的的典籍,大夫受刑的事例史不絕書,司空見慣,怎麼能説"刑不上大夫"呢？而贊成者則多方論證以自圓其説。我們認爲,千古聚訟不決的原因,首先在於選錯了切入點。而切入點的選錯,則與對"刑"字的誤解密切相關。我們認爲,這個"刑"字當作"刑辱"解,即種種刑訊手段給當事人帶來的羞辱。所謂種種刑訊手段,例如當衆辱罵、繩捆索綁、脚鐐手銬、鞭抽棍打、剃光頭、著囚服等等,詳下。對於習慣于養尊處優的大夫來説,這種羞辱給他們帶來的難堪之劇烈可想而知。"刑不上大夫"這句話的意思是,大夫犯了罪,該殺就殺,該劓就劓,而由種種刑訊手段給當事人帶來的羞辱不能施之于大夫。用現代的話來説,就是刑事追究是不能豁免的,但在作法上應該給當事人留點面子。我們之所以能有這樣的理解,實在是受惠于古人、前賢之所賜。古人、前賢之中對這句話作出正確闡釋的近乎代不乏人,他們的闡釋也並不冷僻,但大概是由於人們有了先入之見的緣故,以至於使得我們對這些正確的闡釋視而不見,置若罔聞。請看：

（一）西漢初年的賈誼在上政事疏中説：

> 臣聞之,履雖鮮不加於枕,冠雖敝不以苴履。夫嘗已在貴寵之位,天子改容而體貌之矣,吏民嘗俯伏以敬畏之矣,今而有過,帝令廢之可也,退之可也,賜之死可也,滅之可也。若夫束縛之,係緤之,輸之司寇,編之徒官,司寇小吏詈罵而榜笞之,殆非所以令衆庶見也。夫卑賤者習知尊貴者之一旦吾亦乃可以加此也,非所以習天下也,非尊尊貴貴之化也。夫天子之所嘗敬,衆庶之所嘗寵,死而死耳,賤人安宜得如此而頓辱之哉！……故古者禮不及庶人,刑不至大夫,所以

屬寵臣之節也。古者大臣有坐不廉而廢者，不謂"不廉"，曰"簠簋不飾"；坐污穢淫亂男女亡別者，不曰"污穢"，曰"帷薄不修"；坐罷軟不勝任者，不謂"罷軟"，曰"下官不職"。故貴大臣定有其罪矣，猶未斥然正以呼之也，尚遷就而爲之諱也。故其在大譴大何之域者，聞譴何則白冠氂纓，盤水加劍，造請室而請罪耳，上不執縛係引而行也。其有中罪者，聞命而自弛，上不使人頸盭而加也。其有大罪者，聞命則北面再拜，跪而自裁，上不使捽抑而刑之也。①

細讀此節，可知賈誼所説的"刑不至大夫"的"刑"，不是五種刑名之刑，而是指使用各種刑訊手段令罪人受辱，即所謂"束縛之，係紲之，輸之司寇，編之徒官，司寇小吏詈罵而榜笞之"之類是也。按：賈誼此疏是有爲而上，《漢書·賈誼傳》交待背景説："是時，丞相絳侯周勃免就國，人有告勃謀反，逮繫長安獄治，卒亡事，復爵邑，故賈誼以此譏上。上深納其言，養臣下有節。是後大臣有罪，皆自殺不受刑。"②證以《漢書·周勃傳》之勃被逮下獄後"吏稍侵辱之……勃既出，曰：'吾嘗將百萬軍，安知獄吏之貴也。'"③，可知此所謂"皆自殺不受刑"之"刑"，非"五刑"之刑，乃"刑辱"之刑。

（二）司馬遷《報任安書》説：

太上不辱先，其次不辱身，其次不辱理色，其次不辱辭令，其次詘體受辱，其次易服受辱，其次關木索被箠楚受辱，其次剃毛髮嬰金鐵受辱，其次毀肌膚斷支體受辱，最下腐刑極矣。傳曰'刑不上大夫'，此言士節不可不厲也。今交手足，受木索，暴肌膚，受榜箠，幽於圜牆之中。當此之時，見獄吏則頭槍地，視徒隸則心惕息。何者？積威約之勢也。及以至此，言不辱者，所謂强顏耳，曷足貴乎！且西伯，伯也，拘羑里；李斯，相也，具五刑；淮陰，王也，受械于陳；彭越、張敖，南面稱孤，繫獄抵罪；絳侯誅諸呂，權傾五伯，囚于請室；魏其，大將也，

---

① 班固《漢書》，中華書局，1962年，2256—2257頁。
② 班固《漢書》，2260頁。
③ 班固《漢書》，2056頁。

《禮記》"刑不上大夫"舊解發覆

衣赭衣,關三木;季布爲朱家鉗奴;灌夫受辱於居室。此人皆身至王侯將相,聲聞鄰國,及罪至罔加,不能引決自裁,在塵埃之中,古今一體,安在其不辱也!①

筆者認爲,司馬遷的這段闡釋與賈誼完全一致,都是強調種種刑訊手段給當事人帶來的莫大羞辱。司馬遷不愧爲史學家,在他的筆下,刑辱被描繪得淋漓盡致。這段話的權威性還在於,司馬遷不僅"常厠下大夫之列"②,而且身受宫刑,對於牢獄之災有切身體會。那個"刑"字該當何解,他最有發言權。

(三)《資治通鑑》卷二八三後晉天福八年十二月:

閩主曦嫁其女,取班簿閱視之,朝士有不賀者十二人,皆杖之於朝堂。以御史中丞劉贊不舉劾,亦將杖之。贊義不受辱,欲自殺。諫議大夫鄭元弼諫曰:"古者刑不上大夫。中丞儀刑百僚,豈宜加之棰楚?"曦正色曰:"卿欲效魏徵邪?"元弼曰:"臣以陛下爲唐太宗,故敢效魏徵。"曦怒稍解,乃釋贊。③

(四)宋張方平《恩貸之罰》説:

《禮》曰:"刑不上大夫。"蓋謂不虧傷其體,皆非謂不入罰科也。故内則有放、奪、殺、刺之典,外則有絀爵、削地、眚伐之制。漢氏之法,則有免罷、謫徙、完舂、輸作之令。

張方平之"蓋謂不虧傷其體,皆非謂不入罰科也"一語,深得其旨。④

(五)宋蘇軾説:

天下之議者曰:"古者之制,刑不上大夫,大臣不可以法加也。"嗟夫!刑不上大夫者,豈曰大夫以上有罪而不刑歟?古之人君,責其公卿大臣至重,而待其士庶人至輕也。責之至重,故其所以約束之者愈寬;待之至輕,故其所以堤防之者甚密。夫所貴乎大臣者,惟不待約

---

① 班固《漢書》卷六二《司馬遷傳》,2732—2733頁。
② 班固《漢書》卷六二《司馬遷傳》,2727—2728頁。
③ 司馬光編著、胡三省音注、"標點資治通鑑小組"校點《資治通鑑》,中華書局,1956年,9260頁。
④ 張方平《樂全集》卷六,影印文淵閣《四庫全書》本,1104册,60頁。

329

束而後免於罪戾也，是故約束愈寬而大臣益以畏法。何者？其心以爲人君之不我疑，而不忍欺也。苟幸不疑而輕犯法，則固已不容於誅矣。故士大夫以上有罪，不從於訊鞫論報如士庶人之法，斯以爲刑不上大夫而已矣。

蘇軾之言稍多，然大旨與張方平不異，所謂智者所見略同也。①

（六）《宋史·刑法志三》：

熙寧二年，比部郎中、知房州張仲宣嘗檄巡檢體究金州金坑無甚利，土人憚興作，以金八兩求仲宣不差官。及事覺，法官坐仲宣枉法贓，應絞。援前比，貸死杖脊，黥配海島。知審刑院蘇頌言："仲宣所犯，可比恐喝條。且古者刑不上大夫，仲宣官五品，有罪得乘車，今刑爲徒隸，其人雖無足矜，恐污辱衣冠爾。"遂免杖黥，流賀州。自是命官無杖黥法。②

（七）《元史·不忽木傳》：

"樞密臣受人玉帶，征贓不敘。御史言罰太輕。不忽木曰：'禮，大臣貪墨，惟曰簠簋不飾。若加笞辱，非刑不上大夫之意。'人稱其平恕。③

（八）《元史·趙孟頫傳》：

"桑哥鐘初鳴時即坐省中，六曹官後至者則笞之。孟頫偶後至，斷事官遽引孟頫受笞。孟頫入訴於都堂，右丞葉李曰：'古者刑不上大夫，所以養其廉恥，教之節義。且辱士大夫，是辱朝廷也。'桑哥亟慰孟頫使出。自是，所笞唯曹史以下。"④

（九）《明史·刑法志三》：

"太祖常與侍臣論待大臣禮。太史令劉基曰：'古者公卿有罪，盤水加劍，詣請室自裁，未嘗輕折辱之，所以存大臣之體。'侍讀學士詹

---

① 蘇軾《蘇東坡全集·應詔集》卷二《策別六》，中國書店，1986年，734頁。
② 脫脫等《宋史》，中華書局，1977年，5018頁。
③ 宋濂等《元史》，中華書局，1976年，3172頁。
④ 宋濂等《元史》，4020頁。

同因取《小戴禮》及賈誼疏以進,且曰:"古者刑不上大夫,以勵廉恥也。必如是,君臣恩禮始兩盡。"帝深然之。①

(十) 明查繼佐《罪惟錄》卷十一上《王鏊傳》:

當是時,瑾權傾中外,然見鏊開誠與言,或亦聽用。尚寶卿璿等三人忤瑾,瑾拳之。鏊正色言:"古者刑不上大夫,幸勿過折辱。"得免。②

(十一) 今人韓國磐先生説:

"刑不上大夫"之説從何而來呢?試讀《漢書·賈誼傳》,在賈誼的上疏中,有專門談到不應戮辱大臣的一段。……由於當時戮辱大臣,賈誼才上疏,借古事以諷喻當世。③

根據以上十一例文獻所載,筆者認爲,"刑不上大夫"的本義已經浮出水面,"刑"字的確詁也清晰可見。那末,刑辱不施于大夫是不是一項大夫享受的特權呢?答曰:是。但這與大夫免于任何刑事追究的傳統解釋相差不可以道里計。

三 "刑不上大夫"的精神基礎是士可殺而不可辱

"刑不上大夫"的本義既如上所述,下面我們須要進一步探索的是"刑不上大夫"産生的精神基礎是什麼。説來巧了,其精神基礎也在《禮記》。《禮記·儒行》云:"儒有可親而不可劫也,可近而不可迫也,可殺而不可辱也。"④由於這三句話是孔子説的,所以其爲士大夫所服膺也就非常自然。三句話中對後世影響最大的是"可殺而不可辱"一句。在古代,士農工商,所謂四民,儒居四民之首。由於儒者的社會地位與士相近,所

---

① 張廷玉等《明史》,中華書局,1974年,4020頁。
② 查繼佐《罪惟錄》卷十一上《王鏊傳》,《續修四庫全書》,上海古籍出版社,2002年,322册,488頁。
③ 韓國磐《中國古代法制史研究》,人民出版社,1993年,214—216頁。
④ 鄭玄注、孔穎達正義、吕友仁整理《禮記正義》,上海古籍出版社,2008年,2222頁。

以"儒"字就變成了"士"字,於是乎就有了"士可殺而不可辱"這句話。請注意,"士可殺而不可辱"這句話中的"士",不是與大夫相對立的最低級爵位之稱,而是"士大夫"的通稱,也可以說是"大臣""高官"的通稱。司馬遷在《報任安書》中說:"傳曰'刑不上大夫',此言士節不可不厲也。"上句言"大夫",下句變文言"士";下文的舉例中,有三品大員亦稱"士"者,均可證。"士可殺而不可辱"這句話,對歷代士大夫的品格塑造所產生的影響非常大,以至於成爲士大夫的一個揮之不去的心結,從而構成了"刑不上大夫"的精神基礎。爲了證明這一點,請看:

（一）《三國志·魏書·何夔傳》:"太祖性嚴,掾屬公事,往往加杖。夔常畜毒藥,誓死無辱,是以終不見及。"①從中不難看出"士可殺而不可辱"這一信念對何夔的影響。

（二）《資治通鑑》卷二一二唐開元十年十一月乙未:"前廣州都督裴伷先下獄,上與宰相議其罪。張嘉貞請杖之。張說曰:'臣聞"刑不上大夫",爲其近於君,且所以養廉恥也。故士可殺不可辱。臣向巡北邊,聞杖姜皎於朝堂。皎官登三品,亦有微功,有罪應死則死,應流則流,奈何輕加笞辱,以皂隸待之!姜皎事往,不可復追。伷先據狀當流,豈可復蹈前失。'上深然之。"②

（三）元陶宗儀《說郛》卷四一下引宋代高文虎《蓼花洲閒錄》云:"神宗時,以陝西用兵失利,内批出令斬一漕官。明日,宰相蔡確奏事。上曰:'昨日批出斬某人,今已行否。'確曰:'方欲奏知。'上曰:'此人何疑?'確曰:'祖宗以來,未嘗殺士人。臣等不欲自陛下始?'上沉吟久之,曰:'可與刺面配遠惡處。'門下侍郎章惇曰:'如此,即不若殺之。'上曰:'何故?'曰:'士可殺,不可辱。'上聲色俱厲曰:'快意事更做不得一件!'惇曰:'如此快意,不做得也好。'"③

（四）明夏原吉《夏忠靖公集·附錄·夏忠靖公遺事》:"刑部金尚書

---

① 陳壽撰、陳乃乾校點《三國志·魏書·何夔傳》,中華書局,1959年,378頁。
② 司馬光編著、胡三省音注、"標點資治通鑑小組"校點《資治通鑑》,6754頁。
③ 陶宗儀《說郛》卷四十一下徵引,影印文淵閣《四庫全書》本,878冊,273頁。

332

以疾在告,蹇忠定公有會,乃赴之。上聞之不樂,曰:'以疾不朝,而宴於私,可乎?'命繫之。公言:'進退大臣當以禮,可殺而不可辱。金某老矣而繫辱之,非刑不上大夫之意。'上即宥之。"①

（五）明袁袠《世緯》卷上《貴士》:"《記》曰:'刑不上大夫。'此言士可殺而不可辱也。秦、漢以來,士也日賤。李斯,相也,具五刑;蕭何,侯也,縛縲紲;勳如條、絳,材如遷、向,幽囚械繫,宮腐髡鉗,辱已甚矣。"按:"《記》曰:'刑不上大夫。'此言士可殺而不可辱也"二句,説得何等明快!②

（六）明劉宗周《劉蕺山集》卷四《敬陳聖學疏》:"至於廷杖一節,原非祖宗故事,辱士尤甚。士可殺,不可辱。仍願陛下推敬禮大臣之心以及群臣,與廠衛一體並罷,還天下禮義廉恥之坊。"③

（七）《世宗憲皇帝上諭內閣》卷八七記載:"李紱、蔡珽著交刑部訊取確供,倘再支吾掩飾,即加刑訊。古人云'士可殺而不可辱',若李紱等奸猾之徒,有不得不辱之勢,亦其所自取也。"④

（八）清陳立《白虎通疏證》卷九在徵引賈誼《新書·階級》"廉恥禮節,以治君子。故有賜死而無僇辱。是以繫縛榜笞,髡刖黥劓之罪,不及士大夫,以其離主上不遠也"之後,加按語説:"故《儒行》云:'士可殺而不可辱。'"⑤

以上八例,尤以第五例、第八例説得最爲明白。實際上,司馬遷所説的:"傳曰'刑不上大夫',此言士節不可不厲也。"所謂"士節不可不厲也",可以視爲"士可殺而不可辱也"的另外一種表述。

在封建社會裏,一件事情能否行得通,決定的因素是它能不能給最高統治者帶來好處。"刑不上大夫"作爲一項對犯罪官員有所照顧的措施之

---

① 夏原吉《夏忠靖公集·附錄遺事》,影印文淵閣《四庫全書》本,1240冊,558頁。
② 袁袠《世緯》卷上,影印文淵閣《四庫全書》本,717冊,10頁。
③ 劉宗周《劉蕺山集》卷四《敬陳聖學疏》,影印文淵閣《四庫全書》本,1294冊,377頁。
④ 《世宗憲皇帝上諭內閣》卷八十七,影印文淵閣《四庫全書》本,415冊,348頁。
⑤ 陳立《白虎通疏證》,王先謙編《清經解續編》,上海書店,1988年,第五冊,562頁。

所以能够行得通,也必須遵循這一原則。賈誼把這層道理説得很透:

  其有大罪者,聞命則北面再拜,跪而自裁,上不使捽抑而刑之也,曰:"子大夫自有過耳!吾遇子有禮矣。"遇之有禮,故群臣自憙;嬰以廉恥,故人矜節行。上設廉恥禮義以遇其臣,而臣不以節行報其上者,則非人類也。故化成俗定,則爲人臣者主耳亡身,國耳亡家,公耳亡私,利不苟就,害不苟去,唯義所在,上之化也。故父兄之臣誠死宗廟,法度之臣誠死社稷,輔翼之臣誠死君上,守圉扞敵之臣誠死城郭封疆。故曰聖人有金城者,比物此志也。彼且爲我死,故吾得與之俱生;彼且爲我亡,故吾得與之俱存。夫將爲我危,故吾得與之皆安。顧行而忘利,守節而仗義,故可以托不御之權,可以寄六尺之孤,此厲廉恥行禮義之所致也,主上何喪焉!①

原來給犯罪官員以適當照顧,留點面子,這還是演給群臣看的一出戲,它可以感化群臣,讓他們心存感激,更忠實地爲最高統治者賣命出力。這是一個俗話説的"得了便宜還要賣乖"的買賣,對於聰明的統治者來説,何樂而不爲!這可以看作是"刑不上大夫"得以實行的一個外部條件。

四 《郭店楚墓竹簡》中的 "垂不隸于君子"

《郭店楚墓竹簡·尊德義》篇的第31、32簡云:"垂不隸于君子,禮不隸於小人。"②整理者裘錫圭按:"隸,讀爲'逮'。"按《説文》:"逮,及也。"筆者認爲,《尊德義》這兩句話的用詞雖然與"刑不上大夫,禮不下庶人"有所不同,但意思並無二致,可以視爲不同的表述形式。它的出現爲我們認識"刑不上大夫,禮不下庶人"提供了新的資料,很有價值,值得注意。例如,宋代學者黄敏求《九經餘義》爲了破解這兩句話,就在分章上打主意。他認爲"禮不下庶人"和"刑不上大夫"並不是同一章的内容,不能相

---

① 班固《漢書》,2257—2258頁。
② 荆門市博物館編《郭店楚墓竹簡》,文物出版社,1998年,57頁、174頁。

提並論。"禮不下庶人"與上文"國君撫式,大夫下之。大夫撫式,士下之"爲一章,"謂乘車之禮不爲庶人而下,故曰禮不下庶人者也"①。今人也頗有雷同黄説者,就筆者所見的有王占通《奴隷社會法律制度中不存在"禮不下庶人,刑不上大夫"的原則》、②郭建等著《中國法制史》和曾代偉主編《中國法制史》。例如,郭建等著《中國法制史》就説"'禮不下庶人',講的是乘車的禮儀"③。曾代偉主編《中國法制史》説:"可見'禮不下庶人'的原意是指的'相見禮'這一局部,將其擴大到禮的全部,在邏輯上是不能成立的。"④今得竹簡本《尊德義》此二句作證,則上述各家所持"分章不同"之説不攻自破。

"坓"字不見於《説文》。按《説文·井部》:"荆,罰罪也。从刀井。《易》曰:'井者,法也。'井亦聲。"段玉裁注:"按此荆罰正字也。今字改用'刑'。刑者,到也,見《刀部》,其義其音皆殊異。"⑤又《説文·刀部》:"刑,到也。從刀,开聲。"段玉裁注:"按荆者,五荆也。凡荆罰、典荆、儀荆皆用之。刑,到也,横絶之也。此字本義少用,俗字乃用刑爲荆罰、典荆、儀荆字,不知造字之旨既殊,井聲、开聲各部。"⑥據此可知,《尊德義》之"坓",與《説文·井部》之"荆"是異體字關係,二者同義,本義皆爲"罰罪"。而"刑不上大夫"的"刑"字,據段玉裁説是俗字;據王筠《説文句讀》,則是"荆"的通假字⑦。"坓不隸于君子"的"坓",在此使用的同樣不是"坓"的本義,而是其遠引申義"刑辱"。關於這一點,上文已經論證,此處不煩贅言。

筆者認爲,"坓不隸于君子"的"君子",就是"刑不上大夫"的"大夫",二者是同義詞,都是指有一定社會身份地位的人。例如:

---

① 衛湜《禮記集説》卷七引,影印文淵閣《四庫全書》本,117册,155頁。
② 王説見《吉林大學學報》1987年5期,4頁。
③ 郭建等《中國法制史》,上海人民出版社,2000年,16頁。
④ 曾代偉主編《中國法制史》,法律出版社,2006年,32頁。
⑤ 許慎撰、段玉裁注《説文解字注》,上海古籍出版社,1981年,216頁。
⑥ 許慎撰、段玉裁注《説文解字注》,182頁。
⑦ 王筠《説文句讀》,中華書局,1988年,153頁。

《禮記·禮器》："是故君子大牢而祭謂之禮。"鄭玄注："君子,謂大夫以上。"①

《禮記·玉藻》："君子狐青裘。"鄭玄注："君子,大夫士也。"②

《禮記·鄉飲酒義》："鄉人、士、君子尊于房户之間。"鄭玄注："君子,謂卿大夫士。"③

因此,我們在理解《曲禮上》和《尊德義》的這兩句話時,既不應拘泥於一隅,也不必强生區別。

《郭店楚墓竹簡》含有儒家著作十四篇(包括《尊德義》在内),這十四篇的目録學歸類在學者中尚未取得一致看法。有的認爲應該歸入子部儒家類,有的認爲應該歸入經部《禮記》類。我們同意後者。今本《禮記》四十九篇,就是一個《記》的選本。先秦時期,單篇别行的《記》究竟有多少,現在很難説得清。《郭店楚墓竹簡》中的這十四篇儒家著作,由於其内容與今本《禮記》往往互有包容,所以我們認爲歸入經部《禮記》類來認識較好。這就是説,《曲禮上》是一篇《記》,《尊德義》也是一篇《記》,彼此的身份是一樣的。由於傳聞異詞的緣故,《曲禮上》的記者將這兩句話記作"刑不上大夫,禮不下庶人",《尊德義》篇的記者將這兩句話記作"垩不隸于君子,禮不隸於小人",用詞雖有不同,意思却是一樣。同樣的意思出現在兩篇《記》文中,這表明這兩句話在先秦時期是一個流傳面相當廣的常用語。

劉信芳先生《"禮不下庶人,刑不上大夫"辨疑》一文(下稱"劉文")認爲:"郭店楚簡《尊德義》簡31:'刑不逮于君子,禮不逮於小人。'我們認爲,這才是'禮不下庶人,刑不上大夫'在先秦禮經中的原貌。"④我認爲,説哪個是原貌很不容易,要有根據,不能靠一廂情願地推論。這個根據就是,你首先要證明哪個在前,哪個在後,然後才可以説在前的就是原貌。

---

① 鄭玄注、孔穎達正義、吕友仁整理《禮記正義》,979頁。
② 鄭玄注、孔穎達正義、吕友仁整理《禮記正義》,1212頁。
③ 鄭玄注、孔穎達正義、吕友仁整理《禮記正義》,2287頁。
④ 劉信芳《"禮不下庶人,刑不上大夫"辨疑》,《中國史研究》2004年1期,27頁。

但劉文完全撇開了這一點，避而不談，這就缺乏説服力。現在我們就來考查一下這個"原貌"問題。李學勤先生《先秦儒家著作的重大發現》一文説："説郭店一號墓是西元前四世紀末的墓葬，是合適的。至於墓中竹簡典籍的書寫時間，可能還更早一些。"①又説："郭店一號墓的年代，與孟子活動的後期相當，墓中書籍都爲孟子所能見。《孟子》七篇是孟子晚年撰作的，故而郭店竹簡典籍均早於《孟子》的成書。"②我們同意李學勤先生的看法。那末，《曲禮上》又是何時成書呢？沈文倬先生《略論禮典的實行和〈儀禮〉書本的撰作》一文對此作過考證。沈先生看到《孟子·公孫丑下》："《禮》曰：父召無諾。"而"父召無諾"見於《禮記·曲禮上》（涉及《禮記》他篇的考證從略），從而得出結論："由此可證小戴輯《禮記》的《曲禮》《玉藻》《祭統》《禮器》是早於《孟子》成書的。"③我也同意沈先生的這個結論。不過，沈先生的例證只有一個，顯得單薄。筆者狗尾續貂，略作補充。根據考查，《孟子》徵引《曲禮上》四次，徵引《曲禮下》三次，合計七次。因爲"刑不上大夫"是出於《曲禮上》，所以我只補充《孟子》徵引《曲禮上》的另外三例：

（一）《公孫丑上》："孟子曰：'否，我四十不動心。'"④

按：趙岐注："孟子言《禮》'四十強而仕'，我志氣已定，不妄動心有所畏也。"按："四十曰強，而仕"，《禮記·曲禮上》文。

（二）《離婁上》："男女授受不親，《禮》也。"⑤

按：《禮記·曲禮上》："男女不親授，嫂叔不通問。"

（三）《盡心上》："放飯流歠，而問無齒決。"⑥

按：《禮記·曲禮上》："毋放飯，毋流歠。濡肉齒決，乾肉不齒決。"

---

① 李學勤《先秦儒家著作的重大發現》，姜廣輝主編《中國哲學》第二十輯《郭店楚簡研究》，遼寧教育出版社，1999年，13頁。
② 李學勤《先秦儒家著作的重大發現》，姜廣輝主編《中國哲學》第二十輯《郭店楚簡研究》，15頁。
③ 沈文倬《略論禮典的實行和〈儀禮〉書本的撰作》，《文史》第十六輯，中華書局，1982年，13頁。
④ 《十三經注疏》，中華書局，1980年，2685頁。
⑤ 《十三經注疏》，2722頁。
⑥ 《十三經注疏》，2771頁。

我們相信,經過補充例證,說《曲禮上》"是早於《孟子》成書的"這個結論就更具有說服力了。行文至此可知,《郭店楚墓竹簡》的《尊德義》篇是早於《孟子》成書的,今本《禮記》的《曲禮上》也是早於《孟子》成書的,換言之,《尊德義》和《曲禮上》是在同一時代成書的。在這種情況下,我們怎好說那個是原貌、哪個不是呢?今本《禮記·緇衣》有這麼五句:"下之事上也,不從其所令,從其所行。上好是物,下必有甚者矣。"①這五句話,在《郭店楚墓竹簡》的《緇衣》篇是這樣:"下之事上也,不從其所以命,而從其所行。上好此物也,下必有甚焉者矣。"②而在《郭店楚墓竹簡》的《尊德義》篇又是這樣:"下之事上也,不從其所命,而從其所行。上好是物也,下必有甚焉者。"③試加比較,同是出自《郭店楚墓竹簡》的兩篇,就有三處文字不一樣,你說哪個是原貌呢?須知傳聞異詞是先秦典籍中常見的現象。

劉信芳先生,還有之前的韓國磐先生,他們都把《禮記》的成書排在賈誼《新書》之後,是搞錯了。須知,四十九篇的《禮記》雖然是戴聖在漢宣帝是編選成的,但那四十九篇原來單篇別行的《記》却基本上都是先秦的作品。二者不可混淆。上文我們已經證明了《曲禮上》的成書早於《孟子》,則早于賈誼《新書》自不待言。

五　傳統的舊解是怎樣形成的?

如果我們對"刑不上大夫"的本義以及相關問題的論證無誤,反過來,那就表明傳統的舊解是錯誤的。傳統的舊解延續了兩千年,其影響不可低估。因此,竊不自量,接著想探討一下我們有哪些撥亂反正的工作要做。我們想到的有:第一,傳統的舊解是怎樣形成的?第二,傳統舊解引發的法制混亂應予釐清;第三,傳統舊解引發的學術混亂應予釐清。第

---

① 鄭玄注、孔穎達正義、呂友仁整理《禮記正義》,2105頁。
② 荊門市博物館編《郭店楚墓竹簡》,129頁。
③ 荊門市博物館編《郭店楚墓竹簡》,174頁。

《禮記》"刑不上大夫"舊解發覆

四,當今高等學校的不少教材還在不同程度地宣揚舊說,應予鳌清。下面依次談談我們的看法。

第一個問題。我們認爲,傳統的舊解始于東漢章帝建初四年(79)的白虎觀會議,這可謂始作俑者。此後,由於經學家何休、鄭玄的推波助瀾,"刑不上大夫"的傳統舊解遂牢不可破。

據《後漢書》的《章宗本紀》《班固傳》,建初四年的白虎觀會議,是模仿漢宣帝甘露三年(前51)石渠會議而舉行的"講議《五經》同異"的一次會議。參加會議的人不少,班固是其中的一個。儘管與會者都可以發表意見,但哪種意見對,哪種意見錯,要由漢章帝來作裁決,這叫作"帝親稱制臨決"。今傳世之《白虎通義》就是這次會議的一個總結,一個決議。《白虎通義》的作者雖然署名是班固,但班固不過是奉命行事而已,書中的內容都是得到皇帝認可的。如果按照清代的命名習慣,就要叫作《欽定白虎通義》才對。現在我們就來看看《白虎通》是怎麼說的。《白虎通》卷下《五刑》:"聖人治天下,必有刑罰何?所以佐德助治,順天之度也。刑所以五何?法五行也。科條三千者,應天地人情也。五刑之屬三千,大辟之屬二百,宫辟之屬三百,腓辟之屬五百,劓、墨辟之屬各千。刑不上大夫何?尊大夫。禮不下庶人,欲勉民使至於士。故禮爲有知制,刑爲無知設也。刑不上大夫者,據禮無大夫刑。或曰:撻笞之刑也。"①"刑不上大夫何"中的"刑"字,既然是放在《五刑》條目下,自然是"五刑"之刑,不是"刑辱"之刑。至於爲什麼"刑不上大夫"?回答也很乾脆:"尊大夫。"至此,《白虎通》已經爲流傳兩千年的傳統舊解定下了基調。值得注意是下面三句話:"刑不上大夫者,據禮無大夫刑。或曰:撻笞之刑也。"這一個"或曰",表明了會議上是有不同意見的。據理推測,多數人主張"據禮無大夫刑",意思是說五刑中的任何一種刑都不上大夫。少數人主張"撻笞之刑也",意思是說不上大夫的只有"撻笞之刑"而已,五刑還不能豁免。我們認爲,實際上,這個少數人的意見是對的,是得到了"刑不上大夫"的

―――――――――
① 班固《白虎通義》,影印文淵閣《四庫全書》本,850册,59頁。

真諦的。何者？從上文可知，"撻笞之刑"不屬於五刑，然則此"撻笞之刑"的含義就是用"撻笞"使當事人受到刑辱，這與賈誼、司馬遷的看法是一致的。遺憾的是，兩千年來，學者們基本上都忽略了這個"或曰"，唯一能夠破解此"或曰"本義者，據我們所知只有清代學者陳立一人。陳立《白虎通疏證》卷九在此"或曰"句下説："《新書·階級篇》云：'故古者禮不下庶人，刑不上大夫，所以厲寵臣之節也。（按：中間引文與上文徵引《漢書·賈誼傳》基本相同。此略）其有大罪者，聞命則北面再拜，跪而自裁，上不使人捽抑而刑之也。'是大夫有罪，得加刑，但不得撻笞以辱之。"①

爲什麽説何休、鄭玄是推波助瀾者呢？《公羊傳》宣公元年何休注："古者刑不上大夫，蓋以爲摘巢毁卵，則鳳凰不翔；刳胎焚夭，則麒麟不至。刑之則恐誤刑賢者，死者不可復生，刑者不可復屬。故有罪放之而已，所以尊賢者之類也。"②這是把"刑不上大夫"解釋作既不受肉刑，又不受死刑，有罪只是流放而已。而流放不屬於五刑。鄭玄注《曲禮上》"刑不上大夫"云："不與賢者犯法。其犯法則在八議，輕重不在刑書。"在這裏，鄭玄首先肯定大夫都是賢者，賢者能夠自律，一般不會犯法。萬一犯法，他們享有八議的特權，往往可以大罪化小，小罪化了。鄭玄注與何休注雖然有所不同，但均認爲大夫在五刑的追究上享有特權，在這一點上，他們肯定了"刑不上大夫"。在經學領域，鄭玄的影響比何休要大得多。魏晉以後，士人中彌漫着"甯道孔聖誤，諱聞鄭、服非"③的空氣，於是"刑不上大夫"的傳統舊解就變得牢不可破。

第二個問題，傳統舊解引發的法制混亂。例如《唐律疏議》卷一《名例》："八議。《疏議》曰：'《周禮》云："八辟麗邦法。"今之八議，周之八辟也。《禮》云"刑不上大夫"，犯法則在八議，輕重不在刑書也。'"④我們知道，《唐律》在封建社會的法律體系中具有承前啓後的意義，而所謂《疏

---

① 陳立《白虎通疏證》，王先謙編《清經解續編》，第五册，562頁。
② 《十三經注疏》，2277頁。
③ 劉昫等《舊唐書》，中華書局，1975年，3176頁。
④ 長孫無忌等撰、劉俊文點校《唐律疏議》，中華書局，1983年，16—17頁。

議》相當於今天的司法解釋。看來,《唐律疏議》全盤接受了鄭玄的觀點。我們認爲,"刑不上大夫"也不是不可以寫入法典,這要看寫入法典的哪一部分。拿《唐律疏議》來説,如果不把它寫入《名例》,而寫入《斷獄》,那就意味著在刑訊時大夫享有優待,則也不違背"刑不上大夫"的本義。再如顧炎武《日知録》卷十三《除貪》:"宣德中,都御史劉觀坐受贓數千金,論斬。上曰:'刑不上大夫。觀雖不善,朕終不忍加刑。'命遣戍遼東。正統初,遂多特旨曲宥。"①看來,明宣宗在處理貪官劉觀的問題上,其做法與何休的《公羊傳》注吻合。這樣的例子很多。總之,傳統舊解給犯罪的官員提供了一把保護傘,在這把保護傘的庇護下,大罪化小,小罪化了。

第三個問題,傳統舊解引發的學術混亂。例如,《周禮·秋官·條狼氏》:"誓大夫曰:'敢不關,鞭五百。'"②譯成現代漢語就是:條狼氏對大夫高聲重複説:"該請示的事情不請示,抽五百皮鞭!"這本來很正常,但由於有"刑不上大夫"的舊解作梗,明明是"誓大夫",王安石偏偏把它解釋作"爲大夫誓其屬也"③。之所以這樣地牽強附會,就是爲了避開那句"刑不上大夫"。王安石的這種牽強解釋不爲學者所接受。於是清代學者惠士奇説:"《條狼氏》有'誓大夫,鞭五百'之文,與《曲禮》'刑不上大夫'之言相反,於是學者疑《周官》非聖人之書。"④問題變得更嚴重了。

第四個問題。當今高等學校的不少教材還在不同程度地宣揚舊説。例如,翦伯贊主編《中國史綱要》第一冊:"西周時是'禮不下庶人,刑不上大夫'。即使是貴族、官吏犯法,他們也完全可以按'金作贖刑'的規定而交納金貨以免罪。"⑤郭沫若主編《中國史稿》第一冊:"周朝的刑律主要是用來鎮壓奴隸的。……只有奴隸主貴族是例外的,'禮不下庶人,刑不上大夫',道破了奴隸制刑罰的階級實質。"⑥張國華《中國法律思想史新

---

① 顧炎武撰、黄汝成集釋《日知録集釋》,中州古籍出版社,1990年,320頁。
② 《十三經注疏》,888頁。
③ 王志長《周禮注疏删翼》卷二五,文淵閣《四庫全書》本,97冊,770頁。
④ 惠士奇《禮説》,文淵閣《四庫全書》本,101冊,635頁。
⑤ 翦伯贊主編《中國史綱要》,人民出版社,1979年,44頁。
⑥ 郭沫若主編《中國史稿》,人民出版社,1979年,271頁。

編》:"'禮不下庶人,刑不上大夫'是西周禮治的基本特徵。……'刑不上大夫'主要指刑罰的鋒芒不是針對大夫以上的貴族。"[1]劉新主編《中國法律思想史》:"'禮不下庶人,刑不上大夫'是從'親親'與'尊尊'原則派生出的另一項原則,也是西周禮治的基本特徵。……所謂'刑不上大夫',是指刑罰主要是用來對付奴隸和平民的。"[2]

(原載彭林主編《中國經學》第5輯,廣西師範大學出版社,2009年)

---

[1] 張國華《中國法律思想史新編》,北京大學出版社,1998年,31頁。
[2] 劉新主編《中國法律思想史》,中國人民大學出版社,2000年,14頁。

"禮是鄭學"辨析[①]

"禮是鄭學"這句話,在孔穎達《禮記正義》中凡三見。這句並話無深意,説白了,就是"禮是鄭注"之義。説得再羅嗦點,就是《禮記》一經立于國學的注是鄭玄的注。[②] 質言之,"禮是鄭學"的"學"字,是"注釋"之義。一些學者對"禮是鄭學"作了錯誤的解讀。究其原因有二:第一,不辨詞義。不知此"學"字是"注釋"義,而以"學派""學問"諸義解之,由此誤入歧途。第二,不察語境。綜觀孔疏使用"禮是鄭學"一語的語境,是在鄭注出現失誤時的"請求諒解"之辭,是在負面意義上使用的,而學者不察,或以正面意義解之,解讀爲推崇鄭玄之辭。質言之,把批評的話語當作表揚的話語。兩個原因,一誤再誤,馴至嚴重背離孔疏的原義。筆者不揣譾陋,謹陳管見,敬希高明指教。

一 對誤解"禮是鄭學"的原因的分析

先説不辨詞義。

[①] 本文爲作者主持的2014年度國家社科基金項目"孔穎達《五經正義》中疏與注的關係研究"(14BZS007)的階段成果。
[②] 陸德明《經典釋文·敍録》:"今《三禮》俱以鄭爲主。"《隋書·經籍志》:"今《周官》六篇,《古經》十七篇,《小戴記》四十九篇,凡三種,唯鄭注立於國學。"是其證。

"學"的"注釋"義,不大爲人們所注意。張舜徽《中國古代史籍校讀法》、林尹《訓詁學概要》、趙振鐸《訓詁學綱要》、周大璞《訓詁學初稿》四部書中都有專節講述注釋的名稱,其中張書有十,林書有十四,趙書有十一,周書有二十一,但没有一部書講到"學"也是注釋的别名。如此看來,人們的腦子裹,或者完全没有"學"的"注釋"義,或者即令是有也很淡薄。

按"《春秋公羊經傳解詁》隱公第一,何休學",陸德明《經典釋文》:"學者,言爲此經之學,即注述之意。"①徐彥疏:"'何休學',今案《博物志》曰:'何休注《公羊》云"何休學",有不解者,或答曰:"休謙辭受學於師,乃宣此義,不出於己。"此言爲允。'是其義也。"②《廣雅·釋詁》:"註、紀、疏、學、栞、志,識也。"王念孫《疏證》:"學者,何休注《公羊傳》曰'何休學',《釋文》云:'學者,言爲此經之學,即注述之意也。'"③唐成伯璵《毛詩指説》:"詁者,古也,謂古人之言,與今有異。訓者,謂别有意義,與《爾雅》一篇略同。傳者,注之别名也。傳承師説,謂之爲傳。出自己意,即爲注。注起孔安國,傳有鄭康成。又或不名傳、注而别謂之義,皆以解經也。何晏、杜元凱名爲集解,蔡邕注《月令》謂之章句,范寧注《穀梁》謂之解,何休注《公羊》謂之學,鄭玄謂之箋,亦無義例,述作之體,不欲相因耳。"④據上述資料,可知"學"有"注釋"義。今《漢語大詞典》《漢語大字典》《故訓匯纂》諸書的"學"字下也都有"注釋"這樣一個義項。

再説不察語境。

我猜想,由於對"學"的"注釋"義的生疏,加上人們對於鄭玄在《禮》學造詣上的高山仰止,於是當人們乍一看到"禮是鄭學"這一表述時,未暇多想,就對它做出了帶有推崇意義的正面解讀,實則並非孔疏的本意。這樣的解讀,始於清代學者陳澧。《東塾讀書記·鄭學卷》云:

　　孔沖遠云"禮是鄭學",《月令》《明堂位》《雜記》疏皆有此語,不

---

① 陸德明《經典釋文》,上海古籍出版社,1985年,下册,1頁。
② 《十三經注疏》,中華書局,1980年,2195頁。
③ 王念孫《廣雅疏證》,中華書局,2004年,73頁。
④ 成伯璵《毛詩指説》,影印文淵閣《四庫全書》本,70册,173—174頁。

知出於孔沖遠,抑更有所出。考兩《漢書·儒林傳》,以《易》《書》《詩》《春秋》名家者多,而禮家獨少。《釋文·序錄》,漢儒自鄭君外,注《周禮》及《儀禮·喪服》者唯馬融,注《禮記》者唯盧植。鄭君盡注《三禮》,發揮旁通,遂使《三禮》之書合爲一家之學,故直斷之曰"禮是鄭學"也。①

不難看出,陳澧對"禮是鄭學"的解讀是:"鄭君盡注《三禮》,發揮旁通,遂使《三禮》之書合爲一家之學"。質言之,"學"是"學派"之義。其推崇之意,溢於言表。孔疏本意果真是這樣嗎?讓我們一起來看看這三節孔疏(原文很長,僅摘録其要點)。

《月令》孔疏　分爲天地,説有多家,形狀之殊,凡有六等:一曰蓋天,文見《周髀》,如蓋在上。二曰渾天,形如彈丸,地在其中,天包其外,猶如雞卵白之繞黄。揚雄、桓譚、張衡、蔡邕、陸績、王肅、鄭玄之徒,並所依用。三曰宣夜,四曰昕天,五曰穹天,六曰安天。鄭注《考靈耀》用渾天之法。今《禮記》是鄭氏所注,當用鄭義,以渾天爲説。按鄭注《考靈耀》云(中略)然鄭四遊之極,元出《周髀》之文,但日與星辰四遊相反。春分,日在婁,則婁星極西,日體在婁星之東,去婁三萬里。以度言之,十二度也。則日没之時,去昏中之星近校十度,旦時日極於東,去旦中之星遠校十度。若秋分,日在角,則角星極東,日體在角星之西,去角三萬里,則日没之時,去昏中之星遠校十度;旦時日極於西,去旦中之星近校十度。此皆與曆乖違,於數不合,鄭無指解,其事有疑。但《禮》是鄭學,故具言之耳,賢者裁焉。②

《明堂位》孔疏　其周公制禮攝政,孔、鄭不同。孔以武王崩,成王年十三,至明年攝政,管叔等流言。故《金縢》云:"武王既喪,管叔及其群弟流言於國,曰:'公將不利於孺子。'"時成王年十四,即位,攝政之元年,周公東征管、蔡。後二年克之,故《金縢》云:"周公居東

---

① 陳澧《東塾讀書記》,《續修四庫全書》,1160册,624頁。
② 鄭玄注、孔穎達正義、吕友仁整理《禮記正義》,上海古籍出版社,2008年,592—594頁。

二年,則罪人斯得。"除往年,時成王年十六,攝政之三年也。故《詩序》云:"周公東征,三年而歸。"攝政七年,營洛邑,封康叔而致政,時成王年二十,故孔注《洛誥》以時"成王年二十"是也。鄭則以爲,武王崩,成王年十歲。《周書》以武王十二月崩,至成王年十二,十二月喪畢,成王將即位,稱己小求攝,周公將代之,管、蔡等流言,周公懼之,辟居東都。故《金縢》云:"武王既喪,管叔等流言。周公乃告二公曰:'我之不辟,無以告我先王。'""既喪",謂喪服除。"辟",謂辟居東都。時成王年十三。明年,成王盡執拘周公屬黨,故《金縢》云:"周公居東二年,則罪人斯得。""罪人",周公屬黨也。時成王年十四。至明年秋,大孰,有雷風之異。故鄭注《金縢》云:"秋,大孰,謂二年之後。"明年秋,迎周公而反。反則居攝之元年,時成王年十五,《書傳》所謂"一年救亂"。明年,誅武庚、管、蔡等,《書傳》所謂"二年克殷"。明年,自奄而還,《書傳》所謂"三年踐奄"。四年,封康叔,《書傳》所謂"四年建侯衛",時成王年十八也。故《康誥》云"孟侯",《書傳》云"天子大子十八稱孟侯"。明年,營洛邑,故《書傳》云"五年,營成周"。六年,制禮作樂。七年,致政於成王,時成王年二十一。明年乃即政,時年二十二也。禮既是鄭學,故詳具焉。①

《雜記上》"大夫爲其父母兄弟之未爲大夫者之喪服如士服。"鄭注:"大夫雖尊,不以其服服父母兄弟,嫌若逾之也。"孔疏:"案《聖證論》王肅云:'喪禮自天子以下無等,故曾子云:"哭泣之哀,齊斬之情,饘粥之食,自天子達。"又《孟子》云:"諸侯之禮,三年之喪,齊疏之服,飦粥之食,自天子達于庶人,三代共之。"又此《記》云:"端衰、車皆無等。"'禮是鄭學,今申鄭義。杜元凱注《左傳》,説與王肅同。並與鄭違,今所不用也。"②

細讀以上三節孔疏,我想指出以下六點。

第一,《月令》孔疏中先説"今《禮記》是鄭氏所注,當用鄭義",下文又

---

① 鄭玄注、孔穎達正義、吕友仁整理《禮記正義》,1262—1263頁。
② 鄭玄注、孔穎達正義、吕友仁整理《禮記正義》,1583—1584頁。

説"但禮是鄭學,故具言之耳",前後呼應,表達的是同一個意思,則"禮是鄭學"即"禮是鄭注"之義,我們於此又得到一個内證。

第二,"禮是鄭學"的"禮",唯指《禮記》而言,並不涉及《周禮》《儀禮》。這本來是不言而喻的事。我們知道,孔穎達主編的《五經正義》,《五經》是指《周易》《尚書》《毛詩》《禮記》《左傳》,並不包括《周禮》《儀禮》,孔穎達在作《禮記正義》時,没有必要節外生枝,無緣無故地把《周禮》《儀禮》牽涉進來。在這裏,陳氏不經意間偷换了概念,將一個較小的概念置换爲較大的概念。

第三,以上三節孔疏的具體語境來説,有一個共性,即孔穎達"禮是鄭學"一語不是用於推崇鄭注,而是用于委婉地批評鄭注。試以《月令》孔疏爲例,天體之説有六,鄭注持六説之中的渾天説。因爲《禮記》是鄭注,所以孔疏就依著鄭注用渾天説來疏通。但依著鄭注用渾天説來疏通的結果,"與曆乖違,於數不合,鄭無指解,其事有疑",一句話,問題很多,難以相信。而孔疏之所以在明知鄭注問題很多的情况下還要破費口舌,將問題很多的鄭注予以疏通,此無他,也就是因爲"禮是鄭注",按照規矩,不得不敷衍一番。至於鄭注究竟對不對,還請高明裁奪。俗話説,聽話聽音,這哪裏有半點推崇鄭注的樣子?孔疏不過是在例行公事罷了,而陳氏在此處却以"一家之學"云云許之,豈不可笑!其實,"《禮》是鄭學(《禮》是鄭注)",無人不知,無人不曉,本來用不着説此廢話。如果作爲套話來説,一部《禮記》,孔疏就是説上一千遍怕也不夠。而整個《禮記》孔疏中"禮是鄭學"僅僅出現了三四次,那就表明,這是一種特殊情况。什麽特殊情况?鄭注出問題了。人家要問孔穎達,鄭注出問題了你還疏通它幹嘛?答曰:因爲"《禮》是鄭學(《禮》是鄭注)"。説得更明白點,因爲鄭注是立于國學的注,它説的對,我自然要疏通它,這時候用不着説"禮是鄭學";就是它説錯了,我也有責任疏通它,這時候怕讀者誤會,就要特地交代以下原因,所以來一句"禮是鄭學"。其他兩節孔疏同此。

第四,或曰:《雜記上》孔疏云:"《禮》是鄭學,今申鄭義。杜元凱注《左傳》,説與王肅同。並與鄭違,今所不用也。"這可是推崇鄭注的話頭

347

吧！答曰：否！"並與鄭違"者，皆與鄭注不同之謂也，非錯誤之謂也。"今所不用"四字，不過是孔疏表態的泛泛之語，實際上還是用。如果不用，孔疏幹嘛還要連篇累牘地介紹王肅之説？僅僅介紹王肅之説似乎還意猶未足，又拉上王肅的一個同黨杜預，豈不更爲王肅張目？明眼人還看不出來孔疏的真實用意嗎？説到這裏，就涉及到一個孔疏與注的關係問題。孔疏與注的關係，過去人們習慣用四個字來概括，即"疏不破注"。例如，孫詒讓《周禮正義略例》："唐疏例不破注，而六朝義疏家則不然。"①梁啓超《中國近三百年學術史》："孔沖遠並疏毛、鄭，疏家例不破注。"②范文瀾《中國通史簡編》："《正義》解釋注文，不得有所出入。注文錯了，或有比注文更好的説法，一概排斥，總要説注文是對的，這叫做'疏不破注'。"③大師之説尚如此，則普通人可知。筆者以爲，持"疏不破注"説者是只知其一，不知其二。其二者何？疏亦可以破注是也。孔疏與注的關係，是理性的，是科學的，不是一味盲從。儘管鄭注是立於國學的注，是諸多注家中之勝出者，但它也不可能百分之百地都對，所謂"《武》盡美也，未盡善也"是也。當然，鄭注對的是大多數，不對的是少數。鄭注對的，孔疏自然不破；而鄭注錯的，孔疏則義不容辭地要破。據筆者的觀察，孔疏的破注有兩種形式，因地制宜。當鄭注錯誤明顯時，譬如説，違背了經文，孔疏就直言破注。"直言"者，指名道姓，直言不諱之謂也。而當孔疏審視注文，覺得與他家注文相比，未必就對，甚至還處於相形見拙的情況下，孔疏就微言破注。"微言"者，閃爍其詞，婉而成章之謂也。諸如"先儒各以意説，未知孰得其本""未知所説，誰得經旨""各言其志，未知孰是""未知孰是，故兩存焉""不知二者誰得經意""未知孔、鄭誰得經旨"之類是也。上文徵引的三節孔疏，都屬於微言破注。再説，如果孔疏果真是一味地"疏不破注"，那將是一個自我封閉的系統，它的學術價值將大大降低。而孔疏的破注，就形成了一個開放的系統，能夠吸收其他注家的精華部

---

① 孫詒讓撰，王文錦、陳玉霞點校《周禮正義》，中華書局，1987年，3頁。
② 梁啓超《中國近三百年學術史》，中國書店，1985年，184頁。
③ 范文瀾主編《中國通史簡編》，人民出版社，1965年，第三編下册，641頁。

分,它的學術價值就由此大大提高。就拿上文《雜記上》這段孔疏來説,幸虧孔疏微言破注,介紹了他家之説,才使後人知道孰是孰非。本節的鄭、王之争,後世學者幾乎一邊倒地是王肅而非鄭玄。例如,陳祥道《禮書》卷一四八:"此蓋周衰禮變,而齊之服於是有等,故大夫以尊而伸服斬衰枕草,士以卑而屈服齊衰枕草而已。《禮記》或記先王,或記末世,其可以末世之事而論先王之時哉。鄭氏以此爲真先王之禮,宜乎王肅之所攻也。"①黃榦《儀禮經傳通解續》卷一:"案父母之服,自天子達于士,一也。而記《禮》者之言乃如此,當以王肅之言爲正。"②江永《禮記訓義擇言》卷八:"論晏子粗衰斬事,王肅與鄭異,詳見注疏,王氏説是。"③庫本《禮記注疏》考證:"按三年之喪,無貴賤,一也。王肅及張融説,正合曾子'自天子達'、《孟子》'三代共之'之義。"④於此不僅可見人心之向背,亦可見孔疏微言破注的學術價值。

第五,以上三例孔疏中的"禮是鄭學",都是用在孔疏微言批評鄭注的語境。今更補一例曰"既祖鄭學",用在直言不諱地批評鄭注的語境:

《禮記·三年問》:"然則何以至期也?"注:"言三年之義如此,則何以有降至於期也?期者,謂爲人後者、父在爲母也。"孔疏云:"鄭意以三年之喪何以有降至於期者,故云爲人後者爲本生之父母及父在爲母期,事故抑屈,應降至九月十月,何以必至於期?以其本至親,不可降期以下,故雖降屈,猶至於期。今檢尋經意,父母本應三年,何以至期者?但問其一期應除之義,故答曰'至親以期斷',是明一期可除之節。故禮,期而練,男子除経,婦人除帶。下文云'加隆',故至三年。是經意不據爲人後及父在爲母期。鄭之此釋,恐未盡經意,但既祖鄭學,今因而釋之。"⑤

吕按:"鄭之此釋,恐未盡經意",這是孔疏對鄭注的直言不諱的批評。

---

① 陳祥道《禮書》卷一四八,影印文淵閣《四庫全書》本,130册,839頁。
② 黃榦《儀禮經傳通解續》卷一,影印文淵閣《四庫全書》本,131册,612頁。
③ 江永《禮記訓義擇言》卷八,影印文淵閣《四庫全書》本,128册,379頁。
④ 《禮記注疏》,影印文淵閣《四庫全書》本,116册,160頁。
⑤ 鄭玄注、孔穎達正義、吕友仁整理《禮記正義》,2188頁—2189頁。

在這節孔疏中,孔疏不但礙於"禮是鄭學"的體例,違心地爲鄭注疏通("今檢尋經意"以前,都是疏通鄭注之文),而且把正確的解釋是什麼也告訴了讀者("今檢尋經意"以後,是正確的解釋)。鄭注錯了,爲什麼還要予以疏通?答曰:"但既祖鄭學,今因而釋之。"所謂"既祖鄭學",即"既然以鄭注爲準"之義,與"禮是鄭學"是一個意思。不同者,前三例是委婉地批評鄭注,此例則是直言不諱地批評鄭注。總而言之,凡是鄭注挨批評的時候,"禮是鄭學"一類的話頭就出現了。試想,這種語境下的"鄭學",究竟是褒義還是貶義?話拐回來,筆者認爲,"一家之學"的評語,對鄭注來説,當之無愧。問題在於當你在證明鄭注是一家之學時,舉的例證要對路。用挨批評的鄭注來證明鄭注是"一家之學",只能讓鄭玄哭笑不得。《禮記·曲禮下》:"儗人必於其倫。"注:"儗猶比也,倫猶類也。比大夫當於大夫,比士當於士,不以其類則有所褻。"陳澧的錯誤,就在於"儗人不於其倫"。

第六,以上是筆者對"禮是鄭學"在《禮記正義》中的解讀。筆者推想,孔穎達撰《五經正義》,既然在破《禮記》鄭注時有"禮是鄭學"一語,推而廣之,在破《周易》《尚書》《毛詩》《左傳》四經注家時,還應有"《易》是王學""《易》是韓學""《書》是孔學"等等。這是筆者大膽的假設,而小心求證的結果,可憐得很,僅得"易是韓學"一例如下:

《周易·繫辭下》:"作結繩而爲罔罟,以佃以漁,蓋取諸離。"韓康伯注:"離,麗也。罔罟之用,必審物之所麗也。魚麗于水,獸麗於山也。"孔疏:"'蓋取諸離'者,離,麗也。麗謂附著也。言罔罟之用,必審知鳥獸魚鱉所附著之處。故稱離卦之名,爲罔罟也。案諸儒象卦制器,皆取卦之爻象之體。今韓氏之意,直取卦名,因以制器。案《上繫》云:'以制器者,尚其象。'則取象不取名也。韓氏乃取名不取象,於義未善矣。今既遵韓氏之學,且依此釋之也。"①

請看,這裏的"今既遵韓氏之學,且依此釋之也",與《禮記》孔疏的

---

① 《十三經注疏》,86頁。

"但禮是鄭學,故具言之耳""但既祖鄭學,今因而釋之",何其相似乃爾!可知孔疏確有這麽一條規矩,即當孔疏要對《五經》中的某家立於國學之注進行委婉批評時,就要例行公事地説一句"某經是某家之學(注)"。此處的"韓氏之學",即"韓氏之注"之義。陳氏讀書至此,想來不會再把韓康伯的《易》學成就誇獎一番吧。

二 對"禮是鄭學"誤讀的擴大化

誤讀始於清代陳澧,而誤讀的擴大化則始於當代學者李雲光。李雲光先生撰有題名《〈三禮〉鄭氏學發凡》的博士論文,臺灣師範大學 1964 年通過。華東師範大學出版社 2012 年出版了該論文,余始得見。該書的第一章第一節的題目就是《論"禮是鄭學"》。其文甚長,摘要如下:

《荀子·勸學篇》云:"學不可以已!青,取之于藍,而青于藍;冰,水爲之,而寒于冰。"然則,學固無止境,亦非可得而壟斷者也。而孔穎達之疏《禮記》鄭玄注也,輒稱"禮是鄭學",辭近曲阿,顯有語病。……何則?學無涯涘,人壽幾何?前脩未密,後出轉精。斯治學之常軌,而情勢之必然也。……爲學誠不當無宗主,亦豈可有偏私乎?且禮之爲學,非起於鄭氏也,亦非但傳於鄭氏也,尤非一成不易於鄭氏也。鄭氏何人,可擅禮學之名耶?蓋禮本人情,始諸飲食。自燔黍捭豚,汙尊抔飲,以致敬于鬼神以來,歷虞、夏、商等世,而至於周公制禮,不過文物數度而已,不可謂'學',姑置勿論。迨孔子云:'不學禮,無以立。'《士喪禮》於是乎書。七十子後學者繼起記禮,《中庸》等篇,出於子思;《樂記》出於公孫尼子,而《禮記》自孔氏出。禮之爲學,迨於此而成立焉。洎乎荀卿之隆禮樂,禮書之文,又多出於《荀子》。嬴秦氏以立,吕不韋集門客成《十二月紀》。下及漢世,禮書之出尤繁。經則有《士禮》《禮古經》及《周官》,記則其數無算。言禮之書大備。是禮學非起於鄭氏也。至於傳禮之士,不遑遍舉,權言其略,西京則有高堂生、孟卿、后倉、戴德、戴聖、慶普等,東京則有杜子春、鄭興、鄭衆、賈逵、馬融、盧植等,莫不薪盡火傳,卓然名家,鄭氏不過其中之一耳。是禮學非但傳於鄭氏也。鄭氏之後,三國時,王肅亦稱大師。兩晉以還,則有射慈、射貞、蔡謨、徐爰、劉昌宗、雷次宗、賀循、賀瑒、庾蔚之、崔靈恩、沈重、皇侃、熊安生等,亦莫不有所發明,卓然名家。是禮學非一成不易於鄭氏也。孔氏焉得以禮學之名獨歸之鄭氏哉!"

雖然,不可以辭害意,孔氏之言終不可廢也。蓋孔氏之意不在於禮學之所起,及其所傳,及其是否一成不易也;在於治禮必宗鄭氏之學也。陳澧嘗申其意云:"孔沖遠云'禮是鄭學'。考兩《漢書·儒林傳》,以《易》《書》《詩》《春秋》名家者多,而禮家獨少。《釋文·序錄》,漢儒自鄭君外,注《周禮》及《儀禮·喪服》者唯馬融,注《禮記》者唯盧植。鄭君盡注《三禮》,發揮旁通,遂使《三禮》之書,合爲一家之學,故直斷之曰'禮是鄭學'也。"其說是也。夫後人所讀三禮之書,是鄭氏所校定者也;所賴以解三禮者,亦不能外鄭氏之注釋也。然則,學禮而不從鄭氏,豈非入室而不由戶乎!

且鄭氏不僅校禮注禮而已,亦嘗爲國議禮,又能克己復禮也。

不寧唯是,鄭氏之長於禮,又可以其著述見之。間嘗撰《鄭康成遺書考》(載香港《聯合書院學報》第一期),考得鄭氏生平著作都八十餘種,其有關禮學者,除《三禮》注外,尚有十餘種,茲列其書目於後(書目從略)。

或云:王肅不好鄭氏,議禮必與相反,亦時有勝義。且王氏亦遍注三禮,《隋志》有王氏所著之《周官禮注》十二卷,《禮注》十七卷,《禮記注》三十卷。雖佚不傳,蓋有幸有不幸耳。豈可以際遇論人乎?愚謂爲此說者,未之思爾。綜上所論,無論以校禮注禮,以及議禮行禮,以及禮學著述之富,與夫自王肅而下未有能奪其席者論之,但就禮學言,即謂鄭氏爲至高無上之鉅子,百世不祧之儒宗,亮非過譽。然則,孔氏所謂"禮是鄭學"之言,雖有語病,終非詖辭也。

不難看出,李氏之論"禮是鄭學",蓋在陳澧所論之基礎上更擴而充之。陳澧不過是將《三禮》注看作鄭玄一家之學而已,而李氏則謂:"綜上所論,無論以校禮注禮,以及議禮行禮,以及禮學著述之富,與夫自王肅而下未有能奪其席者論之,但就禮學言,即謂鄭氏爲至高無上之鉅子,百世不祧之儒宗,亮非過譽。"其覆蓋之廣,其讚譽之力,殆無以復加。遺憾的是,用力愈勤,離題愈遠,背離孔疏原義愈嚴重,殆所謂"南轅北轍"者是也。

李氏對"禮是鄭學"的解讀對學術界影響甚大,例如,楊天宇《略論"禮是鄭學"》:"(李氏)這些説法無疑都是正確的,然猶未盡也。愚以爲'禮是鄭學'最根本的意思是:後世之禮學皆宗鄭學,凡後世治禮學者,皆不可捨鄭氏之書。惜李氏未能對此點展開論述,且恰在此點上言之過簡,幾句話就帶過了,故本文於此略加申釋。"①顧濤《鄭玄注〈禮〉未嘗更改經字證》:"何謂'禮是鄭學'?後世學者多所推衍,而尤當以李雲光之説最爲悉備。"②

三　喜見誤讀開始得到局部的糾正

喬秀巖先生對"禮是鄭學"的討論非常關注。1999年,先有《"禮是鄭學"説》一文。③ 2013年,又同時出版《義疏學衰亡史論》《北京讀經説記》二書,而二書中都有討論"禮是鄭學"的文字。考慮到時有先後,意隨境遷。我的討論,以喬氏二書所載爲準。我很高興的看到,喬氏已經開始對"禮是鄭學"的誤讀進行局部糾正,可謂先獲我心。喬氏在《義疏學衰亡史論》中説:"陳澧《東塾讀書記》據此三疏(筆者按:謂《月令》疏、《明堂位》疏和《雜記上》疏)言'禮是鄭學',以爲是孔穎達等推崇鄭玄《三禮》學卓絕之語,自非孔疏本意。"④區區三復此語,一則以喜,一則以懼。喜

---

① 楊天宇《略論"禮是鄭學"》,《齊魯學刊》2002年第3期,90頁。
② 顧濤《鄭玄注〈禮〉未嘗更改經字證》,《漢學研究》第二十五卷第二期,2007年,392頁。
③ 喬秀岩《"禮是鄭學"説》,林慶彰主編《經學研究論叢》第六輯,學生書局,1999年,114頁。
④ 喬秀岩《義疏學衰亡史論》,萬卷樓圖書股份有限公司,2013年,120—121頁。

者,這是長夜難明的第一聲報曉,是一百多年來正確解讀"禮是鄭學"的第一家,意義重大,令人雀躍。懼者,喬氏對陳澧誤讀的批評,籠統地講,没錯。但有破有立,"孔疏本意"究竟是什麼? 没有説,留下了懸念,令人不敢忘情地樂觀。"孔疏本意",喬氏在他處給出了答案。喬氏《北京讀經説記》之第十三篇《鄭學第一原理》有云:

> 唐人對鄭玄留下兩個特色鮮明的評語: 一曰"禮是鄭學",一曰"隨文求義"。俗儒陳澧等僅以"禮是鄭學"爲唐代鄭學流行之證,其實《禮記正義》及唐人歸崇敬等言"禮是鄭學"之本意,即在强調《三禮》鄭學的體系性(詳參拙著《義疏學衰亡史論》(新版)第三章)。①

吕按: 第一,筆者覆核了《舊唐書·禮儀志》中的歸崇敬等言,僅有"鄭學"一詞,没有"禮是鄭學"一語。第二,將"禮"的概念由《禮記》擴展到《三禮》,是重蹈陳澧的覆轍,余期期以爲不可。雖然,讓我們順著作者的思路去繼續探尋。喬氏《義疏學衰亡史論》云:

> 案《唐書·禮儀志》載薛頎等言"今《三禮》行於代者皆鄭玄之學,請據鄭學以明之",黎幹答云"雖云據鄭玄"云云,是謂禮説有體系性,欲駁其説,需論體系內矛盾,否則不足以服人。《唐書》此番爭論,可謂"《禮》是鄭學"之最佳注腳。②

吕按: 第一,所謂"鄭玄之學""鄭學"的"學"字均爲"注釋"之義;第二,薛頎等人與黎幹的爭論只涉及鄭玄《三禮》注的是非,並不涉及"禮是鄭學"的含義。因此,説"此番爭論,可謂'《禮》是鄭學'之最佳注腳",余亦期期以爲不可。何謂"强調《三禮》鄭學的體系性"? 何謂"是謂禮説有體系性,欲駁其説,需論體系內矛盾,否則不足以服人"? 抽象地討論,於事無補,讓我們來看具體的例子。正好,喬氏《義疏學衰亡史論》給我們提供了這樣的例子:

> 《禮記正義》言"禮是鄭學"者,除上引《月令》疏外,又有二例、《明堂位》"六年朝諸侯於明堂,制禮作樂",疏稱"周公制禮攝政,孔

---

① 喬秀岩《北京讀經説記》,萬卷樓圖書股份有限公司,2013年,247頁。
② 喬秀岩《義疏學衰亡史論》,121頁。

鄭不同",下細述孔鄭說武王崩至周公致政成王之年次,末云:"《禮》既是鄭學,故具詳焉。"《雜記上》注"大功以下,大夫士服同",鄭意此經"大夫爲其父母兄弟之未爲大夫者之喪服如士服,士爲其父母兄弟之爲大夫者之喪服如士服",是斬衰、齊衰之服大夫、士異,大功以下乃同也。疏引《聖證論》王肅以喪禮自天子以下無等之説及馬昭答王肅語,並述張融評說。後稱"《禮》是鄭學,今申鄭義",解析王說,見其說不足以證鄭非,而且指摘王說之短。最末謂杜預、服虔說"並與鄭違,今所不用也"。二疏皆討論鄭說,非專論本經注義。又皆以鄭說之外更有別解,且別解亦非全不可通者。然疏家必欲申鄭說而不取別解,於是稱"《禮》是鄭學",謂既取鄭注《禮記》爲本,爲之疏解,自當專述鄭說也。

呂按:讀完喬氏此節文字,筆者感到困惑不解。喬氏此節文字的標題是"孔疏專據一家說",此節文字末尾也說"自當專述鄭說",然則《明堂位》孔疏何以不憚其煩地徵引孔說?《雜記上》孔疏又何以不憚其煩地徵引王肅、杜預、服虔之說?豈非無事找事,多此一舉?難道是爲了襯托鄭玄的高明而故意拉出幾個反面教員示衆嗎?事實證明,孔疏並非"專據一家說"。孔疏的首要任務是疏通經文,儘管有"疏不破注"的條例在(指當注文正確時),但當孔穎達感到鄭注在解經上出現不能令人滿意的情況時,"疏不破注"的條例就要讓位於"對經負責",就要想方設法予以彌縫,這時候,與鄭注立異的他家之說往往被拿來救急。此時,鄭注已經反主爲賓,淪爲次要角色。但因爲"禮是鄭學",它享有一種特權,就是錯了,也不能置之不理,而必須予以疏通。不獨此也,批評時還要態度温和,說話留有餘地。質言之,凡是"禮是鄭學"現身之時,都是鄭注攤上事情之時,屢試不爽。這種語境,前代學者已有心領神會者。《欽定禮記義疏》卷五十三:"案後言'端衰、喪車皆無等',而《儀禮·喪服傳》言大夫、士禮別異亦多,獨喪服之升數無異文,是鄭所云'縷如三升半'者,無確據也。王子雍闢之,是已。但此經文言'士服大夫服',則異者在服,而王但以素弁、素委貌別之,於經意却未盡。孔疏申鄭而詳載王說,并及張、杜、服之異於鄭,

355

則其微意,亦不深以鄭説爲然矣。"①説得真好,令人拊掌。所謂"則其微意,亦不深以鄭説爲然矣",換成鄙人的表述,就是"微言破注"。

文章最後,爲了幫助説明"禮是鄭學"的確切含義,我想打一個比方。筆者嘗在高校中文系承乏古代漢語教師,使用的教材是王力主編的《古代漢語》(校訂重排本)。這是一套飲譽海内外的高質量的教材。這套教材的一個組成部分是文選,文選有編者的注釋。我們知道,王力主編的《古代漢語》是普通高等教育十一五國家級規劃教材,編者對文選的注釋,其地位就相當於古代立於國學的《禮記》鄭注。一般情況下,我們在講解文選時,都是根據編者的注釋進行講解。但智者千慮,必有一失,王力主編《古代漢語》的注釋也不是百分之百的正確。關於這一點,我想以王力主編《古代漢語》文選《大同》篇的一條注釋爲例:

"事畢,出遊於觀之上",王力《古代漢語》注云:觀(guàn),宗廟門外兩旁的高建築物。②

吕按:注釋有誤。"宗廟門外",當作"(天子、諸侯)宮城門外"。宗廟在宮城之内,宗廟門外没有觀。觀在宮門外。關於這一點,《禮記·禮運》孔穎達疏已經説得很明白了:"案定二年'雉門災及兩觀',魯之宗廟在雉門外左,孔子出廟門而來至雉門,游於觀。"③按諸侯宫城凡三門,由外而内,庫門、雉門、路門。雉門是中門。又《春秋》定公二年:"夏五月壬辰,雉門及兩觀災。"孔穎達疏:"觀與雉門俱災,則兩觀在雉門之兩旁矣。"④《通典》卷四十七載晉太常博士孫毓議云:"諸侯三門,立廟宜在中門外之左。"⑤以上諸説,均可證觀在宮門外。

當我們講到王力主編《古代漢語》的注釋有錯誤的地方,我們自然會給學生講王力的注釋是錯誤的(包括爲什麼是錯誤的),并把正確的注釋

---

① 清官修《欽定禮記義疏》卷五三,影印《摛藻堂四庫全書薈要》,世界書局,1985年,第64册,9頁。
② 王力主編《古代漢語》(校訂重排本),中華書局,1999年,210—211頁。
③ 鄭玄注、孔穎達正義、吕友仁整理《禮記正義》,877頁。
④ 《十三經注疏》,2132頁。
⑤ 杜佑撰、王文錦等點校《通典》,中華書局,1988年,1306頁。

也告訴學生。這樣的作法,就和孔疏遇到了不能令人滿意的鄭注時的作法一樣,在委婉地批評鄭注的同時,介紹他家之説。假設學生問我們:老師,王力的注釋錯了,你怎麽還講它呢? 我們回答:因爲王力《古代漢語》是我們采用的國家級規劃教材(這句話相當於孔疏的"禮是鄭學")。我們不把它的錯誤指出來,怎麽能講正確的注釋呢?

(原載彭林主編《中國經學》第 16 輯,廣西師範大學出版社,2015 年)